Taufen im Rheinisch-Bergischen Kreis

Michael Werling

Taufen im Rheinisch-Bergischen Kreis

Eine Dokumentation in Text, Bild und Zeichnung

Veröffentlichung der Fachhochschule Köln
Fakultät für Architektur
und
Band 53
der Schriftenreihe des Bergischen Geschichtsvereins
Rhein-Berg e.V.

Köln 2009

Herausgeber: Prof. Dr.-Ing. M. Werling
                Fachgebiet Baugeschichte, Stadtbaugeschichte und Entwerfen
                am Institut für Baugeschichte und Denkmalpflege
                Fachhochschule Köln,
                Fakultät für Architektur,
                Betzdorfer Straße 2
                50679 Köln

Druck: Heider Druck GmbH, 51465 Bergisch Gladbach
                Printed in Germany 2009

ISBN: 3-932326-53-9

Inhaltsverzeichis

1.0	Vorwort		7
2.0	Über den Gebrauch von Taufen		9
3.0	Kunsthistorische Betrachtungen		11
	3.1	Standort	
	3.2	Typologie	
	3.3	Ikonographie	
	3.4	Inschriften	
	3.5	Material	
4.0	Katalog der Taufen		37
5.0	Katalog der Künstler		211

1.0 Vorwort

Ziel dieser Arbeit ist es, eine Dokumentation sämtlicher Taufsteine, Taufbecken und Taufständer einschließlich des Taufgeräts im Rheinisch-Bergischen Kreis in Wort und Bild darzustellen, weil „Taufen", ähnlich wie andere Ausstattungsstücke einer Kirche – außer dem Altar – kaum wirklich wahrgenommen werden, obwohl doch gerade der Taufstein für ein grundlegendes Sakrament, nämlich des Christwerdens, das nötige „Gerät" darstellt.

Um das Verständnis für diese Objekte zu fördern, um anzuregen, sie eventuell auch neu zu entdecken, ist neben der Dokumentation der Taufen auch etwas zur stilistischen Entwicklung derselben im Untersuchungsgebiet ausgesagt. Daneben wurden ebenso intensiv ikonographische Untersuchungen vorgenommen, um die Dekorationen bzw. die Themen, die sich hierbei seit der frühchristlichen Zeit bis heute herausgebildet haben, dem interessierten Leser darzustellen.

Im Anschluss an diese Ausführungen folgt ein „Katalog der Taufen", in dem die Objekte nach den Ortschaften, in denen die entsprechenden Kirchen bzw. Taufen zu finden sind, alphabetisch sortiert sind. Die Wiedergabe der die Abbildungen begleitenden Texte erfolgt stets nach dem gleichen Schema: Nach der Angabe des Standortes folgen das Alter, das verwendete Material und die groben Abmessungen der Objekte. Nach diesen ersten Ausführungen folgt eine knappe Beschreibung der Taufe, die evtl. Farbfassung, ein Hinweis auf den Künstler, der die Taufe entworfen bzw. gefertigt hat und zuletzt die Nennung jenes Sakralbaus, in dem die jeweilige Taufe zu finden ist.

Im unmittelbar nachfolgenden „Katalog der Künstler" sind fast alle Personen thematisiert, die als Architekten oder Bildhauer sich zu ihrer Zeit mit diesem liturgischen Gerät auseinandergesetzt, es entworfen oder gar selbst aus dem Stein geschlagen haben.

Als eine wesentliche Quelle und Inspiration für die vorliegende Schrift darf die erst in jüngster Zeit von Gisela Aye und Axel Kronenberg veröffentlichte Schrift „Taufbecken und Taufengel in Niedersachsen" (Regensburg 2006 angeführt werden. Sie befasst sich ebenfalls mit der außerordentlichen Variationsbreite der dort vorzufindenden Taufen einschließlich ihrer Ikonographie. Als sachkundiger Leitfaden durch den Rheinisch-Bergischen Kreis stellte sich einmal wieder der von Lydia Kieven herausgegebene „Kulturführer" (Bergisch Gladbach 1998) heraus. Weitere wichtige Quellen für die Geschichte der einzelnen Taufen sind in den entsprechenden Anmerkungen wiedergegeben.

Taufe Jesu im Jordan, Frühchristliche Wandzeichnung aus dem 2. Jh.

Danken möchte ich allen, die beim Zustandekommen der vorliegenden Veröffentlichung beigetragen haben. An erster Stelle den beteiligten Studierenden, die, im Rahmen eines entsprechenden Seminars, mit Eifer sich um die Bauaufnahme und das Fotografieren der jeweiligen Objekte bemüht haben. Den evangelischen und katholischen Geistlichen, die geduldig Auskunft gaben, sowie den mit den örtlichen Gegebenheiten vertrauten Sachkennern, v.a. den Künstlerinnen und Künstlern, die interessante Einzelaspekte beigesteuert haben.

Bei der Erarbeitung der Künstlerviten gilt gleiches für die Künstler selbst bzw. für deren Angehörige, die in großzügiger Weise gesammelte Text- und Bildbeiträge zur Verfügung gestellt haben. Ihnen allen sei an dieser Stelle herzlichst gedankt.

Dem Vorsitzenden des Bergischen Geschichtsvereins Rhein-Berg e.V., Herrn Max Morsches, sei ebenfalls herzlichst Dank gesagt, daß er diese Publikation in die Schriftenreihe des Bergischen Geschichtsvereins mit aufgenommen hat. Dank gesagt sei den Herren Hans Leonhard Brenner und Hans Mittler für die kritische Durchsicht des Manuskripts.

Für die verständnisvolle Mitarbeit bei der Zusammenfügung der Texte und Abbildungen sei sowohl Frau Dipl.-Ing. Andrea Dung als auch meinem Tutor Herrn Sang Quang Vo herzlichst gedankt.

Michael Werling

2.0 Über den Gebrauch von Taufen

Unter einem Taufbecken, Taufstein oder Taufständer kurz und allumfassend auch Taufe genannt versteht man jeweils jenes Behältnis, an dem in christlichen Kirchen die Taufe vollzogen wird. In der vorliegenden Veröffentlichung wird ausnahmsweise auch das Taufgerät jeweils als „Taufe" behandelt, obwohl diese, in der Regel aus Taufschale und Taufkanne bestehenden Objekte streng wissenschaftlich gesehen, eine eigenständige Gruppe bilden.

Taufen gehörten zu den wichtigsten Liturgiegeräten in der Kirche und sind daher auch in der Regel in jeder Pfarrkirche zu finden, da der Mensch erst durch die Taufe in die christliche Gemeinschaft aufgenommen wird. In früheren Zeiten durfte man erst dann einen geheiligten Raum betreten und am gesamten Gottesdienst teilnehmen, wenn man dieses Sakrament erhalten hatte.

Sowohl in der katholischen als auch in der evangelischen Kirche wird dem Taufbecken, das sich früher häufig im Eingangsbereich einer Kirche oder in einer eigenen Taufkapelle befand, eine große Bedeutung beigemessen. Seine Aufgabe besteht nicht nur darin, das in der Osternacht geweihte Taufwasser während der Osterzeit in der Cuppa aufzubewahren, sondern der wichtigen Taufzeremonie auch einen würdigen Rahmen zu verleihen.

Die Gestaltung des Taufbeckens hängt unmittelbar mit der historischen Entwicklung des Taufritus und der stilistischen Entwicklung in der Architektur zusammen. Grundsätzlich unterscheiden wir drei Formen der Taufe: Das vollständige Untertauchen (Immersio), das Be- oder Übergießen mit Wasser (Infusio) und das Besprengen (Aspersio). Das Untertauchen dürfte wohl aus biblischer Sicht die korrekteste Art der Taufe sein. Auch das griechische Wort „baptisma" (= Taufe) heißt Ganzwaschung im Sinne des Untertauchens. Dafür waren keine besonderen Vorrichtungen erforderlich, denn nach Matthäus (Mt. 3, 13-17) ließ sich Jesus von Johannes im Jordan taufen. Auch seine Nachfolger benötigten keine Taufvorrichtung und keinen bestimmten Taufort. Waren geeignete Wasserstellen vorhanden, wurde die Taufe durch vollständiges Untertauchen des Täuflings vollzogen. Dies lässt sich recht deutlich auch aus der Apostelgeschichte (Apg. 8, 36-39) entnehmen. Und auch Petrus soll in Rom noch vor den ersten Christenverfolgungen das Sakrament der Taufe im Tiber gespendet haben .

Während der Zeit der Christenverfolgung verlegte man oft die Feier der Eucharistie und der Taufe in die über 60 Katakomben von Rom. An diesen unterirdischen Zufluchtsorten lassen sich heute noch entsprechende Vertiefungen lokalisieren, die als Taufbecken in den Fels geschlagen wurden. In einigen Kammern findet man sogar Abbildungen, die darstellen, wie ein Täufling etwa hüfttief im Wasser steht, während der Täufer ihm aus einem Gefäß Wasser über den Kopf gießt. Erst durch das sog. Toleranzedikt von Mailand (313 n. Chr.) enden Verfolgung und Leid. Der Kaiser des Westens, Konstantin I. und der Kaiser des Ostens, Licinius, gewähren sowohl den Christen als überhaupt allen Menschen die Freiheit in der Wahl ihrer Religion. Dieses Zwei-Kaiser-Abkommen verursachte bei den Christen natürlich sofort den Bau von Taufstätten.

Da zur Zeit der großen Missionierung in erster Linie Menschen im entscheidungsfähigen Alter getauft wurden, entschied man sich für einen gesonderten Taufraum in unmittelbarer Nachbarschaft der Kirche. Diese sog. Baptisterien oder Taufkirchen sind in der Regel als Zentralbauten über einem viereckigen, runden, polygonen oder vornehmlich im Osten auch über einem kreuzförmigen Grundriss entwickelt. In der Mitte dieser Anlagen ist ein großes Taufbecken, eine sog. Piscina angeordnet, gelegentlich von einem Säulenkranz umgeben, über dem sich ein Baldachin bzw. Ciborium erhob.

Da die Taufe immer noch durch vollständiges Untertauchen oder durch Übergießen des im Wasser stehenden Täuflings vollzogen wurde, waren jeweils große Taufbecken erforderlich. Die Baptisterien waren oft auch deshalb von beträchtlichen Dimensionen, weil das Taufritual nur an bestimmten Tagen im Kirchenjahr, nämlich an Ostern

(Fest der Auferstehung Christi) und Pfingsten (Ende der Osterzeit und Ausgießung des Hl. Geistes) stattfinden durfte.

Als ab der Karolingerzeit die Zahl der Kindertaufen zunahm, wurden die von den der Kirche unabhängig errichteten Baptisterien seltener und aus der im Boden eingelassenen großformatigen Piscina entwickelte sich das Taufbecken in Form von Sockel, Schaft und Cuppa. Die Tatsache, dass man im 12. Jh. dazu überging, den Täufling nur noch mit Weihwasser zu übergießen oder zu besprengen, ließ das Taufgerät zunehmend schlanker und kleiner werden.

Da das Taufbecken neben Altar und Ambo, wie schon oben angedeutet, zu den wichtigsten Ausstattungsstücken einer Kirche gehört und somit in jeder Kirche mindestens einmal vorhanden ist, lässt sich ein recht genauer Überblick über die Situation im Rheinisch-Bergischen Kreis festhalten. Insgesamt sind es nämlich 76 Taufen in den evangelischen und katholischen Kirchen des Kreises, die vom 12. Jh. bis in das 21. Jh. datiert werden können.

3.0 Kunsthistorische Betrachtungen

Die kunsthistorische Betrachtung hat manchmal etwas von der kaltherzigen Zerlegung eines Kadavers durch den emsigen Insektenforscher. Trotzdem soll in diesem Kapitel der Blick auf wenigstens fünf Bereiche, nämlich auf Standort, Typologie, Ikonographie, Inschriften und Material gelenkt werden, nicht um zu belehren, sondern mittels eines „Dialogs von Taufen" übergreifende Sachverhalte und Qualitätsvorstellungen zu verdeutlichen.

3.1 Standort

Die Taufe ist ein Eintrittsritus, der an seinem Ende eine erste Einführung in die eucharistische Gemeinschaft bildet. Deshalb musste die Taufe entweder in einem besonderen Gebäude in der Nähe des Zugangs zur Kirche bzw. in der möglichst abgeschlossenen Vorhalle des Sakralraumes aufgestellt sein[1]. In der frühen Christenheit bis hinein in das Mittelalter verfolgte man dieses Konzept und errichtete im Vorfeld der Kirchen die sog. Baptisterien[2], die zumeist als Zentralbauten angelegt waren und mit fließendem Wasser gespeiste Taufbecken enthielten.

Alternativ hatte man aber auch in den Eingangsbereichen oder Turmhallen der Kirchen die Taufen aufgestellt. Dieser Bereich lag in der Regel im Westen, sodass jeder Besucher zunächst als erstes an seine eigene Taufe und damit an seine Mitgliedschaft in der Christengemeinde erinnert wurde. In kath. Sakralräumen ist es bis heute üblich, sich am Eingang einer Kirche mit Weihwasser zu bekreuzigen, zur Erinnerung an die eigene Taufe. In diesem Zusammenhang sei daran erinnert, dass in frühchristlicher Zeit der Kirchenraum grundsätzlich geostet, d.h., von Westen nach Osten ausgerichtet wurde. Der Osten markierte hierbei das Ziel des Weges. Dort geht die Sonne auf, die Spenderin des Lebens. Ihr Licht steht, nach christlichem Verständnis, für das Licht des Auferstandenen, der von Osten aus dem Licht erwartet bzw. wiederkommen wird[3]. Der Westen dagegen steht für die Vergänglichkeit und früher für die weltliche Macht. Also führt der Weg durch die Kirche vom Dunkel in das Licht bzw. vom Tod zum Leben.

Im Untersuchungsgebiet sind immerhin noch ein Drittel der Taufen im Eingangsbereich bzw. in dessen Nähe aufgestellt[4]. Und bei fast allen Beispielen handelt es sich um kath. Kirchen, die dieser Tradition folgen. Als ein besonders eindrucksvolles Beispiel darf die Taufe in Odenthal (Nr. 50) angeführt werden, die durch ihren Standort im Westen auch ganz bewusst einen Kontrapunkt zum Altarraum im Osten bildet. Als eine „evangelische Ausnahme" wäre die Kirche in Heidkamp (Nr. 29) anzuführen, vor deren Zugang zum eigentlichen Gemeinderaum sich eine rechtwinkelig angelegte Taufkapelle befindet, in deren Mitte die steinerne Taufe aufgestellt ist.

---

1 Bouyer, Louis: Liturgie und Architektur, Freiburg im Breisgau 1993, S. 114, bzw. Langel, Martina: Der Taufort im Kirchenbau unter besonderer Berücksichtigung des Kirchenbaus im Erzbistum Köln nach 1945, Siegburg 1993 oder auch Lange, Christian/Leonhard, Clemens/ Olbrich, Ralph (Hrsg.): Die Taufe, Einführung in Geschichte und Praxis, Darmstadt 2008.
2 Aus dem 6. Jh. befinden sich östlich des heutigen Domchores zu Köln noch Überreste eines frühchristlichen Baptisteriums. Erhalten ist das achtseitige Taufbecken.
3 Die Ostung basiert auch auf der Vertreibung Adams durch die Westpforte des Paradieses und sein Zurückschauen nach Osten (vgl. Gen. 2, 8).
4 Im Katalogteil dieser Veröffentlichung ist bei den jeweiligen Taufen der „Ist-Standort" der Taufen vermerkt. In einigen wenigen Fällen konnte auch ein ursprünglicher Standort festgehalten werden.

Knapp die Hälfte der inventarisierten Taufen befindet sich im Altarbereich bzw. in etwa auf gleicher Höhe mit Altar und Ambo. Dies ist für die ev. Kirchen nichts Ungewöhnliches, da nach den Reformatoren die Taufe innerhalb der Gemeinde stattfinden sollte und deshalb in den Chorraum gehört, um auch zu verdeutlichen, dass Taufe, Altar und Kanzel die drei wichtigsten Säulen des Glaubens darstellen. Aber auch in den kath. Kirchen wird dieser Standort mittlerweile favorisiert, da von den 34 Taufen, die insgesamt im Chorbereich oder unmittelbar davor aufgestellt sind, immerhin die Hälfte auch dort zu finden ist. Das hat v.a. damit zu tun, dass man die Tauffeier innerhalb des Gottesdienstes in einem eigenen Kapitel behandelt wissen möchte. „Auf diese Weise wird zunächst der enge Zusammenhang zwischen den Sakramenten der Taufe und der Eucharistie betont. Da die erwähnte Messe in der Regel eine Feier für die gesamte Gemeinde ist, wird zugleich die Taufe in die größere Öffentlichkeit der Gemeinde gestellt. Auf diese Weise wird deutlich, dass die Taufe auch eine Aufnahme in die Gemeinschaft der Glaubenden und der Kirche ist, und nicht nur eine Familienfeier und ein privates ´Begrüßungsfest´ am Beginn des Lebens"[5]. Als Beispiel sei die Kirche in Bechen (Nr. 2) angeführt. Dort stehen Altar, Ambo und Taufstein in einer Reihe, allerdings ruht die Taufe, entgegen den beiden anderen Ausstattungsstücken, nicht auf einem Podest sondern auf Saalniveau.

Manchmal sind die Standorte aber auch über den Kirchenraum verteilt. So befinden sich die Taufen in Bensberg (Nr. 4), Bergisch Gladbach (Nr. 6/B) und in Marialinden (Nr. 46) vor oder anstelle von Seitenaltären in den östlichen Enden der Nebenchöre. In zwei Fällen, nämlich in Leichlingen (Nr. 44) und in Rösrath (Nr. 62), ist ihnen an den Langseiten der Kirchenräume eine apsisartige Erweiterung geschaffen, in der sich die Taufe befindet. Dass der Taufakt einen Ritus darstellt, der innerhalb der Gemeinde stattfinden soll, demonstriert in eindrucksvoller Weise der mitten in der ev. Kirche aufgestellte Taufstein in Kleineichen (Nr. 42).

Die zum Teil flexiblen Taufständer und die mitinventarisierten Taufgeräte machen ein Fünftel der Taufen im Rheinisch-Bergischen Kreis aus. Sie sind in der Regel in der Sakristei untergebracht und werden bei entsprechenden Feierlichkeiten vor oder auf dem Altar aufgestellt.

---

5 Bischofskonferenzen Deutschlands, Österreichs und der Schweiz und des Bischofs von Luxemburg (Hrsg.): Die Feier der Kindertaufe in den Bistümern des deutschen Sprachgebietes. Zweite authentische Ausgabe auf der Grundlage der Editio typica altera 1973, Bonn 2008, S. 18 ff.

3.2 Typologie

Die Formenvielfalt ist, wie sich das auch schon für den hier bearbeiteten Rheinisch-Bergischen Kreis darstellt, unerschöpflich. Grundsätzlich kann man allerdings sagen, daß sich im Laufe der gut 800 Jahre, die in dieser Veröffentlichung behandelt werden, die Taufen von wuchtigen, zum Teil auch recht eindrucksvoll geschmückten Gefäßen zu recht schlichten Kirchenausstattungsstücken entwickelt haben.

Taufbecken

Der am häufigsten vorkommende Taufentyp im Untersuchungsgebiet ist der sog. „Pokal- oder Kelchtyp". Er setzt sich grundsätzlich aus drei Grundelementen zusammen, nämlich einem Sockel, dem darauf aufsitzenden Schaft und einer mehr oder weniger ausladenden Cuppa. Wenn wir die Entwicklung anhand der Stilepochen festmachen, so sind die erwähnten Grundelemente in romanischer Zeit durchweg breit und schwerfällig angelegt[6]. Die Cuppa ist in der Regel rund (Herkenrath, Nr. 31) oder sechseckig (Volberg, Nr. 72/A), der sie tragende Schaft besteht entweder nur aus einem Mittelzylinder, oder er wird zusätzlich durch weitere Säulchen ergänzt, die v.a. den Rand des Beckens stützen helfen (Bensberg, Nr. 4). Die ursprünglichen vermutlich aus Holz bestehenden Taufsteindeckel sind längst nicht mehr erhalten, sodass heute moderne Abdeckungen, in der Regel aus Metall, die Taufen zieren. Für die gotische Epoche[7], in der die einzelnen Elemente merklich schlanker werden, bzw. an Höhe gewinnen und wo v.a. plastische Verzierungen Cuppa und Deckel schmücken, gibt es im Untersuchungsgebiet kein Beispiel mehr.

Lediglich aus der Zeit des Barock gibt es wieder einige Taufen, welche die Lust am Schmücken und Profilieren erkennen lassen[8]. Der Cuppa liegt mittlerweile häufig das Achteck zugrunde, die Sockelausbildungen sind mehrfach getreppt und gestuft ausgeführt und die Schaftausbildungen gleichen balusterartigen Architekturelementen. Als Beispiel hierzu sei die Taufe in Volberg (Nr. 72/B) angeführt.

Sehr viele Taufen sind allerdings noch aus dem 19. Jh. vorhanden. Sie verfügen mehrheitlich über die schon erwähnte polygonale Cuppa. Im Zuge des Historismus sind romanische und gotische Verzierungen und Muster sehr häufig anzutreffen, d.h., die Sockel zeigen attische Basen mit und ohne Eckzier, die Schäfte werden mit Blendmaßwerk versehen und die Beckenwandungen zeigen ebenfalls reichlich Blatt- und Rankenwerk, bzw. filigrane steinmetzmäßig bearbeitete Dekorationen (Olpe, Nr. 52/B). Die dazugehörigen Taufdeckel sind entweder aus Holz oder in Metall gefertigt. Sie sind der achteckigen Cuppa angepasst, verziert und in der Regel mehrfach gestuft und geschwungen gearbeitet und mit einem Kreuz, Blattzapfen oder Taubenmotiv als Bekrönung abgeschlossen (z.B. Immekeppel, Nr. 39).

---

6 Vgl. hierzu u.a. Pudelko, Georg: Romanische Taufsteine, Berlin 1932; Tuulse, Armin: Mittelalterliche Taufsteine in Estland, Stockholm 1949; Petersen, Friedrich: Romanische Taufsteine in Ostfriesland, Leer 1997 bzw. Schmidt, Joachim: Die romanischen Taufsteine zwischen Gotland und Westfalen und ihre bildplastische-religionsdidaktische Gestaltung. Denken und Handeln, Beiträge aus Wissenschaft und Praxis, Religion und Kunst III, Bochum 1991.
7 Vgl. hierzu u.a. Böcher, Otto: Spätgotische Taufsteine in Rheinhessen und der Pfalz, Mainz 1972.
8 Vgl. hierzu u.a. Habermehl, Paul: Barocke Taufsteine in der Vorderpfalz. Künstler und Handwerker in der ersten Hälfte des 18. Jh., Hrsg. vom Archiv des Bistums Speyer, Speyer 1999.

Seit der Mitte des 20. Jh. lässt sich wieder eine Vereinfachung des Stils in Form und Verzierung feststellen. Die klassische Grundstruktur von Sockel, Schaft und Cuppa, die über die Jahrhunderte konstant beibehalten wurde, wird nun sukzessive aufgegeben. Das Zurücktreten der rein ästhetischen Gestaltungsprinzipien hinter den die Form bestimmenden Verwendungszweck wird besonders an dem Beispiel in Rösrath (Nr. 63) augenfällig, während das Reduzieren der Form auf eine einfache und übersichtliche geometrische Grundstruktur von der Taufe in Forsbach (Nr. 19) gut verkörpert wird.

Taufständer

Anstelle des steinernen Taufbeckens sind im Untersuchungsgebiet auch sog. Taufständer vorzufinden, welche eine Taufschale tragen. Genutzt werden sie hauptsächlich in den ev. Kirchen. Der Älteste von ihnen (Burscheid, Nr. 13) reicht dem Duktus nach evtl. sogar wie seine aufliegende Silberschale in das 19. Jh. zurück. Er ist als Dreifuß aus schmiedeeisernen Stützgliedern gefertigt.

Vermutlich aus dem Jahre 1936 stammt der aus vier Bandstahlstützen angefertigte Standfuß in Witzhelden (Nr. 75). Dieser ist deshalb von besonderem Interesse, weil dort das Motiv der Cuppa durch einen eigenwilligen eiförmigen Kupferblechaufsatz thematisiert wird. Die übrigen Taufständer sind fast alle aus Holz gefertigt und stammen im Wesentlichen aus heutiger Zeit. Sie sind drei-, vier-, oder fünffüßig ausgebildet und tragen durchweg aus Edelmetall hergestellte Taufschalen. Lediglich im Kinderdorf „Bethanien" (Refrath, Nr. 59) lässt sich ein sechsfüßiger Taufständer lokalisieren, der in einem Stück, also mit aufliegender Taufschale, aus Sayn-Silber gefertigt wurde.

Taufgerät

Das Taufgerät, bestehend aus Taufschale und Kanne kommt im Rheinisch-Bergischen Kreis insgesamt immerhin neun Mal vor und hauptsächlich in den ev. Kirchen[9]. Es sind weitestgehend Schalen aus Silber bzw. aus vergoldetem Messing vorzufinden. Die alten noch aus dem 19. Jh. stammenden Objekte sind durchweg betextet, die jüngeren, bzw. aus unserer Zeit stammenden Schalen sind lediglich mit einem Symbol oder ganz ohne Beschriftung ausgeführt. Eine dazu passend gestaltete Kanne ist nur in wenigen Fällen ausgeführt worden. Ein ansprechendes Beispiel lässt sich z.B. in Refrath (Nr. 56/A) lokalisieren. Dort sind Schale und Kanne aus gehämmertem Silberblech hergestellt. Sie stammen aufgrund der Hersteller-Signatur nachweislich aus der Zeit um 1910/20. Eine Bereicherung bei den inventarisierten Taufgeräten ist sicherlich in der Schale und dem dazugehörigen Krug zu erkennen, die aus Steingut gefertigt, erst seit kurzem für Tauffeierlichkeiten in der Alten Kirche in Bergisch Gladbach-Refrath Verwendung findet (vgl. Nr. 56/B).

---

9 Vgl. hierzu u.a. Heppe, Karl Bernd: Evangelisches Abendmahls- und Taufgerät in Rheinland und Westfalen, in: Kirchliche Kunst im Rheinland, herausgegeben von Dietrich Meyer, Archiv der Ev. Kirche im Rheinland, Düsseldorf 1986, S. 152 ff. oder, was v.a. die Herstellung der Taufbecken und Taufschalen betrifft, Brepohl, Erhard: Die Beckenschläger und ihre Messingbecken, in: Tausend Jahre Taufen in Mitteldeutschland, Katalog herausgegeben von Bettina Seyderhelm im Auftrag der Ev. Kirche der Kirchenprovinz Sachsen, Regensburg 2006, S. 190 ff.

3.3 Ikonographie

Die Dekoration von Taufen ist seit frühchristlicher Zeit festzustellen. Seit dieser Zeit hat sich ein bestimmtes Repertoire an Themen herausgebildet, in dem die christliche Errettungssymbolik einen großen Stellenwert einnimmt. Es sei deshalb der Versuch unternommen, anhand der zu lokalisierenden Motive an den hier inventarisierten Taufen die wichtigsten Themen darzustellen.

Zunächst sei auf die geometrische Grundform der Taufen eingegangen, weil schon dort Deutungen aus dem Bereich der Zahlensymbolik aber auch von Tod und Auferstehung festgemacht werden können.

3.3.1 Geometrische Grundform und Zahlensymbolik

Kreis

Der Kreis hat in allen Kulturen bisher eine bedeutende Rolle gespielt und ist deshalb ein viel verwendetes symbolisches Zeichen. Der Kreis ist zunächst ein Symbol für die Einheit, für das Absolute, Vollkommene und damit für das Göttliche. Da er ohne Anfang unendlich ist, steht er auch für die Unendlichkeit der göttlichen Liebe[10].

In der Architektursymbolik spielt die Kreisform ebenfalls eine wichtige Rolle. So ist sie oft die Basis für die Grundrissform der Baptisterien oder Lebensbrunnen, wobei Zentral- oder Rundbauten in der Architektur schon immer eine wichtige Rolle gespielt haben. Die runde Form ist deshalb bei den Taufen im Untersuchungsgebiet weit verbreitet und macht gut die Hälfte aller inventarisierten Objekte aus.

Vier bzw. Viereck

Die Vier ist das Symbol für die sichtbare Welt. Sie ist unter anderem die Zahl der klassischen Elemente, des Quadrats, der Jahreszeiten und der Paradiesflüsse (Gen. 2, 10 ff.: Pischon, Gihon, Tigris, Euphrat)[11]. Bei den Christen steht die Zahl Vier zum Beispiel für die vier Evangelisten (Matthäus, Markus, Lukas, Johannes), die großen Propheten (Jesaja, Jeremia, Ezechiel, Daniel), die Grundtugenden (Klugheit, Starkmut, Gerechtigkeit, Mäßigkeit) und die besonders herausragenden Kirchenlehrer (Augustinus, Ambrosius, Hieronymus, Gregor d. Gr.)[12].

Betrachtet man den christlichen Sakralbau, stellt man fest, dass auch dort die kubisch-quadratische Konstruktion in der Baugeschichte oft ihren Niederschlag gefunden hat, so wie er „als neues Jerusalem" in der Offenbarung des Johannes beschrieben wurde (Offb. 21, 16)[13]. Im Untersuchungsgebiet gibt es insgesamt sechs viereckige Taufen (Bensberg Nr. 5, Herkenrath Nr. 32, Klasmühle Nr. 40, Olpe Nr. 52A, Rösrath Nr. 63 und Untereschbach Nr. 69).

---

10 Lexikon der Christlichen Ikonographie (LCI), Hrsg. von Engelbert Kirschbaum, Bd. 2 von 8 Bdn., Freiburg im Breisgau 1994, Sp. 560ff.
11 Die Bibel, Einheitsübersetzung, Stuttgart 1980, S. 6.
12 LCI, a.a.O., Bd. 4, Sp. 459.
13 Die Bibel, a.a.O., S. 1410.

Fünf bzw. Fünfeck

Die Fünf ist die vollkommene Zahl des Mikrokosmos Mensch. Nach alter Denkart besteht der Mensch aus den vier Elementen ergänzt durch das fünfte Element, den Geist, das ihn vom Tier unterscheidet. Die fünf Sinne, die den Menschen auszeichnen, seien ergänzend angefügt.

Die Bibel kennt die fünf Bücher Mose, im Neuen Testament sind es fünf Brote, mit denen Christus die fünftausend Menschen speist (Mk. 8, 14-21)[14]. In Bezug auf die fünf Wundmale Christi werden zum Beispiel bei der Konsekration einer christlichen Kirche in den Altar fünf Kreuze eingemeißelt.

Konstruiert man aus dem gleichseitigen Fünfeck ein Pentagramm (Fünfstern), lässt sich zu jeder Strecke und Teilstrecke ein Partner finden, der mit ihr im Verhältnis des Goldenen Schnitts steht. Dieses Zahlenverhältnis (1:1,618) wird in der Kunst und Architektur oft als ideale Proportion und als Inbegriff von Ästhetik und Harmonie angesehen. Die einzige Taufe, deren Cuppa einem regelmäßigen Fünfeck zugrunde liegt, ist in Hand (Nr. 25) zu finden.

Sechs bzw. Sechseck

Mit der Zahl Sechs kommt die Zeit in die Welt. In sechs Tagen schuf Gott die Welt (Gen. 1, 1-31)[15]. Sie ist deshalb auch ein Hinweis auf die übermenschliche Kraft, die beim göttlichen Schöpfungswerk waltete. Die Sechs steht zugleich in einer besonderen Beziehung zu Christus. Das Christusmonogramm (Chrismon), geformt aus den griechischen Anfangsbuchstaben X (chi) und P (rho) des Titels Christus, bildet ein sechsarmiges Zeichen und symbolisiert die Macht Christi[16]. Die Sechs ist ferner die Zahl der Werke der Barmherzigkeit (Mt. 25, 35-36)[17].

Das Hexagramm, aus zwei gleichseitigen Dreiecken zusammengesetzt, ist nicht nur als Siegel Salomons ein weit verbreitetes Symbol. Es steht auch für die Harmonie und Gleichgewichtigkeit in der Verbindung des göttlichen und weltlichen Prinzips. Im Untersuchungsgebiet sind drei Taufen auf der Basis eines gleichseitigen Sechsecks aufgebaut: Bensberg Nr. 6, Hohkeppel Nr. 37 und Volberg Nr. 72/A.

---

14 Die Bibel, a.a.O., S. 1139.
15 Ebenda, S. 5 f.
16 LCI, Bd. 1, Sp. 456 ff.
17 Die Bibel, a.a.O., S. 1121.

Sieben bzw. Siebeneck

Die Zahl Sieben, neben der „Drei" religionsgeschichtlich die wichtigste Zahl[18], steht vor allem für Vollständigkeit und Totalität. In sechs symbolischen Tagen schuf Gott die materielle Welt und ruhte am siebten Tag (Gen. 2, 1-3)[19]. Im Neuen Testament gibt es zum Beispiel den Hinweis auf die Siebenfältigkeit Gottes: „So spricht Er, der die sieben Geister Gottes hat und die sieben Sterne" (Offb. 3, 1)[20].

Wesentlicher ist der Hinweis auf Sieben, als die Zahl des Menschen, bestehend aus der Zahl Drei (Bedeutung der göttlichen Existenz) und Vier (Zahl der irdischen Elemente). Die Sieben deutet irdische Zeit und Vergänglichkeit an, die in der Taufe überwunden werden kann[21]. Das in antiker Zeit Sieben Bauwerke als Weltwunder ausgewählt wurden, ist ebenfalls nicht rein zufällig geschehen, sondern entspricht dem geistigen Weltbild bzw. der Zahlensymbolik dieser Völker. Eine siebeneckige Taufe kommt im Untersuchungsgebiet lediglich einmal vor und ist in Hoffnungsthal (Nr. 36) anzutreffen.

Acht bzw. Achteck

Schon bei den Babyloniern war Acht die Zahl der Gottheit und damit die Zahl der Vollkommenheit. In dieser Bedeutung spielt sie auch bei den Juden und Christen eine wesentliche Rolle[22]. So ist sie z.B. Maßzahl beim Bau des neuen Tempels (Ez. 40, 9)[23], außerdem werden in der Arche acht Seelen gerettet und in der Bergpredigt werden acht Seligpreisungen genannt (Mt. 5, 3-10)[24].

Das sinnstiftende Heilsgeschehen für die Zahl Acht ist jedoch in der Auferstehung Christi am Tag nach dem Sabbat, dem achten Tag zu sehen. Der Sabbat wird überwunden, der achte Tag deutet voraus auf die ewige Seligkeit, oder, wenn das Alte Testament der Symbolgehalt Sieben zugeordnet wird (z.B. siebenarmiger Leuchter), muss das ergänzende und vollendete Neue Testament durch die Zahl Acht repräsentiert werden.

Deshalb ist die Zahl Acht in der altchristlichen Architektur häufig mit der Anlage von Baptisterien verbunden worden und auch bei der Konzeption eines Taufbeckens griff man gerne auf diese Zahl bzw. auf das Oktaeder zurück. Daher besitzt im Untersuchungsgebiet auch gut ein Drittel der Taufen eine achteckige Grundform (vgl. die Nrn.: 1/A, 1/B, 2, 3, 7, 8, 16/A, 17, 26, 27, 28/A, 28/B, 33, 35, 39, 44, 50, 51, 52/B, 55/B, 62, 64, 70/A, 71 und 73).

---

18 LCI, a.a.O., Bd. 4, Sp. 154.
19 Die Bibel, a.a.O., S. 6.
20 Die Bibel, a.a.O., S. 1393.
21 Dölger, Franz Joseph: Zur Symbolik des altchristlichen Taufhauses,
    in: Antike und Christentum. Kultur- und religionswissenschaftliche Studien, Bd. 4, Münster 1934, S. 172.
22 LCI, a.a.O., Bd. 1, Sp. 40.
23 Die Bibel, a.a.O., S. 991.
24 Ebenda, S. 1091.

Zehn bzw. Zehneck

Zehn ist die Zahl, die potenziell alles umfasst. Die Zehn symbolisiert körperlich die zwei mal fünf Finger und Zehen. In der Bibel heiligen die zehn Gebote diese Zahl (Ex. 20, 1-21)[25]. Sowohl bei den Juden als auch bei den Christen und Mohammedanern nimmt die Zehn eine verehrungswürdige Stellung ein. Dem Christusmonogramm ist die Zehn zum Beispiel als X (griech. Buchstabe chi, bzw. röm. Ziffer Zehn) eindrucksvoll eingeschrieben.

Ihre sakrale Bedeutung ist allerdings weit älter als ihre Position im Zehnersystem der Arithmetik. Als Grundform für ein Taufbecken wird das Dekagon selten verwendet, ist aber im Untersuchungsgebiet in Burscheid Nr. 12/B zu finden.

3.3.2   Deutungsweisen aus dem Alten Testament

Arche Noah

Eine der klassischen Taufgeschichten ist die von Noahs Rettung im Untergang. Die Sintflut (Gen. 7)[26] ereignete sich durch Wasser, Taufe ereignet sich ebenfalls durch Wasser. Damals war es Wasser des Todes, in der Taufe ist es sündentilgendes Wasser. Dieser Bezug wird alljährlich in der Osternacht, bei der Weihe des Wassers, ausgesprochen. An der Taufe in Altenberg Nr. 1/B wird durch eine entsprechende Abbildung daran erinnert, dass durch das Wasser der Taufe das Leben des Täuflings verbunden ist mit dem Geschick Jesu, mit seinem Tod und seiner Auferstehung.

Auge Gottes

Das Auge Gottes oder das „Auge der Vorsehung" ist ein Symbol, welches an die Vorstellung von der Allwissenheit Gottes mahnen soll[27]. In der Regel ist es, wie auch in Overath Nr. 53 dargestellt als ein Auge, das von einem Dreieck – im Sinne eines dreieinigen Gottes – umschlossen wird.

Schon in der frühen ägyptischen Mythologie symbolisiert ein ähnliches Motiv, das sog. „Vdjat-Auge" (auch Mond-Auge) den Himmelsgott Horus. Im Christentum erscheint es als Symbol nicht nur der Allwissenheit, sondern auch der Wachsamkeit und behütenden Allgegenwart Gottes. Dieser Aspekt wurde jedoch oft im Interesse einer einschüchternden Pädagogik missbraucht. In heutiger Zeit erkennt man in diesem Motiv eher einen heilsamen und befreienden Gott, der den Menschen und im besonderen Fall den Täufling bis in sein innerstes hinein versteht und liebt.

---

25 Ebenda, S. 72.
26 Die Bibel, a.a.O., S. 11.
27 LCI, a.a.O., Bd. 1, Sp. 222.

Hand des Schöpfers

Die Darstellung der segnenden Hand Gottes schmückt die Taufe in Burscheid Nr. 12/A. Hier ist vermutlich im alttestamentlichen Sinne gemeint, daß Gott nicht nur durch seine Schöpfung allein, sondern auch durch jeden Menschen Gutes schaffen möchte, gemäß dem Spruch: „Ich werde (…) dich segnen und deinen Namen groß machen. Ein Segen sollst du sein" (Gen. 12, 2). Die Taufe darf unter diesem Aspekt als eine bewusst eingegangene Verbindung zu dem liebenden Gott interpretiert werden, in der Hoffnung, dass die heilsamen Kräfte des Vertrauens in jenen Menschen gestärkt werden.

Die Taufe darf in diesem Zusammenhang aber auch als ein Geschenk oder Angebot Gottes gedeutet werden, freiwillig seinem Weg zu folgen. Die Taufe ist dann nicht als eine Verpflichtung zu irgendeiner Religiosität, sondern als die ausgestreckte Hand des Schöpfers zu erklären, die den Menschen bzw. den Täufling dadurch in die Gemeinschaft der Gläubigen aufnehmen möchte.

Moses schlägt Wasser aus dem Felsen

Als das Volk Israel in der Wüste dürstet, schlägt Moses an einen Fels und es fließt Wasser (Ex. 17, 3-7)[28]. Beim Propheten Ezechiel verheißt Gott: „Ich gieße reines Wasser über euch aus, dann werdet ihr rein sein. Ich reinige euch von aller Unreinheit und von allen euren Götzen" (Ez. 36, 25)[29]. Tertullian (150-230) predigt: „Ähnlich wird dem Wasser durch den Stab des Moses (…) wohltuende Brauchbarkeit wiedergegeben. Jener Stab war Christus, welcher die Wasseradern von vorher vergifteter und bitterer Beschaffenheit in das so heilsame Taufwasser umwandelte (…)"[30]. Deshalb ist auch das Motiv des aus dem Felsen Wasser schlagenden Moses als ein Symbol für die Taufe, als Quelle lebendigfließenden Wassers zu verstehen. Dieses Motiv wird thematisiert an der Taufe in Burscheid Nr. 12/B.

Sündenfall

Die Lehre von der Erbsünde wurde im Wesentlichen von Augustinus (354-430) formuliert. Für ihn hat die Erbsünde ihren Grund in der Ursünde Adams und Evas (Gen. 3, 1-24)[31]. Diese gleichsam von den Eltern auf die Kinder physisch vererbte Sünde wird durch die Taufe abgewaschen bzw. ungeschehen gemacht. Dadurch eröffnet Gott dem Täufling den Weg zum Heil in Christus und letztlich zur Erlösung. Daß der Getaufte Anteil hat am Verdienst Christi, also an der Sündenüberwindenden Tat seines Opfertodes, soll im Untersuchungsgebiet an den Taufen in Altenberg 1/B, Bergisch Gladbach 6/B und in Kleineichen Nr. 42 verdeutlicht werden.

---

28 Die Bibel, a.a.O., S. 69 f.
29 Ebenda, S. 987.
30 Langel, Martina: Der Taufort im Kirchenbau, Siegburg 1993, S. 91 und Anm. 439.
31 Die Bibel, a.a.O., S. 7 f.

Zehn Gebote

Das Christentum hat eine Tradition von Werten hervorgebracht, die zumindest für die westliche Welt nach wie vor grundlegend sind. Die Zehn Gebote[32] (Ex. 20, 2-17)[33] gehören hierbei zur Basis dieser Lebensregeln. Mit der Taufe wird quasi der erste Schritt unternommen, dem Täufling den Reichtum dieser religiösen Traditionen als Lebenshilfe zu erschließen. Lediglich bei der Taufe in Altenberg Nr. 1/B wird auf diese Bedeutung hingewiesen.

Zug durch das Rote Meer

Der Zug durch das Rote Meer (Ex.14, 1-31)[34] repräsentiert das Wasser in der Taufe. Die Vernichtung des Bösen (das Heer des Pharao, bzw. die Welt des Fleisches und der falschen Religion) und die Errettung des Guten (Gottes gläubiges Volk Israel). Paulus spricht in seinem Brief an die Korinther (1Kor. 10, 1-2)[35] über die Taufe und bezieht sich dabei auf diesen Durchzug durch das Rote Meer: „Ihr sollt wissen, Brüder, dass unsere Väter alle unter der Wolke waren, alle durch das Meer zogen und alle auf Moses getauft wurden in der Wolke und im Meer". Die Darstellung dieses Motivs, der Errettung aus der Sklaverei und die Befreiung durch die christliche Taufe finden sich bei den Taufen in Altenberg Nr. 1/B und in Refrath Nr. 58.

3.3.3 Propheten, Apostel, Kirchenväter

Johannes der Täufer

Johannes der Täufer ist der letzte Prophet des Alten Testaments, der erste Märtyrer des Neuen Testaments und als Vorläufer von Jesus Christus in den Evangelien beschrieben. Christus selbst sagte über ihn: „Unter allen Menschen gibt es keinen größeren als Johannes" (Lk. 7, 28)[36]. Sein Beiname drückt aus, dass er inhaltlich untrennbar mit dem Thema der Taufe verbunden ist. Seine Taufpraxis am Jordan wird als Vorwegnahme der christlichen Taufe verstanden. Seine Bußpredigten waren von der Naherwartung geprägt, dass die Verbindung von Umkehr und Buße mit der Wassertaufe die Rettung im kommenden Endgericht garantiert (Mk. 1, 4)[37]. Auch Jesus ließ sich von Johannes taufen. Dabei erkannte dieser in jenem den ersehnten Erlöser und rief aus: „Seht, das Lamm Gottes, das die Sünde der Welt hinwegnimmt" (Joh. 1, 29-31)[38].

Dieses Motiv wurde zu einem beliebten Thema in der christlichen Kunst. Im Untersuchungsgebiet gibt es zwei Taufen, die Johannes den Täufer mit Christus zeigen. In Burscheid Nr. 12/B ist der Beckenrand mit Szenen geschmückt, die sich auf die Taufe beziehen, eine davon zeigt das erwähnte Motiv. In Heidkamp Nr. 28/B ist dieses als Deckelbekrönung skulptural ausgearbeitet.

---

32 Die Zehn Gebote teilen sich auf in drei göttliche Gebote und sieben menschliche Gebote.
33 Ebenda, S. 72.
34 Ebenda, S. 66.
35 Die Bibel, a.a.O., S. 1288.
36 Ebenda, S. 1165.
37 Ebenda, S. 1129.
38 Ebenda, S. 1196.

Jonas und der Walfisch

Gott hatte dem Propheten Jonas die Aufgabe erteilt, in der Stadt Ninive, der sündigen Hauptstadt der Assyrer, Buße zu predigen. Jonas wollte sich diesem unangenehmen Auftrag entziehen und beschloss zu fliehen. Nach der Legende geriet jedoch das Schiff, auf dem er fliehen wollte, in Seenot. Nachdem die Seeleute, die glaubten, daß Jonas das Unwetter zu verantworten hatte, ihn ins Meer geworfen hatten, soll er von einem Wal verschluckt worden sein. Was als tiefste Auswegslosigkeit erscheint, entpuppt sich jedoch als göttliche Rettung. Der Wal spie den Widerspenstigen nach drei Tagen zurück an Land, sodass er nun gehorsam und reuevoll nach Ninive gehen konnte, um dort seinen Auftrag zu erfüllen.

Jesus hat sein eigenes Schicksal mit dem des Propheten Jonas verglichen: „Denn wie Jonas drei Tage und drei Nächte im Bauch des Fisches war, so wird auch der Menschensohn drei Tage und drei Nächte im Inneren der Erde sein" (Mt. 12, 40)[39]. Das von Gott wieder ins Leben gebracht werden vollzieht sich im Ritus der Taufe durch das dreimalige Untertauchen, als Symbol der Auflösung und des wieder an Land Kommens als Geläuterter bzw. Wiedergeborener.

In Heidkamp Nr. 29 befindet sich dieses altchristliche Taufsymbol auf dem Grund der Taufschale, in Gronau Nr. 21 ist es als Deckelbekrönung skulptural ausgearbeitet zu lokalisieren.

Stephanus

Dass in Hand (Nr. 25) auf einer der Mantelflächen die Steinigung des Stephanus dargestellt ist, hat nichts mit dem Patronat der Kirche oder einer sonstigen örtlichen Besonderheit zu tun. Auch ein unmittelbarer Bezug zur Taufe ist nicht gegeben, allerdings war er derjenige, der – nach Johannes dem Täufer – als erster für seinen Glauben den Märtyrertod erlitten hat. Stephanus war nach dem Neuen Testament einer der Diakone der Apostel, war Vertreter einer gesetzes- und tempelkritischen Verkündigung (Apg. 7, 2ff.)[40], kam deshalb mit dem Volk in Konflikt und wurde Opfer einer Lynchjustiz. Seine Steinigung war im Übrigen der Auftakt zu einer großen Christenverfolgung in Jerusalem (Apg. 8, 1-3)[41].

3.3.4 Deutungsweisen aus dem Neuen Testament

Alpha und Omega

Der erste und der letzte Buchstabe des klassischen griechischen Alphabets – Alpha und Omega – stellen nach alter Vorstellung die Schlüssel des Universums dar. Sie sind ein Symbol für das Umfassende, die Totalität, für Gott und insbesondere für Christus als den Ersten und Letzten.

Durch die Taufe wird nach christlicher Denkweise dem Täufling der Lebensweg Christi auf den Leib geschrieben, jenem, der nach der Offenbarung des Johannes „das Alpha und das Omega, der Erste und der Letzte, der Anfang und das Ende" darstellt (Offb. 22, 13)[42]. Das Motiv ist als Deckelbekrönung in Bechen Nr. 3 thematisiert.

---

[39] Ebenda, S. 1102.
[40] Die Bibel, a.a.O., S. 1234.
[41] Ebenda, S. 1235.
[42] Ebenda, S. 1411.

Auferstehung Christi

Die Auferstehung Jesu Christi, des zuvor von Pontius Pilatus Gekreuzigten, ist das Glaubensbekenntnis des Christentums im Neuen Testament. Dieser Glaube wird im Osterfest, dem Hauptfest der Christenheit, gefeiert. Es erinnert daran, dass Jesus von Nazareth am „dritten Tag" nach seiner Kreuzigung auferstanden ist. Deshalb bedeuten Auferstehung und Taufe im Christentum ein und dieselbe Wirklichkeit, weil in beiden Fällen neues Leben geschenkt wird bzw. geschenkt wurde. Der Apostel Paulus spricht darüber ausdrücklich in seinem Römerbrief (Röm. 6, 3). Das Motiv der Auferstehung Christi befindet sich auf der Taufe in Hand (Nr. 25).

Christusmonogramm

Das Christusmonogramm „XP" zeigt die beiden ersten Buchstaben der griechischen Schreibweise von Christus. „X" ist eindeutig der Buchstabe Chi (Ch = 1. Buchstabe von Christus), das senkrechte „P" wird entweder als Rho (r = 2. Buchstabe von Christus) oder als Jota (J = 1. Buchstabe von Jesus) gedeutet.

Der Legende nach hatte Kaiser Konstantin vor der Schlacht gegen seinen Rivalen Maxentius eine Erscheinung des Chrismon mit den Worten: „in hoc signo vinces" (In diesem Zeichen wirst du siegen). In der Nacht sei ihm dann Christus im Traum erschienen und habe ihm befohlen, das himmlische Zeichen nachahmen zu lassen, um es als Panier (Feldzeichen) gegen seine Feinde zu verwenden. Seit diesem Tag ließ Konstantin die Kriegsfahne „das Labarum" mit dem Kreuz bezeichnen und nach dem Sieg gegen seinen Widersacher gab er im Jahre 313 durch das Edikt von Mailand dem Christentum volle Gleichberechtigung mit den alten Kulturen. Das Symbol soll bei der Taufe, der Aufnahme des Täuflings in die Gemeinschaft der Christen, an die Zusage der Liebe und des Segens Gottes erinnern. Die Darstellung dieses Symbols ist bei dem Taufgerät in Dabringhausen Nr. 14 und Herkenrath Nr. 32 zu finden.

Kreuz

Das Kreuz ist ein universelles Symbol aus uralten Zeiten. In der vorchristlichen Zeit versinnbildlichte der senkrechte Balken die Verbindung zwischen Himmel und Erde, der waagerechte Balken stand für die Erd- und Wasserfläche. Es ist Sinnzeichen für den Lebensbaum und für den kosmischen Weltenbaum uralter Mythen gewesen[43]. Ohne einen Zusammenhang und einer Gemeinsamkeit damit entstand aus dem römisch antiken Folter- und Hinrichtungsinstrument durch die Kreuzigung Jesu das Heilszeichen des Christentums. Zunächst verzichtete man bei den frühen Christen auf die Darstellung der Kreuzigung Jesu, weil diese in der Hauptsache als Todesstrafe für Verbrecher, Sklaven, Freigelassene und Aufständische[44] zur Anwendung kam. Erst seit Kaiser Konstantin und seines Toleranzediktes (vgl. oben) finden sich offene Abbildungen des Kreuzes Christi.

Auf die weitergehende symbolische Ausdeutung des Kreuzes als Zentrum der neuen Schöpfung, als Symbol der Tugenden oder der vier Wohltaten Christi, nämlich „des Himmels Eröffnung, der Hölle Zerstörung, der Gnade Mitteilung und der Sünde Vergebung"[45] usw., kann hier nur hingewiesen werden. D.h., das Kreuz ist für die Christen kein Todes-, sondern ein Lebenssymbol, ein Zeichen, das vor allem die Überwindung des Todes dokumentieren

---

[43] Lurker, M.: Wörterbuch der Symbolik, Stuttgart 1991, S. 407.
[44] Kuhn, H.-W.: Die Kreuzesstrafe während der frühen Kaiserzeit. Ihre Wirklichkeit und Wertung in der Umwelt des Urchristentums, in: Temporini und W. Haase (Hrsg.), Aufstieg und Niedergang der römischen Welt, Bd. II, Berlin, New York 1982, S. 724.
[45] Lurker, M.: Symbol, Mythos und Legende in der Kunst. Die symbolische Aussage in Malerei, Plastik und Architektur, Studien zur Deutschen Kunstgeschichte, Baden-Baden, Straßburg 1958, S. 108.

soll. Eine kreuzförmige Taufe, so wie sie lediglich in Kleineichen Nr. 42 zu finden ist, will letztlich symbolisieren, dass der Lebensweg Christi allen Christen mit der Taufe auf den Leib geschrieben wird.

Das Motiv des Kreuzes findet sich in Form von Abbildungen oder Bekrönungen z.B. in: Bensberg Nr. 5, Bergisch Gladbach Nr. 6/A, Biesfeld Nr. 8, Dürscheid Nr. 17, Frankenforst Nr. 20, Hand Nr. 24, Hebborn Nr. 26, Heiligenhaus Nr. 30, Herkenrath Nr. 31, Hilgen Nr. 34, Hohkeppel Nr. 37, Kleineichen Nr. 41, Marialinden Nr. 46, Olpe Nr. 52/A und 52/B, Overath Nr. 53, Paffrath Nr. 55/B, Untereschbach Nr. 69 und Witzhelden Nr. 75.

Kreuzigung

Kreuzigung und Taufe sind unmittelbar aufeinander bezogen. Die Taufe übereignet nämlich den Täufling dem Gekreuzigten und bezieht ihn in das durch den Kreuzestod erlangte Heilsgeschehen ein. Der Apostel Paulus schrieb dazu deutliche Worte an die Römer: „Wisst ihr denn nicht, dass wir alle, die wir auf Christus Jesus getauft wurden, auf seinen Tod getauft worden sind? Wir wurden mit ihm begraben durch die Taufe auf den Tod; und wie Christus durch die Herrlichkeit des Vaters von den Toten auferweckt wurde, so sollen auch wir als neue Menschen leben" (Röm. 6, 3)[46].

Der Taufakt des in das Wasser hineintauchens oder untertauchens bedeutet Begrabenwerden und ist als Symbol für den Tod zu sehen. Er ist ein Zeichen dafür, dass der alte Mensch mit Christus gekreuzigt wurde.

Indem man bei Jesu Kreuzigung mit einer Lanze in sein Herz stach und Wasser und Blut herausflossen, erfüllte sich außerdem die Schrift: „Aus seinem Inneren werden Ströme von lebendigem Wasser fließen" (Joh. 7, 37-38)[47]. Dieses Motiv darf deshalb als eine zusätzliche Quelle des Erlösungs- bzw. Heilsgeschehens betrachtet werden. Dargestellt ist dies an den Taufen in Altenberg Nr. 1/B, Burscheid Nr. 12/B und Hand Nr. 25.

Pfingstwunder

Pfingsten ist das christliche Fest der Entsendung des heiligen Geistes an die Apostel. Es geht auf das jüdische Wochenfest Schawnot zurück, und wird wie dieses am fünfzigsten Tag nach Ostern bzw. Pessach gefeiert. Im Neuen Testament wird dies in der Apostelgeschichte erzählt: „…Da kam plötzlich vom Himmel her ein Brausen, wie wenn ein heftiger Sturm daherfährt, und erfüllte das ganze Haus, in dem sie waren. Und es erschienen ihnen Zungen wie von Feuer, die sich verteilten; auf jeden von ihnen ließ sich eine nieder…" (Apg. 2, 1-41)[48].

Das Pfingstfest gilt bis heute als „Geburtstag der Kirche". Eng mit diesem Ereignis verbunden ist die Taufe zu sehen, in der ebenso der Geist Gottes auf den Menschen herabkommt, bzw. jeder einzelne Täufling an der Geist vermittelten himmlischen Gemeinschaft seinen Anteil erlangt. Das Motiv des Pfingstwunders, dargestellt in Form einer Feuerzunge, ist an den Taufen in Burg an der Wupper Nr. 10, Burscheid Nr. 12/B, Frankenforst Nr. 20, Olpe Nr. 52/A, Overath Nr. 53 und in Refrath Nr. 57 zu finden.

---

46 Die Bibel, a.a.O., S. 1268 f.
47 Ebenda, S. 1205.
48 Ebenda, S. 1228 f.

Sakramente

Die Sakramente sind nach der christlichen Theologie die Gnade Gottes vermittelnde kirchliche Zeichenhandlungen[49]. Die Einsetzung dieser Weihen (lat. sacramentum) wird auf Jesus Christus zurückgeführt. Auf den Mantelflächen der Taufe in Hoffnungsthal (Nr. 36) sind die sieben Sakramente der katholischen Kirche abgebildet: 1. Taufe, 2. Firmung, 3. Eucharistie, 4. Beichte (Buße bzw. Versöhnung), 5. Krankensalbung (früher letzte Ölung oder Sterbesakrament), 6. Weihe (in den Stufen Diakon, Priester und Bischof) und 7. Ehe. Die Zahl von sieben Sakramenten ist erstmals im 12. Jh. bezeugt und setzte sich in der Folgezeit durch. In den reformierten Kirchen wurden dagegen nur zwei (Taufe und Eucharistie) oder drei (evtl. die Buße) übernommen.

Das Sakrament der Taufe ist nach christlicher Auffassung das Sakrament des Glaubens, des Vertrauens, der Geborgenheit und der Führung. Es soll ein verlässliches Fundament für das Leben schenken. Die Taufformel „Ich taufe dich auf den Namen des Vaters und des Sohnes und des Heiligen Geistes" bringt dies zum Ausdruck (vgl. Mat. 28, 19)[50].

Samariterin am Jakobsbrunnen

Als Jesus am Jakobsbrunnen mit der Samariterin zusammentraf, bittet er sie, ihm Wasser zu geben. Im Laufe des Gesprächs erklärt er ihr, welches Wasser er zu vergeben habe. „ Wer von diesem Wasser trinkt, wird wieder Durst bekommen; wer aber von dem Wasser trinkt, das ich ihm geben werde, wird niemals mehr Durst haben; vielmehr wird das Wasser, das ich ihm gebe, in ihm zur sprudelnden Quelle werden, deren Wasser ewiges Leben schenkt" (Joh. 4, 13-14)[51]. Dieses lebendig sprudelnde Wasser verknüpft die Begegnung am Jakobsbrunnen mit der Taufe[52]. Das Gespräch am Jakobsbrunnen ist an der Taufe in Burscheid Nr. 12/B wiedergegeben.

3.3.5   Neutrale Motive

Gleichseitiges Dreieck

Schon im vorchristlichen Altertum war die Zahl Drei ein Symbol der Vollkommenheit. In der christlichen Symbolik ist die Drei bzw. das gleichseitige Dreieck ein Sinnbild für die göttliche Dreifaltigkeit. Oft ist es verbunden mit dem Christusmonogramm, manchmal auch mit Alpha und Omega, der Hand Gottes oder dem Auge der Vorsehung. Das gleichseitige Dreieck steht letztlich für das ewige Wesen der göttlichen Natur[53].

Im Wasser der Taufe erhält der Christ Anteil am göttlichen Leben und tritt ein in den Bund, den Gott mit den Menschen geschlossen hat (Gen. 9, 12)[54]. Gott in drei Personen ist nach christlicher Denkweise überall dort wirksam, wo Menschen ihm nachfolgen. Zu finden ist das Symbol des gleichseitigen Dreiecks an der Taufe in Steinenbrück Nr. 67.

---

49 LCI, a.a.O., Bd. 4, Sp. 5 ff.
50 Die Bibel, a.a.O., S. 1127.
51 Ebenda, S. 1199.
52 Langel, a.a.O., S. 93.
53 LCI, a.a.O., Bd. 1, Sp. 525.
54 Die Bibel, a.a.O., S. 12.

Kunsthistorische Betrachtungen_Ikonographie

Goldener Schnitt

Zunächst ist der Goldene Schnitt (lat. Sectio aurea) ein bestimmtes Verhältnis zweier Zahlen oder Größen[55]. Mit diesem Verhältnis, auch als göttliche Teilung (lat. Proportio divina) bezeichnet, wurde in der bildenden Kunst bis heute immer wieder experimentiert[56]. Er wurde zum Beispiel sowohl in der griechischen Baukunst als auch in der Renaissance zur Aufteilung und Gliederung von Flächen oder zur Bestimmung von Abständen genutzt. Außerdem hat man immer wieder versucht, über den Goldenen Schnitt den Menschen im Lot darzustellen, bzw. alle Proportionen des Körpers in jenem idealen Verhältnis (der Wert beträgt 1:1,618) aufzuzeigen.

Der Bezug zur Taufe stellt sich nach der christlichen Denkungsart so dar, dass durch Jesu Taufe im Jordan dem Menschen sozusagen innerlich der „Goldene Schnitt" angelegt wurde. Der Mensch sollte wieder zu jenem Wesen zurückkommen, das Gott ihm von Anfang an zugedacht hat. Bei der Taufe in Steinenbrück Nr. 66 wird durch dieses Motiv auf die Harmonie in der Schöpfung hingewiesen.

Maskenköpfe

Die Maskenköpfe, die an den Taufen in Herkenrath Nr. 31, Kürten Nr. 43 und Wermelskirchen Nr. 74 zu lokalisieren sind, lassen sich nur schwer deuten. Sie sind jeweils nach den Himmelsrichtungen orientiert. Vielleicht sollten sie die aus allen Himmelsrichtungen andrängenden Dämonen abwehren und somit die heilige Handlung der Taufe beschützen. Vielleicht symbolisieren sie die Paradiesströme, die Gott im Garten Eden hat entspringen lassen (Gen. 2, 8-14)[57]. Damit wäre zumindest eine, wenn auch nur geringfügige Beziehung zur Taufe hergestellt[58].

Betrachtet man allerdings die Mimik der maskenartigen Köpfe mit ihren zum Teil stark umrandeten Augen, ohne jeden Gesichtsausdruck, geht von ihnen eine beklemmende ja fast unheimliche Wirkung aus. Mit ihrem Drohstarren stehen sie doch eher im Dienst der Abweisung und Bannung von Übel. Sie sind also Apotropaia, unheilabweisende Bilder, die dem Schutz des Täuflings vor dämonischen Kräften zu dienen hatten. Alter Volksglaube geht davon aus, dass die Dämonen vor ihrem eigenen Bilde fliehen, sodass diese das wirksamste Mittel zu deren Fernhaltung sind.

---

55 Mathematisch ausgedrückt: Eine Gerade ist so zu teilen, dass der kleinere Teil sich zum größeren verhält, wie die größere zur gesamten Strecke.
56 Vgl. hierzu u.a. Walser, Hans: Der Goldene Schnitt, Stuttgart 1993 oder auch Van der Schoot, Albert: Die Geschichte des Goldenen Schnitts, Stuttgart 2005.
57 Die Bibel, a.a.O., S. 6.
58 Neben den Maskenköpfen an den Taufen sind auch noch die Maskenköpfe über den Taufen zu beachten. In der Alten Kirche in Refrath befindet sich ein solcher Maskenkopf in drei Metern Höhe über der Stelle, an der die nach Bensberg verbrachte Taufstein stand, in Paffrath hat man ihn nach außen versetzt. Der Zusammenhang mit der Taufe dürfte deutlich sein, wenn die Deutung auch Schwierigkeiten bereitet. M.E. steht es mit der Teufelsaustreibung im Zusammenhang, die immer noch zum Taufritus in der Kath. Kirche gehört (Laut Gebetbuch beim Ablauf der Kindertaufe: „Der Zelebrant streckt die Hände über die Kinder aus und spricht ein Exorzismusgebet."). Die relative Entfernung zum Taufgeschehen deutet m.E. darauf hin, dass der Teufel zwar ausgetrieben, aber nicht aus der Welt ist" (freundlicher Hinweis von Hans Leonhard Brenner).

Taufkerze

Die Kerze ist ein Symbol für das Licht und in allen Religionen ist das Licht etwas Göttliches. In der antiken Welt wussten erst die Römer den Einsatz von Kerzen zu nutzen. Der Gebrauch der Kerzen ist im Rahmen der christlichen Liturgie (Gottesdienst, Spendung von Sakramenten usw.) üblich bzw. vorgeschrieben[59]. Eine Kerze erfüllt ihren eigentlichen Zweck nur, wenn sie aufgebraucht wird. Indem sie verbrennt, verwandelt sich feste Materie in Licht und Wärme. So sehen die Christen Jesus als Licht der Welt (Joh. 8, 12), weil an ihm das „Grundgesetz des Lebens" besonders klar wird: Wer sein Leben zu retten versucht, wird es verlieren. Aber wer sein Leben hingibt, der wird es gewinnen. Neben der Erstkommunion- und der Sterbe-Kerze kennt man auch die sog. Tauf-Kerze. Sie bedeutet: Wer Christus folgt, der wird nicht wandeln in der Finsternis, sondern wird das Licht des Lebens haben (vgl. auch Mt. 5, 14-16). Die Abbildung einer Kerze befindet sich auf der Taufenabdeckung in Offermannsheide Nr. 51.

Taufkleid

Das Anziehen oder Überlegen des Taufkleides gehört zu den symbolischen Handlungen während des Taufritus. Das Taufkleid muss weiß und zu lang sein. Die weiße Farbe soll an die Reinheit und Unschuld des Täuflings erinnern. In gewisser Weise stellt es auch ein Hochzeitskleid dar, da nach dem christlichen Verständnis Jesus „der Bräutigam des Menschenkindes" ist. Außerdem steht das Taufkleid für Jesus selbst: „Ihr alle, die ihr auf Christus getauft seid, habt Christus (als Gewand) angelegt" (Gal. 3, 27)[60]. Die übermäßige Länge des Taufkleides soll symbolisieren, daß der Täufling erst noch in den Glauben seines Gottes hineinwachsen muss.

In Offermannsheide Nr. 51 ist ein Taufkleid, als Symbol des neuen Lebens und als lebenslanger Schutzmantel, dargestellt.

Taufwasser

In der kath. Liturgie bezeichnet man als Taufwasser jenes geweihte Wasser, das vorwiegend für Taufen Verwendung findet. In der Regel findet die Weihe dieses Wassers in der Osternacht statt. Der wesentliche Unterschied hierbei ist, dass im Gegensatz zum gewöhnlichen Weihwasser, welches gesalzen wird, bei dem Taufwasser die Osterkerze dreimal in das Wasser eingesenkt wird. Somit ist das Taufwasser mit der Osterkerze symbolisch verbunden. Für die kath. Christen ist beides ein Symbol des neuen Lebens des Getauften im Einklang mit dem auferstandenen Christus. In Burg an der Wupper Nr. 11, Frankenforst Nr. 20, Hand Nr. 25 und Heidkamp Nr. 28/B sind entsprechende Hinweise auf das Taufwasser gegeben.

---

59 LCI, a.a.O., Bd. 1, Sp. 508.
60 Die Bibel, a.a.O., S. 1312.

Kunsthistorische Betrachtungen_Ikonographie

Vierspeichiges Radkreuz

Das vierspeichige Radkreuz ist als ein altes vorchristliches Licht- und Sonnensymbol v.a. bei den asiatischen Völkern aber auch bei den Germanen zu finden. In der frühchristlichen Symbolik wird es als Zeichen der lebens- und lichtbringenden Herrschaft Christi über die Welt interpretiert. In späterer Zeit wurde es durch das langstielige Kreuz als Symbol des Opfertodes Christi abgelöst. In Overath Nr. 53 ist das Motiv des Radkreuzes als ein heilbringendes Zeichen auf dem cuppatragenden Dreifuß zu finden.

Yin und Yang

Auf die Harmonie der Schöpfung wollen die beiden Begriffe Yin und Yang hinweisen. Sie stammen aus der chinesischen Philosophie[61]. Bei Yang handelt es sich um das Prinzip Sonne, bei Yin um das Prinzip Schatten. Im Wechselspiel und Zusammenwirken dieser beiden Begriffe zeigt sich z.B. die Weltordnung. Wer nach chinesischer Denkungsart gegen dieses Prinzip lebt, wird sein Leben zerstören, wer mit ihm lebt, wird in Harmonie leben. Bei der Taufe in Steinenbrück Nr. 67 wird durch dieses Motiv an die ursprüngliche Harmonie in der Schöpfung erinnert.

Zapfen (Blattzapfen)

Zapfen (Fichten-, Tannen- oder Pinienzapfen) galten ihrer Vielsamigkeit wegen als Fruchtbarkeitssymbol. Sie sind ebenso Sinnbild der Lebensfülle aber auch für jenseitige Lebenshoffnung. Der Thyrsos, ein mit Efeu und Weinranken umwundener und mit einem Pinienzapfen bekrönter Stab findet sich in der darstellenden Kunst der Antike oft bei Bacchantenszenen. Dieser Stab, der in der Regel von Dionysos getragen wurde, symbolisierte v.a. die Zeugungskraft der antiken Götter und war zu jener Zeit, zusammen mit dem Weinkelch, die Fruchtbarkeit schlechthin.

Die Abdeckungen der Taufen in Altenberg Nr. 1/A, Herrenstrunden Nr. 33, Immekeppel Nr. 39 und Steinenbrück Nr. 67 sind mit einem Zapfen bekrönt.

3.3.6   Tiersymbolik

Affe

Der Affe spielt in einigen Kulturen eine wichtige mythologische Rolle. In Indien wird er nach wie vor vergöttert, im alten Ägypten war er ein heiliges Tier und auch in der römischen Mythologie ist der Affe gelegentlich als Begleiter des Feuergottes Hephaistos dargestellt.

Im europäischen Mittelalter wurde der Affe dagegen meist mit einem negativem Symbolgehalt wiedergegeben. Er galt als eitel, der weltlichen Begierde zugetan und boshaft[62]. An der Taufe in Bensberg (Nr. 4) wird die Basis des Sockels von vier Tierfratzen, vermutlich Affen, geschmückt. Sie sind als Sinnbilder zu deuten, gegen die der Täufling durch die Taufe gestärkt werden soll.

---

61 Vgl. hierzu u.a. Fiedeler, Frank: Yin und Yang. Das kosmische Grundmuster in der Kultur Chinas, München 2003.
62 LCI, a.a.O., Bd. 1, Sp. 76 ff.

Drache

Der Drache (griech. drákōn = Schlange) ist in der Mythologie vieler Völker ein schlangenartiges Mischwesen aus Vogel und Reptil, im Detail unterschiedlich furchterregend geschildert und möglicherweise ein Hinweis auf vorzeitliche Saurierformen. In den Schöpfungsmythen verkörpert der Drache die gottfeindlichen Mächte. Entsprechend ist er auch seit der frühchristlichen Kunst als ein geflügeltes, sich ringelndes Reptil dargestellt, krokodilsartig geschuppt, mit Vorderfüßen eines Raubtieres, gespaltener Zunge und oft feuer- oder giftsprühend[63]. Das der Drache ein Sinnbild des Bösen darstellt, wird auch in den Psalmen ausgedrückt: „du schreitest über Löwen und Nattern, trittst auf Löwen und Drachen" (Ps. 91, 13)[64].

Auf den Taufen in Herkenrath Nr. 31, Kürten Nr. 43, und Wermelskirchen Nr. 74 sind Drachen abgebildet. Der Täufling, dem das erste Sakrament des neuen Bundes gespendet wird, soll durch dieses Motiv veranschaulicht, den bösen Mächten widersagen.

Fisch

In den ersten Jahrhunderten verwendeten die Christen als Erkennungszeichen nicht das Kreuz, sondern den Fisch. Das hat vor allem damit zu tun, dass das griechische Wort für Fisch „Ichthys" als ein verstecktes Glaubensbekenntnis gesehen werden darf. Zerlegt man nämlich dieses Wort in seine Einzelteile (I-ch-th-y-s), gewinnt man aus den Anfangsbuchstaben verschiedene Wörter:

Griechisch: Jesous Christos Theou Yios Soter
Deutsch: Jesus Christus Sohn Gottes Retter.

Zwei Taufen zeigen den Fisch als Griff am Deckel (Burg a. d. Wupper, Nr. 10) bzw. an der Taufschale (Hilgen, Nr. 35). Sowohl auf einem gebauchten Deckel (Hilgen, Nr. 34) als auch auf einem Schalenrand (Refrath, Nr. 59) sind Fische mit geöffneten Mäulern dargestellt, als wollten sie den Täufling für sein Unterfangen loben wollen. Origenes[65] sagt, dass die Menschen von Christus und den Aposteln aus dem gefahrvollen Meer der Welt gerettet werden. Deshalb wird dieser Fischfang mit Netz auch zum Thema auf dem Schalengrund der Taufe in Bensberg (Nr. 4). Als bekrönendes Motiv ist ein Fisch auf dem Deckel der Taufe in Burg a. d. Wupper Nr. 11 zu finden.

Katze mit zwei Leibern

Die Katze, die seit Jahrtausenden in der Gesellschaft des Menschen lebt, ist v.a. ein Symbol für das Unkalkulierbare. Bei den alten Ägyptern ist sie als Gottheit verehrt worden, im Mittelalter wurde sie, als Verkörperung des Heidentums von der christlichen Kirche bekämpft. Das Groteske der Katzenabbildungen an den Taufen in Kürten Nr. 43 und Wermelskirchen Nr. 74 ist ihre Zweileibigkeit. Die Deutung ließe sich auf der Grenze zwischen Leben und Tod ansiedeln oder im Sinne von männlich und weiblich zugleich. Man könnte es aber auch als ein Symbol für die Vereinigung der göttlichen und menschlichen Natur in Christus interpretieren[66].

---

63 LCI, a.a.O., Bd. 1, Sp. 516.
64 Die Bibel, a.a,.O., S. 663.
65 Origenes, geb. 185 in Alexandria, gest. 254 in Tyros (Libanon), christlicher Gelehrter und Theologe (vgl. u.a. Hödl, Hans Gerald: Origenes, in: Biographisch-Bibliographisches Kirchenlexikon, Bd. 6, Herzberg 1993, Sp. 1255-1271.
66 Paetzer, Gustav: Masken und Ungeheuer auf Taufsteinen, in: Rheinisch-Bergischer Kalender, Bergisch Gladbach 1986, S. 59.

Lamm

Als Jesus zu Johannes kommt um sich taufen zu lassen, sagt dieser: „Seht, das Lamm Gottes, das die Sünde der Welt hinwegnimmt" (Joh. 1, 29). Lediglich auf zwei Taufen im Untersuchungsgebiet Burscheid, Nr. 12/A und in Wermelskirchen Nr. 74 ist ein Lamm Gottes abgebildet. Das diesem Lamm noch ein Kreuz beigestellt ist, steht es nicht für ein leidendes, sondern ein siegreiches Lamm. Es ist Sinnbild für den sich für die Menschen am Kreuz opfernden und siegreich auferstandenen, verherrlichten Christus, mit dem der Täufling durch die Taufe eins werden wird.

Löwe

Der Löwe ist ein Symbol mit ambivalenter Bedeutung. Einerseits sind Löwe und Lamm Symboltiere für Christus. Nach einem Traumbild des Propheten Ezechiel steht am Thron Gottes neben dem Adler, dem Stier und dem Menschen der Löwe (Ez. 1, 10)[67]. Von hier haben die christlichen Evangelisten ihre Symbole. Der Löwe wird demnach mit dem Markusevangelium in Verbindung gebracht[68].

Andererseits wird der Löwe, wie der Drache auch, als Sinnbild des Bösen von Jesus zertreten. Die christliche Kirche knüpft hier an das Sinnbild in den altorientalischen Religionen an, wonach der Löwe eine todbringende überirdische Macht darstellt: „rette mich vor dem Rachen des Löwen" (Ps. 22, 22)[69]. Löwen sind auf den Taufen in Herkenrath Nr. 31 und Kürten Nr. 43 abgebildet. In beiden Fällen lässt die Anordnung des Löwen, nämlich in feindlicher Gegenüberstellung zum Drachen, eine Interpretation als Kampf der Macht Gottes gegen das Böse zu.

Taube

Die Taube ist v.a. ein Symbol für den Heiligen Geist. So kündigt sie schon Noah durch einen grünen Ölzweig am Ende der Sintflut den göttlichen Frieden an (Gen. 8, 10-11)[70].

In der Geschichte von der Taufe Jesu im Jordan ist überliefert, dass eine Taube in Gestalt des Heiligen Geistes herabkam (Mt. 3, 16)[71]. Das Ziel christlicher Hoffnung ist die Auferstehung, die Vergebung der Sünden und das ewige Leben. Diese Hoffnung wird durch das Symbol der Taube ausgedrückt. Das Motiv der Taube ist an folgenden Taufen des Untersuchungsgebietes zu finden: Bechen Nr. 3, Burscheid Nr. 12/A und Nr. 13, Hand Nr. 25, Herkenrath Nr. 31, Hilgen Nr. 34, Hoffnungsthal Nr. 36, Hünger Nr. 38, Leichlingen Nr. 45, Olpe Nr. 52/A, Rösrath Nr. 62, Tente Nr. 68, Untereschbach Nr. 69, Vilkerath Nr. 70/A und Nr. 70/B, Volberg Nr. 72/B, und in Wermelskirchen Nr. 74.

---

67 Die Bibel, a.a.O., S. 948.
68 LCI, a.a.O., Bd. 3, Sp. 112 ff.
69 Die Bibel, a.a.O., S. 625.
70 Gen. 8, 10-11: „Dann wartete er noch weitere sieben Tage und ließ und ließ wieder die Taube aus der Arche. Gegen Abend kam die Taube zu ihm zurück, und siehe da: In ihrem Schnabel hatte sie einen frischen Ölzweig. Jetzt wusste Noach, dass nur noch wenig Wasser auf der Erde stand" (vgl. Die Bibel, a.a.O., S. 11).
71 Mt. 3, 16: „Kaum war Jesus getauft und aus dem Wasser gestiegen, da öffnete sich der Himmel, und er sah den Geist Gottes wie eine Taube auf sich herabkommen" (vgl. Die Bibel, a.a.O., S. 1090).

3.3.7 Pflanzensymbolik

Baum

In der Paradiesgeschichte wird erzählt, dass Gott neben der vergänglichen Welt auch einen „Baum des Lebens" geschaffen hat (Gen. 2, 9)[72]. Dieser Baum ist ein Symbol des ewigen Lebens, er steht für eine Sehnsucht, die sich in allen Menschen findet. Die innere Verbindung zwischen dem Baum und der Taufe ist allerdings das Lebensspendende: der Baum trägt Frucht, die Taufe bringt neues geistiges Leben[73].

In Steinenbrück Nr. 67 ist die gesamte Taufe als ein stilisierter früchtetragender Lebensbaum dargestellt. Der Schmuck des Taufdeckels in Delling Nr. 15 besteht aus einer Art freiliegendem Wurzelwerk, das sich volutenartig nach oben schwingt und in einer Baumkrone aus dickfleischigen Blättern mündet. Vier Bäume, dicht beieinander stehend, bekrönen auch in Bensberg Nr. 4 die Taufabdeckung.

Rebstock

Der Rebstock ist eine immer wiederkehrende Darstellung der christlichen Ikonographie, sei es in Anlehnung an den Vergleich mit Christus: „Ich bin der Weinstock und ihr seid die Reben" (Joh. 15, 1-8)[74] oder als Zeichen des Schutzes in der Gemeinschaft mit Christus. Darüber hinaus waren die Rebe oder der Weinberg schon in antiker Zeit Zeichen der Fruchtbarkeit, des Gedeihens und des Wohlergehens. Kyrill von Jerusalem[75] schreibt, daß „der Mensch mit der Taufe Teil des Heiligen Rebstocks wird; wer dem Glauben treu bleibt, wird wachsen wie der Rebling, der Früchte trägt" (vgl. auch 1. Kor. 3, 16 oder 1. Kor. 6, 15)[76]. Bei der Taufe in Grunewald Nr. 23 ist die gesamte Mantelfläche durch einen stilisierten früchtetragenden Rebstock verziert.

---

72 Gen. 2, 9: „Gott, der Herr, ließ aus dem Ackerboden allerlei Bäume wachsen, verlockend anzusehen und mit köstlichen Früchten, in der Mitte des Gartens aber den Baum des Lebens und den Baum der Erkenntnis von Gut und Böse" (vgl. Die Bibel, a.a.O., S. 6).
73 Bauerreiß, Romuald: Arbor vitae, München 1938, S. 49.
74 Die Bibel, a.a.O., S. 1216 f.
75 Kyrill von Jerusalem, geb. um 315 in Jerusalem, gest. 386 in Jerusalem, Kirchenvater der Orthodoxie und Kirchenlehrer der kath. Kirche (vgl. u.a. Kettern, Bernd: Kyrill von Jerusalem, in: Biographisch-Bibliographisches Kirchenlexikon, Bd. 4, Herzberg 1992, Sp. 888-895).
76 Die Bibel, a.a.O., S. 1283 bzw. 1285.

3.4   Inschriften

Bibelzitate

Bibelzitate, die sich auf die Taufaussage beziehen, sind im Untersuchungsgebiet sowohl an evangelischen als auch katholischen Taufen zu finden. Der Taufbefehl nach Mt. 28, 19-20 kommt am häufigsten vor. In Bergisch Gladbach (6/B) ist der Text in Form von Textstreifen über die steinerne Cuppa verteilt. In Olpe Nr. 52/A ist er sowohl in Latein als auch in Deutsch auf die hölzerne Rückwand der Taufe eingeschrieben, während in Vilkerath 70/B „Gehet hin und taufet" bzw. in Kleineichen Nr. 41 und in Offermannsheide Nr. 51 „ich taufe dich", der Taufbefehl nur in entsprechenden Kurzfassungen zu finden ist.

Das Zitat aus dem Markusevangelium (16, 16): „wer da glaubet und getauft wird, der wird selig werden" ist auf vier Taufen zu lesen. In Hand Nr. 25, Heidkamp Nr. 29, Herkenrath Nr. 32 und Refrath-Vürfels Nr. 61 ist der Text jeweils auf dem breiten Rand der Taufschale angebracht.

An drei Taufen wird die Segnung der Kinder nach Mk. 10, 14 thematisiert. Und auch hier sind es die Ränder der Taufschalen, die das Spruchband zum Teil sogar mit der Angabe der Textstelle tragen (vgl. die Taufen in Dürscheid Nr. 13, Dhünn Nr. 16/B und Leichlingen Nr. 45).

Weitere Taufen tragen Spruchbänder, die sich nach Tit. 3, 5 auf die „Wiedergeburt und Erneuerung durch den Heiligen Geist" (Bergisch Gladbach Nr. 7), nach Ps. 36, 10 auf „die Quelle des Lebens" (Biesfeld Nr. 9) bzw. auf das „Wasser der Erneuerung" (Dürscheid Nr. 17) beziehen. Das Zitat des Apostels Paulus an die Kolosser „Mit Christus in der Taufe begraben, seid ihr mit ihm auch auferstanden" (Kol. 2, 12-14) findet sich auf der Taufe in Frankenforst Nr. 20. Und an der Taufe in Grunewald (Nr. 23) wird an ein Zitat des Johannesevangeliums (15, 5) erinnert. In Moitzfeld Nr. 47 geschieht dies mit Apg. 8, 36-38 und in Witzhelden Nr. 76 mit Lk. 10, 20. In St. Nikolaus in Bensberg Nr. 4 wird ein Gleichnis von Jesu über das Himmelreich zum Ausdruck gebracht: „Mit dem Himmelreich ist es wie mit einem Netz das man ins Meer warf, um Fische aller Art zu fangen, Matthäus 13, 47".

Etwas profaner darf die Aufschrift an der Taufe in Heidkamp Nr. 28/A gedeutet werden. Zunächst gibt es ein übergeordnetes M das für Maria steht. Es ergibt sich aber auch im Zusammenhang mit den unmittelbar darunter befindlichen römischen Ziffern CM bzw. CMM und XXX die Jahreszahl 1930, wohl das Datum der Herstellung dieses Taufgefäßes.

Allgemein darf festgehalten werden, dass durch diese Zitate bzw. Betextungen das Taufverständnis der Gemeindemitglieder nicht allein durch die Taufliturgie sondern auch durch ein immer sichtbares beschriftetes Taufgerät verdeutlicht werden sollte.

Andere Inschriften

Die Frömmigkeit durch Donationen für Ausstattungsstücke in Kirchen zum Ausdruck zu bringen, lässt sich im Rheinisch-Bergischen Kreis zumindest an zwei Taufen in evangelischen Kirchen dokumentieren. In Burscheid Nr. 13 ist die silberne Taufschale auf der Rückseite mit der Inschrift „Gertrud Diefhaus der ev. Kirche zur Erinnerung, 9. Aug. 1894, Ps. 34, 9" versehen. Es sind also nicht immer nur jene Personen, die eine Vorbildfunktion in der Gemeinde hatten (Pastoren oder Patronatsfamilien), sondern auch die „einfachen" Bürger und Bürgerinnen, die vielleicht aus einem persönlichen Anlass heraus ihrer Kirche ein Ausstattungsstück zukommen ließen. Dass die Stifterin im besonderen Fall das Bedürfnis hatte, außer ihrem Namen einschließlich Stiftungsdatum noch auf eine Bibelinschrift hinzuweisen, soll ihren Glauben in besonderer Weise hervorheben.

Natürlich gibt es auch andere Gründe für eine Stiftung, wie dies am Beispiel der Taufe in Neichen (Nr. 48) nachvollzogen werden kann. Dort ist „Von den Teilnehmern des Siebenbürgener Kirchentages 1964" die, auf dem steinernen Unterbau aufsitzende, Taufschale gestiftet worden. Sicherlich darf dies als ein besonderes Zeichen der Verbundenheit mit der Gemeinde Neichen gedeutet werden.

Die Inschrift auf der Taufschale in Bensberg Nr. 5 gibt lediglich zur Kenntnis, dass sie in der Zeit zwischen 1840 bis 1918 angefertigt wurde, als im Schloss zu Bensberg eine der Preußischen Kadettenanstalten untergebracht war[77]. Der in die Silberschale eingeschnittene Schriftzug lautet: „Cadetten Institut zu Bensberg". In Leichlingen Nr. 45 und in Refrath Nr. 56/A sind es dagegen Gravuren, welche die Hersteller der Taufschalen benennen.

---

[77] In dieser Zeit befand sich hier, und zwar im umgebauten Eingangsbereich, eine evangelische Kapelle (freundl. Hinweis von Hans Leonhard Brenner).

3.5 Material

Abgesehen davon, dass die Taufe der frühen Christen in der Regel im Freien stattgefunden hat, nämlich überall dort, wo fließendes oder auch stehendes Wasser vorhanden war, ist mit der Verlegung des Taufritus in den Kirchenraum ein Taufgefäß für die Aufnahme des Taufwassers notwendig geworden, für das in der weitestgehend die Materialien Stein, Metall oder Holz zur Verfügung standen. Während in romanischer Zeit v.a. dem Naturstein der Vorzug gegeben wurde, lässt sich für die Gotik eine gewisse Bevorzugung der Bronze oder auch des Zinns lokalisieren[78]. Auch aus Holz wurde in jenen Zeiten Taufen gefertigt, die aber, des vergänglichen Materials wegen, heute nur noch selten anzutreffen sind[79]. Im Untersuchungsgebiet sind von den 75 besprochenen Taufen 71% aus Stein, 17% aus Metall (wobei das Taufgerät, nämlich Taufschale und Kanne hier den Sachverhalt etwas verunklärt) und 12% aus Holz.

Natürlicher Stein

Für die Taufen kamen also hauptsächlich Natursteine zur Anwendung. Bei den mittelalterlichen Steintaufen, die häufig europaweit transportiert wurden, ist im Rheinisch-Bergischen Kreis v.a. der Namurer Blaustein oder Belgische Granit verwendet worden. Die Beispiele sind in Herkenrath Nr. 31, Kürten Nr. 43 und Wermelskirchen Nr. 74 zu finden. Aber auch aus heimischem Material, nämlich aus dem Trachyt des Siebengebirges, sind schon in früher Zeit Taufen gefertigt worden (vgl. Volberg, Nr. 72/A).

Die aus barocker Zeit stammenden Taufen sind überwiegend aus Lindlarer Marmor entstanden. Dort wurde in den letzten vier Jahrhunderten Marmor gebrochen, der sich aufgrund seiner vielfältigen Farbgebungen und Strukturbildungen durchaus auch für die Herstellung von Prinzipalstücken eignete[80]. Als Beispiele seien die Taufen in Marialinden Nr. 46, die Cuppa in Overath Nr. 53, Rösrath Nr. 62 und Volberg 72/B angeführt.

In heutiger Zeit verwendet man gerne Marmor aus Carrara, v.a. den sog. „Statuario". Dieser ist wegen seiner besonders kleinen Kalkspat-Mineralien am besten für filigrane künstlerische Arbeiten geeignet. Man erkennt ihn neben seiner Feinkörnigkeit v.a. daran, dass er nur wenig geflammt, gefleckt oder gemasert ist und seine rein weiße Oberfläche nur gelegentlich eine leicht gelbliche oder blaue Einfärbung aufzeigt (vgl. Bechen Nr. 2, Bensberg Nr. 5 und Voiswinkel Nr. 71).

Bei den übrigen im 19. und 20. Jahrhundert gefertigten Taufen kommen die unterschiedlichsten Steinsorten zum Einsatz. Der am häufigsten verwendete Stein ist der sog. Mitteldevonische Sandstein, der ebenfalls schon seit Jahrhunderten im Bergischen Land abgebaut wird. Außerdem sind es die Kalksteine und hier v.a. auch der mehr oder weniger poröse Travertin, der mit seiner meist gelblichen Farbe besonders in den 50er Jahren des 20. Jahrhunderts sehr beliebt war (vgl. Forsbach Nr. 19, Frankenforst Nr. 20 und Hilgen Nr. 34).

---

78 Im Dom zu Hildesheim gehört z.B. ein bronzenes Taufbecken, gestiftet im Jahre 1226, zu den Kostbarkeiten der Ausstattungsstücke
79 Da nördlich der Alpen in der Missionszeit Taufkirchen oder auch steinerne Taufen nicht so schnell hergerichtet werden konnten, wie man sie benötigt hätte, benutzte man ganz offensichtlich hölzerne Bottiche, die man zu Reinigungszwecken vorrätig hatte. Solche Situationen sind aus entsprechenden Beschreibungen und Abbildungen bekannt. Bischof Otto von Bamberg verfügte z.B. im Jahre 1124, für eine Massentaufe in Pommern große Bottiche im Freien aufzustellen (vgl. Schmidt, Joachim: Die romanischen Taufsteine zwischen Gotland und Westfalen und ihre bildplastisch-religionsdidaktische Gestaltung, Denken und Handeln, Beiträge aus Wissenschaft und Praxis, Bd. 17, Bochum 1991, S. 16 ff.
80 Jacobi, Günter: Als die Steinhauer in Lindlar ihre Zunft aufrichteten und den Marmor brachen, Lindlar 2007.

Schon die Römer benutzten die auf beiden Seiten des Rheins gelegenen Basaltvorkommen zu schweren Fundierungs- und Festungsbauten, wie man dies heute noch leicht zum Beispiel bei den Fundamentresten der ehemaligen römischen Stadtmauer in Köln nachvollziehen kann. Das harte Gestein bot sich aber auch dafür an, eine Taufe bzw. den Schaft einer Taufe zu fertigen, wie dies in Overath Nr. 53 eindrucksvoll realisiert wurde.

Der Andesit zählt, wie der Basalt auch, zur Gruppe der so genannten „jungen Ergussgesteine". Benannt wurde dieses Material nach den südamerikanischen Anden, weil es dort in großen Mengen ansteht. Das Andesit ein relativ helles Gestein ist, lässt sich zumindest an der Taufe in Hoffnungsthal Nr. 36 gut ablesen.

Die Taufe in Kleineichen Nr. 41 wurde aus dem roten Lava-Tuffstein aus Michelnau in der Gemeinde Nidda hergestellt. Dieses Material stammt von einem der ehemals größten Vulkane, die in Deutschlands Mitte aktiv waren. Dessen erstarrtes Magma, in der Hauptsache Basalte und eben der rote Tuff wurden bis vor wenigen Jahren noch in den Steinbrüchen von Michelnau abgebaut.

In den Schichten der Oberkreide wird v.a. bei Anröchte, östlich von Soest im Südosten des Münsterlandes der sog. „Anröchter Grünstein" in zahlreichen Steinbrüchen gewonnen. Die gebräuchliche Bezeichnung „Anröchter Dolomit" ist allerdings deshalb petrographisch und mineralogisch falsch, weil das Gestein keinen Dolomit enthält[81]. Das Material kam bei den Taufen in Schildgen Nr. 66 und Steinenbrück Nr. 67 zur Anwendung.

Vor etwa 200 Millionen Jahren war ganz Süddeutschland von einem warmen Flachmeer bedeckt. Klimatisch herrschten tropisch bis subtropische Bedingungen. Es war die Zeit der Dinosaurier, die das Land und das Wasser gleichermaßen besiedelten. Im Meer fanden kalkbildende Organismen optimale Lebensbedingungen. Die Verhältnisse herrschten über 60 Millionen Jahre. Während dieses gewaltigen Zeitraumes setzten sich am Grunde des Meeres aufgrund ständiger Absenkungsvorgänge die Überreste dieser kalkhaltigen Organismen ab, sodass Sedimentschichten von einer Mächtigkeit von mehreren hundert Metern Stärke entstanden, der sog. Jura-Kalk. Der Jurastein oder Jura-Kalk, der für die Taufe in Vilkerath Nr. 70/A verwendet wurde, stammt aus der Augsburger Gegend.

Schiefer ist ein metamorphes, also durch geänderte Temperatur- und/oder Druckbedingungen verwandeltes, Sedimentgestein, aus annähernd parallel angeordneten Schichten, in die es spaltbar ist. Das für die Taufe in Refrath Nr. 60 verwendete Schiefergestein stammt aus Schevenhütte in der Eifel.

Künstlicher Stein

Neben den natürlichen Steinen kamen bei der Herstellung der Taufen im Rheinisch - Bergischen Kreis auch die sog. „Künstlichen Steine" zur Anwendung. Zu ihnen zählt zum Beispiel auch der Beton, ein Gemisch aus Zement, einer Gesteinskörnung bzw. den Betonzuschlägen (Sand und Kies) und Anmachwasser. Bei den Taufen in Kleineichen Nr. 42 und Overath Nr. 48 hat man dieses Material verwendet. Bei Letzterer ist ein sog. „Weißbeton" in die Taufenform gegossen worden, d.h., dass neben dem Zement noch Marmorstaub beigegeben wurde um die Farbe entsprechend aufzuhellen. Zu den künstlichen Steinen zählt auch der Ziegel. Er ist der älteste künstliche Baustoff und wird aus tonhaltigem Lehm gebrannt. Die Taufe in Moitzfeld Nr. 47 wurde aus zerbrochenen Dachziegeln hergestellt, die nach der Fertigung des Kirchendaches auf dem Bauplatz herumlagen.

---

[81] Braun, Franz Josef: Die grünen und blauen Werksteinbänke von Anröchte und Klieve aus den Scaphitenschichten der Turonserie, Fortschr. Geol. Rheinl. u. Westf., Bd. 7, Krefeld 1964, S. 479 ff.

Metall

Bei den Taufen spielt Metall im Untersuchungsgebiet keine Rolle. In Untereschbach Nr. 69 ist es eine Bronzetaufe, in Burscheid Nr. 13 hat man den Taufständer aus Schmiedeeisen hergestellt und in Witzhelden wird der cuppaartige und aus Kupferblech hergestellte Aufsatz von einem Taufständer aus Stahl getragen. Der Taufständer in Refrath Nr. 59 ist aus Sayn-Silber gefertigt, einer ungewöhnlichen Aluminiumlegierung. Das ebenfalls hier behandelte Taufgerät ist vorwiegend aus Silber oder aus vergoldetem Messing hergestellt.

Holz

Holz kommt als Material für einen Taufständer im Untersuchungsgebiet lediglich neunmal vor (Altenberg, Nr. 1/A, Bechen Nr. 3, Bergisch Gladbach Nr. 7, Biesfeld Nr. 9, Herkenrath Nr. 32, Hilgen Nr. 35, Olpe Nr. 52/A, Overath Nr. 54 und Witzhelden Nr. 76. Das verwundert v.a. deshalb, weil Holz doch leicht verfügbar ist und sich im Gegensatz zum Stein als ein weitaus preiswerteres Material darstellt. Im Rheinisch-Bergischen Kreis ist neben dem Nadelholz v.a. das Holz des Kirschbaumes und der Eiche verwendet worden. Bei der Taufe in Hilgen Nr. 35 sind sogar verschiedene Holzarten verarbeitet, um die verschiedenen Kontinente der Erde symbolhaft darzustellen.

Plexiglas

Geradezu ungewöhnlich ist der Einsatz von Plexiglas für eine Taufe. In Gronau Nr. 22 hat man aus miteinander verklebten Plexiglas-Platten einen Quader geschaffen, der als Unterbau für eine steinerne Taufschale dient.

4.0 Katalog der Taufen

Taufe in einem Holzbottich. Kupferstich (evtl. von Albrecht Dürer)
einer späteren Illustration zu einem Drama der Roswitha von Gandersheim.

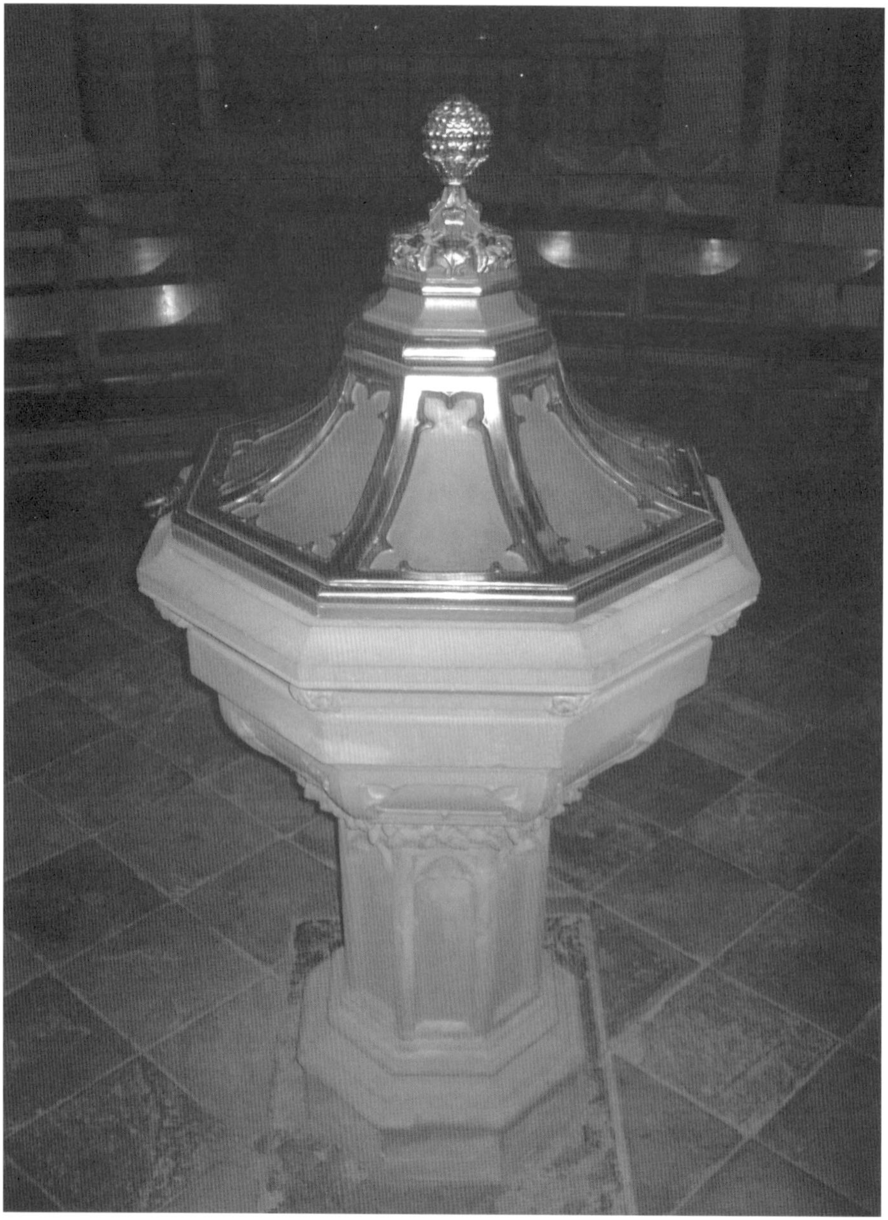

Katalog der Taufen

Taufe **Nr. 1/A (alte Taufe)**

Ort Altenberg
Gemeinde Odenthal

Dom „Unserer Lieben Frau" zu Altenberg,
bzw. ehemalige Zisterzienserabteikirche, heute Simultaneum

Alter 19. Jh.

Material Sandstein, Holzdeckel

Größe H = 126 cm, Ø = 83 cm.

Beschreibung Die Taufe besteht aus vier Teilen. Ein oktogonaler profilierter Sockel fungiert als Basis für die Taufe. Der darauf aufsitzende achteckige Schaft ist an seinen geschlossenen Seiten mit vorgelegtem lanzettförmigem Maßwerk verziert. Mit Hilfe eines getreppten und mit naturalistischem Blatt- und Rankenwerk verzierten Profils schließt sich die achteckige Cuppa an. Ihre gebauchten Wandungen sind ebenfalls mit Maßwerk verziert. Das über der filigranen Steinmetzarbeit liegende mehrfach gestufte Profilband schließt die Cuppa kopfseitig ab. Die Schalenvertiefung ist halbkugelförmig in den Stein eingelassen. Der Holzdeckel ist sowohl in der Form als auch in der Ausgestaltung bzw. Ornamentierung der Cuppa angepasst. Mit einem einwärts gewölbten Schwung mündet er in eine, wiederum durch ein Profilband abgesetzte, Blattzapfenbekrönung.

Farbfassung Der Deckel ist mit grüner Farbe und Blattgold gefasst.

Künstler Der Entwurf der Taufe geht evtl. auf den Kölner Regierungs-Bauinspektor Matthaeus Biercher zurück. In wessen Händen die bildhauerische Bearbeitung lag, ist unbekannt.

Standort Die Taufe steht seit 1987 in der Nachbarschaft zum Herzogschor. Als Unterbau dient eine Grabplatte.

Kirche vgl. Taufe Nr. 1/B (neue Taufe)

Literatur Kieven, Lydia: Kulturführer Rheinisch-Bergischer Kreis, Hrsg. vom Bergischen Geschichtsverein, Abtlg. Rhein-Berg e.V. und dem Rheinisch-Bergischen Kreis, Bergisch Gladbach 1998, S. 83 f.; Dehio, Georg: Handbuch der Deutschen Kunstdenkmäler, Nordrhein-Westfalen, I. Rheinland, Berlin 1967, S. 526; Heinen, Eugen/Pilz, Winfried: Altenberg, Altenberg ³2002.

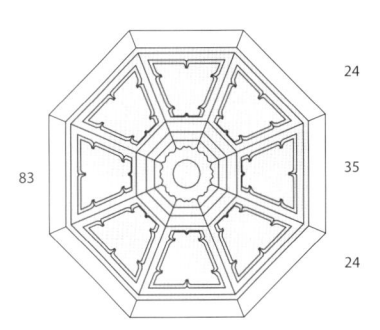

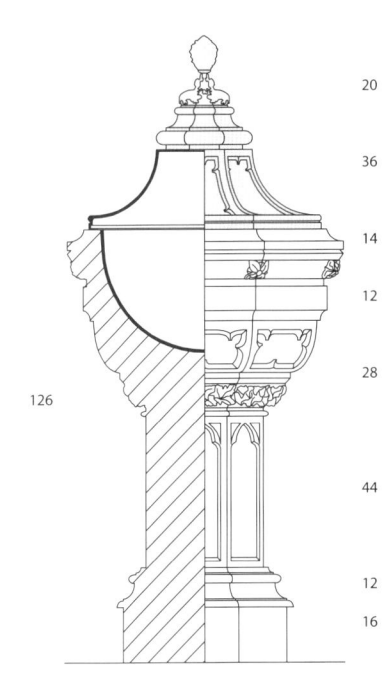

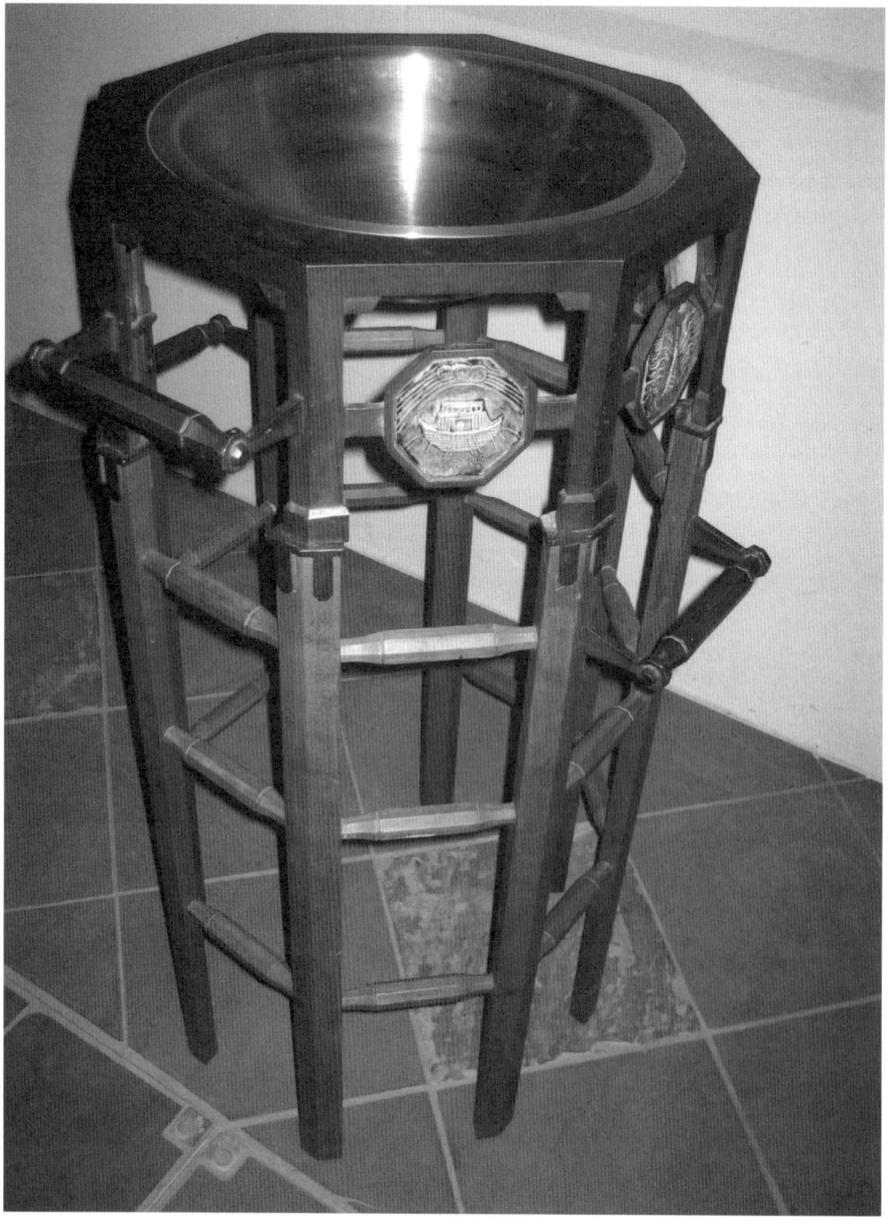

Katalog der Taufen

Taufe	**Nr. 1/B (neue Taufe)**
Ort	Altenberg Gemeinde Odenthal
	Dom „Unserer Lieben Frau" zu Altenberg, bzw. ehemalige Zisterzienserabteikirche, heute Simultaneum
Alter	um 1995
Material	Kirschbaum-Holz, Bronze, Edelstahl
Größe	H = 96,5 cm, Ø = 45 cm.
Beschreibung	Pfosten und Sprossen bilden den oktogonalen Schaft der mobilen Taufe. Kopfseitig ist das Gespränge durch einen achteckigen tischartigen Aufsatz aus Bronze zusammengebunden. In diesen ist mittig eine halbkugelige Schalenvertiefung aus Edelstahl eingearbeitet. Kopfseitig sind zwischen den Stützgliedern zwei Griffe bzw. sechs achteckige Medaillons mit blauen Keramikaufsätzen angearbeitet. Diese Reliefbilder stellen Motive aus dem Alten und Neuen Testament dar: die Arche Noah, die zehn Gebote, Adam und Eva (und der Eintritt des Todes in die Welt), Taufmotiv, Zug durch das Rote Meer, Kreuzigung, bzw. Öffnung der Seite Jesu.
Farbfassung	Die Taufe ist ungefasst.
Künstler	Das transportable Taufbecken wurde von Walter Jansen geschaffen.
Standort	Wird bei Tauffeierlichkeiten vor den Altar gestellt.
Kirche	Ehemalige Zisterzienserabteikirche, errichtet zwischen 1259-1379. Durch die Säkularisation (1803) wurde die Abtei aufgelöst und anderweitig genutzt. Nach einem Brand im Jahre 1815 verfiel das Bauwerk. Ein erster Wiederaufbau erfolgte in den Jahren 1834-1847. Auf Anordnung des preußischen Königs – der die Restaurierungsarbeiten unterstützte– wird die Kirche Simultan genutzt. Weitere Restaurierungsphasen erfolgten 1894-1912, in den 1960er Jahren und eine umfangreiche ca. 10-jährige Grundinstandsetzungsphase wurde im Jahre 2006 abgeschlossen.
Literatur	Kieven, a.a.O., S. 83 f.; Dehio, a.a.O., S. 526; Fußbroich, Helmut: Evangelische Kirchen in Köln und Umgebung, Köln 2007, S. 158.

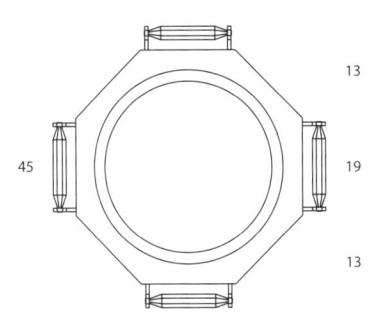

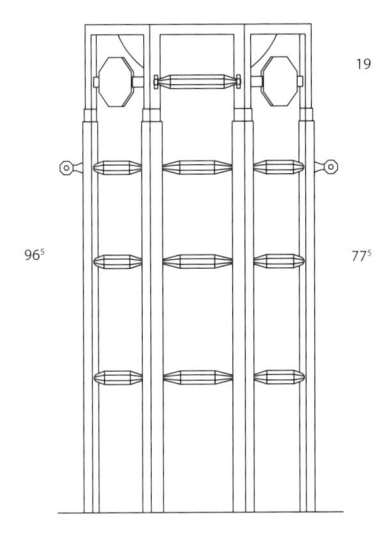

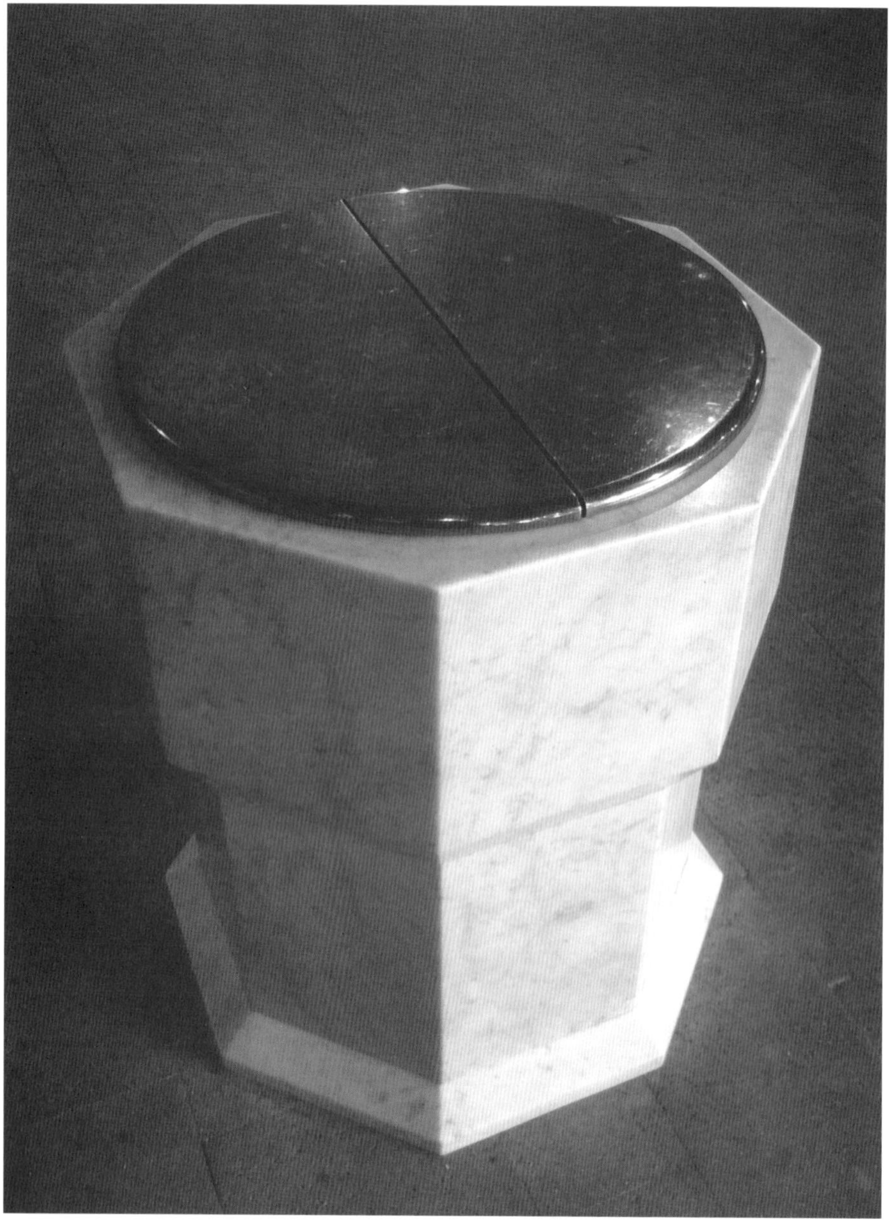

Katalog der Taufen

Taufe	**Nr. 2**
Ort	Bechen Gemeinde Kürten Kath. Pfarrkirche St. Antonius Einsiedler
Alter	1977
Material	Marmor, Stahl
Größe	H = 87 cm, Ø = 77 cm.
Beschreibung	Der Taufstein ist aus drei Teilen zusammengesetzt. Der oktogonale geschrägte Sockel geht in einen glatten zylindrischen achteckigen Schaft über. Die Cuppa weitet sich über eine Schräge und steigt dann ebenfalls als achteckiger Zylinder senkrecht nach oben. Der Cupparand ist schlicht und schmucklos gehalten. Die Schalenvertiefung ist als eine flache Halbkugel gehauen. Als Abdeckung dient ein flacher zweiflügeliger Deckel.
Farbfassung	Die Taufe ist ungefasst.
Künstler	Die Taufe (einschließlich Altar und Ambo) schuf der Bildhauer Olaf Höhnen aus Köln.
Standort	Der Taufstein steht mit Altar und Ambo in einer Reihe, allerdings, im Gegensatz zu den beiden anderen, auf Saalniveau.
Kirche	Auf Grund einer Erwähnung im Jahre 1175 darf ein Sakralbau für das 12. Jh. angenommen werden. Das wohl noch aus dieser Zeit stammende Langhaus wurde im Jahre 1701 durch einen Neubau ersetzt. Dies wiederum brannte im Jahre 1866 infolge eines Blitzeinschlages ab, sodass ein Neubau in neugotischer Formensprache notwendig wurde. Architekt war Vincenz Statz aus Köln. Das Langhaus musste im Jahre 1975 erneut wegen Baufälligkeit abgebrochen und neu aufgerichtet werden (Arch. Kurt Faber, Köln). Erhalten blieben als Campanile der neugotische Turm (1898) und Chor einschl. der Seitenkonchen (1876-78), die in den Neubau integriert wurden.
Literatur	Kieven, a.a.O., S. 162; Panofsky-Soergel, Gerda: Die Denkmäler des Rheinlandes, Rheinisch-Bergischer Kreis 1, Bechen-Hohkeppel, Hrsg. vom Landeskonservator Rheinland, Düsseldorf, 1972, S. 25 f.; Pfarrbrief zur Grundsteinlegung unserer Kirche St. Antonius E. Bechen v. 25. Juli 1976.

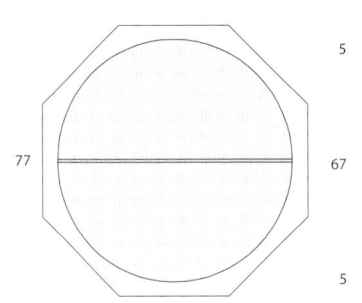

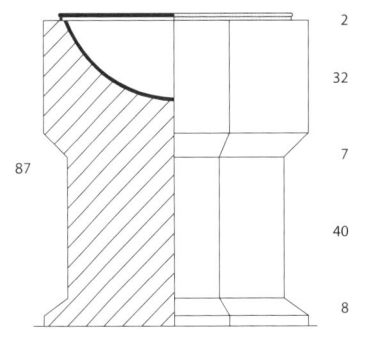

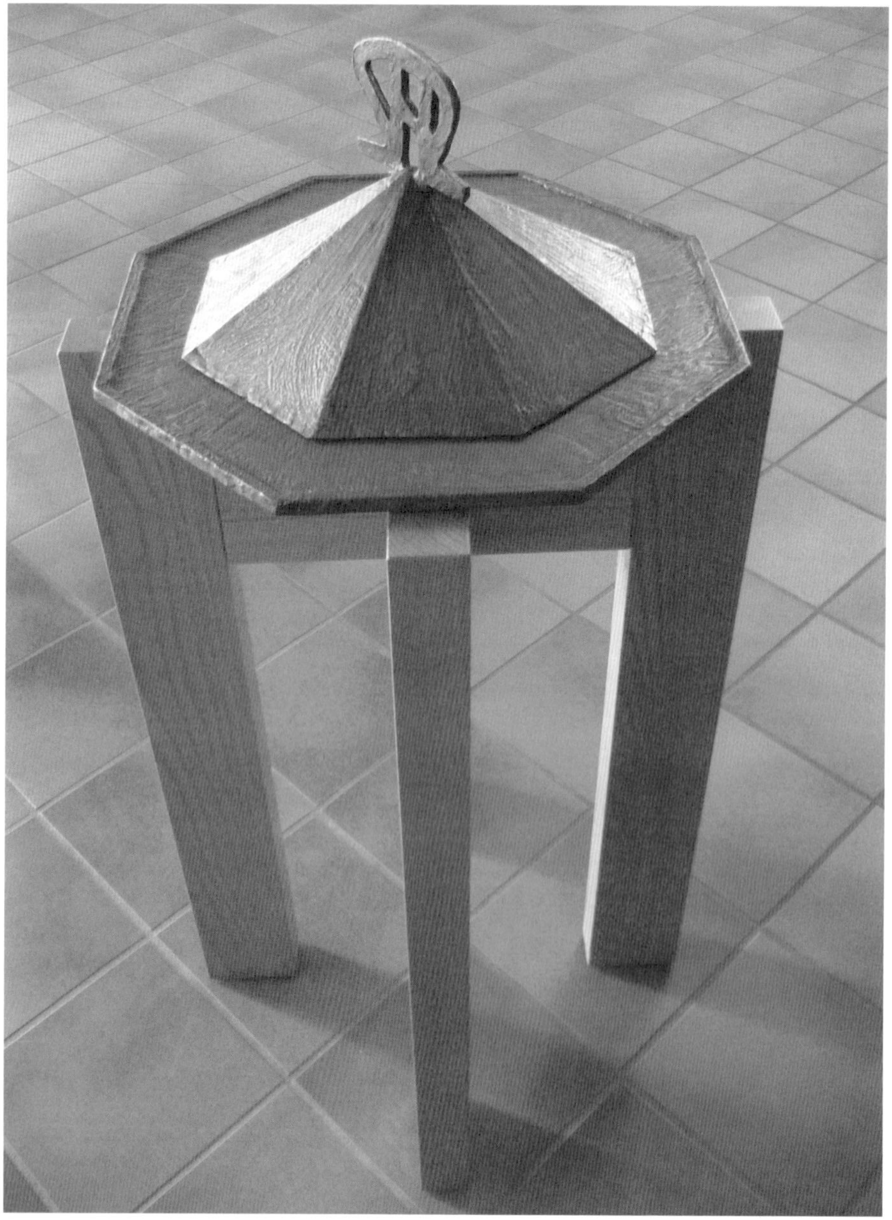

Taufe	**Nr. 3**
Ort	Bechen
	Gemeinde Kürten
	Ev. Versöhnungskirche
Alter	1995
Material	Holz, Bronze
Größe	H = 97 cm, Ø = 53 cm.
Beschreibung	Der Taufständer besteht aus zwei Teilen. Der Ständer ist aus vier Kanthölzern über einem kreuzförmigen Grundriss entwickelt. Auf ihm liegt die oktogonal gefasste Taufschale auf. Ihre Vertiefung ist als flache Halbkugel gearbeitet. Der Grund der Schale ist mit einer Friedenstaube geschmückt. Der als Pyramide gebildete Deckel nimmt die Achteckform auf und wird von einem „AΩ" Zeichen bekrönt.
Farbfassung	Die Taufe ist ungefasst.
Künstler	Der Entwurf zu den Prinzipalen geht auf den Architekten des Gemeindezentrums, Dipl.- Ing. Friedrich Zacharias/St. Augustin zurück. Den Holzständer schuf die Kölner Fenster und Möbelmanufaktur Campinge, die Schale wurde von der Glocken- und Kunstgießerei Fa. Petit u. Gebr. Edelbrock/Gescher gegossen.
Standort	Die Taufe steht zusammen mit dem Ambo im Altarbereich.
Kirche	Das Gemeindezentrum wurde unter Arch. Zacharias + Partner/St. Augustin von 1994-95 errichtet. Der Grundriss der Anlage ist durch die Halbierung eines Achtecks gewonnen worden. Mit dieser fächerförmigen Grundrissstruktur war die Möglichkeit gegeben, sowohl den funktionellen Ansprüchen gerecht zu werden als auch sich in Form einer ausholenden oder umfassenden Geste der gegenüberliegenden Wohnbebauung entgegenzustrecken. Der Turm kam im Jahre 2000 hinzu. Der in das Gemeindezentrum integrierte Kirchsaal besitzt einen annähernd trapezförmigen Grundriss. Um die Prinzipale zu betonen, ist die östliche Rückwand als eine etwas zurückgesetzte Wandscheibe entwickelt. Daraus ergeben sich zwei vertikale Lichtfugen, die indirektes Licht in den Altarraum einfluten lassen. Zusätzlich wird der Altarbezirk durch die auf ihn gerichtete Absenkung der Holzdecke betont.
Literatur	Fußbroich, a.a.O., S. 181.

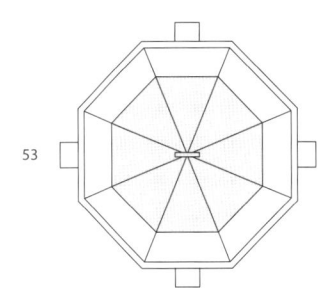

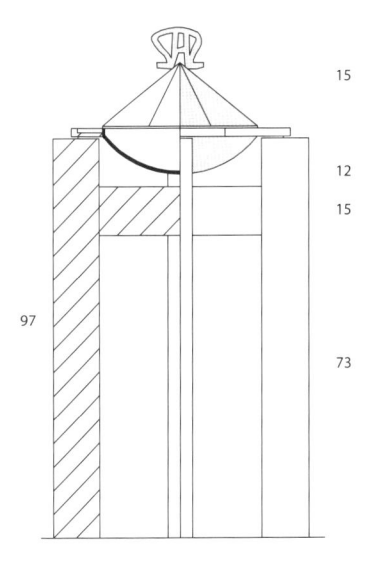

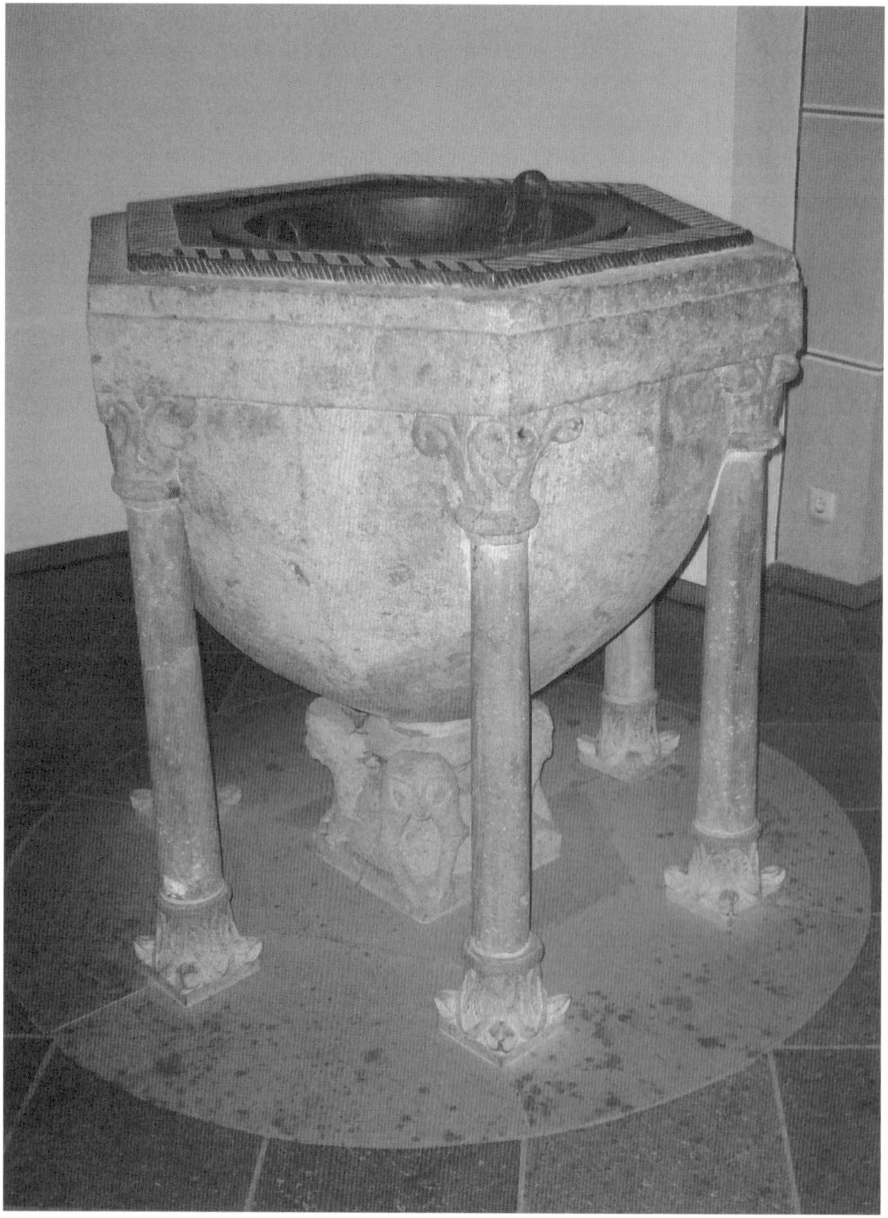

Katalog der Taufen

Taufe	**Nr. 4**
Ort	Bensberg Stadt Bergisch Gladbach
	Kath. Pfarrkirche St. Nikolaus
Alter	12. bzw. Anfang 13. Jh., bzw. 1992
Material	Trachyt vom Drachenfels und franz. Muffelsandstein. Schadhafte Stellen in späterer Zeit durch unterschiedliche Steinsorten ergänzt. Neu eingesetzte Materialien sind Bronze und Marmor.
Größe	H = 107 cm, Ø = 115 cm.
Beschreibung	Die Taufe besteht aus einem kelchförmigen sechsseitigen Becken, welches auf einem runden Mittelzylinder aufgesetzt ist. Dieser Sockel ist in Form einer attischen Basis ausgebildet und in der Kehle durch vier Tierfratzen (Affen?) geschmückt. Der obere Rand des Beckens wird von sechs freistehenden schlanken Säulchen gestützt, welche von Blattkapitellen gekrönt sind, deren Basen allerdings ebenfalls in Form umgekehrter romanischer Kapitelle ausgeführt sind. Die in unserer Zeit eingebrachte Innenschale besteht einschl. Abdeckung aus Bronze. Eine auf ihr aufgebrachte Umschrift lautet: *„MIT DEM HIMMELREICH IST ES WIE MIT EINEM NETZ, DAS MAN INS MEER WARF, UM FISCHE ALLER ART ZU FANGEN. MATTHÄUS 13.47".* Die Abdeckung nimmt das Sechseckmotiv wieder auf und wird von vier eng zusammenstehenden vollblättrigen Bäumen bekrönt.
Farbfassung	Im Jahre 1935 wurde eine ehemalige farbige Fassung durch Abscharrierung des Steins entfernt.
Künstler	Im Jahre 1992 wurde von Helmut Moos eine neue Innenschale einschließlich Abdeckung gestaltet.
Standort	Die Taufe befindet sich im südlichen Nebenchor. Ursprünglich stand sie in der Alten Kirche in Bergisch Gladbach-Refrath.
Kirche	Dreischiffige Pfeilerbasilika mit Querhaus, polygonalem Chor und Westturm, errichtet im neuromanischen Stil von 1877-1883 durch den Architekten August Lange.
Literatur	Kieven, a.a.O., S. 56; Panofsky-Soergel, a.a.O., S. 33; Clemen, Paul: Die Kunstdenkmäler des Kreises Mülheim am Rhein, Düsseldorf 1901, S. 196.

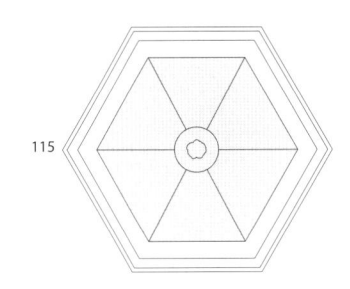

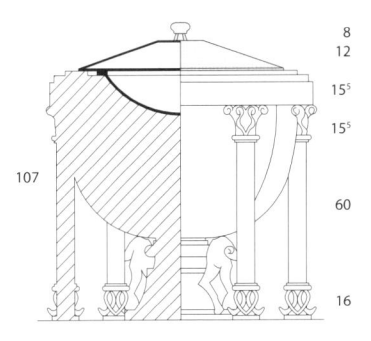

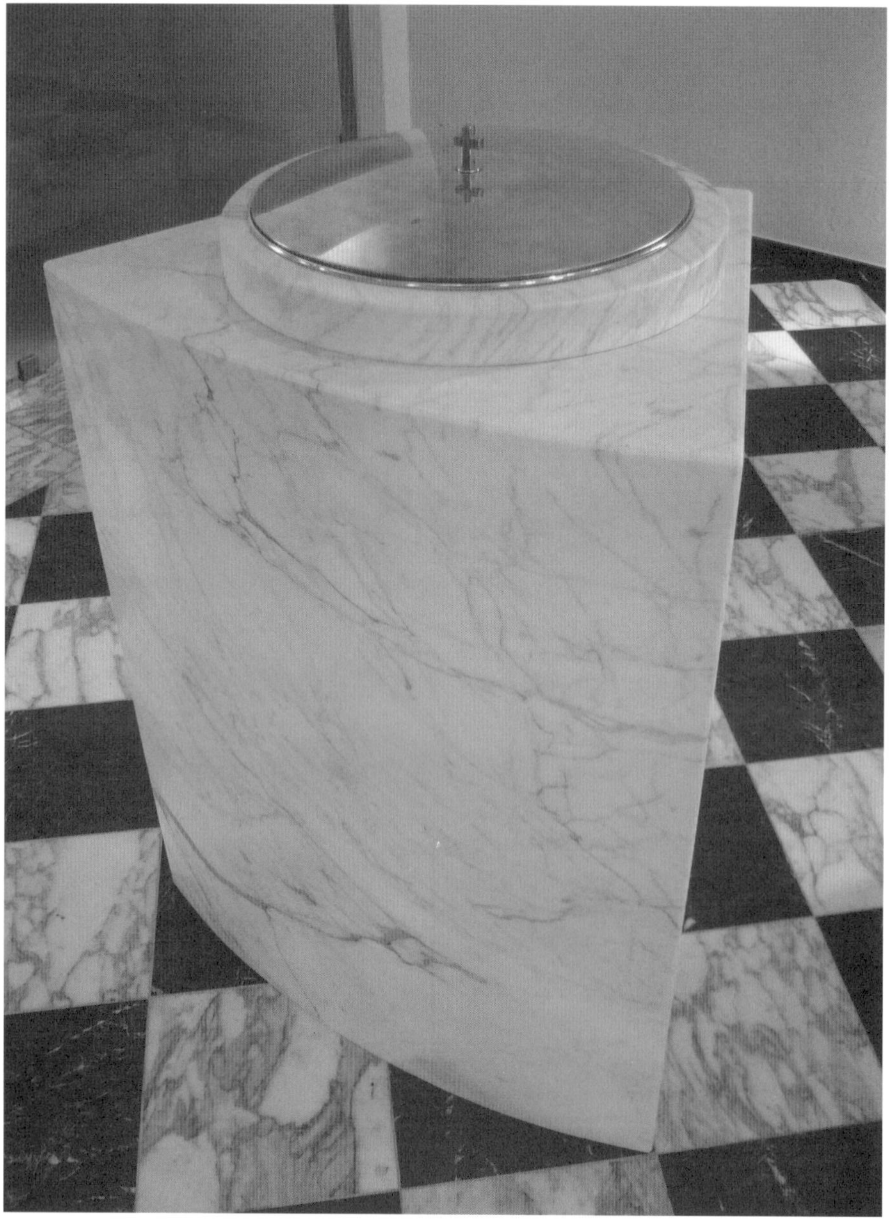

Katalog der Taufen

Taufe	**Nr. 5**
Ort	Bensberg Stadt Bergisch Gladbach
	Ev. Kirche
Alter	2003/04
Material	Carrara-Marmor, Silber
Größe	H = 96 cm, Ø des Aufsatzes = 50 cm.
Beschreibung	Die Taufe besteht aus zwei Teilen. Ein über einem trapezähnlichen Grundriss entwickeltes Stützglied bildet zunächst für die Taufe Sockel und Schaft. Auf der Oberseite ist dem Motiv mit einem etwas kleineren Durchmesser ein Ring aufgesetzt, welcher eine Taufschale mit flacher Vertiefung trägt. Auf der Rückseite der Taufschale ist folgende Gravur eingearbeitet: „Cadetten Institut zu Bensberg". Demnach ist diese Taufschale zwischen 1840 und 1918 angefertigt worden, als im Schloss zu Bensberg eine der Preußischen Kadettenanstalten untergebracht war. Ein moderner, nur leicht gewölbter Silberdeckel mit einem Kreuz als Bekrönung schließt die Schale bzw. die Taufe ab.
Farbfassung	Weißer Carrara Marmor, ungefasst.
Künstler	Der Entwurf erfolgte durch die Architekten Jürgen Kreft und Marianne Vogt-Werling. Die bildhauerische Umsetzung lag in den Händen der Fa. Richerzhagen Grabmale OHG, Bergisch Gladbach-Refrath.
Standort	Die Form der Taufe kann hier nicht als Solitär sondern nur in Gemeinschaft mit Altar und Ambo betrachtet werden. Die Prinzipale stehen auf einer zweistufigen Altarestrade, die segmentbogenartig in den Raum greift. Als einladende Gegenbewegung öffnet sich der Altar zur Gemeinde hin und bindet sie dadurch in die liturgische Handlung mit ein.
Kirche	Der Sakralbau ist über einem quadratischen Grundriss mit eingezogenem rechteckigem Anbau entwickelt. Das Hauptdach wird von einem Dachreiter bekrönt. Errichtet wurde der Bau im Jahre 1937. Eine grundlegende Sanierung und Umgestaltung erfolgte in den Jahren 2003/04 durch das Architekturbüro Franken und Kreft/Bensberg in Zusammenarbeit mit dem Architekturbüro Vogt-Werling/Bensberg.
Literatur	Kieven, a.a.O., S. 56; Fußbroich, a.a.O., S. 164.

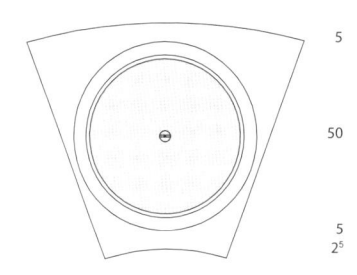

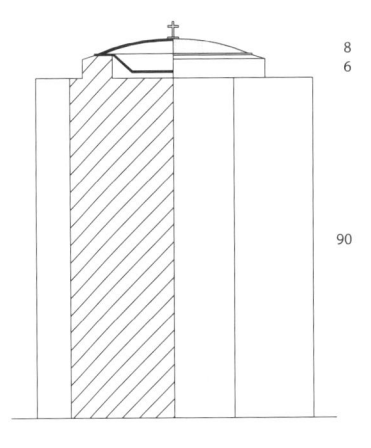

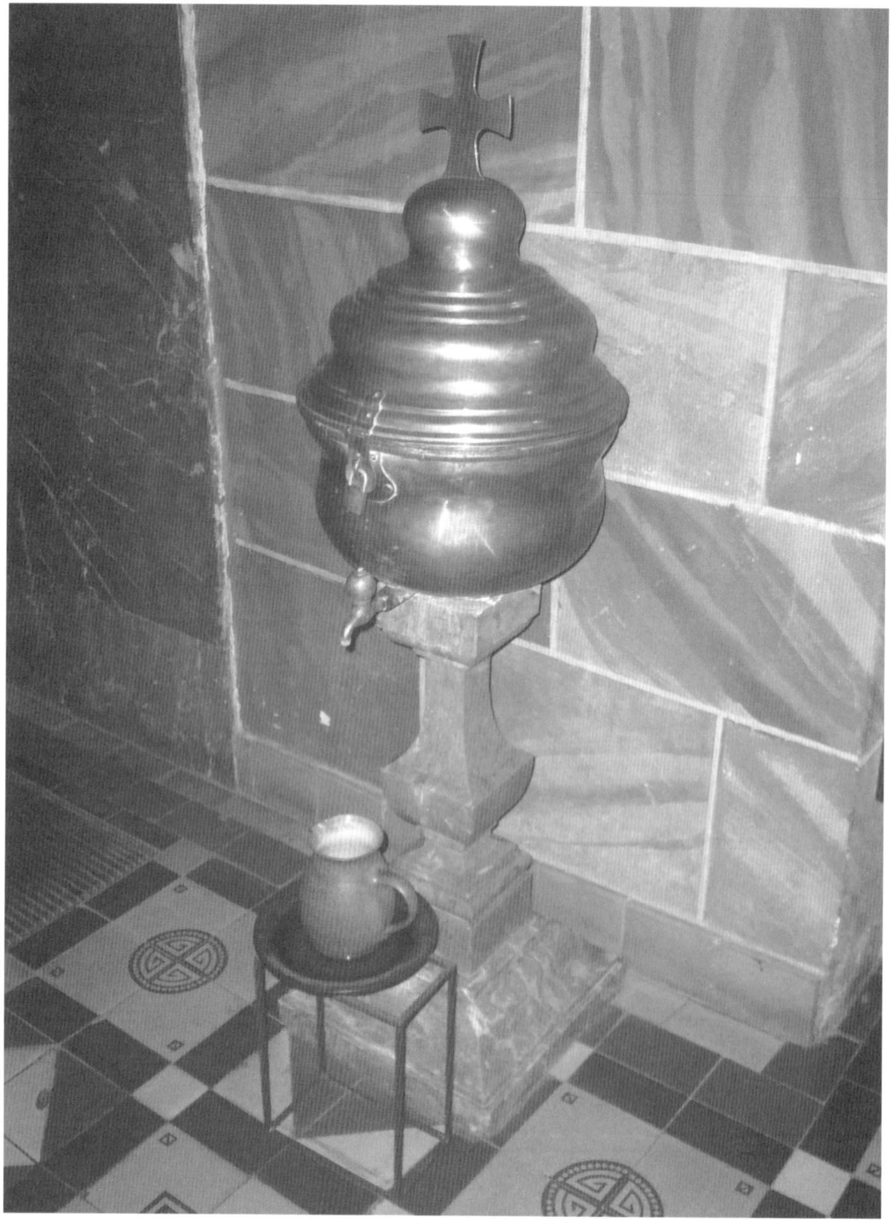

Katalog der Taufen

Taufe	**Nr. 6/A**
Ort	Bergisch Gladbach (Zentrum)
	Kath. Pfarrkirche St. Laurentius
Alter	19. Jh.
Material	Marmor, Messing
Größe	H = 104 cm, Ø = 39 cm.
Beschreibung	Die ehemalige Taufe besteht aus zwei Teilen. Ein quadratischer, getreppter und geschwungener Sockel stützt einen balusterartigen schmucklosen Schaft. Auf den Schaftkopf ist ein rundes Messinggefäß in Mörserform mit Deckel als eigentlicher Taufbehälter aufgesetzt. Einziger Schmuck dieses Aufsatzes sind unterschiedlich gewulstete Querbänder und Querriefen, welche die Taufe und vor allem den Deckel gliedern. Der Deckel ist geschwungen und läuft in einen Knauf über. Als Bekrönung ist ein Kreuz aufgesetzt.
Farbfassung	Braun-weißer Marmor, ungefasst.
Künstler	unbekannt
Standort	Das ehemalige Taufbecken wird heute als Weihwasserbehälter genutzt und ist im nördlichen Seitenschiff, neben dem dortigen Zugang zu finden.
Kirche	Eine erste Erwähnung eines Sakralbaues findet sich im „Liber Valoris" aus dem Jahre 1300. Aber schon zuvor darf mit einer Eigenkirche (Kapelle) des Gladbacher Fronhofes gerechnet werden. Bis Ende des 14. Jh. gehörte die Pfarrei noch zum Kirchspiel Bensberg und erst danach ist sie eine eigenständige Pfarre. Für das 15. Jh. ist ein Neubau überliefert, der sich wohl von der Lage her hinter dem Chor der heutigen Kirche befunden haben dürfte. Entsprechende Erweiterungen folgten im 18. und 19. Jh. Von 1845 bis 1847 errichtete man nach den Plänen des Architekten Matthäus Biercher einen neuromanischen Neubau auf dem Friedhof der alten Kirche. In den Jahren 1871 bis 1878 folgten die Ostteile und 1905 bis 1907 die Anfügung der Seitenschiffe durch die Architekten Hans Renard, bzw. Hans Hansen.
Literatur	Kieven, a.a.O., S. 27; Panofsky-Soergel, a.a.O., S. 69; Brenner, Hans Leonhard: Heimatatlas, Bergisch Gladbach und Umgebung, Bergisch Gladbach 1991.

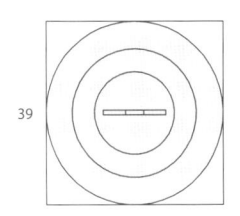

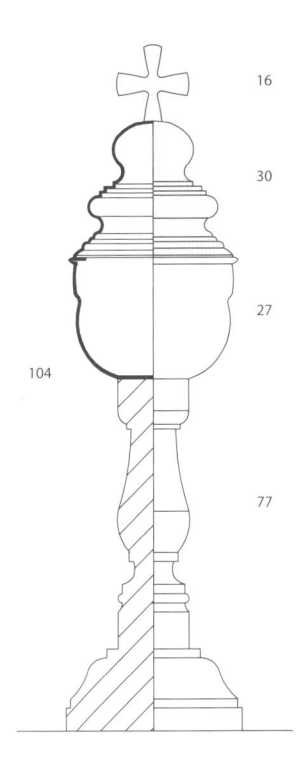

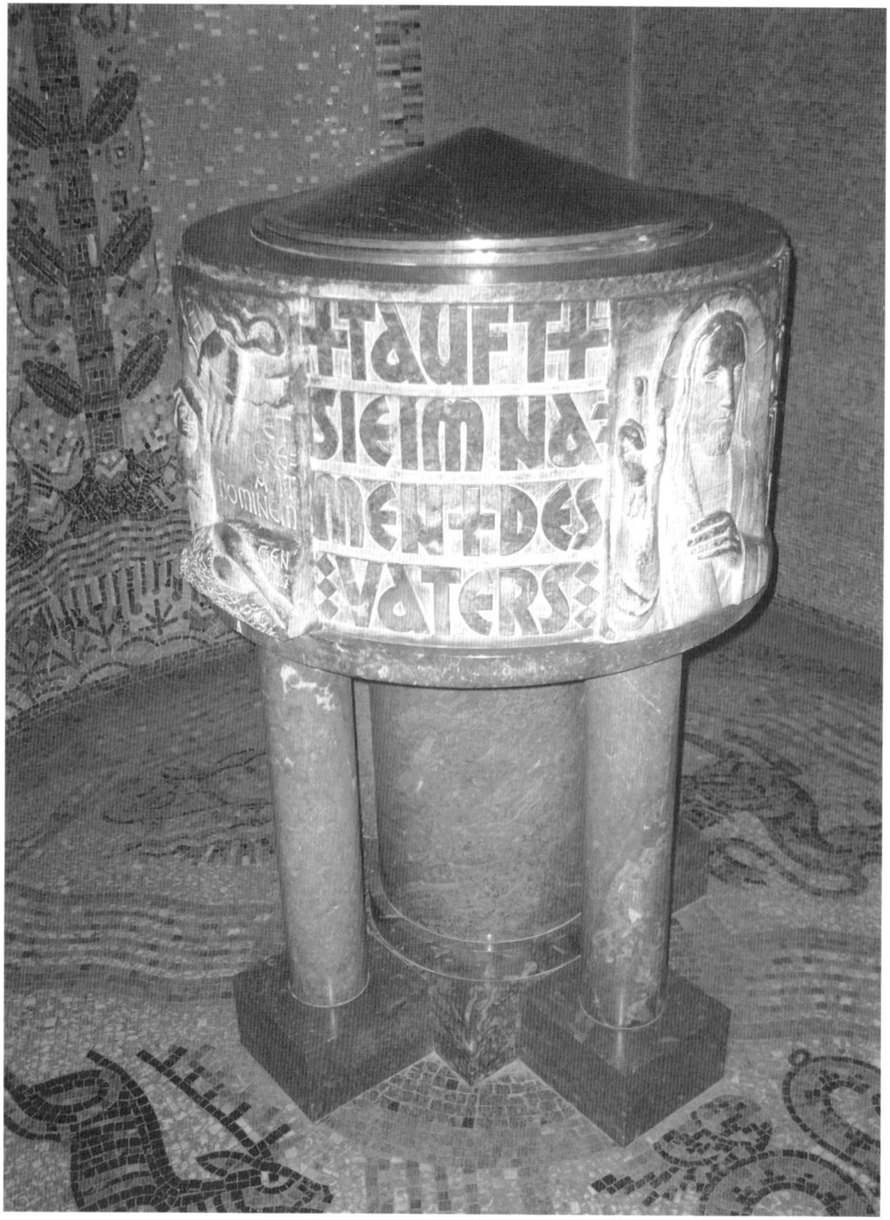
+TAUFT+
SIE IM NA-
MEN+DES
VATERS

Taufe	**Nr. 6/B**
Ort	Bergisch Gladbach (Zentrum)
	Kath. Pfarrkirche St. Laurentius
Alter	Anfang 20. Jh.
Material	Marmor, Messing
Größe	H = 110 cm, Ø = 77 cm.

Beschreibung Auf einer im Grundriß kreuzförmig angelegten relativ hohen Plinthe stehen sowohl ein Mittelzylinder als auch vier die Kreuzform aufnehmende Säulchen. Diese tragen die ebenfalls zylindrisch gefasste Cuppa, welche am Fuß mit einem nur leicht vorspringenden Band profiliert ist. Die senkrechte Wandung der Cuppa zeigt in Form von Reliefs den segnenden Christus, der die Taufworte an seine Jünger spricht. Zur linken ist die Erschaffung des Adams und zur rechten die geheimnisvolle Neuschöpfung der Seele durch die Taufe dargestellt *„SIQUA ERGO IN CHRISTO / NOVA CREA TURA / 2. Cor. 5.17"*. Zwischen den Reliefs sind übereinander angeordnete Textstreifen gruppiert, welche folgendes wiedergeben: *„TAUFT SIE IM NAMEN DES VATERS / UND DES SOHNES UND DES HL. GEISTES / UND LEHRET SIE ALLES HALTEN WAS ICH EUCH GEBOTEN HABE / GEHT HIN UND LEHRET ALLE VÖLKER MT. 28.19/20"*. Die Cuppa besitzt eine Schalenvertiefung in Form einer Halbkugel. Der darüber befindliche Taufdeckel ist aus Messing gearbeitet und stellt die Form eines flach gehaltenen Kreiskegels dar.

Farbfassung Der Taufstein ist ungefasst.

Künstler Der Entwurf zur Taufe erfolgte durch den Architekten Hans Hansen. Wer die bildhauerische Umsetzung in Händen hatte, ist unbekannt.

Standort Anstelle eines großen Seitenaltares am östlichen Ende des südlichen Seitenschiffs ist eine Taufkapelle angelegt, in der sich mittig die Taufe befindet. Der Bereich ist durch ein Gitter vom Kirchenraum abgetrennt.

Kirche Pfeilerbasilika, errichtet im neuromanischen Stil in drei Bauphasen durch den Architekten M. Biercher, H. Renard bzw. H.Hansen (vgl. Taufe Nr. 6/A).

Literatur Kieven, a.a.O., S. 27; Panofsky-Soergel, a.a.O., S. 69.

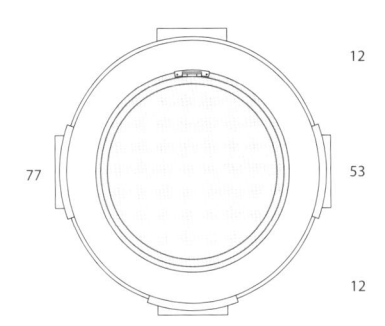

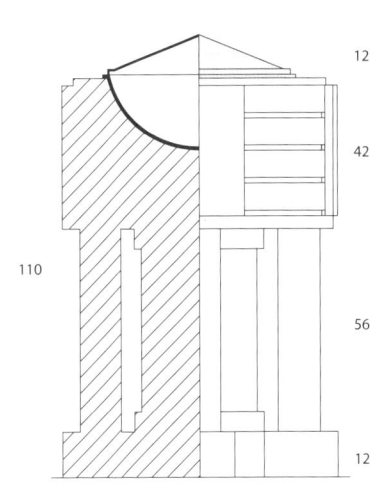

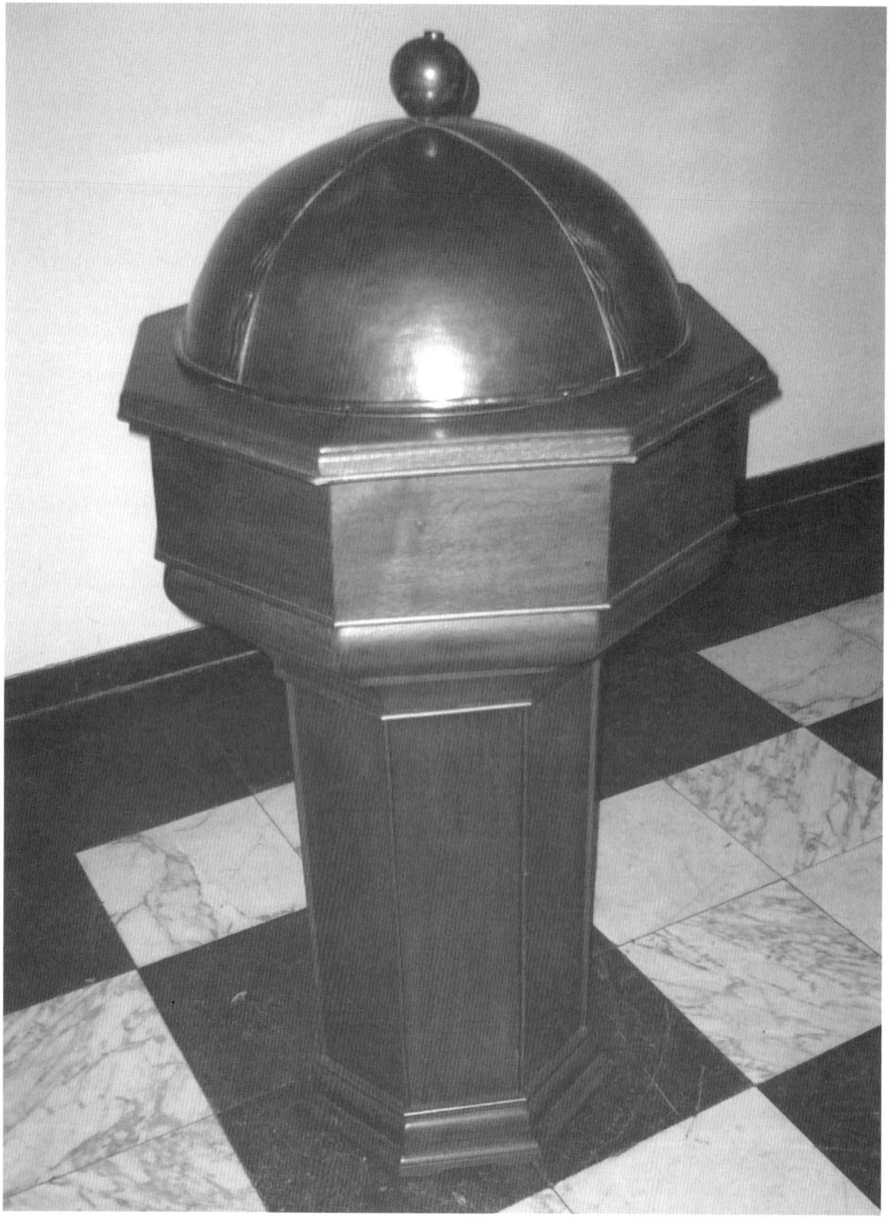

Katalog der Taufen

Taufe **Nr. 7**

Ort Bergisch Gladbach (Zentrum)

Ev. Gnadenkirche

Alter 80er Jahre des 20. Jh.

Material Eichenholz, Messingschale, verzinkt, Kupferdeckel mit Messingstreifen

Größe H = 95 cm, Ø = 60 cm.

Beschreibung Der oktogonale, hölzerne Taufständer ist sehr schlicht gearbeitet. Der Sockel ist getreppt bzw. gebogt gegliedert. Darauf sitzt der zylindrische Schaft, der die Form des Sockels aufnimmt. Die Ecken sind mit dünnen Profilstäben betont. Ein Übergangselement in Form eines nach außen schwingenden Bandes, einer darüber befindlichen Platte und einem wulstförmigen Profil schafft den Anschluss zur passend aufsitzenden achteckigen Cuppa. Als Abschluss ist eine weitere Platte mit einer entsprechenden Aussparung aufgesetzt, welche anstelle einer sonst üblichen Schalenvertiefung eine flache Messingtaufschale trägt. Eine Umschrift am Rand der Schale lautet: + *ER MACHT UNS SELIG DURCH DAS BAND DER WIEDERGEBURT UND ERNEUERUNG DES HEILIGEN GEISTES* +. Ein Kupferdeckel, mit Messingstreifen verziert, welche in der Draufsicht ein Kreuz bilden, beschließt das Motiv. Als Bekrönung dient eine Messingkugel.

Farbfassung Der Taufstein ist ungefasst.

Künstler Die Taufschale einschließlich des Kupferdeckels schuf der Bildhauer Karl Erich Görk.

Standort Die Taufe steht vor dem Altarraum (auf Saalniveau) an der Südwestwand der Kirche.

Kirche Der Sakralbau besitzt die Form eines Oktogons. Er wurde errichtet im Jahre 1776 unter dem kurkölnischen Baumeister Joh. G. Leydel aus Poppelsdorf. Die Anfügung des Turmes erfolgte im Jahre 1788 unter dem Arch. Weltersbach, anschließend kam das quergelagerte Pastorenhaus dazu und im Jahre 1898/99 folgte der Säulenportikus in neoklassizistischer Formensprache.

Literatur Kieven, a.a.O., S. 32; Clemen, a.a.O., S. 213; Fußbroich, a.a.O., S. 168 ff.

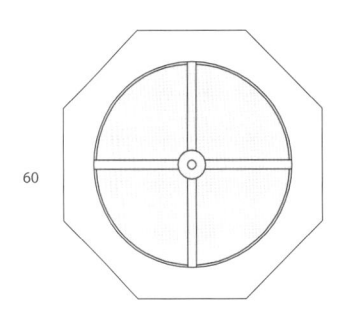

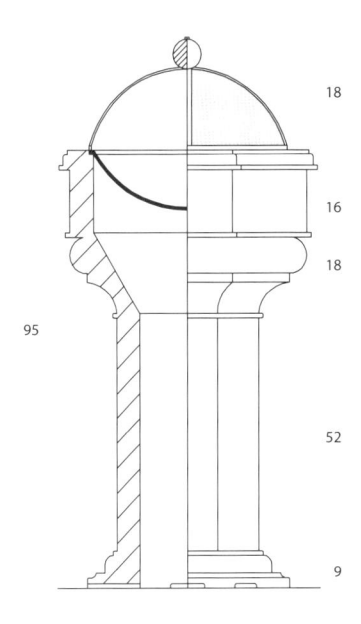

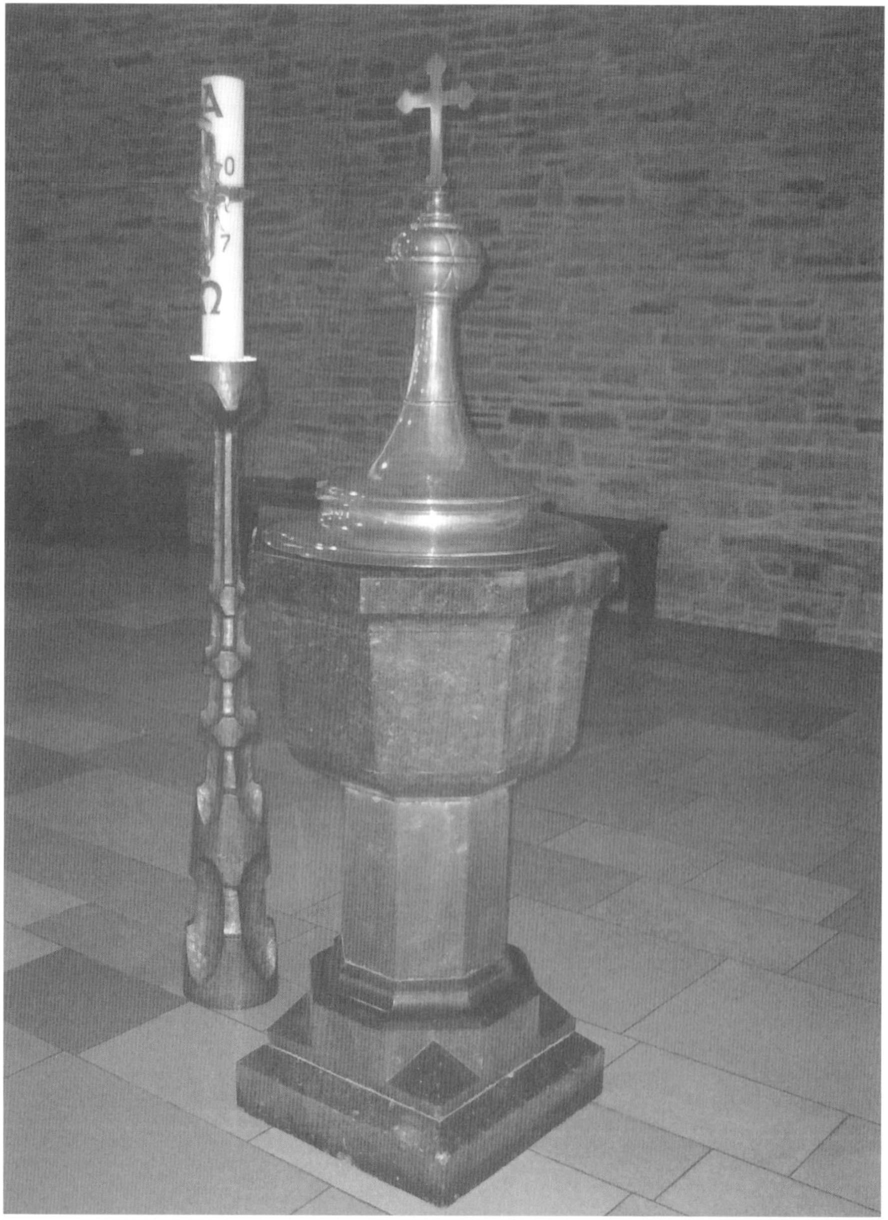
A
Ω

Taufe	**Nr. 8**
Ort	Biesfeld
	Gemeinde Kürten
	Kath. Kirche Mater Dolorosa
Alter	evtl. 20. Jh.
Material	Marmor, Deckel aus Messing
Größe	H = 100 cm, Ø = 65 cm.
Beschreibung	Die Taufe ist aus drei Teilen zusammengefügt. Die quadratische Sockelplatte ist zur Mitte hin geschrägt und geht in einen achteckigen Schaft über. Die Cuppa ist als neuer Stein aufgesetzt. Die acht Seiten der nach oben gebogten und dann als leicht konisch verlaufender Zylinder aufsteigenden Wandung sind ohne Verzierung. Die Cuppa schließt kopfseitig mit einem breiten Band ab. Die Schalenvertiefung ist als Halbkugel gearbeitet. Der Deckel ist geschwungen und läuft in eine ausgezogene Spitze mit einem Knauf über. Als Bekrönung ist ein Kreuz aufgesetzt.
Farbfassung	Die Taufe ist ungefasst.
Künstler	Der Entwurf zur Taufe geht evtl. auf den Architekten J. Lehmkühler zurück, der die Kirche erbaut hat.
Standort	Die Taufe befindet sich im leicht erhöhten Altarbereich, vor der raumhohen nach Osten orientierten Fensterwand.
Kirche	Eine erste Wallfahrtskirche auf dem heutigen Standort der Kirche darf für das letzte Viertel des 17. Jh. angenommen werden. Dieser Bau wurde in den Jahren 1862 bis 1864 durch einen Neubau ersetzt und schon gut 50 Jahre später erfolgte der Bau der heutigen Wallfahrts- bzw. Pfarrkirche. Der verantwortliche Architekt war Joseph Lehmkühler. Im Jahre 1959 wurde eine Chorerweiterung durch den Architekten Bernhard Rotterdam vorgenommen. Durch die raumhohe Befensterung wird der leicht erhöht angeordnete Altarbereich v.a. aber die Taufe in den Morgenstunden in ein helles, goldgelbes Licht getaucht.
Literatur	Kieven 1998, S. 170; Koch, Bernd: Der Architekt Bernhard Rotterdam und seine Kirchenbauten im Rheinland, Lindenberg 2006, S. 63 f.; Peter Opladen: Die Wallfahrt zur schmerzhaften Mutter in Biesfeld, Biesfeld 1942.

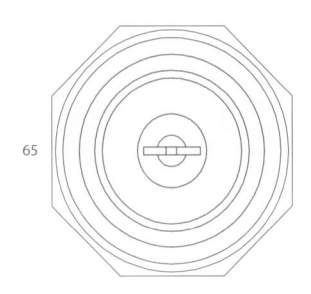

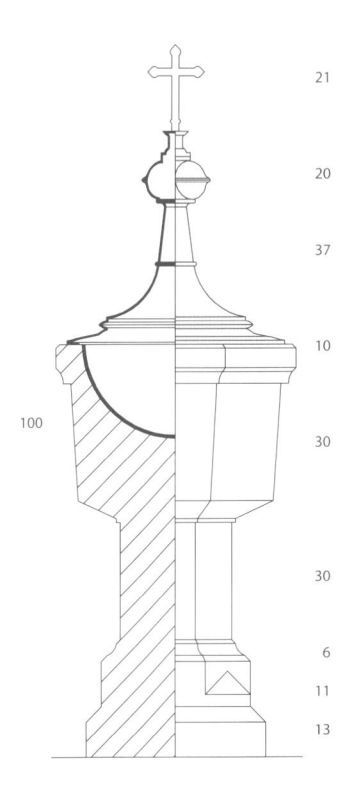

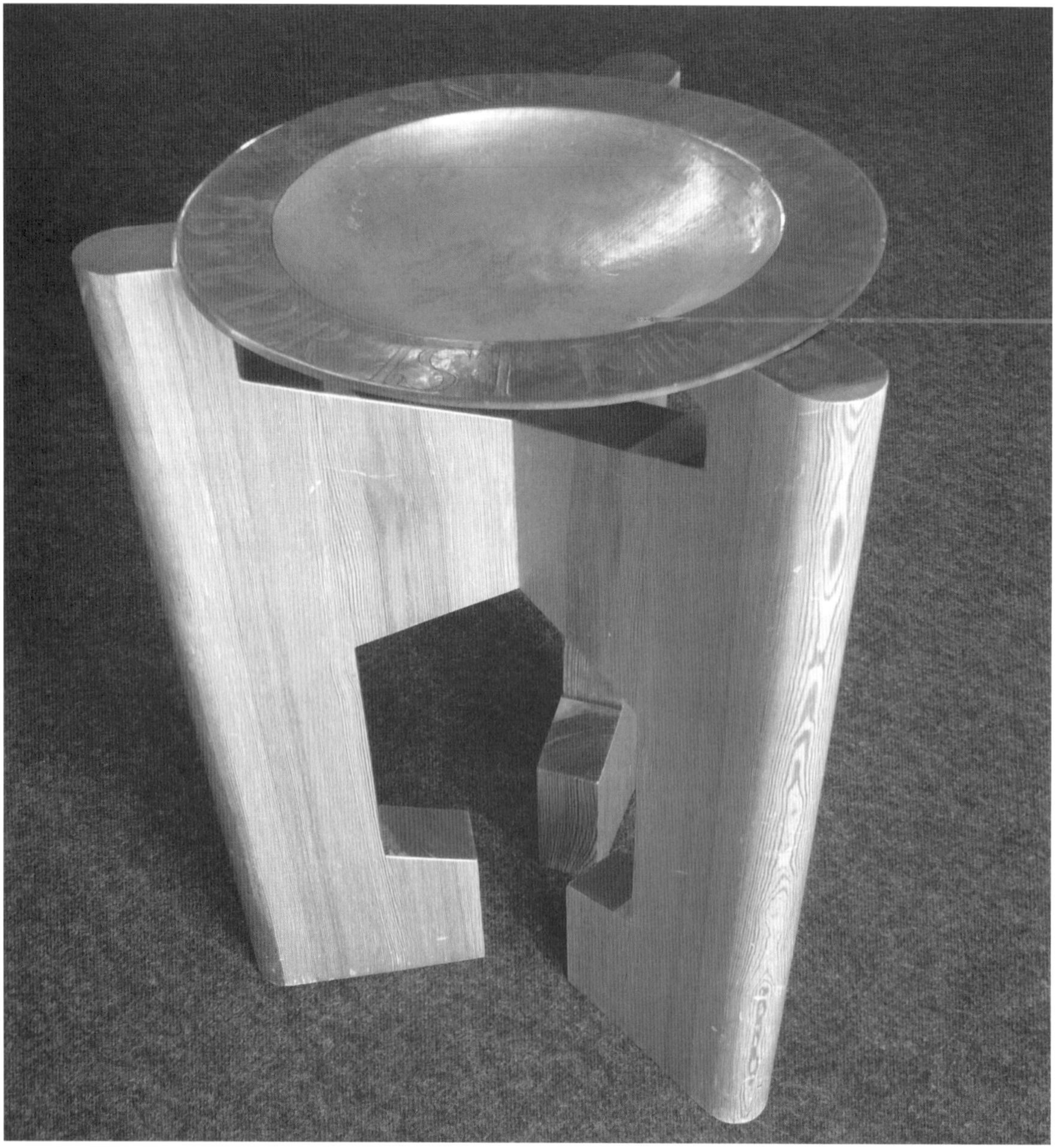

Taufe	**Nr. 9**
Ort	Biesfeld Gemeinde Kürten Ev. Christuskirche
Alter	um 1985
Material	Unterbau aus Holz, Schale aus Kupferblech
Größe	H = 91 cm, Ø = 51 cm.
Beschreibung	Die Taufe besteht aus zwei Teilen. Drei aus Holz gefertigte Standglieder tragen eine Taufschale aus Kupferblech. Diese besitzt ein umlaufendes Schriftband mit folgendem Text: *„BEI DIR IST DIE QUELLE DES LEBENS"*. Die Schalenvertiefung ist als flache Halbkugel gearbeitet.
Farbfassung	Die Taufe ist nicht gefasst.
Künstler	Die Taufschale schuf der Bildhauer Karl Erich Görk. Wer den Unterbau entworfen und hergestellt hat ist unbekannt.
Standort	Die Taufe ist im Altarbereich aufgestellt.
Kirche	Am westlichen Ortsausgang der Ortschaft Biesfeld liegt das Ev. Gemeindezentrum, das v.a. durch einen schlanken Turm auf sich aufmerksam macht. Der Baukomplex, in dem sich die Gemeinderäume und der Gottesdienstraum befinden, stellt sich als ein schlichter zweigeschossiger und lang gestreckter Kubus dar, der im Wesentlichen von einem Pultdach dominiert wird. Der Kirchsaal ist querrechteckig angelegt und umgreift an seiner Südwestecke in Form eines Viertelkreises die Prinzipalstücke. Dies „bergende Wirkung" wird durch das sich in diese Richtung neigende Pultdach noch verstärkt. Ein mit Blankglas ausgestattetes raumhohes Fenster lässt das Tageslicht ungefiltert in den Saal fallen. Aber auch die Landschaft wird durch diese verglaste Öffnung in den Gottesdienst mit einbezogen. Die Anlage wurde von Architekt H. Möller, Bergisch Gladbach im Jahre 1980 realisiert.
Literatur	Kieven, a.a.O., S. 170; Fußbroich, a.a.O., S. 180.

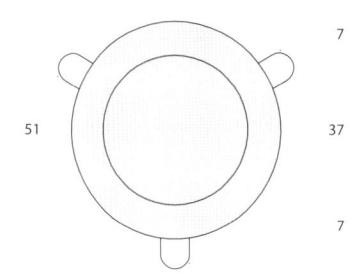

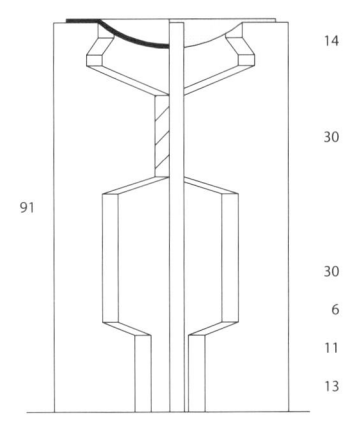

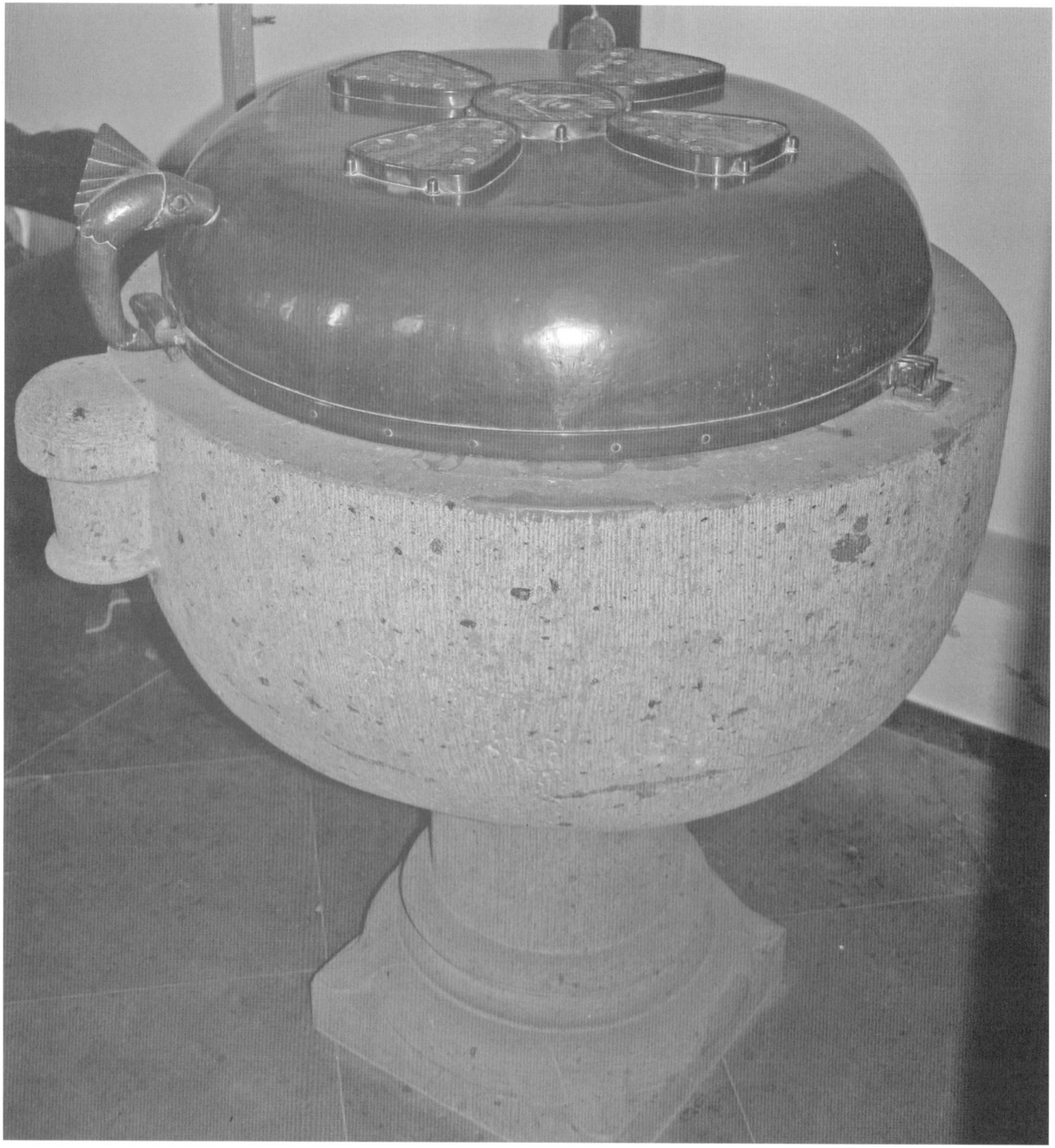

Taufe **Nr. 10**

Ort Burg an der Wupper
Stadt Wermelskirchen

Kath. Kirche St. Martin (Oberburg)

Alter Taufstein 12. Jh., Abdeckung um 1950

Material Granit bzw. Kupfer mit Email-Medaillons

Größe H = 94 cm, Ø = 94 cm.

Beschreibung Die Taufe ist aus zwei Teilen gefertigt. Eine quadratische, an den Wänden scharrierte Plinthe bietet den Grund des runden Taufsteins. Dieser Platte ist eine Tellerbase mit Eckzier aufgelegt. Der Schaft besteht aus einer kurzen Säule. Auf ihm ruht in Form eines runden weitausladenden Beckens die Cuppa. Ursprünglich war sie wohl von vier Säulchen flankiert. Zwei der ehemaligen schlicht geformten Kapitelle sind noch als konsolenartige Elemente vorhanden, die restlichen wurden abgeschlagen. Die Schalenvertiefung ist als Halbkugel in den Stein eingearbeitet. Bis zum Jahre 1948 diente ein einfacher Holzdeckel als Bekrönung. Die heutige, vermutlich aus dem Jahre 1950 stammende, einfach gebogte Abdeckung besteht aus Kupfer. Sie ist kopfseitig durch eine kreuzförmige Schmuckauflage, welche die Taufe bzw. das Pfingstwunder zum Thema hat, geschmückt. Als Griffe bzw. Bedienungselemente dienen zwei an den Deckel angearbeitete Fische.

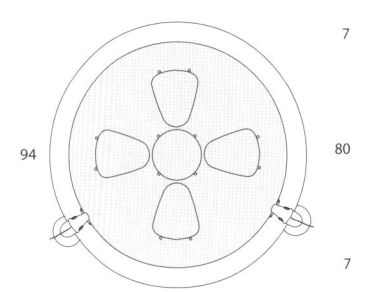

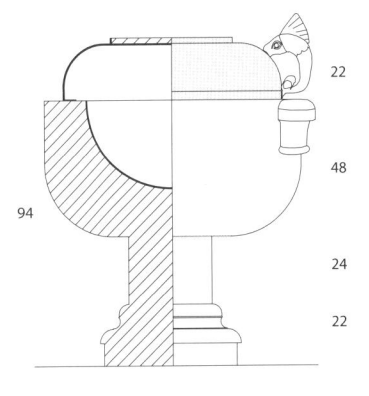

Farbfassung Der Stein ist ungefasst.

Künstler Der Steinmetz, der die Taufe geschaffen hat, ist unbekannt. Die Abdeckung ist von dem Bildhauer Hanns Rheindorf gefertigt worden.

Standort Im Chorraum der Kirche.

Kirche Bei der Kirche handelt es sich um einen einschiffigen flachgedeckten verputzten Tuffsteinbau mit hohen Rundbogenfenstern, einem dreiseitigem Chor mit aufgesetztem Chorturm.

Literatur Kieven, a.a.O., S. 142; Kelling, Robert: St. Martinuskirche in Burg an der Wupper, Burg an der Wupper 2005; Clemen, Paul: Die Kunstdenkmäler der Rheinprovinz, Dritter Band II., Die Kunstdenkmäler der Städte Barmen, Elberfeld, Remscheid und der Kreise Lennep, Mettmann, Solingen, Düsseldorf 1894, S. 44; Inventarverzeichnis der Kirche St. Martinus Burg.

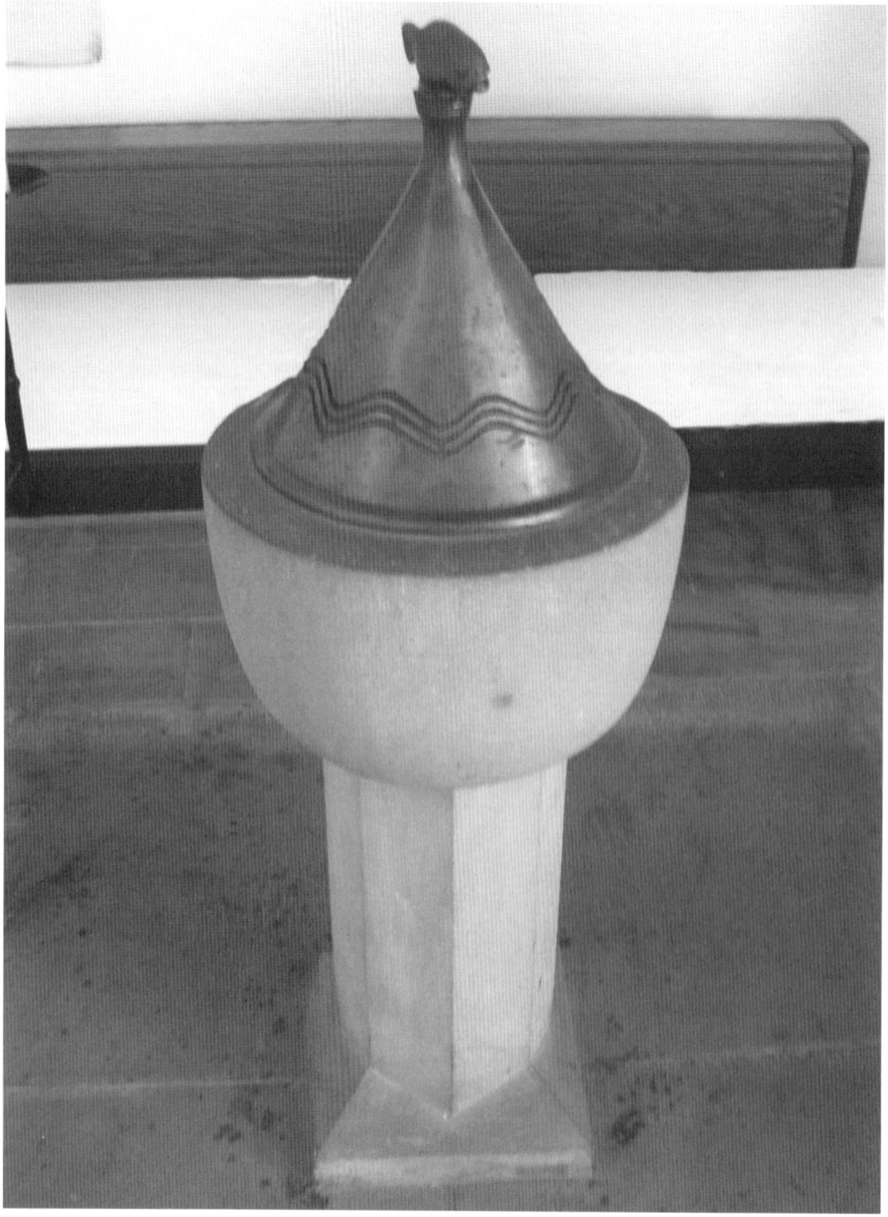

Taufe	**Nr. 11**
Ort	Burg an der Wupper Stadt Wermelskirchen
	Ev. Kirche zur Hl. Dreieinigkeit (Unterburg)
Alter	20. Jh.
Material	Sandstein, Bronze
Größe	H = 92 cm, Ø = 49 cm.
Beschreibung	Die Taufe ist in zwei Teilen gefertigt. Der quadratische Sockel ist zur Mitte hin geschrägt und geht in einen achteckigen Schaft über. Unmittelbar auf dem Schaft ruht die schmucklose Cuppa. Der untere Teil ist gewölbt, der obere steigt senkrecht nach oben. Die Schalenvertiefung ist als Halbkugel gearbeitet und mit einer bronzenen Taufschale abgedeckt. Der Bronzedeckel ist kegelförmig, zum unteren Rand hin mit einer dreifachen Wellenlinie verziert und mit einem Fisch bekrönt. Die Wellenlinie steht für das Taufwasser, der Fisch ist als ein altes christliches Erkennungszeichen zu interpretieren.
Farbfassung	Die Taufe ist ungefasst.
Künstler	Der Künstler ist unbekannt.
Standort	Die Taufe steht vor dem Chorbereich auf Saalebene.
Kirche	Burg an der Wupper ist für die Bergische Beschichte ein bedeutender Ort. Im Jahre 1118 hatte Graf Adolf I. von Berg begonnen, seinen Stammsitz von Altenberg an diesen Ort zu verlegen. Mehrmals wurde die neue Burg danach erweitert und den Bedürfnissen der Landesherren angepasst, obwohl diese schon seit dem Jahre 1380 ihre eigentliche Residenz in Düsseldorf aufgeschlagen hatten. Der Ort unterteilt sich in Ober- und Unterburg. In Oberburg steht die St. Martinskirche, welche um 1200 von den Johannitern erbaut wurde. In Unterburg ist die Ev. Kirche zur „Hl. Dreieinigkeit" zu finden. Diese wurde von 1732 bis 1735 errichtet und im Jahre 1787 mit einem kräftigen Turm bereichert. Der Saalbau ist mit hohen Rundbogenfenstern bestückt und mit einem Tonnengewölbe abgeschlossen. Die Innengestaltung der Kirche zeigt im Original noch die typischen bergischen Ausstattungselemente einer ev. Kirche.
Literatur	Kieven, a.a.O., S. 141.

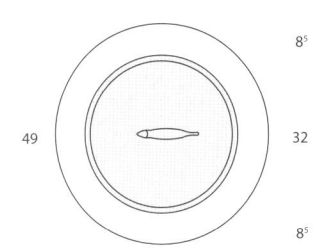

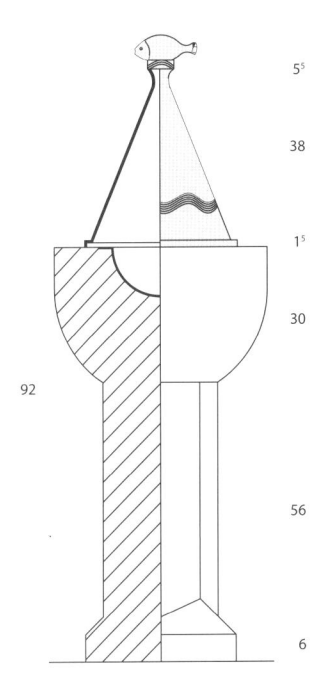

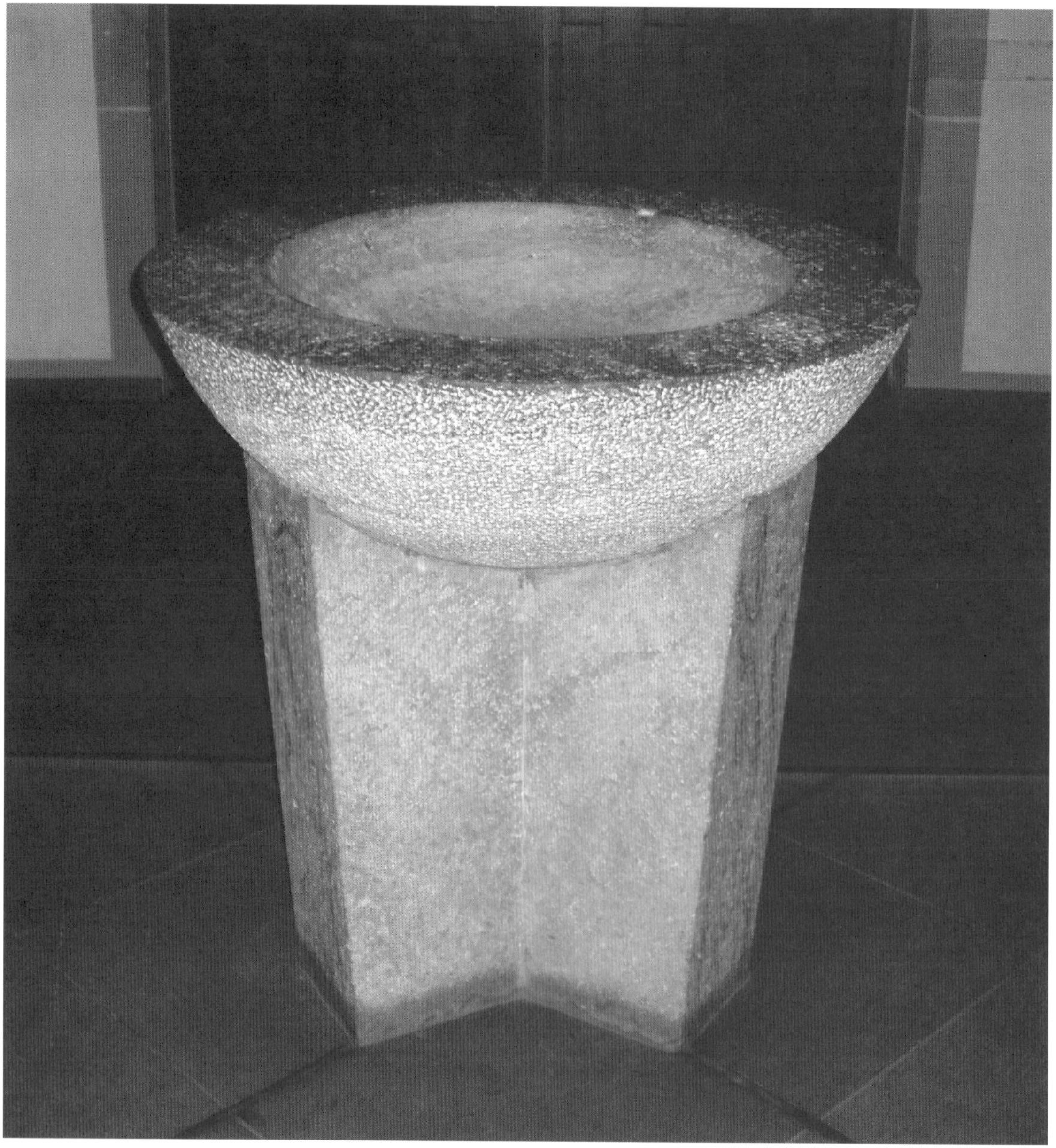

Katalog der Taufen

Taufe	**Nr. 12/A (alte Taufe)**
Ort	Burscheid (Zentrum)
	Kath. Kirche St. Laurentius
Alter	1957
Material	Muschelkalk
Größe	H = 95 cm, Ø = 95 cm.
Beschreibung	Die Taufe ist aus zwei Stücken gefertigt. Ein dreifüßiger Schaft dient als Unterbau der aufgelegten Cuppa. Die einzelnen Glieder des Fußes verlaufen konisch. Ihre Frontseiten sind mit stilisierten Darstellungen geschmückt. Die Motive zeigen: das Lamm Gottes mit Kreuz, die Taube des Hl. Geistes und der segnende Schöpfergott. Die als Kugelabschnitt geformte Cuppa ist schlicht und schmucklos gehalten. Auf ihrer Oberseite ist nach einer breiten Umrandung eine ebenfalls segmentbogenförmige Schalenvertiefung in den Stein eingearbeitet.
Farbfassung	Die Taufe ist ungefasst.
Künstler	Die Taufe ist von Max Pohl gefertigt worden
Standort	Die alte Taufe befindet sich in der Turmhalle und wird heute als Weihwasserbecken genutzt.
Kirche	Zunächst besaß die Kath. Gemeinde in Burscheid von 1860 bis 1889 nur eine Notkirche. Als im Jahre 1889 diese zu einer selbständigen Pfarrei erhoben wurde, war das Bemühen um die Errichtung einer eigenen Pfarrkirche groß. Deshalb konnte schon zwei Jahre später mit dem Bau begonnen werden, im Jahre 1892 war er fertig gestellt, die Konsekration erfolgte allerdings erst 1896. Bei dem Bauwerk handelt es sich um eine im neugotischen Stil errichtete dreischiffige Basilika mit vortretendem östlichen Querhaus, Seitenkapellen und einem polygonalen Chorschluss. Die Planung und Bauleitung wurde von dem Architekturbüro Rüdell und Odenthal aus Köln bewerkstelligt. Das Turmerdgeschoss stammt ebenfalls aus der Erbauungszeit, die Fertigstellung gelang erst unter Architekt B. Rotterdam und S. Hürten im Jahre 1960, allerdings in moderner Formensprache.
Literatur	Kieven a.a.O., S. 100.

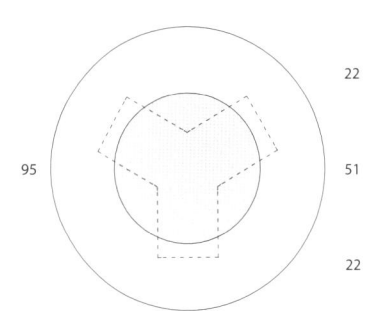

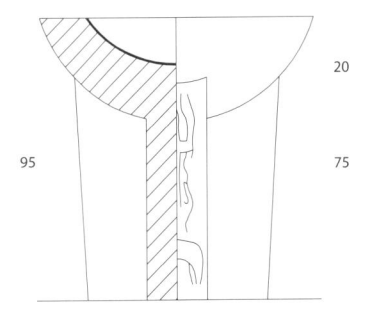

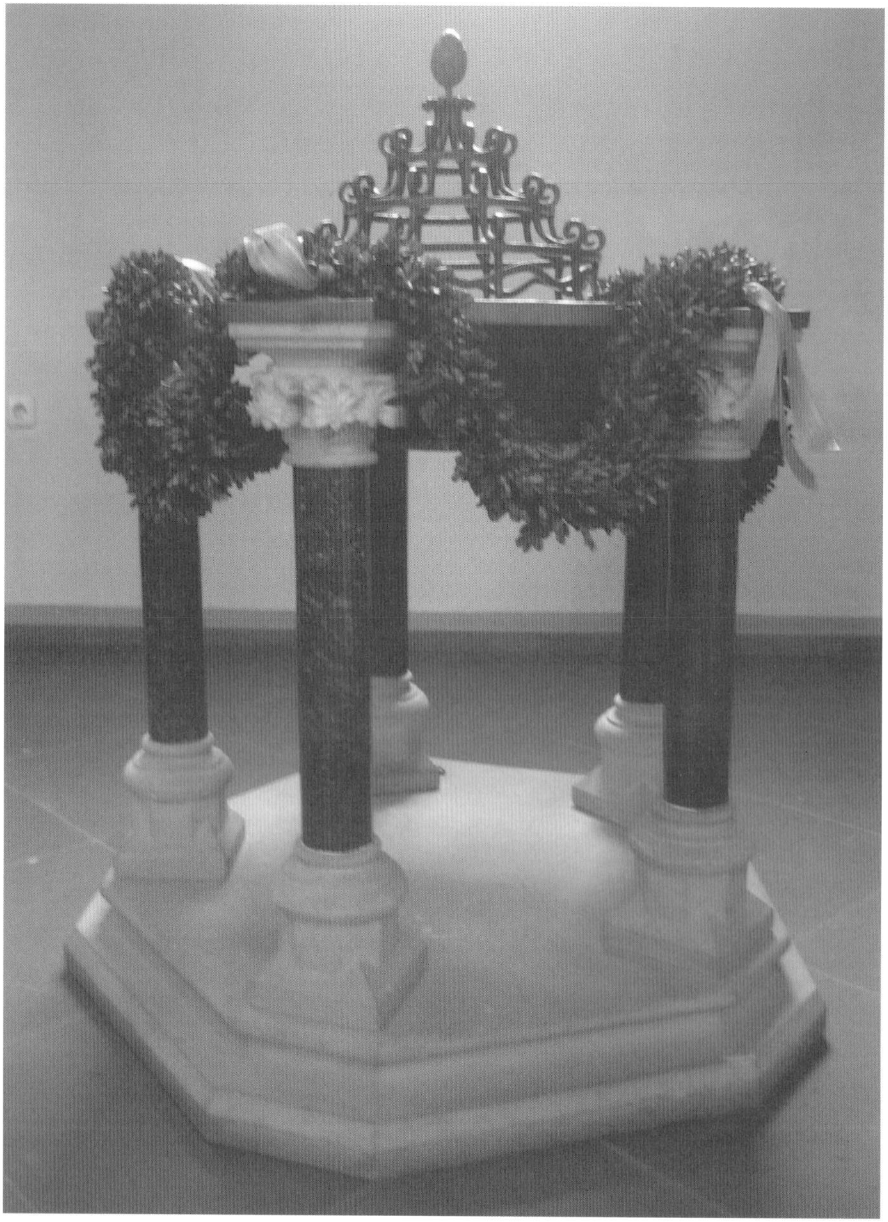

Taufe	**Nr. 12/B (neue Taufe)**
Ort	Burscheid (Zentrum)
	Kath. Kirche St. Laurentius
Alter	1985
Material	Marmor, Bronze
Größe	H = 86 cm, Ø = 95 cm.
Beschreibung	Die neue Taufe steht auf einem zehneckigen, um eine Stufe erhöhten Fußbodensockel, der an seiner Oberseite getreppt gebogt gegliedert ist. Die Seiten des Dekagons sind ungleich lang. Während die Kurzseiten mit den attischen Basen der fünf cuppatragenden Marmorsäulen korrespondieren, definieren die Langseiten die entsprechenden Säulenabstände. Diese Marmorsäulen, welche u.a. aus den ehemaligen neugotischen Altären wieder verwendet wurden, tragen kopfseitig gotisierende Blattkapitelle. Die Cuppa besteht aus einem Bronzebecken, welches zwischen den Stützgliedern eingehängt und durch einen breiten Rand getragen wird, der wiederum auf den Kapitellen sein notwendiges Auflager findet. Der Beckenrand ist mit Szenen geschmückt, die sich auf das Sakrament der Taufe beziehen: Moses schlägt Wasser aus dem Felsen, Taufe Jesu im Jordan, Jesus mit der Samariterin am Jakobsbrunnen, Kreuzigung mit Lanzenstich und das Pfingstmotiv.
	Über der annähernd halbkugelförmigen Schalenvertiefung ist ein deckelartiger Aufsatz angeordnet, der in seiner Grundrissstruktur einem gleichseitigen Dekagon entspricht. Die einzelnen gespärreartigen Tragglieder schwingen sich rollwerkartig nach oben. Als Bekrönung dieses Motivs dient ein Pinienzapfen.
Farbfassung	Die Taufe ist ungefasst.
Künstler	Die Taufe ist von Willi Dirx gefertigt worden
Standort	Die Taufe befindet sich in der Nähe des Chores.
Kirche	vgl. 12/A (alte Taufe)
Literatur	Kieven, a.a.O., S. 100; Sträßer, Carl: Alt-Burscheid, Verschiedende Bände, Burscheid 1955-1976.

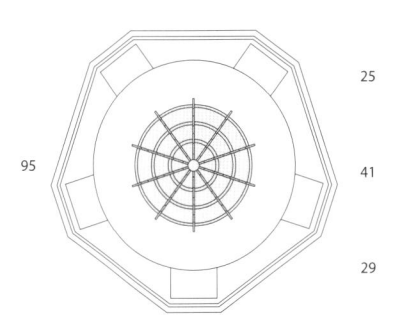

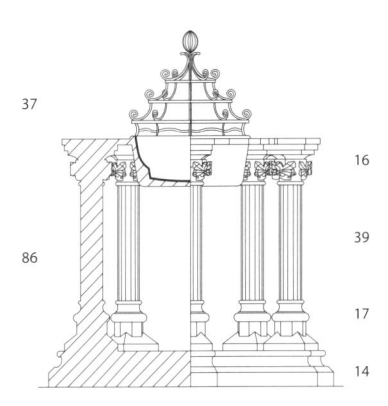

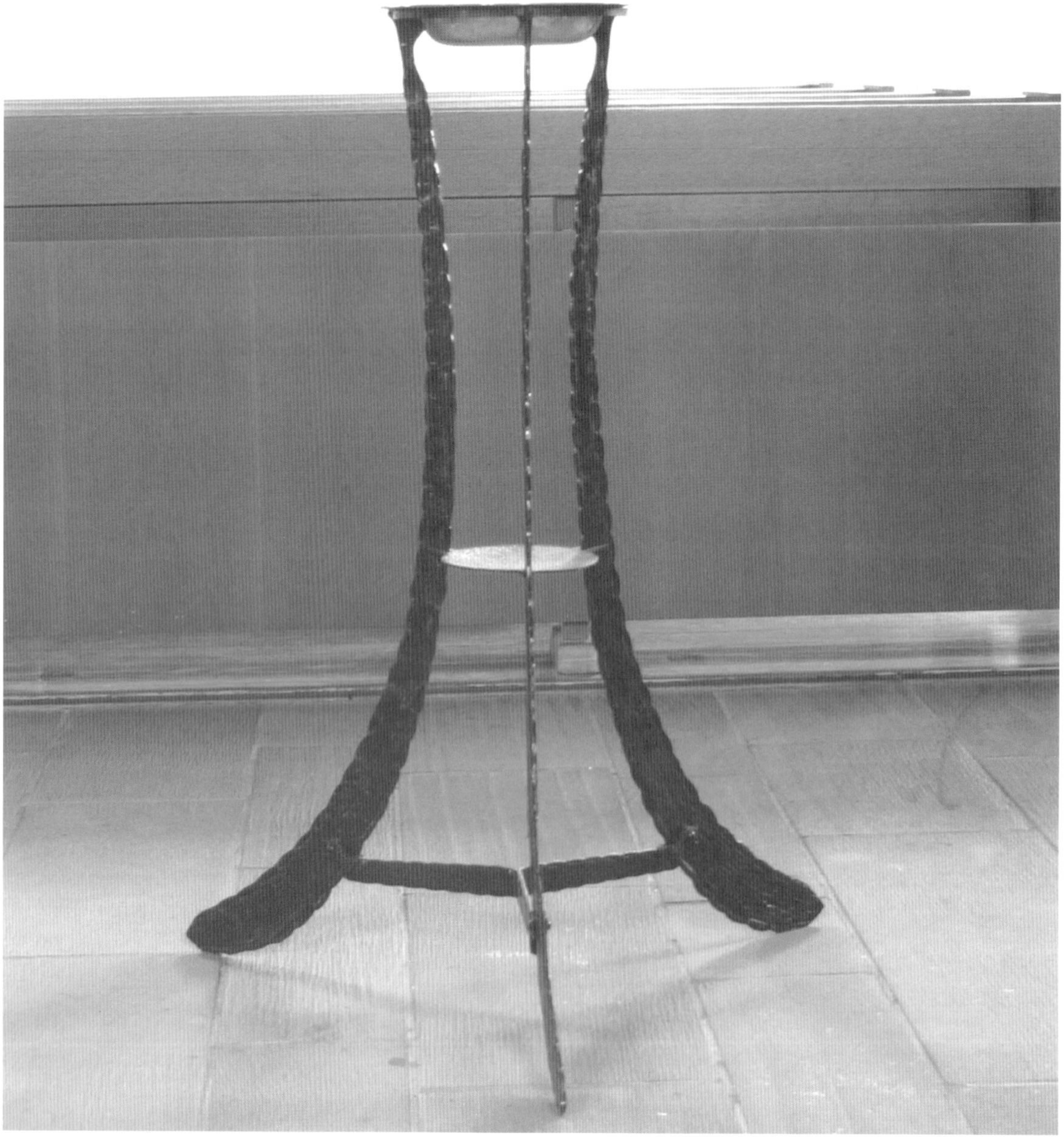

Katalog der Taufen

Taufe **Nr. 13**

Ort Burscheid (Zentrum)

Ev. Kirche

Alter 1894

Material Gestell aus Schmiedeeisen, Taufschale aus Silber

Größe H = 100 cm, Ø = 64/27,5 cm.

Beschreibung Die Taufe besteht aus einem schmiedeeisernen Taufständer, der eine silberne Taufschale trägt. Der Ständer ist aus drei geschwungenen Stützgliedern gefertigt, die ober- und unterseitig durch eine Wellenlinie geschmückt sind. Dieser Dreifuß wird sowohl knapp über dem Fußboden als auch etwa mittig von Streben bzw. einer runden Ablage gehalten. Ein kopfseitig angenieteter Verbindungsring gewährt die Auflage der silbernen Taufschale. Diese besitzt einen breiten Rand, der mit einer Umschrift versehen ist: *„LASSET DIE KINDLEIN ZU MIR KOMMEN UND WEHRET IHNEN NICHT DENN SOLCHER IST DAS REICH GOTTES. EVANGELIUM 10. 14"*. Eine weitere Gravur auf dem Schalengrund zeigt eine Taube, welche in einen 16-zackigen Stern eingeschrieben ist. Auf der Rückseite der Schale befindet sich die Inschrift: *„GERTRUD DIEFHAUS DER EV. KIRCHE ZUR ERINNERUNG 9. AUG. 1894 Ps. 34. 9"*.

Farbfassung Der Taufstein ist ungefasst.

Künstler Die Taufschale ist ein Werkstattentwurf des Fachlieferanten für evangelischen Kirchenbedarf, der Fa. P. W. Jul. Assmann aus Lüdenscheid. Wer den Dreifuß gefertigt hat, lässt sich nicht mehr ermitteln.

Standort Die Taufe wird bei entsprechenden Feierlichkeiten vor dem Altar aufgebaut.

Kirche Die heutige Kirche wurde im Jahre 1767 als einschiffige Saalkirche errichtet. Der im Westen vorgesetzte quadratische Turm stammt aus dem Jahre 1871. Der Sakralbau besitzt drei Vorgängerbauten aus dem 9./ 11. und dem frühen 15. Jh. In den Jahren 1965/67 erfolgte eine umfassende Renovierung.

Literatur Kieven, a.a.O., S. 97 f.

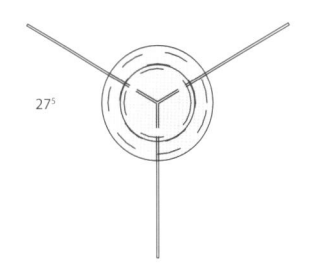

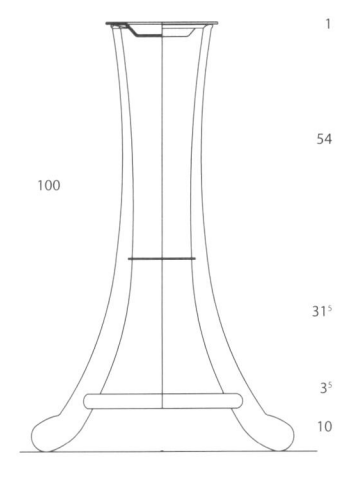

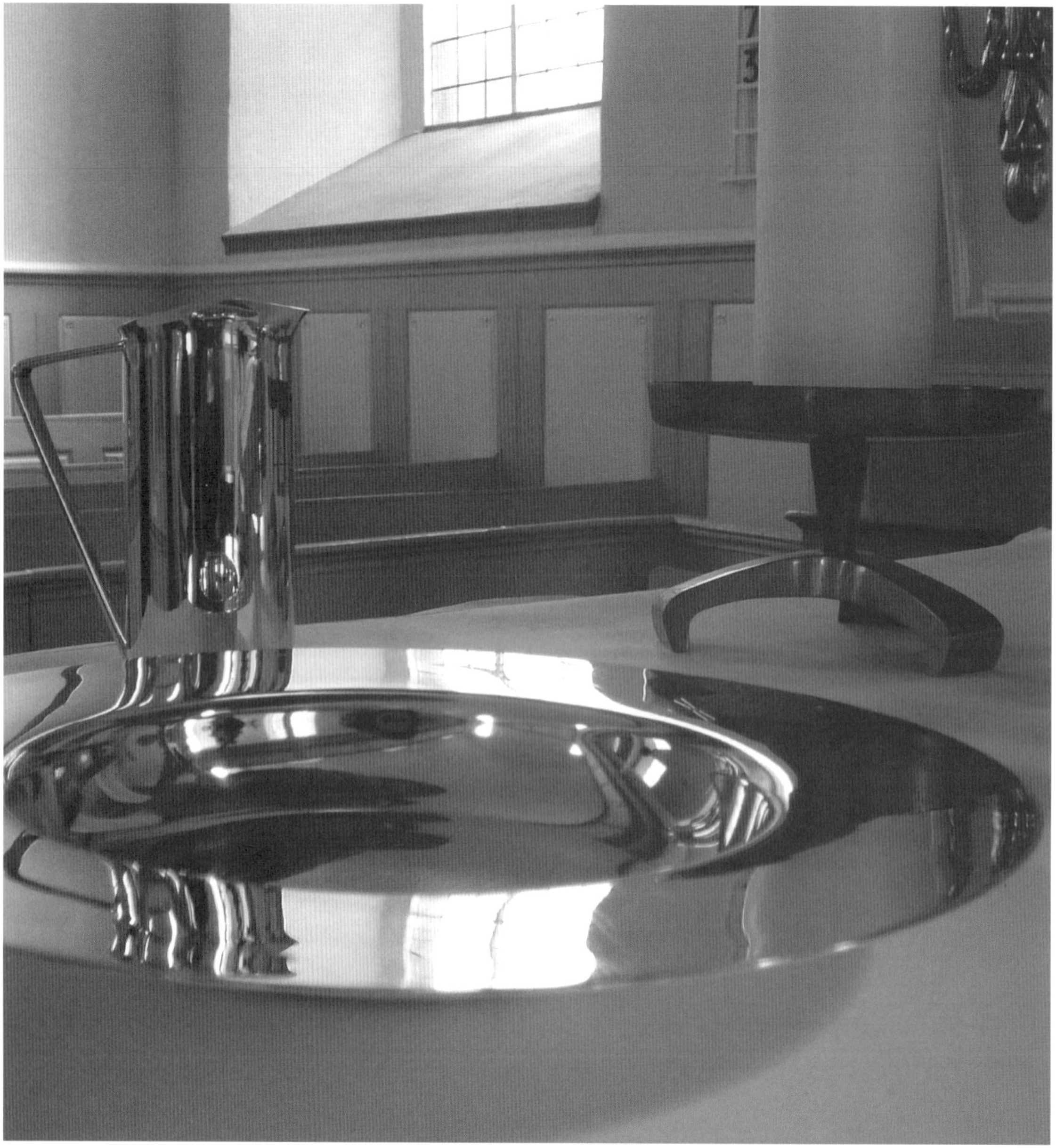

Taufe	**Nr. 14**
Ort	Dabringhausen Stadt Wermelskirchen Ev. Stadtkirche
Alter	2000
Material	Silber
Größe	H = 3,5 cm, Ø = 29 cm.
Beschreibung	Die Gemeinde verfügt über ein sog. Taufgerät, nämlich Taufschale und Taufkanne. Die Schale besitzt einen breiten Rand, der lediglich mit einem Christusmonogramm (ein übereinander gesetztes X und P der griechischen Schreibweise für Christus) geschmückt ist.
Farbfassung	ungefasst
Künstler	Das Taufgerät ist von dem Fachlieferanten für evangelischen Kirchenbedarf „F. W. Jul. Assmann" aus Lüdenscheid bezogen.
Standort	Schale und Kanne werden bei Bedarf auf dem Altar abgestellt.
Kirche	Auf Grund von archäologischen Erkenntnissen darf davon ausgegangen werden, dass am Anfang eine hölzerne Kirche der Gemeinde zur Verfügung stand. Vermutlich Anfang des 11. Jh. folgte ein ebenfalls noch recht bescheiden dimensionierter Saalbau, der allerdings schon mit Hilfe von Bruchsteinen errichtet worden war. Im 12. Jh. folgte ein Sakralbau in romanischer Formensprache. Von diesem Bauwerk sind heute lediglich Teile des Turms erhalten geblieben. Im 18. Jh. war man mit dem mittelalterlich geprägten Bauwerk wiederum nicht mehr zufrieden und errichtete zwischen 1783 bis 1788 einen Saalbau im spätbarocken Duktus. Bis zur Reformation war der Sakralbau dem Hl. Johannes geweiht.
Literatur	Kieven, a.a.O., S. 145 f.; Lorenz, Heinz-Jürgen: Die Innenarchitektur der Bergischen Predigtkirchen vom Barock bis zum Klassizismus und ihre Restaurierung im 20. Jh., Radevormwald 2002, S. 143 ff.; Beyer, Karl-Heinz: Die alte Dorfkirche Dabringhausen, in: Rhein-Wupper-Kreis, Opladen 1960, S. 94 ff.

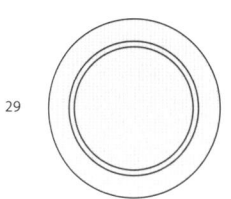

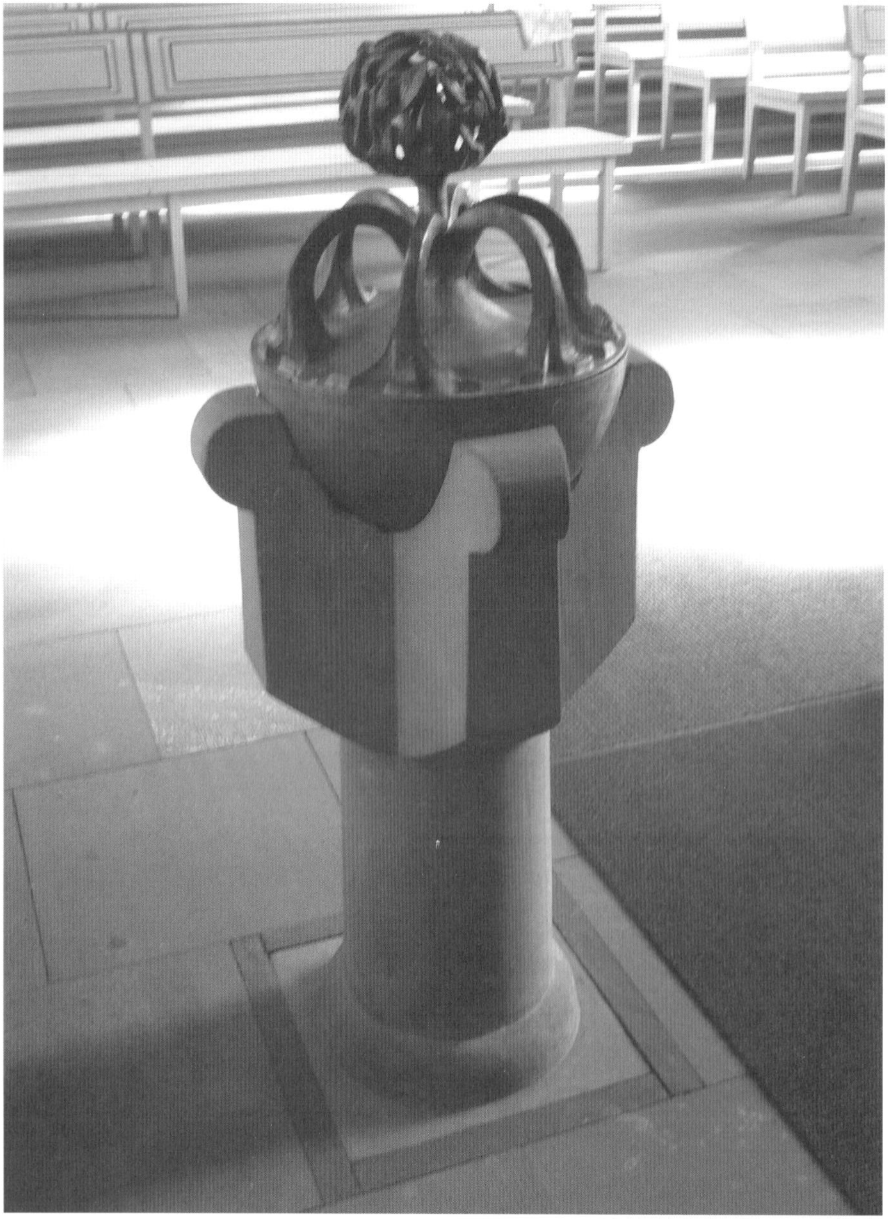

Taufe **Nr. 15**

Ort Delling
Gemeinde Kürten

Ev. Kirche

Alter Als Taufe genügte der Gemeinde zunächst eine schlichte Taufschale. Im Rahmen der Renovierung in den Jahren 1967-69 wünschte man sich, neben einem neuen Altar und Kanzel, auch einen steinernen Taufstein, der Anfang der 1970er Jahre geliefert wurde.

Material Sandstein, Zinn

Größe H = 90 cm, Ø = 41 bzw. 57 cm.

Beschreibung Die Taufe ist aus zwei Teilen gefertigt. Ein gewölbter runder Sockel bildet die Standfläche. Darauf sitzt ein säulenförmiger Schaft auf. Dieser schwingt am Kopf in Form von vier konsolenartigen Tragelementen kreuzförmig auseinander. Diese nehmen die aus Zinn gefertigte halbkugelförmige Cuppa auf. Der Deckel hat den gleichen Durchmesser wie die Cuppa. Sein Schmuck ist eine überdimensionierte Bekrönung. Gleich freiliegender Wurzeln schwingen sich sechs Arme volutenartig nach oben, um einem aus fleischigen Blättern bestehenden Baum den notwendigen Halt zu geben.

Farbfassung Die Taufe ist nicht gefasst.

Künstler Der Taufstein wurde von dem Bildhauer Kurt Wolf v. Borries gefertigt.

Standort Die Taufe hat ihren Platz im Altarbereich.

Kirche Schlichter Saalbau im Stile des Klassizismus mit Satteldach und einem westlichen Chorturm. Der Sakralbau wurde unter Arch. Clouth, Mülheim/Rhein, einem Schinkelschüler von 1831-34 errichtet, der Turm kam im Jahre 1854 dazu. Sicherungsmaßnahmen erfolgten zwischen 1956-60, eine umfassende Renovierung sowohl des Äußeren als auch des Inneren fand zwischen 1967-69 statt.

Literatur Kieven, a.a.O., S. 176; Marie Louise Denst: Die Delling, Entstehung und Geschichte der Evangelischen Kirchengemeinde Delling, zum 150-jährigen Jubiläum des Kirchbaus, Bergisch Gladbach ²1985; Fußbroich, a.a.O., S. 178 f.; Ralph Knapp: Geschichte der Ev. Kirchengemeinde Delling von den Anfängen bis heute, Delling o.D.

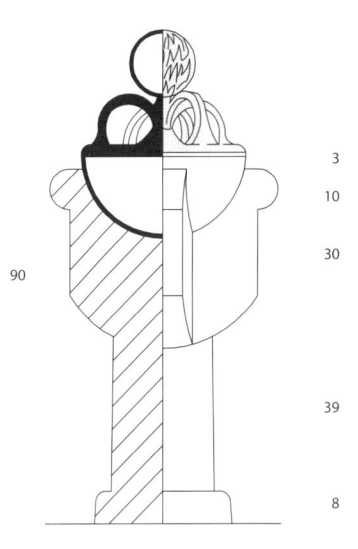

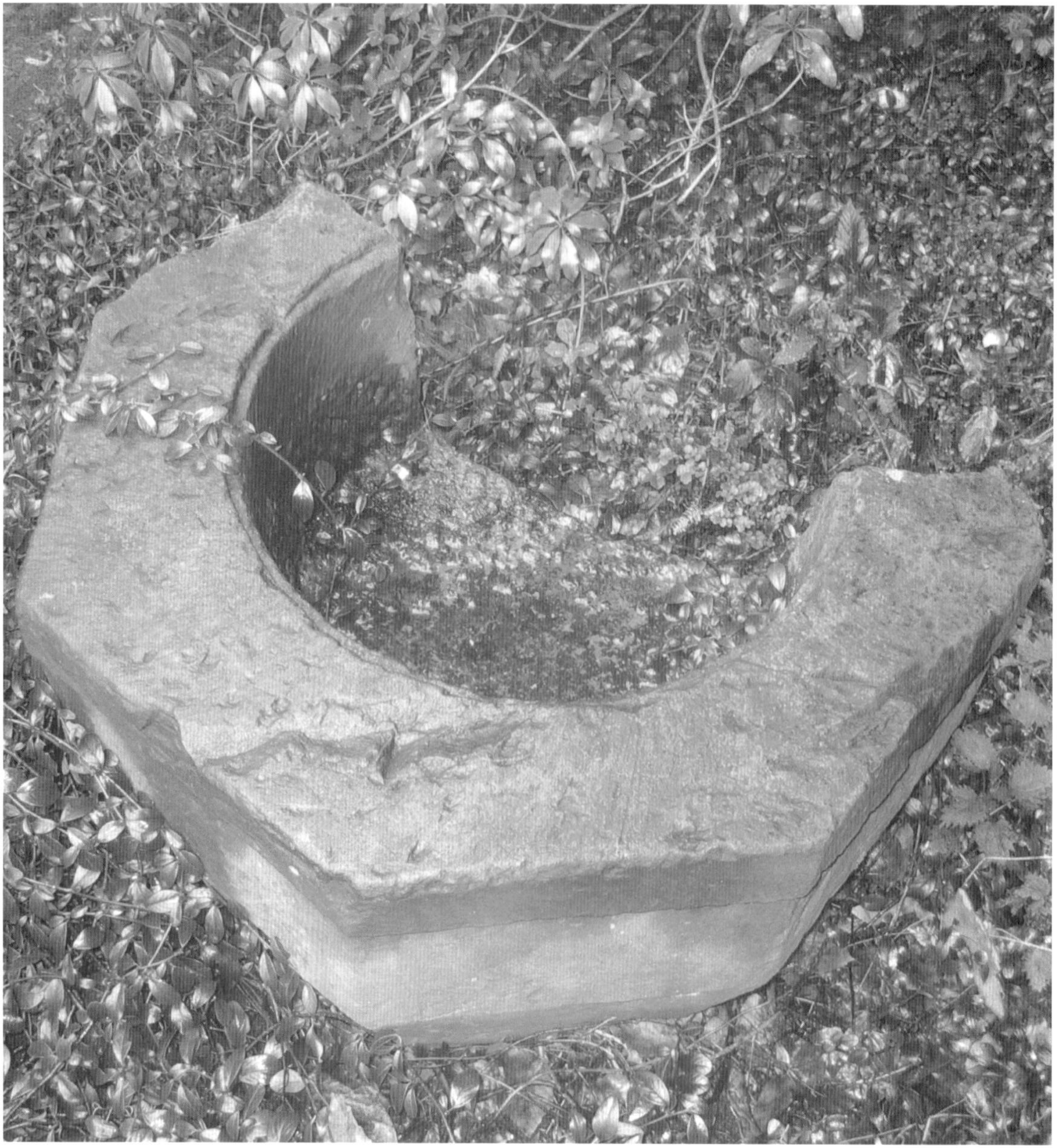

Taufe	**Nr. 16/A (alte Taufe)**
Ort	Dhünn Stadt Wermelskirchen
	Ev. Kirche
Alter	unbekannt (vielleicht aus dem 12./13. Jh.).
Material	Sandstein
Größe	H = 41 cm, Ø = 67,5 cm.
Beschreibung	Bei der nur noch als Fragment erhalten gebliebenen Taufe handelt es sich um die ehemalige Cuppa. Sie ist als Oktogon vielleicht einem Mittelzylinder aufgesetzt gewesen. Der Aufbau der noch erhaltenen fünf Mantelflächen zeigt zunächst eine Schräge und im Anschluss eine senkrecht verlaufende Wandung. Ein breites, nur geringfügig vorgelegtes Band schließt die Cuppa kopfseitig ab. Die Schalenvertiefung ist als Kreiszylinder in den Stein eingearbeitet und am Grund eben ausgeführt.
Farbfassung	Die Taufe ist ungefasst.
Künstler	Es ist nicht mehr zu bestimmen, wer die Taufe entworfen bzw. gefertigt hat.
Standort	Die Taufe ist nicht mehr in Gebrauch. Sie ist in der nördlichen Ecke zwischen dem Kirchturm und dem Kirchenschiff zu finden.
Kirche	Der romanische Vorgängerbau der Ev. Kirche geht wahrscheinlich in das 12. Jh. zurück. Gesichert ist zumindest die Erwähnung Dhünns im Liber Valoris aus dem Jahre 1308. Während um die Mitte des 16. Jh. die Kirche noch unter dem Patronat des Kölner St.-Andreas-Stiftes stand, war man Ende des 16. Jh. längst dem evangelisch-reformierten Glauben verbunden. In der Zeit zwischen 1769 bis 1773 wird das mittlerweile baufällig gewordene Langhaus durch einen spätbarocken Neubau ersetzt. Lediglich der Turm blieb, bis auf geringe Veränderungen im Bereich des Untergeschosses, erhalten.
Literatur	Kieven, a.a.O., S. 150 f.; Buse, Klaus-Dieter: Dhünn. Skizzen aus der Vergangenheit, Wermelskirchen 1988; Fischer, Bernd: Das Bergische Land, Kultur, Geschichte, Landschaft zwischen Ruhr und Sieg, Köln [7]1987, S. 170.

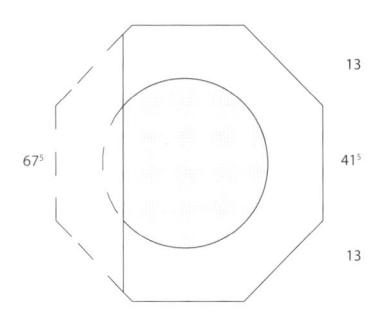

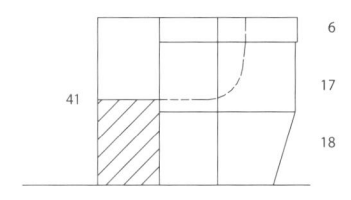

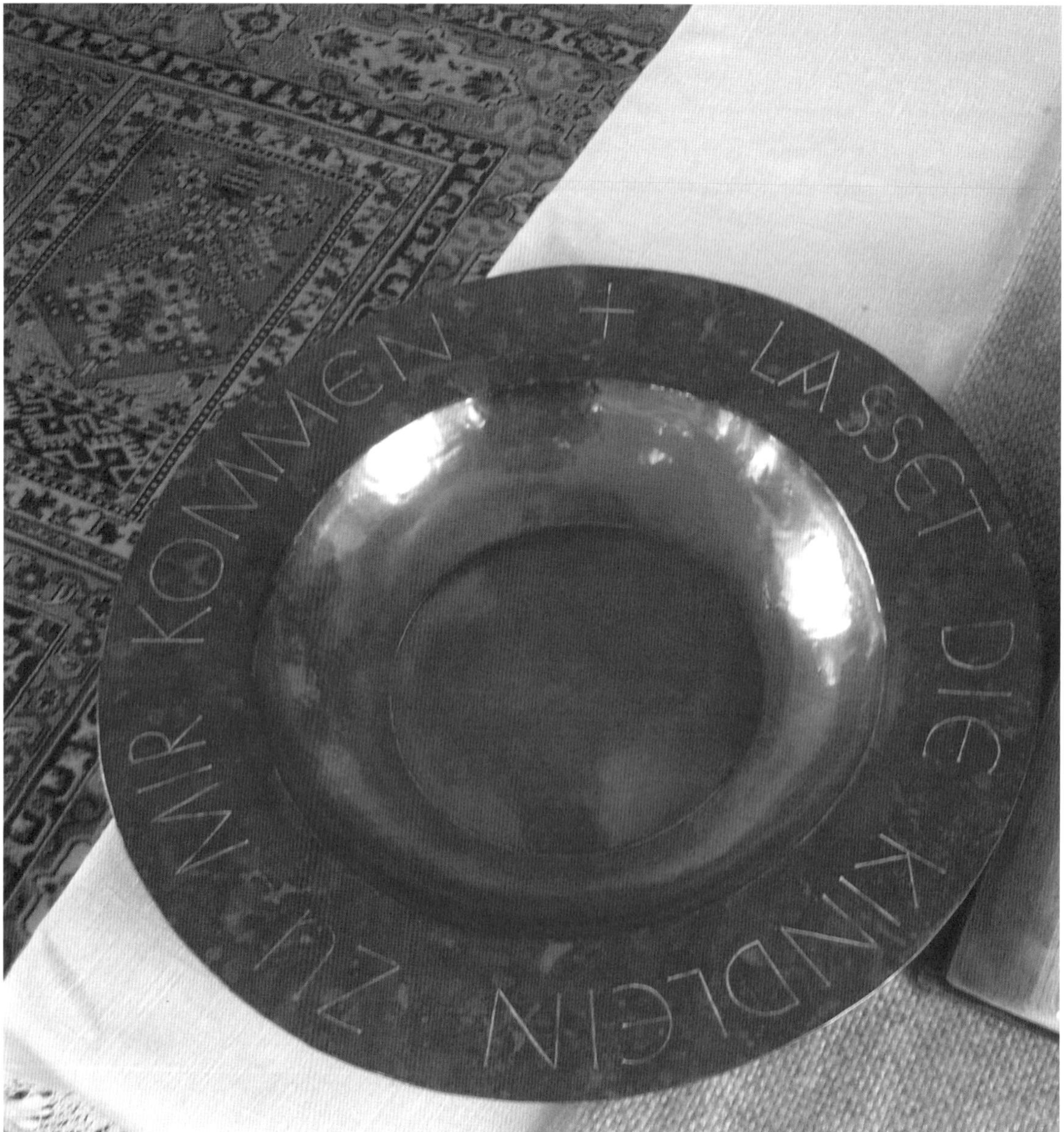
LASSET DIE KINDLEIN ZU MIR KOMMEN +

Taufe	**Nr. 16/B (neue Taufe)**
Ort	Dhünn Stadt Wermelskirchen Ev. Kirche
Alter	1950er Jahre
Material	Messing, vergoldet
Größe	H = 4 cm, Ø = 33 cm.
Beschreibung	Die Gemeinde verfügt lediglich über ein sog. Taufgerät in Form von Taufschale und Taufkanne. Die Schale besitzt einen breiten Rand, der mit folgender Umschrift versehen ist: +LASSET DIE KINDLEIN ZU MIR KOMMEN+ Die Vertiefung zeigt sich in Form einer abgeflachten Halbkugel.
Farbfassung	ungefasst
Künstler	Die Taufschale stammt vermutlich aus der Hand des Künstlers Gottfried Schönwandt.
Standort	Wird bei Bedarf auf den Altar gestellt.
Kirche	Der romanische Vorgängerbau der Ev. Kirche geht wahrscheinlich in das 12. Jh. zurück. Gesichert ist zumindest die Erwähnung Dhünns im Liber Valoris aus dem Jahre 1308. Während um die Mitte des 16. Jh. die Kirche noch unter dem Patronat des Kölner St.-Andreas-Stiftes stand, war man Ende des 16. Jh. längst dem evangelisch-reformierten Glauben verbunden. In der Zeit zwischen 1769 bis 1773 wird das mittlerweile baufällig gewordene Langhaus durch einen spätbarocken Neubau ersetzt. Lediglich der Turm blieb, bis auf geringe Veränderungen im Bereich des Untergeschosses, erhalten.
Literatur	Kieven, a.a.O., S. 150 f.; Buse, Klaus-Dieter: Dhünn. Skizzen aus der Vergangenheit, Wermelskirchen 1988; Fischer, Bernd: Das Bergische Land, Kultur, Geschichte, Landschaft zwischen Ruhr und Sieg, Köln [7]1987, S. 170.

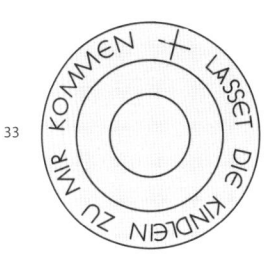

78

Katalog der Taufen

Taufe	**Nr. 17**
Ort	Dürscheid
	Gemeinde Kürten
	Kath. Pfarrkirche St. Nikolaus
Alter	1954
Material	Lindlarer Marmor, Haube aus Messing
Größe	H = 85,5 cm, Ø = 45 cm.
Beschreibung	Der oktogonale zylindrische Sockel geht getreppt und über einen leichten konkaven Schwung in den Schaft über. Dieser verjüngt sich zum Kopf hin und ist dort mit einem kleinen Wulst abgeschlossen. Die ausschwingende Cuppa besitzt auf einer ihrer Wandungen die Jahreszahl A·D·1954. Sie schließt nach oben hin mit einem nur wenig auskragenden Gesims ab, welches umlaufend beschriftet ist: + *FONS* + *VIVUS* + *AQUA* + *REGENERANS* + *UNDA* + *(P)URIFICANS* + (Hl. Lebendige Quelle, Wasser der Erneuerung, reinigende Quelle).
	Die Schalenvertiefung ist mit einem Blech ausgekleidet und besitzt die Form einer Halbkugel. Die mehrfach gewölbte Treppung des Deckels wird von einem Kreuz bekrönt.
Farbfassung	Die Taufe ist ungefasst.
Künstler	Die Taufe geht auf einen Entwurf zurück, der von Prof. Georg Maria Lünenborg gefertigt wurde. Die Realisierung lag in den Händen der Fa. Pack, Lindlar.
Standort	Die Taufe steht im Chorbereich zwischen altem und neuem Altar.
Kirche	Vom ehemaligen romanischen Vorgängerbau ist lediglich der Turm aus dem 13. Jh. erhalten geblieben. Das Langhaus wurde wegen Baufälligkeit im Jahre 1727 durch einen Neubau ersetzt. Im Jahre 1895 erfolgte erneut ein Langhaus-Neubau in neugotischer Formensprache (Arch. W. Sültenfuß, Düsseldorf). Eine gründliche Instandsetzung wurde in den 1950er Jahren durch Prof. G. M. Lünenborg durchgeführt.
Literatur	Kieven, a.a.O., S. 166; Panofsky-Soergel, a.a.O., S. 45 f.; Pohl, Heinrich: St. Nikolaus Dürscheid, Wiesbaden 1966; Haasbach, August: 150 Jahre selbständige Pfarre Dürscheid, in: Rhein.-Berg. Kalender, 1966, S. 29 ff.

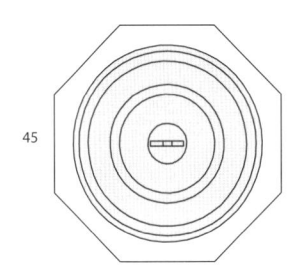

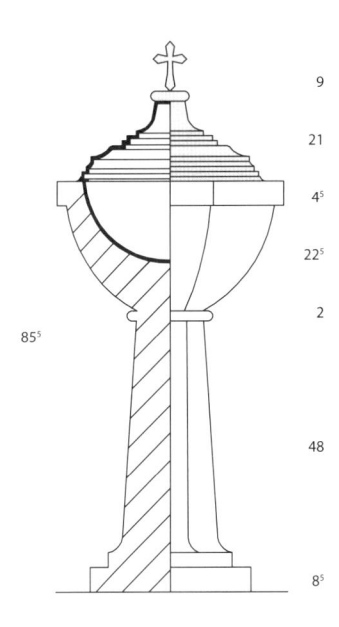

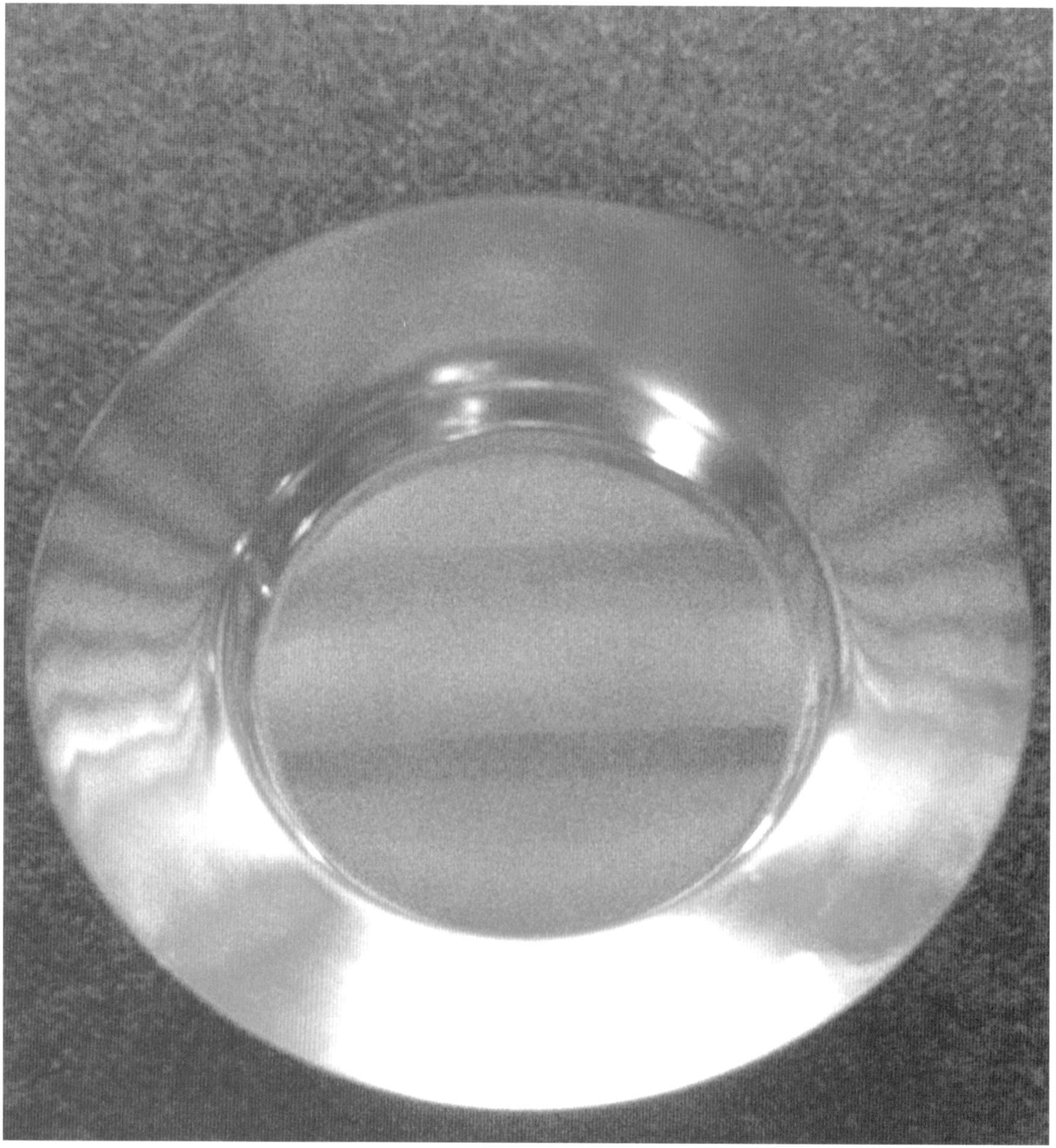

Katalog der Taufen

Taufe	**Nr. 18**
Ort	Eipringhausen Stadt Wermelskirchen
	Ev. Kirche, Gemeindezentrum
Alter	1975
Material	Silber
Größe	H = 5 cm, Ø = 28 cm.
Beschreibung	Die Gemeinde verfügt über ein sog. Taufgerät in Form von Taufschale und Taufkanne. Die Schale besitzt einen breiten nach innen geschrägten Rand. Die Vertiefung ist zylindrisch geformt.
Farbfassung	ungefasst
Künstler	Die Taufschale ist vermutlich ein Werkstatt-Entwurf der Firma F. W. Jul. Assmann, Fachlieferant für Ev. Kirchenbedarf mit Sitz in Lüdenscheid.
Standort	Das Taufgerät wird bei Bedarf auf den Altar gestellt.
Kirche	Eipringhausen, ein Ortsteil von Wermelskirchen, besitzt erst seit dem Jahre 1946 ein Ev. Gemeindezentrum. Dies ist sicherlich darauf zurückzuführen, dass unmittelbar nach dem Zweiten Weltkrieg ein Zuzug von Flüchtlingen und Vertriebenen aus dem Osten stattgefunden hat, der die Gemeinden, z.B. auch um Wermelskirchen herum, hat stark ansteigen lassen. Diese brachten auch ihre v.a. lutherisch geprägten Glaubenstraditionen mit, sodass der Bau von Ev. Kirchen erforderlich wurde. Bei dem in Eipringhausen zu lokalisierenden Gemeindehaus handelt es sich um einen über einem rechteckigen Grundriss entwickelten Saalbau, der mit einem Satteldach gedeckt ist. Eine einfache Befensterung gewährt die notwendige Belichtung des Saales. Diesem Kubus ist ein freistehender Turm über einem quadratischen Grundriss entwickelt, vorgelagert. Kopfseitig zeigt eine Lamellenverkleidung die Glockenstube an. Auch diese ist mit einem flach geneigten Satteldach abgeschlossen. Jeremias schmerzlicher Ausruf *„Land Land Land Höre +++ des Herrn Wort"* schmückt eine der Wandflächen des Turms.
Literatur	Kieven, a.a.O., S. 152.

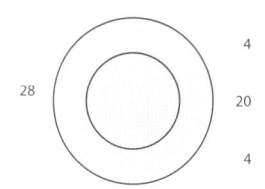

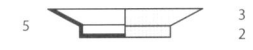

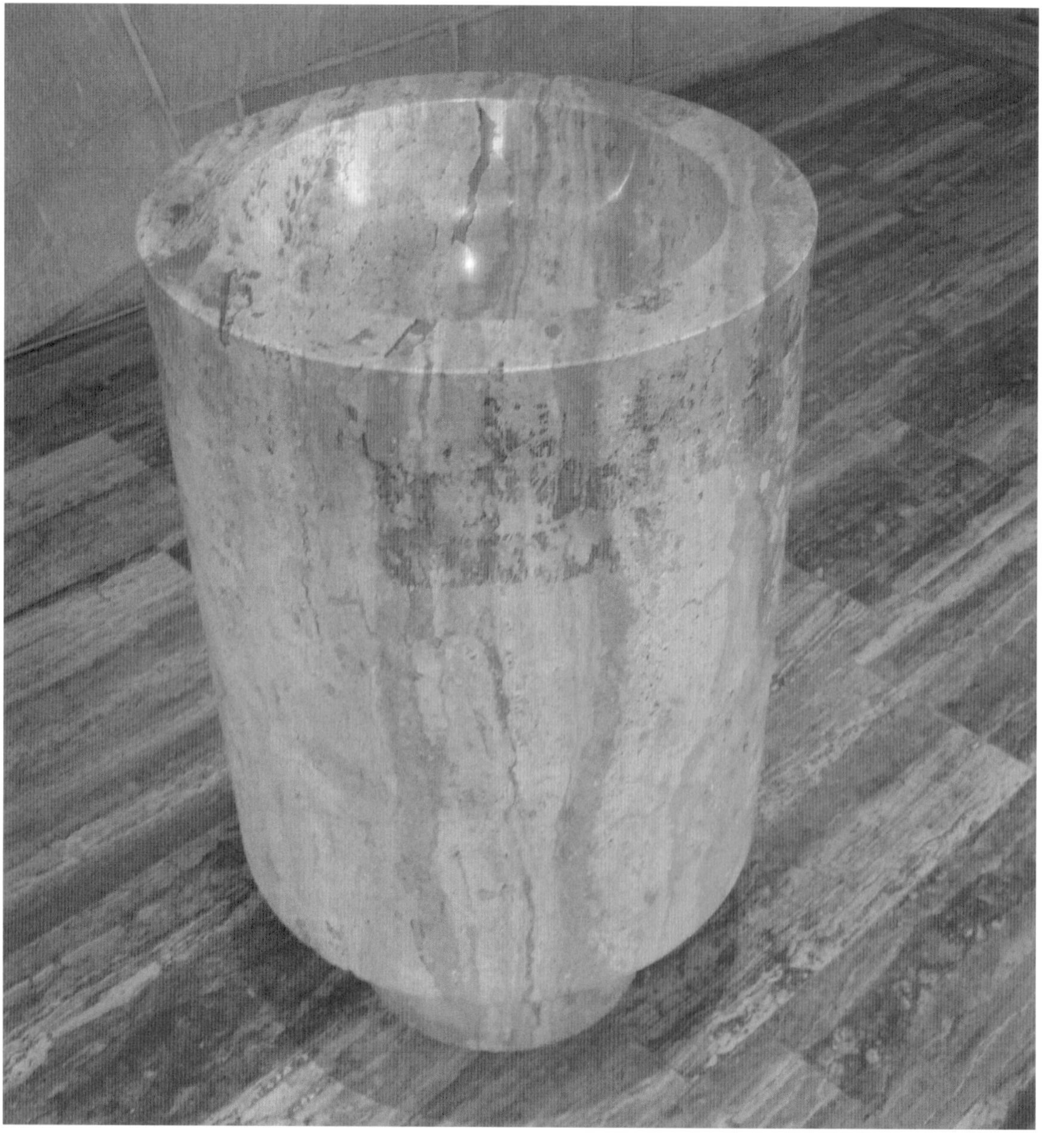

	Taufe	**Nr. 19**
Ort	Forsbach
Stadt Rösrath	
	Ev. Christuskirche	
Alter	1963	
Material	Travertin	
Größe	H = 80,5 cm, Ø = 50 cm.	
Beschreibung	Die Taufe ist aus einem Stück gefertigt. Ein Säulenschaft von nur geringer Höhe trägt die ebenfalls als Rundzylinder ausgeführte schmucklose Cuppa. Die Schalenvertiefung ist mit einem flachen Boden in den Stein eingetieft.	
Farbfassung	Die Taufe ist ungefasst.	
Künstler	Der Architekt Horst Welsch entwarf die Prinzipalstücke bzw. den Taufstein. Die handwerkliche Umsetzung wurde von der Fa. Marmorwerke/Köln bewerkstelligt.	
Standort	Die Taufe wird einschließlich der beiden anderen Prinzipale (Altar und Ambo) von einer Estrade über das Laufniveau des Kirchsaales gehoben.	
Kirche	Um dem Pfarrbezirk Forsbach mit Kleineichen und Rösrath eine geistige Mitte zu geben, beschloss das zuständige Presbyterium den Bau eines Gemeindezentrums mit integrierter Kirche in Forsbach. Unter den eingeholten Entwürfen wählte die Gemeinde jenen des Architekten Horst Welsch aus und bereits im Sommer des Jahres 1956 konnte mit der Baumaßnahme begonnen werden. Im Jahre 1963 war mit der Aufstellung der Prinzipalstücke die Kirche nutzbar. Eine Erweiterung der Gemeinderäume erfolgte in den Jahren 1981/82 ebenfalls unter Horst Welsch. Das Gemeindezentrum setzt sich aus vier Baukörpern zusammen, die sich um einen quadratischen Innenhof gruppieren. Die von Westen nach Osten gerichtete Saalkirche überragt die Gemeindebauten und ist mit einem flach geneigten Satteldach abgeschlossen. Die Längswände sind durch raumhohe künstlerisch gestaltete Verglasungen bereichert. An der Ostwand schmückt ein parabelförmiges und mit Glasmalereien versehenes Fenster den Saal.	
Literatur	Kieven, a.a.O., S. 220; Fußbroich, a.a.O., S. 182 ff.	

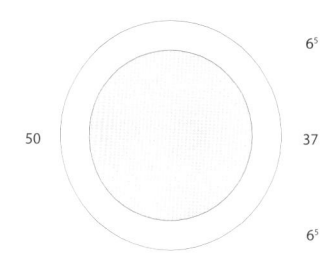

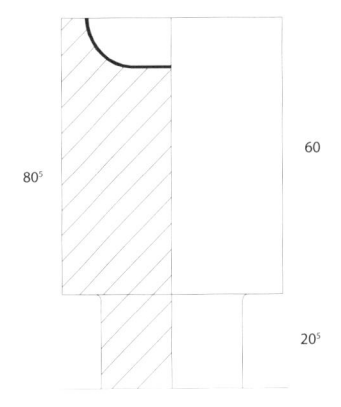

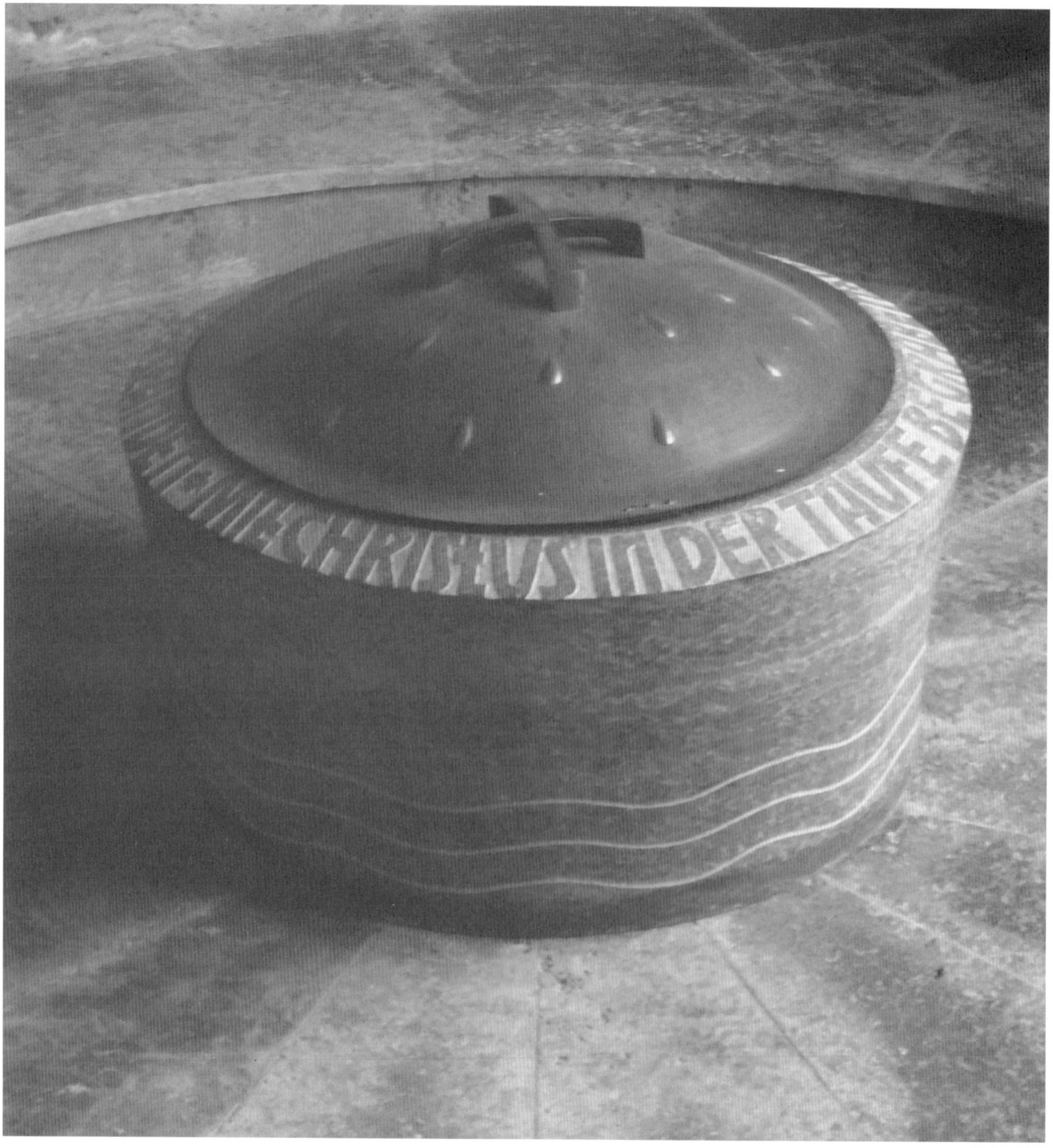
CHRISTUS IN DER TAUFE

Katalog der Taufen

Taufe	**Nr. 20**
Ort	Frankenforst Stadt Bergisch Gladbach
	Kath. Pfarrkirche St. Maria Königin
Alter	1959
Material	Travertin, Kupferblech
Größe	H = 40 cm, Ø = 85 cm.
Beschreibung	Der Taufstein ist in Form eines sich nach unten verjüngenden Beckens gestaltet, dessen einziger Schmuck außer den am Fuß angedeuteten drei Wellenlinien eine am oberen Beckenrand rundum erhabene Aufschrift ist, welche wie folgt lautet: „MIT CHRISTUS IN DER TAUFE BEGRABEN, SEID IHR MIT IHM AUCH AUFERSTANDEN". Die aus dem Stein herausgearbeitete Taufschale wird von einem Kupferdeckel abgeschlossen. Auf ihm sind zur Mitte hin geordnet rundum zwei Reihen von Tropfen in flachem Relief angedeutet. Die Mitte wird von einem vollplastisch gearbeiteten Kreuz beherrscht.
Farbfassung	Der Taufstein ist ungefasst.
Künstler	Sowohl die Taufe einschließlich Deckel als auch das schlichte schmiedeeiserne Stabwerk, das die Taufkapelle vom Kirchenzugang trennt, stammt von Leonhard Karl.
Standort	Die Taufe ist in einer Taufkapelle untergebracht, die sich im Untergeschoss des Turmes befindet. Die Erschließung erfolgt durch den rechten (südwestlichen) Seiteneingang. Durch die lediglich um eine Stufe (16 cm) erfolgte kreisrunde Absenkung des Fußbodens – in dessen Zentrum sich die Taufe befindet – erinnert der Taufplatz in eindrucksvoller Weise an die in den frühchristlichen Kirchen gebrauchte Piscina.
Kirche	Es handelt sich um eine schlichte Hallenkirche mit leicht geneigtem Satteldach. Dem Bauwerk ist im Norden eine Seitenkapelle angefügt. Errichtet 1954-55 nach den Plänen von Architekt B. Rotterdam. Im Jahre 1957 wurde der Turm als frei aufragender Campanile fertig gestellt. Die Aufstellung der Taufe erfolgte erst im Jahre 1959.
Literatur	Kieven, a.a.O., S. 62; Panofsky-Soergel, a.a.O., S. 49; Koch, a.a.O., S. 41; 25 Jahre St. Maria Königin in Frankenforst 1955-1980, Siegburg 1980, S. 22.

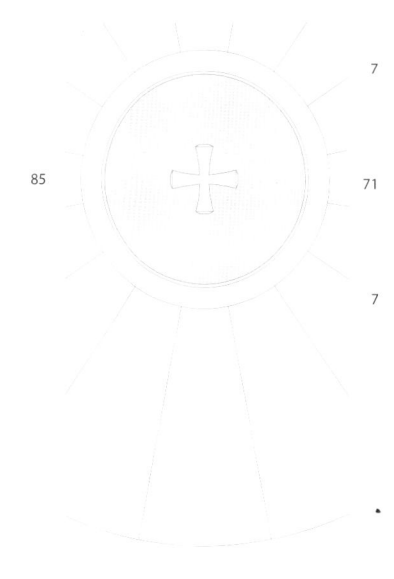

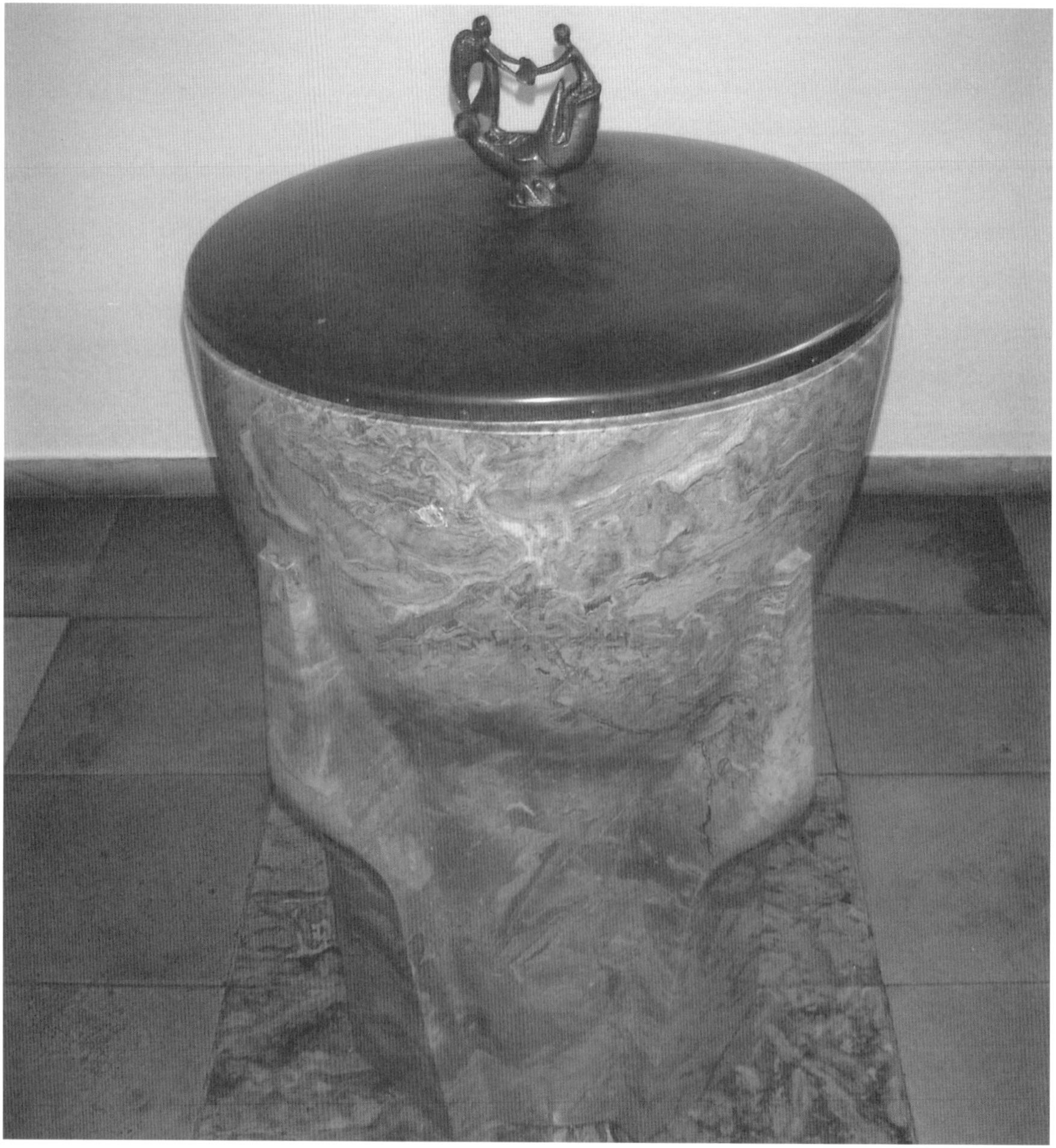

Taufe	**Nr. 21**
Ort	Gronau Stadt Bergisch Gladbach Kath. Pfarrkirche St. Marien
Alter	um 1963
Material	Auberg-Marmor
Größe	H = 95,5 cm, Ø = 70 cm.
Beschreibung	Der Taufstein ist aus einem Stück gefertigt. Die Schaftsäule, die unmittelbar auf dem Boden aufsitzt, steigt konisch verlaufend nach oben auf und geht nahtlos in die darauf folgende leicht nach außen schwingende Cuppa über. Diesem Motiv sind vier Stützglieder angearbeitet, die parallel zum Schaft – gleich einer empfangenden Geste – sich bis etwa zur Mitte des Taufbeckens emporstrecken und zusätzliche Standsicherheit gewähren. Die Schalenvertiefung verläuft in Form eines Kegelstumpfes. Ein schlichter nur leicht gewölbter Deckel schließt das Taufbecken. Bekrönt wird dieser mit einem Motiv der Heils- bzw. Errettungsgeschichte, nämlich „Jona entsteigt dem Walfisch".
Farbfassung	Der Marmor ist geschliffen. Die rotweißgräuliche Farbigkeit rührt von den unterschiedlichen Färbungen des Kalksteins her. Der Deckel ist bronzefarben.
Künstler	Die Taufe schuf der Bildhauer Joachim Schwingel.
Standort	Die Taufe ist in einer Taufkapelle untergebracht, die sich im Untergeschoss des Glockenturms befindet und durch einen Gang mit der Kirche verbunden ist.
Kirche	Der Grundriss der Kirche, erbaut in den Jahren 1951 bis 1953 ist rechteckig angelegt. Der Raum ist schlicht gefügt und ohne Ornamente oder schmückende Details. Lediglich die schlanken, hoch aufragenden Pfeiler, die an basilikale Aufbauten erinnern, geben dem Inneren eine gewisse sakrale Wirkung. Der Raum ist durch eine Kassettendecke aus Holz abgeschlossen. Im Chor, der um fünf Stufen erhöht angeordnet ist, befinden sich Altar und Ambo. Die Pläne für den Bau lieferte der Architekt Bernhard Rotterdam. Der Turm wurde erst 1957 angefügt.
Literatur	Kieven, a.a.O., S. 68; Panofsky-Soergel a.a.O., S. 76; Koch, a.a.O., S. 37.

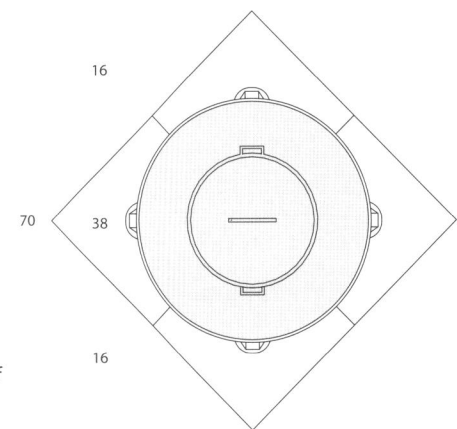

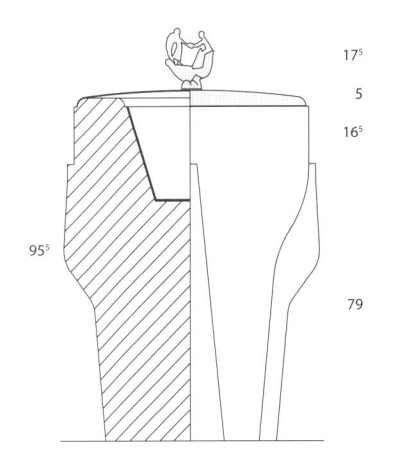

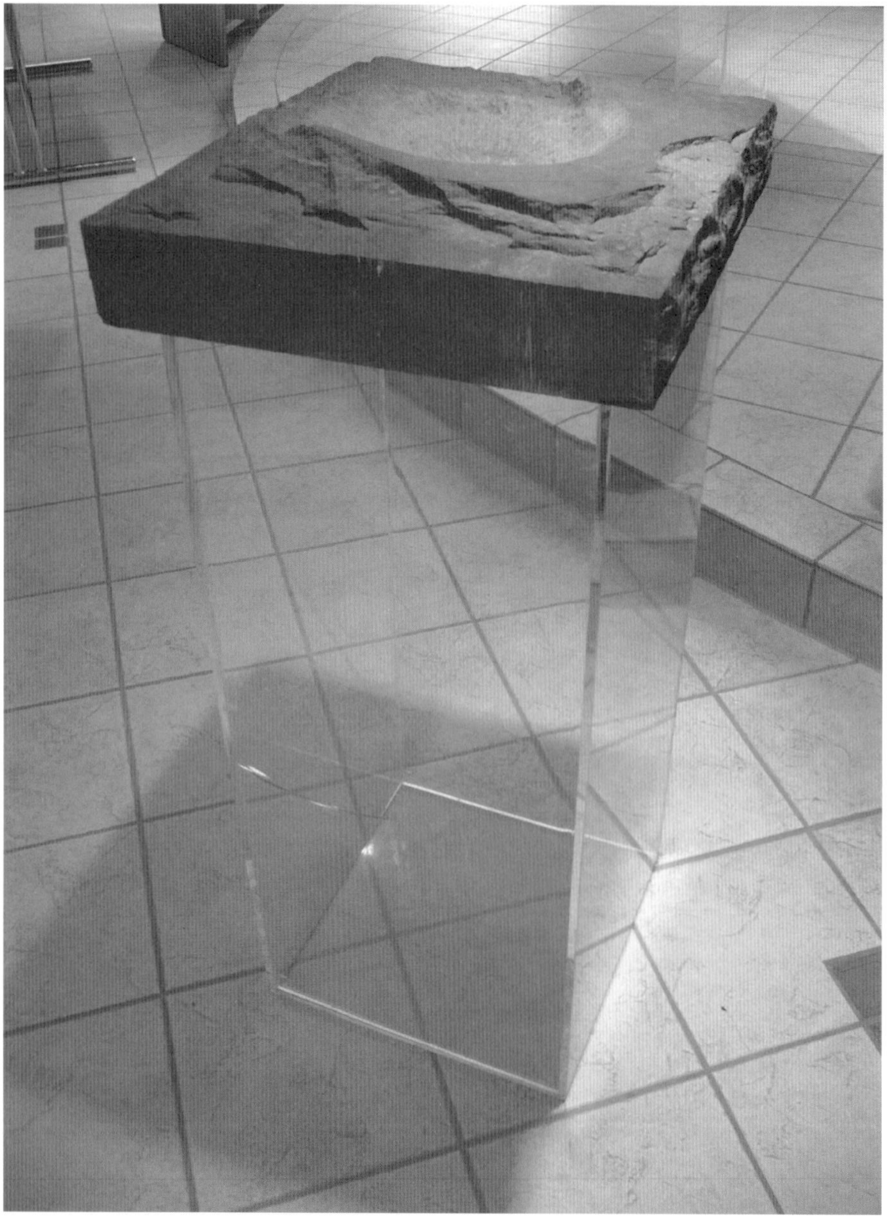

Taufe	**Nr. 22**
Ort	Gronau Stadt Bergisch Gladbach Ev. Gemeindezentrum Kradepohl
Alter	1998
Material	Plexiglas, Grauwackeplatte
Größe	H = 99 cm, L/B = 52/45 cm.
Beschreibung	Ein transparenter Quader bildet den Unterbau der Taufe. Er ist aus Plexiglasplatten (d=1.0 cm) gefertigt, die an den Kanten miteinander verklebt sind. Oben auf liegt eine ca. 8.5 cm starke Platte aus Grauwacke. Diese ist auf ihren Schauseiten nur grob bearbeitet. Die Taufmulde ist als Oval auf der Oberseite der Platte ca. 5.0 cm in den Stein eingetieft.
Farbfassung	Die Taufe ist ungefasst.
Künstler	Architektengemeinschaft Klaus Selbach und Helmut Selbach.
Standort	Die Taufe steht zusammen mit dem Ambo im Altarbereich.
Kirche	Die gewandelte Sozialstruktur in Gronau verursachte schon in den 1970er Jahren das Bedürfnis nach einem evangelischen Gemeindezentrum. Aber erst im Jahre 1997 konnte das Grundstück zur Verfügung gestellt werden, auf dem dann der Entwurf des Architekturbüros Klaus Selbach und Helmut Selbach realisiert werden konnte. Das Gemeindezentrum ist fächerförmig angelegt und untergliedert sich in drei Bereiche denen jeweils eigenständige Funktionen untergeordnet wurden. Ein mittig angeordnetes Bauteil, dem ein Vestibül vorgelagert ist, hat zunächst Verteilerfunktion, erschließt aber auch den unmittelbar dahinter angeordneten Kirchsaal. Dieser Mittelbau wird seitlich sowohl von einem Kindergarten als auch von weiteren Gemeinderäumen flankiert. Der Kirchsaal selbst wird durch raumhohe Fenster belichtet. Die den Altarraum ausfüllende einstufige Estrade hebt sich bogenförmig vom übrigen Laufniveau des Saales ab. Auf diesem sind die Prinzipalstücke angeordnet.
Literatur	Fußbroich a.a.O., S. 176.

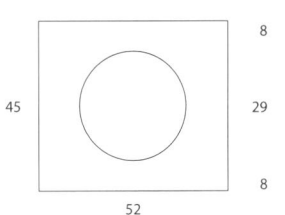

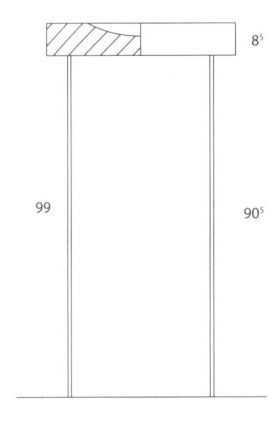

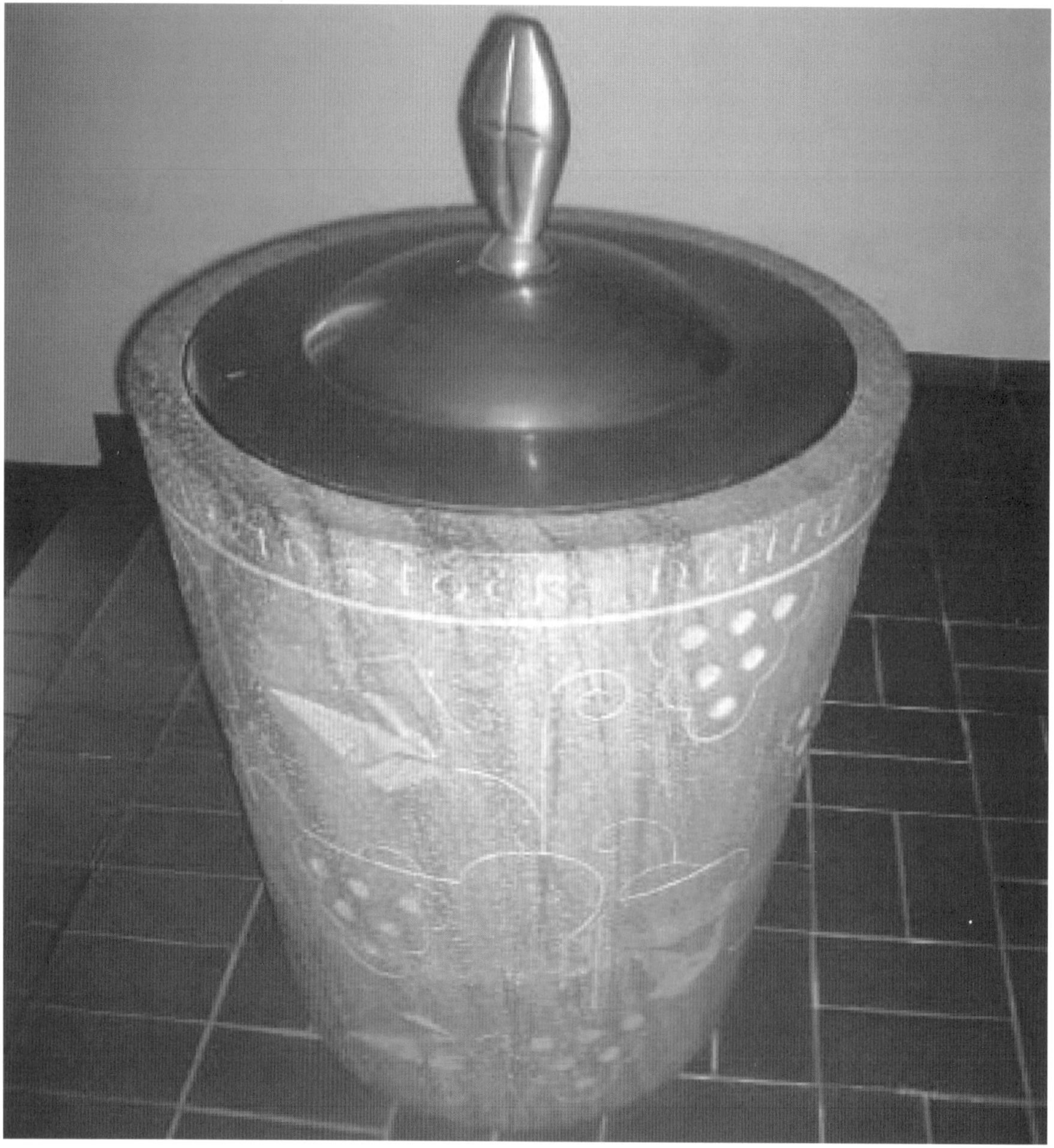

Taufe **Nr. 23**

Ort Grunewald
Stadt Wermelskirchen

Kath. Kirche St. Apollinaris

Alter um 1954

Material Kalkstein, Messingdeckel

Größe H = 91 cm, Ø = 74 cm.

Beschreibung Die becherförmige Taufe ist aus einem Stück gefertigt. Ein sich nach unten verjüngender Zylinder bildet sowohl den Schaft als auch die Cuppa. Die Mantelfläche ist mit einem stilisierten Rebstock (Trauben und Blätter) verziert. Am Kopfende ist, durch eine Nut von der übrigen Mantelfläche abgetrennt, folgende Inschrift um die Cuppa gelegt: „WENN DER WEINSTOCK HEILIG IST, SO SIND ES AUCH DIE ZWEIGE".

Die Schalenvertiefung ist als Halbkugel in den Stein eingetieft und mit einer Kupferwanne ausgekleidet. Der Deckel ist aus Messing gearbeitet. Er besteht aus einem nach oben flach gewölbten schlichten Mittelteil, das mit einer kreuzverzierten Knaufbekrönung abschließt und einer breiten flachen Umrandung.

Farbfassung Die Taufe ist ungefasst.

Künstler Die Taufe schuf Josef Iven aus Rösrath.

Standort Eine im Eingangsbereich angeordnete Kapelle beherbergt die Taufe.

Kirche Ein älterer Kirchenbau aus dem Jahre 1877, mit Kreuzgratgewölben über einem kreuzförmigen Grundriss errichtet, wird als Nebenkapelle in einen Neubau von B. Rotterdam aus dem Jahre 1954 aufgenommen. Als ein markantes Bauteil darf der Glockenturm bezeichnet werden, der zwischen altem und neuem Sakralbau aus der Dachfläche herauswächst. Den Innenraum prägen Stahlbetonrahmen, welche nicht nur den Hauptraum in vier Joche gliedern, sondern auch den Seitenschub der alten Gewölbe aufzunehmen haben. Eine Verschieferung der Außenwände erfolgte im Jahr 1981.

Literatur Kieven, a.a.O., S. 149; Koch, a.a.O., S. 39; Pfarrgemeinde St. Apollinaris in Grunewald. Informationsheft, Grunewald 1990.

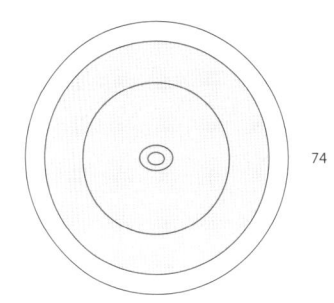

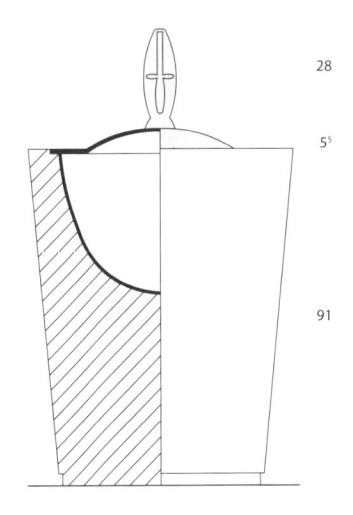

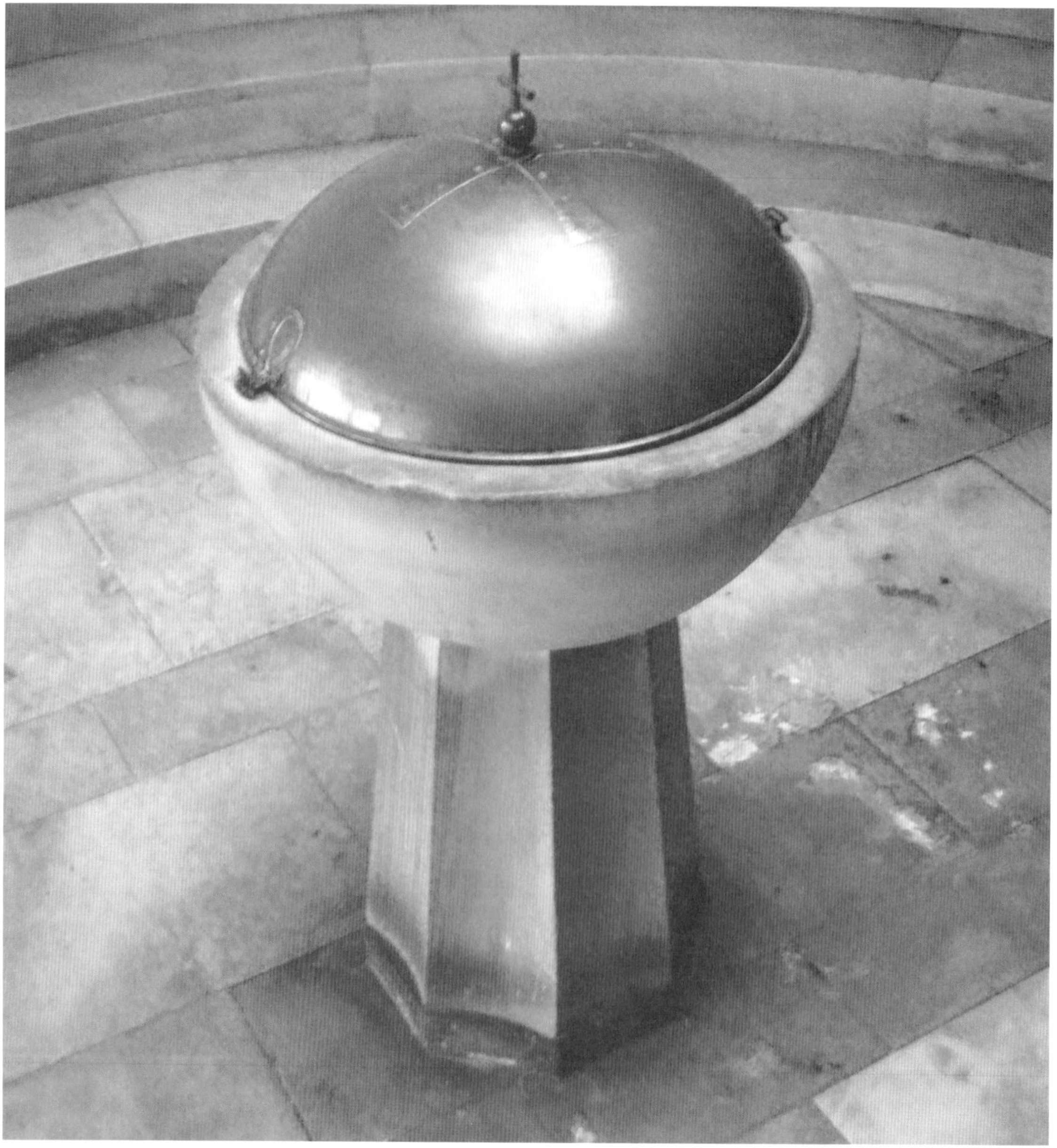

Taufe	**Nr. 24**
Ort	Hand Stadt Bergisch Gladbach Kath. Pfarrkirche St. Konrad
Alter	um 1960
Material	Sandstein, Kalkstein, Kupferblech
Größe	H = 98,5 cm, Ø = 68 cm.
Beschreibung	Der Taufstein ist aus zwei Stücken zusammengesetzt. Auf dem oktogonal zylindrischen Sockel ist der ebenfalls achteckig geformte Schaft aufgestellt. Dessen jeweilige Seitenteile sind leicht gemuldet und verjüngen sich nach oben hin. Darüber ist eine große ausladende und einer Halbkugel entsprechende Cuppa aufgesetzt. Die Schalenvertiefung ist flach gebogt. Der darüber befindliche Taufdeckel ist ebenfalls flach gewölbt. Als Bekrönung ist eine Kugel mit Kreuz aufgebracht.
Farbfassung	Die Taufe ist ungefasst.
Künstler	Der Entwurf der Taufe geht vermutlich auf den Architekten Bernhard Rotterdam zurück. In wessen Händen die steinmetzmäßige Umsetzung lag ist nicht mehr zu ermitteln.
Standort	Die Taufe steht in einer leicht abgesenkten Rundung im westlichen Teil der St.-Konrad-Kapelle.
Kirche	Erst nach dem Zweiten Weltkrieg konnte der Bevölkerung in Hand der Wunsch erfüllt werden, eine eigene Kirche zu errichten. Zunächst musste eine hölzerne Notkirche errichtet werden bis im Jahre 1957 die Finanzierung und Planung der Pfarrkirche gesichert war. Bei dem Sakralbau handelt es sich um eine einschiffige Hallenkirche mit leicht geneigtem Satteldach. Stahlbetonrahmen unterteilen den Baukörper in sieben Joche. Zwei davon werden vom leicht erhöhten Chorraum aufgenommen, der einseitig durch raumhohe bemalte Fenster belichtet wird. Errichtet wurde das Bauwerk in den Jahren 1957/58 nach den Plänen des Bensberger Architekten Bernhard Rotterdam.
Literatur	Kieven, a.a.O., S. 68; Panofsky-Soergel, a.a.O., S. 77; Koch, a.a.O., S. 50; Bollenbeck, Karl Josef: Neue Kirchen im Erzbistum Köln 1955-1995, Bd. 1, Köln 1995, S. 112.

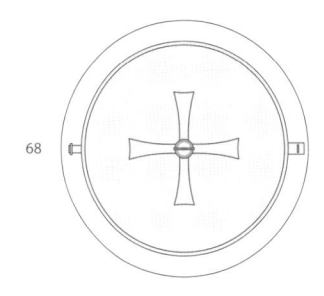

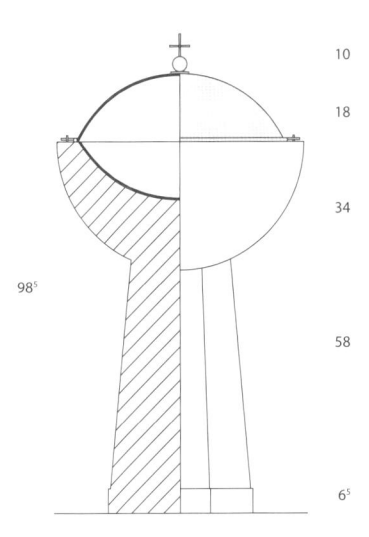

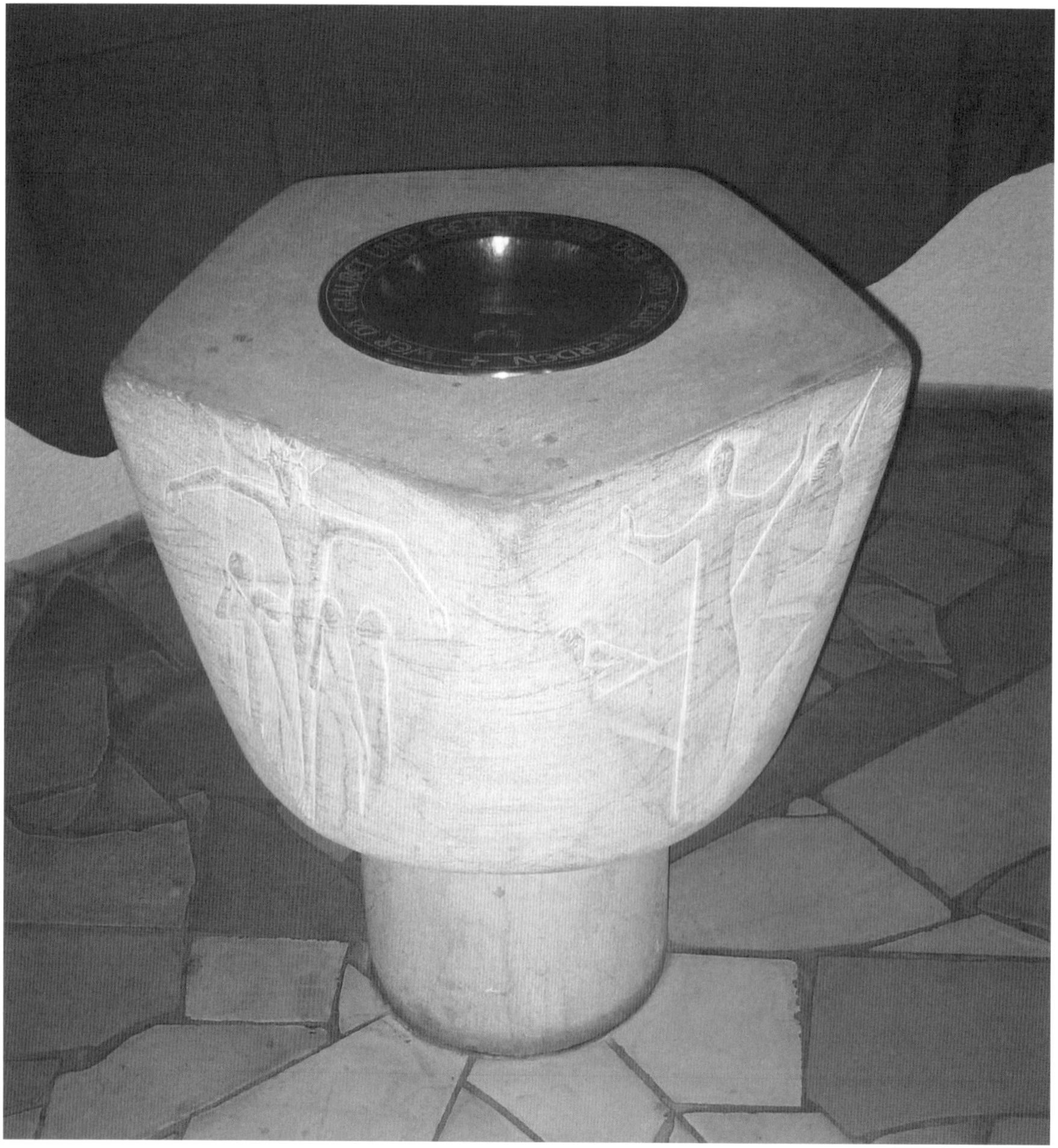

Katalog der Taufen

Taufe	**Nr. 25**
Ort	Hand Stadt Bergisch Gladbach Ev. Heilig-Geist-Kirche
Alter	um 1961
Material	Sandstein, Messing
Größe	H = 95 cm, Ø = 77 cm.
Beschreibung	Die Taufe ist aus zwei Stücken gefertigt. Ein Säulenschaft dient als Auflage für die Cuppa. Diese ist am unteren Ende ebenfalls noch als Zylinder ausgeführt, geht aber in ihrem konischen Verlauf gleichförmig in einen regelmäßigen fünfeckigen Zylinder über. Die sich aus dieser Überschneidung ergebenden fünf dreieckigen Mantelflächen sind mit folgenden Motiven geschmückt: Christi Auferstehung, Steinigung des Stephanus, Christus: „Kommt her zu mir alle", Anbetung (Lamm Gottes) und Kreuzigung. Die rund angelegte Schalenvertiefung ist konisch und flach in den Stein eingeschnitten. Diese nimmt eine aus Messing gefertigte Taufschale auf. Auf dieser ist entlang des breiten Randes ein Schriftband: „+ WER DA GLAUBET UND GETAUFT WIRD, DER WIRD SELIG WERDEN +". Auf dem Grund der Schale befinden sich eingraviert eine Taube und drei wellenförmige Linien, die das Taufwasser darstellen sollen.
Farbfassung	Der Taufstein ist ungefasst.
Künstler	Der Entwurf der Taufe geht auf den Architekten Bert Gielen zurück. Die eingelegte Taufschale stammt von Karl Erich Görk.
Standort	Der Taufort, der sich in unmittelbarer Nachbarschaft des Chores befindet, ist gegenüber dem Lauf- bzw. Saalniveau etwas abgesenkt. Durch dieses Motiv soll das Verständnis der Taufe als ein Akt des „Heraufholens" zum Ausdruck gebracht werden.
Kirche	Die Kirche besteht aus einem schlichten Saalbau mit tiefgezogenem Satteldach. Ein freistehender Turm ist dem Sakralbau beigestellt. Errichtet wurde die Anlage in den Jahren 1959 bis 1961 unter Arch. Bert Gielen/Bremen.
Literatur	Kieven, a.a.O., S. 69; Fußbroich, a.a.O., S. 171 ff.

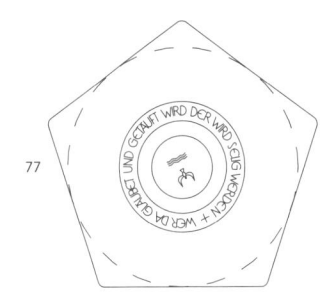

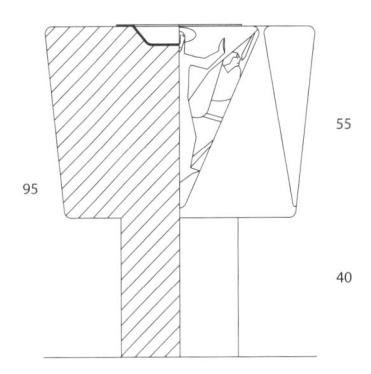

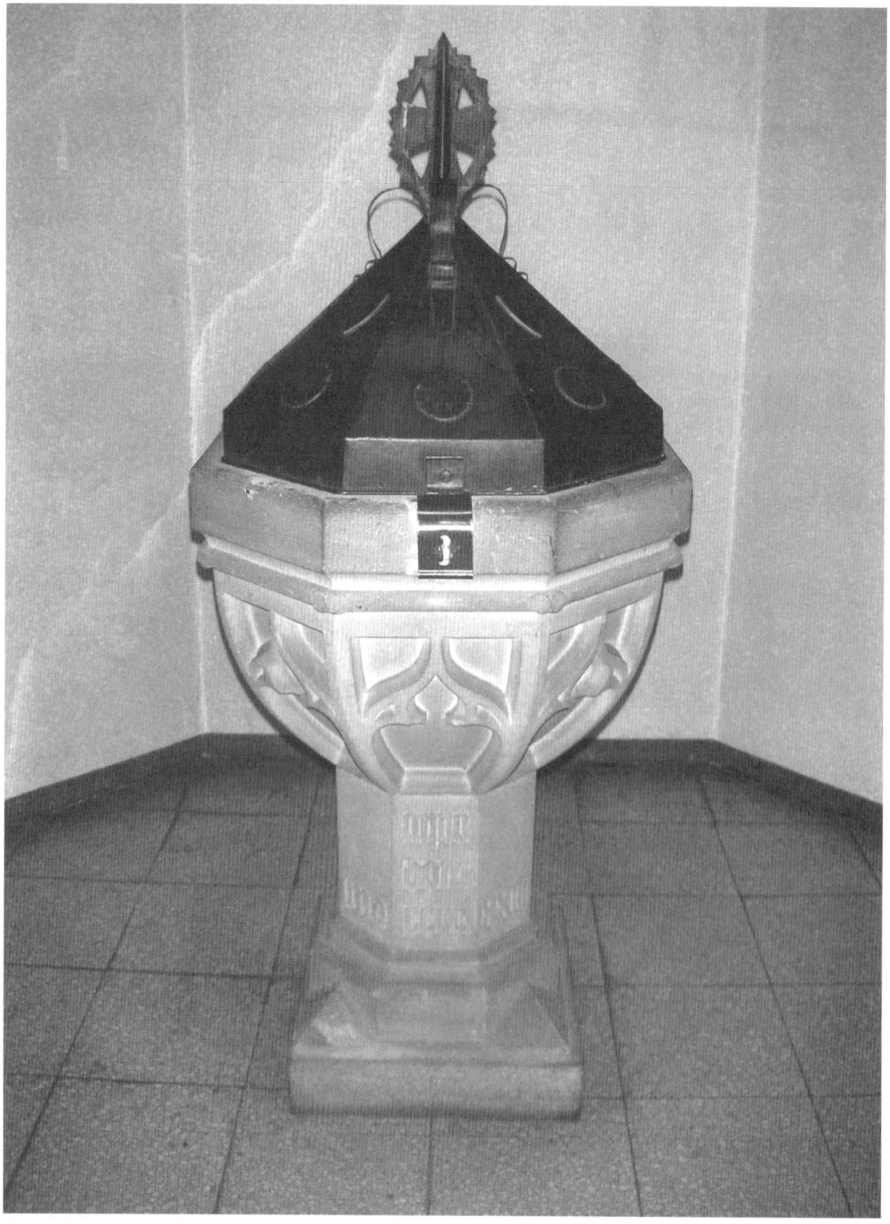

Taufe **Nr. 26**

Ort Hebborn
Stadt Bergisch Gladbach

Kath. Pfarrkirche Hl. Drei Könige

Alter 1923

Material Sandstein, Kupferblech

Größe H = 102,5 cm, Ø = 68 cm.

Beschreibung Eine quadratische, einfach gestufte Plinthe bildet den Sockel der Taufe. Darauf folgt ein oktogonaler Schaft, beginnend mit einem durch Wulst und Hohlkehle gebildetes Schmuckband. Die Wandung des Schaftes trägt folgende Inschrift: „ANNO DOM(INI) / MD / CCCC / XXIII" = „Im Jahre des Herrn 1923".

Die auf dem Schaft unmittelbar aufsitzende achteckige Cuppa ist kassettiert und mit einem Schneußmotiv maßwerkmäßig geschmückt. Ein Profilband mit geraden Abschlusskanten beschließt das Motiv. Die Schalenvertiefung entspricht einer Halbkugel. Ein moderner Kupferdeckel in Form einer oktogonalen Spitzhaube wird von einem Kreuz mit Gloriole bekrönt. Die Wandungen der Abdeckung sind mit Medaillons und Wappenschilde geschmückt. Die Medaillons tragen alle ein Kreuzmotiv, die spatenblattförmigen Wappenschilde jeweils ein Kreuz, Anker, Dreipass und ein Herz.

Farbfassung Taufstein und Deckel sind ungefasst.

Künstler Der Entwurf des Taufsteins stammt von dem Architekten der Kirche Eduard Endler. Wer die aus neuerer Zeit stammende Haube entworfen und geschaffen hat, ist unbekannt.

Standort Im Eingangsbereich der Kirche.

Kirche Bei der Kirche handelt es sich um eine dreischiffige Basilika mit polygonalem Chor und rundem Treppenturm. Errichtet wurde sie im neugotischen Stil von 1910-12 durch den Architekten Eduard Endler. Ein ursprünglich geplanter großer Glockenturm, ein Querhaus einschl. eines großen Chorraumes wurde bis heute nicht verwirklicht.

Literatur Kieven, a.a.O., S. 74; Panofsky-Soergel, a.a.O., S. 77.

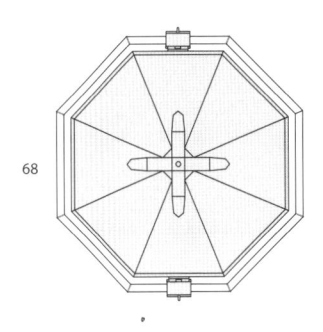

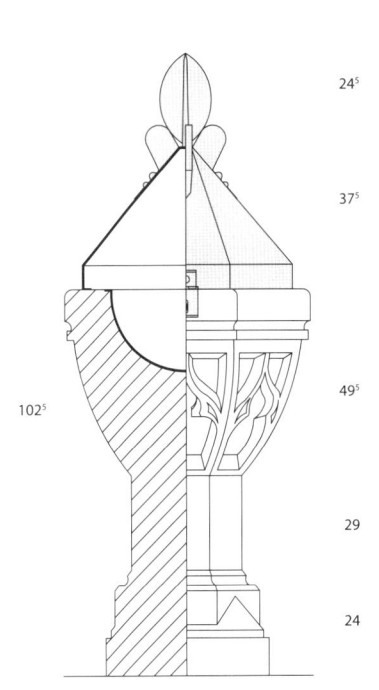

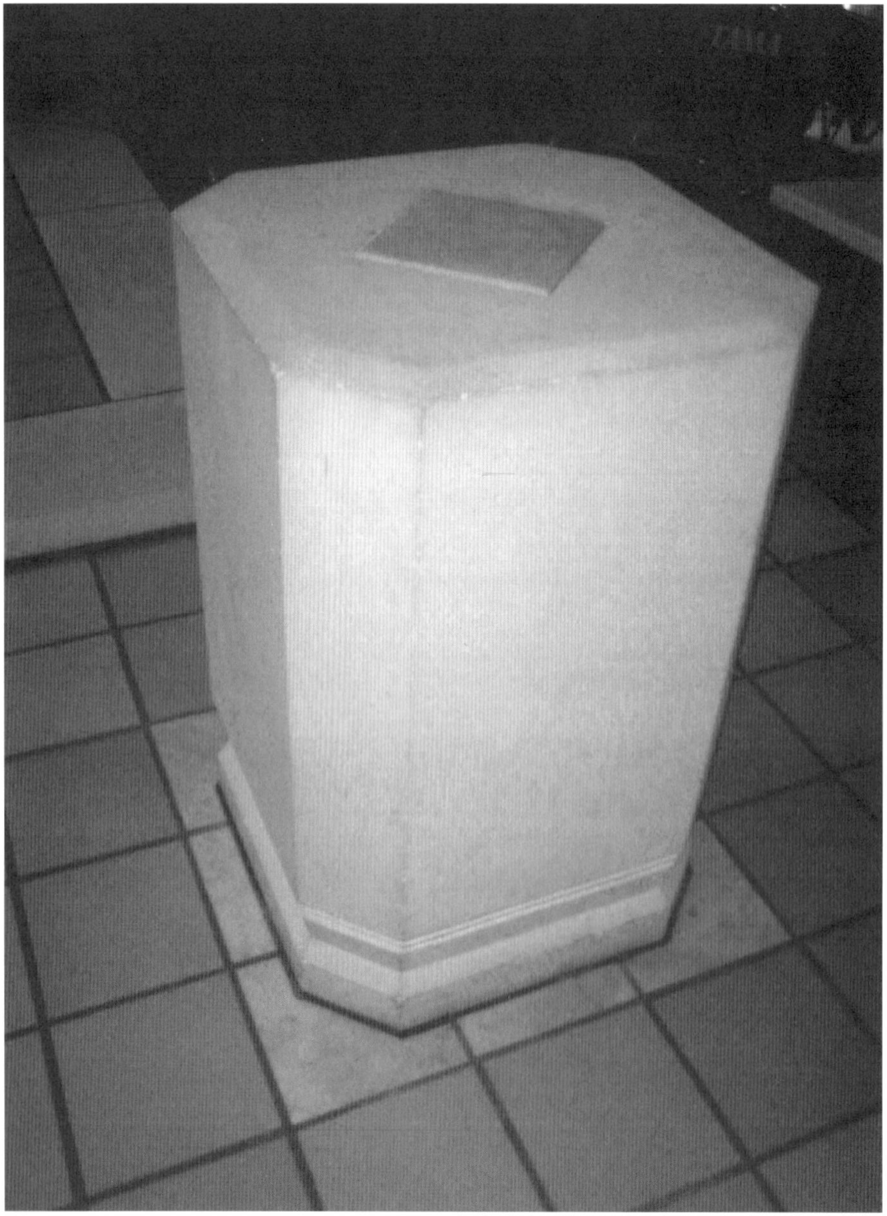

Katalog der Taufen

Taufe	**Nr. 27**
Ort	Hebborn Stadt Bergisch Gladbach Ev. Kirche „Zum Heilsbrunnen"
Alter	1989
Material	Sandstein
Größe	H = 89 cm, Ø = 61 cm.
Beschreibung	Die schlichte Taufe ist als achteckige Stele gearbeitet. Lediglich der Übergang von Sockel zu Schaft ist durch mehrere ein- und auswärtsfallende Schrägen profiliert, ansonsten bleibt der oktogonale Zylinder schmucklos. Eine Cuppa in Form einer Schale oder eines Kelches wurde nicht vorgesehen, allerdings ist auf der Oberseite der Stele eine viereckige Marmorplatte eingelassen, welche als Unterlage für ein passendes Taufgerät dient.
Farbfassung	Die Taufe ist ungefasst.
Künstler	Die Taufe schuf der Bildhauer Rudolf Wuttke.
Standort	Die drei Prinzipalia, Altar, Kanzel und Taufe bilden vor einer Apsisschale angeordnet, eine Einheit. Eine indirekte Lichtzuführung versteht die Wirkung dieses Raumabschnittes noch zu steigern.
Kirche	Inmitten einer angelegten Wohnsiedlung ist das Gemeindezentrum „Zum Heilsbrunnen" in Hebborn zu finden. Dieses besteht aus einem Ensemble von pultdachgedeckten Baukörpern, wobei dem Kirchsaal das größte Volumen zugewiesen wurde. Untereinander werden diese Kuben über eine verglaste Achse verbunden. Die Nord/Süd ausgerichtete Magistrale hat die Aufgabe, die Erschließung der einzelnen Baukörper bzw. Räumlichkeiten zu gewährleisten. Der Kirchsaal ist aus steinsichtig belassenen Ziegelmauerscheiben konzipiert und von einer von Westen nach Osten ansteigenden Holzdecke abgeschlossen. Erbaut wurde das Gemeindezentrum in den Jahren 1987 bis 1989 unter der Leitung des Architekten Ulrich Böttger aus Köln.
Literatur	Kieven, a.a.O., S. 74; Fußbroich, a.a.O., S. 174 ff.

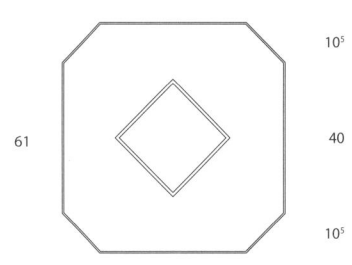

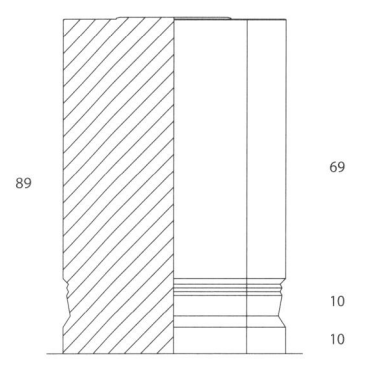

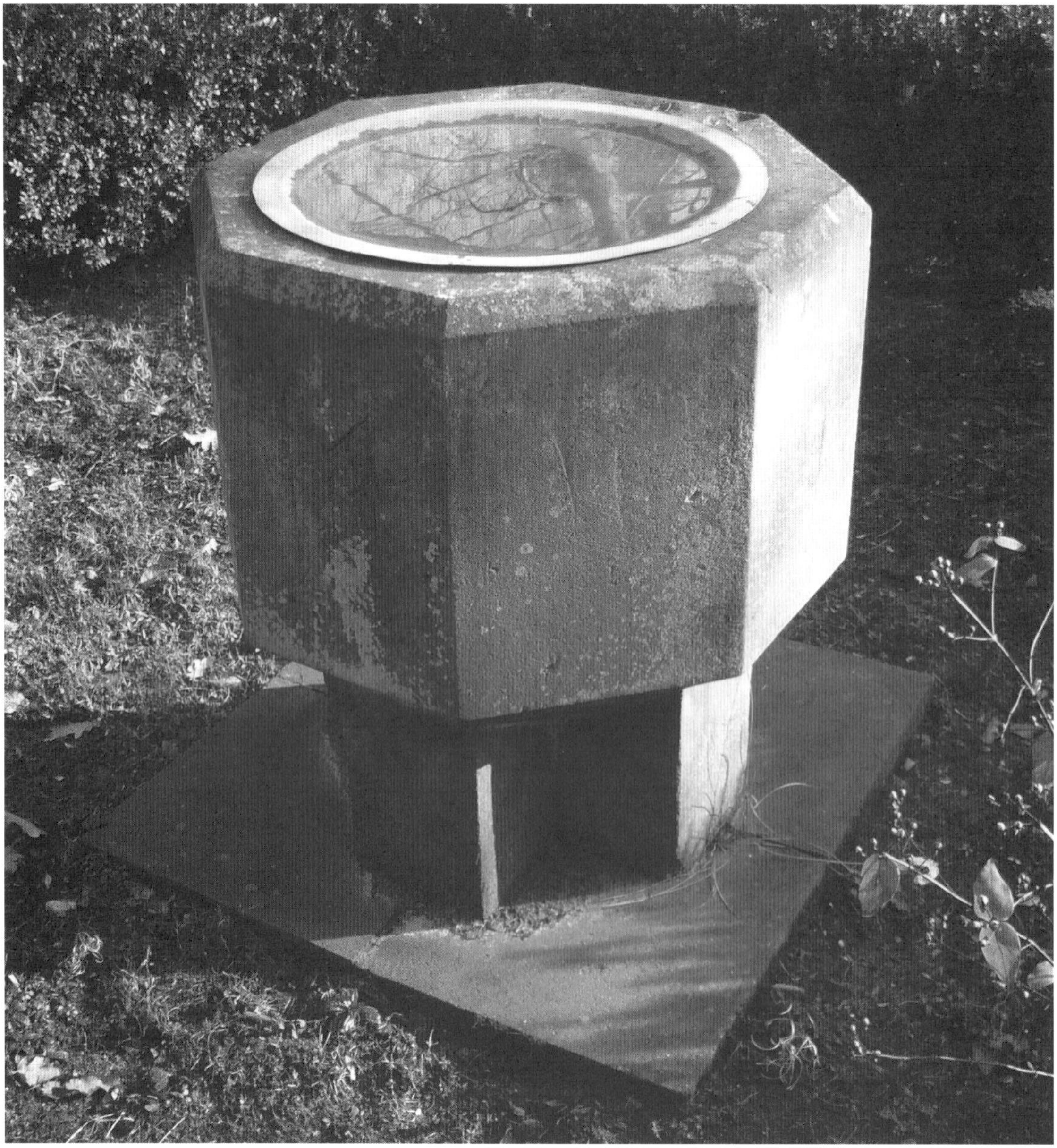

Taufe	**Nr. 28 /A**
Ort	Heidkamp Stadt Bergisch Gladbach Kath. Pfarrkirche St. Josef
Alter	1930
Material	Sandstein
Größe	H = 78 cm, Ø = 63 cm.
Beschreibung	Ein über einem kreuzförmigen Grundriß entwickelter Schaft trägt die Cuppa. Diese ist als achteckiger Zylinder ausgebildet. Sie schwingt zunächst vom Schaft aus nach außen und steigt dann senkrecht nach oben. Als oberster Abschluss dient eine Fase. Einziger Schmuck ist eine Inschrift auf einer der senkrechten Wandungen. Das übergeordnete *M* steht für Maria. Es ergibt aber auch im Zusammenhang mit den unmittelbar darunter befindlichen römischen Ziffern *CM* bzw. *CMM* und *XXX* die Jahreszahl 1930. Die Schalenvertiefung ist als flache Halbkugel gearbeitet. Ehemals lag in ihr ein kupfernes Becken.
Farbfassung	Der Taufstein ist ungefasst.
Künstler	Das Kupferbecken wurde von Karl Heinz Fehlinger geschaffen, die Taufe von dem Kölner Bildhauer T. C. Pilartz.
Standort	Der ehemalige Taufstein, der in der alten Kirche aufgestellt war, steht heute als Vogeltränke im Garten des Pfarrhauses.
Kirche	Die alte Kirche, die sich unmittelbar gegenüber der hier thematisierten befindet, wurde im Jahre 1930 von Architekt S. Mattar aus Köln errichtet. Es handelt sich um einen kleinen einschiffigen Saalbau, der heute als Gemeindesaal genutzt wird. Der Neubau ist in Form einer Hallenkirche, allerdings von beeindruckenden Abmessungen, konzipiert. Durch das Einstellen hoher Stützglieder ist eine Dreischiffigkeit erreicht. Der Sakralbau wird durch ein Satteldach abgeschlossen. Dem mächtigen Kubus ist ein kleiner Gebetsraum und ein Turm im Stile eines Campanile angeschlossen. Die Planung und Ausführung in der Zeit zwischen 1958-60 lag in den Händen des Arch. Erwin Schiffer.
Literatur	Kieven, a.a.O., S. 48; Panofsky-Soergel, a.a.O., S. 78.

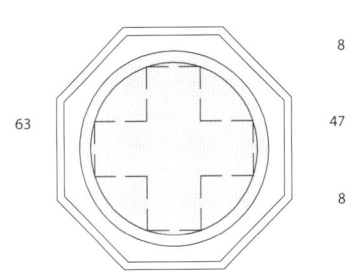

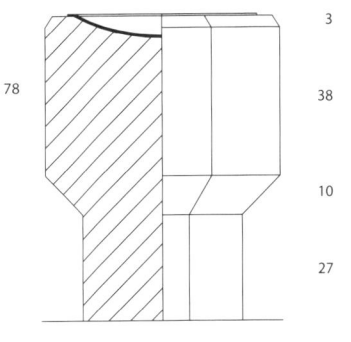

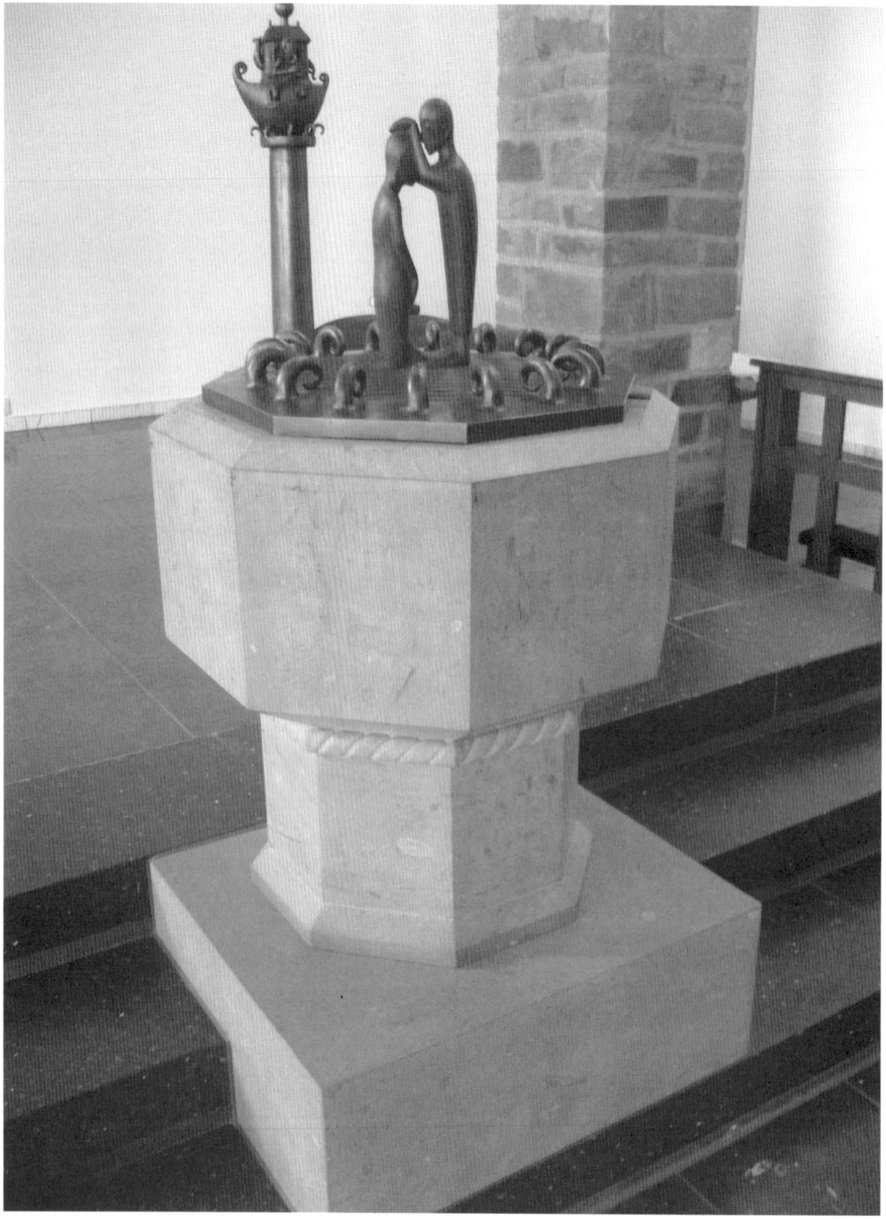

Taufe	**Nr. 28 /B**
Ort	Heidkamp Stadt Bergisch Gladbach
	Kath. Pfarrkirche St. Josef
Alter	1995/96
Material	Trachyt, Bronze, Eichenholz
Größe	H = 109 cm, Ø = 75 cm.
Beschreibung	Der Taufstein ist aus drei Stücken zusammengesetzt. Als Basis dient ein mächtiger quadratisch angelegter Sockel, der in den Treppenaufgang zum Altarraum eingeschoben ist. Darauf sitzt ein achteckiger Schaft, der am Fuß über eine Schräge nach innen schwingt und am Kopf durch ein gedrehtes Tau abgeschlossen wird. Auf dem Schaft ruht die ebenfalls achteckig angelegte weitausladende zylinderförmige Cuppa, deren Schalenvertiefung gerundet und entsprechend ausgekleidet ist. Die aus Bronze gefertigte Deckelumrandung nimmt die oktogonale Formensprache auf und umgreift ein hölzernes Füllstück, welches auf der Oberseite mit Wellenlinien versehen eine Wasserfläche darstellen soll. Mittig sind in Form einer Bronzeskulptur zwei Personen dargestellt, die an die Taufe Jesu durch Johannes den Täufer im Jordan erinnern sollen. Johannes hält die Hände über den Täufling und leitet so die Gnade und Barmherzigkeit Gottes auf seinen Sohn Jesus herab. Als äußeres Zeichen ist das an Jesus herabfließende Wasser zu erkennen. Und auch die an der Deckelumrandung aufgesetzten 16 überschlagenden Wellen wollen auf den Taufakt hinweisen.
Farbfassung	Der Taufstein ist ungefasst.
Künstler	Die Taufe schuf der Bildhauer Sepp Hürten.
Standort	Die Taufe ist in die Stufen zum Altarraum integriert.
Kirche	Hallenkirche, durch Einstellen hoher Stützglieder dreischiffig gestaltet und mit einem Satteldach abgeschlossen (vgl. Taufe Nr. 28/A).
Literatur	Kieven, a.a.O., S. 48; Panofsky-Soergel, a.a.O., S. 78; Emil Odenthal u.a.: 75 Jahre St. Josef, Bergisch Gladbach-Heidkamp, 1930-2005, Bergisch Gladbach 2005.

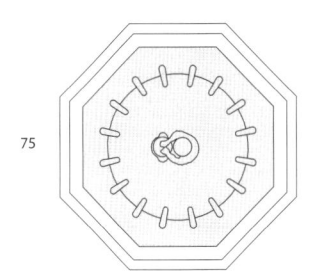

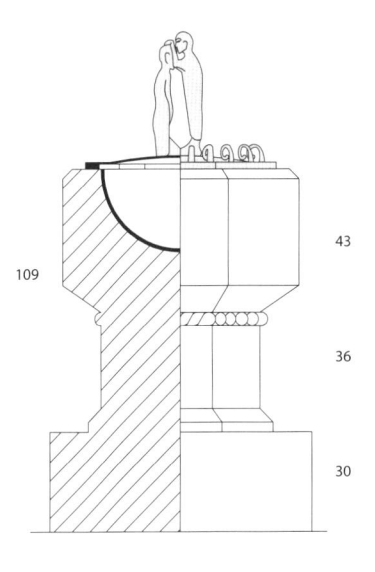

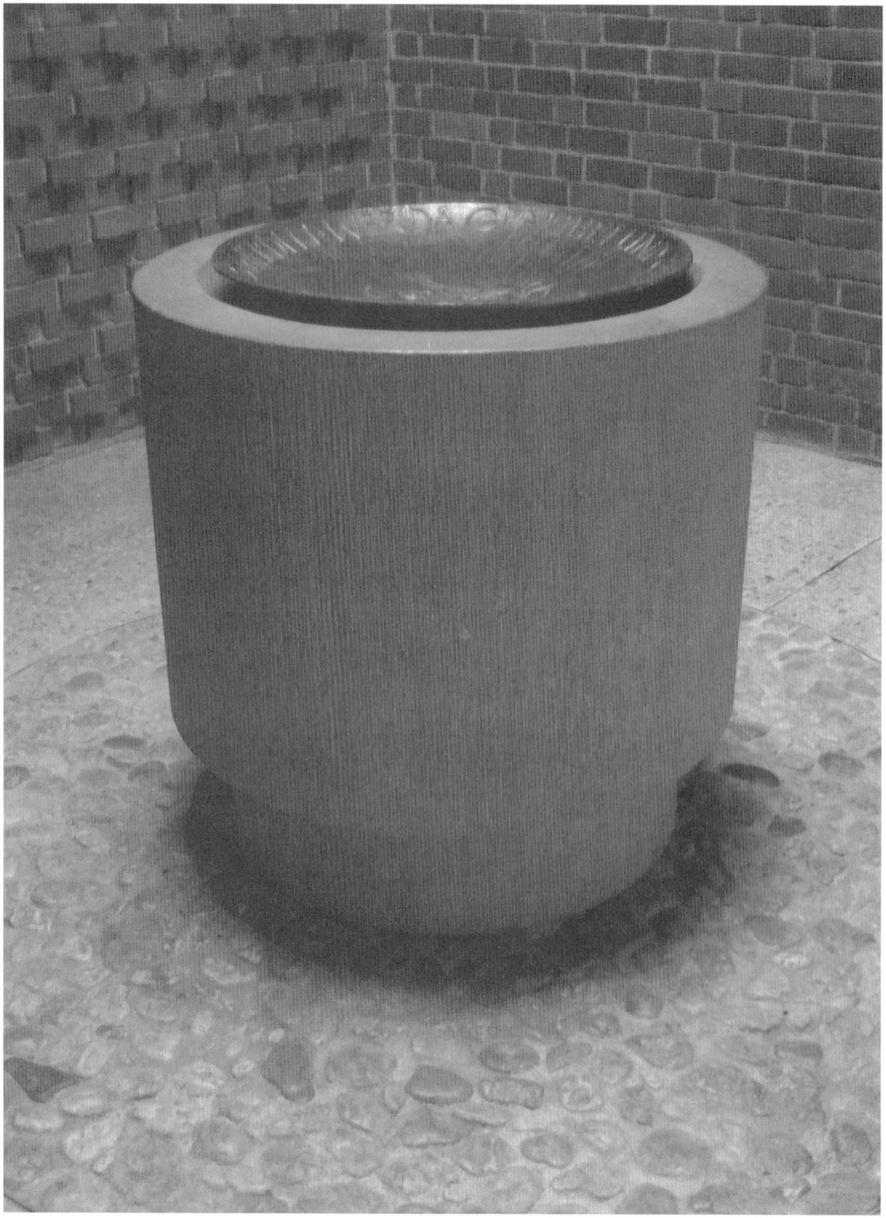

Katalog der Taufen

Taufe	**Nr. 29**
Ort	Heidkamp Stadt Bergisch Gladbach Ev. Kirche „Zum Frieden Gottes"
Alter	1964/66
Material	Kalkstein, Bronze
Größe	H = 99 cm, Ø = 100 cm.
Beschreibung	Der Taufstein ist als Kreiszylinder aus einem Stück gefertigt. Der Sockel ist leicht zurückgesetzt und am Kopf ist eine konisch zulaufende Vertiefung in den Stein gearbeitet. Diese ermöglicht die Aufnahme der Taufschale. Auf ihr ist entlang des Randes ein Schriftband: + WER DA GLAUBET UND GETAUFT WIRD + DER WIRD SELIG WERDEN +. Auf dem Grund der Taufschale befindet sich ein altchristliches Taufsymbol bzw. ein altes Motiv der Heils- bzw. Errettungsgeschichte „Jona entsteigt dem Walfisch".
Farbfassung	Der Taufstein ist ungefasst.
Künstler	Der Entwurf zur Taufkapelle bzw. zur Taufe geht auf die Architektengemeinschaft Hübotter, Ledeboer, Busch zurück. Die Taufschale ist von dem Bildhauer Siegfried Zimmermann im Jahre 1966 gefertigt und aufgelegt worden.
Standort	Die Kirche betritt man über ein doppelflügeliges Portal. Unmittelbar dahinter führt eine breit angelegte Treppe in das Untergeschoss, allerdings nicht unmittelbar in den Kirchraum, sondern zuerst in die Taufkapelle, in deren Mitte sich die Taufe befindet. Die Rückwand dieser Taufkapelle, durch regelmäßiges Vorziehen der verwendeten Ziegel stark reliefiert, ist eine beeindruckende Folie für diesen Ort.
Kirche	Der Sakralbau besteht aus einem rechteckigen flachen Ziegelsteinbau. Der angesetzte Turm steht auf niedrigem Sockel und wird durch einen tief heruntergezogenen kupfergedeckten Pyramidenhelm geprägt. Das Kirchenniveau liegt, der Hanglage entsprechend, erheblich tiefer. Erbaut wurde die Anlage zwischen 1962-1964 von der Architektengemeinschaft Hübotter, Ledeboer, Busch aus Hannover.
Literatur	Kieven; a.a.O., S. 48 f.; Fußbroich, a.a.O., S. 173; Eßer, Albert: Bergisch Gladbacher Stadtgeschichte, Bd. 9, Bergisch Gladbach 2006.

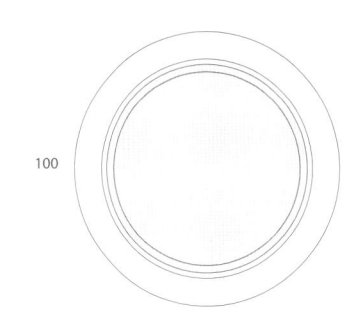

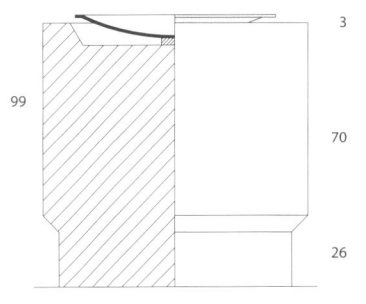

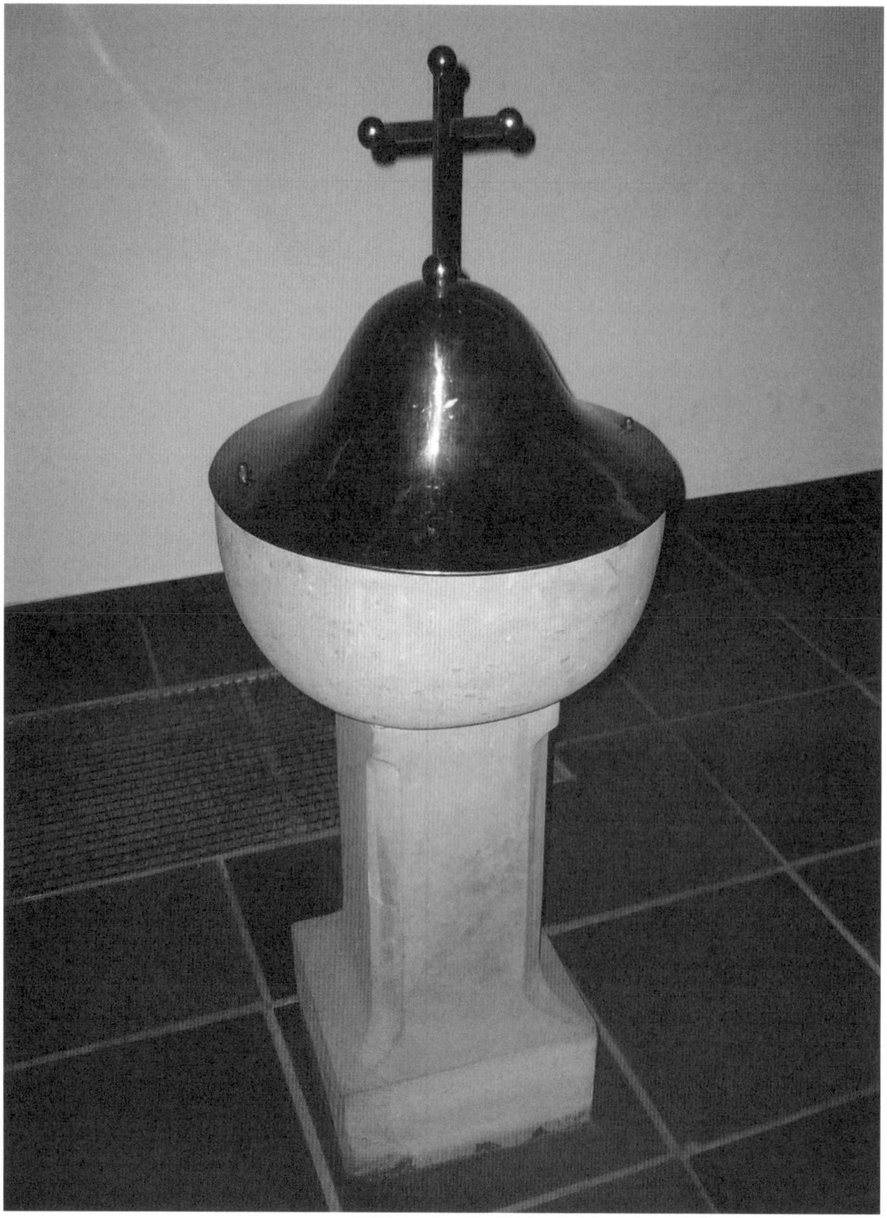

Katalog der Taufen

Taufe	**Nr. 30**
Ort	Heiligenhaus Stadt Overath Kath. Kirche St. Rochus
Alter	Der Taufstein gehört nicht zur Ausstattung des Neubaues von St. Rochus aus dem Jahre 1967, sondern ist noch für die alte Pfarrkirche, die man im Jahre 1936 errichtet hatte, gefertigt.
Material	Sandstein, Haube aus Messing
Größe	H = 80 cm, Ø = 46 cm.
Beschreibung	Der Taufstein ist aus zwei Stücken zusammengesetzt. Ein quadratischer Sockel bildet die Basis, schwingt nach innen und steigt im Anschluss als Schaft senkrecht nach oben auf. Dieser ist an seinen vier Ecken leicht gehöht und trägt die in Form einer Halbkugel aufgesetzte Cuppa. Die Schalenvertiefung ist ebenfalls halbkugelförmig eingetieft. Als Abdeckung dient eine schlichte glockenförmig geschwungene Haube, die von einem Kreuz bekrönt wird.
Farbfassung	Die Taufe ist ungefasst.
Künstler	Der Künstler konnte nicht ermittelt werden.
Standort	Der Taufstein steht gegenüber dem südöstlichen Zugang der Kirche.
Kirche	Ein „Heiligenhäuschen", das zur Zeit des dreißigjährigen Krieges wohl vor Ort zu finden war, dürfte der erste Sakralbau in der Gemarkung Heiligenhaus gewesen sein. Als man dieses im Jahre 1840 niedergelegt hatte, folgte eine kleine Wallfahrtskapelle in Form eines flach gedeckten Bruchsteinbaues. Die stetige Zunahme der Einwohner in dieser Gemeinde forderte dann eine Pfarrkirche, die im Jahre 1936 als schlichter Saalbau mit flachem Chorschluss errichtet wurde. Und im Jahre 1967 war auch dieses Gotteshaus zu klein geworden, sodass man sich für einen Neubau entschied. Es handelt sich um einen schlicht konzipierten großen Saalbau mit im Inneren seitenschiffartiger Grundrissunterteilung. Auf der Ostseite ist ein weiterer kleiner Anbau angefügt. Errichtet wurde die Kirche einschließlich des angeschlossenen Pfarrzentrums im Jahre 1967 durch Arch. Th. Scholten.
Literatur	Kieven, a.a.O., S. 208 f.; Fischer, a.a.O., S. 199.

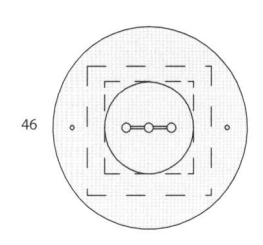

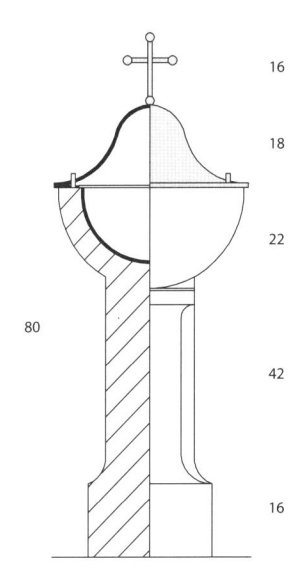

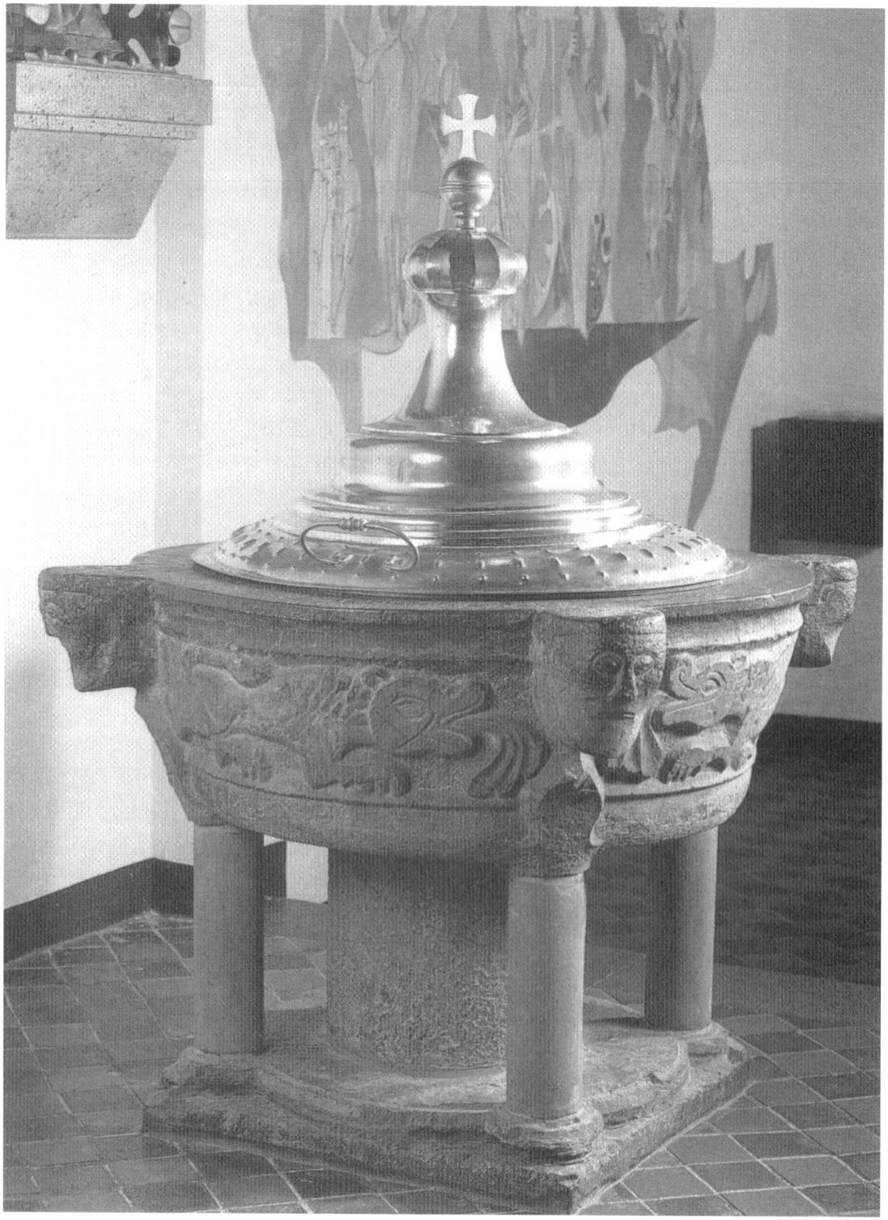

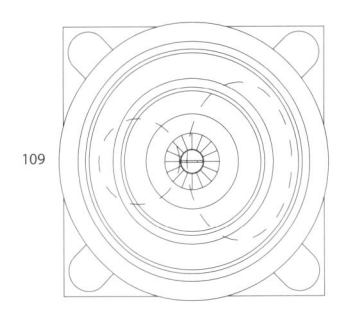

Katalog der Taufen

Taufe	**Nr. 31**
Ort	Herkenrath Stadt Bergisch Gladbach Kath. Pfarrkirche St. Antonius Abbas
Alter	12. Jh.
Material	Namurer Blaustein, Sandstein, Kupferblech
Größe	H = 80,5 cm, Ø = 109 cm.
Beschreibung	Eine quadratische gestufte Plinthe bildet den Sockel für die Taufe. Der Schaft besteht aus einem kräftigen Mittelzylinder und vier den Beckenrand stützende Säulchen, welche auf einer profilierten Fußplatte ruhen. Die Wand der Cuppa steigt zylindrisch nach oben, mit geringer Neigung nach außen und ist durch vier abgeplattete menschliche Köpfe über lanzettförmigen Blättern gegliedert. Auf den reliefierten Zwischenfeldern ranken Fabelwesen und gegenständlich gearbeitete, aus einer Vase trinkende Tauben. Die Vertiefung ist als Kreiszylinder aus dem Stein gearbeitet, während die eigentliche „Doppel-Taufschale" aus Kupferblech in die Cuppa eingehängt ist. Das Taufbecken wird durch einen spitzhelmigen kreuzbekrönten Deckel abgeschlossen.
Farbfassung	Die Taufe ist ungefasst.
Künstler	unbekannter Steinmetz
Standort	Im modernen Ostteil der Kirche.
Kirche	Ursprünglich war der Sakralbau als dreischiffiges basilikales Langhaus (geb. System) mit Vorchorjoch, Apsis und zwei Nebenapsiden sowie einem vorgesetzten quadratischen Westturm konzipiert. Errichtet im romanischen Stil um die Mitte des 12. Jh. Im Jahre 1892 wurde durch ein neuromanisches Querhaus mit Chor das Bauwerk erweitert (Architekten waren Ross und Knauth), allerdings durch einen neuen Ostteil in den Jahren 1962-63 ersetzt (Architekten waren Prof. Steinbach und Kohl). Im Jahre 1977 erfolgte eine erneute Umgestaltung des Altarraumes im neuen Kirchenteil gemäß den Grundsätzen des II. Vatikanischen Konzils.
Literatur	Kieven, a.a.O., S. 41; Panofsky-Soergel, a.a.O., S. 50; Schumacher, a.a.O., S. 165; Clemen, a.a.O., S. 225; Paetzer, Gustav: Masken und Ungeheuer auf Taufsteinen, in: Rhein.-Berg. Kalender, Bergisch Gladbach 1986, S. 52 ff.

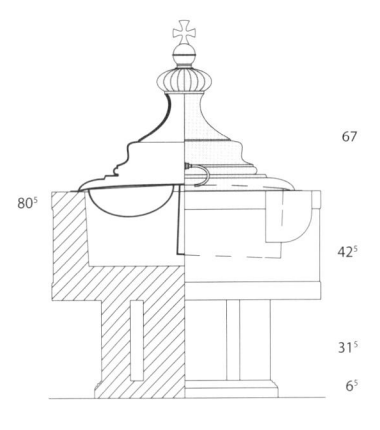

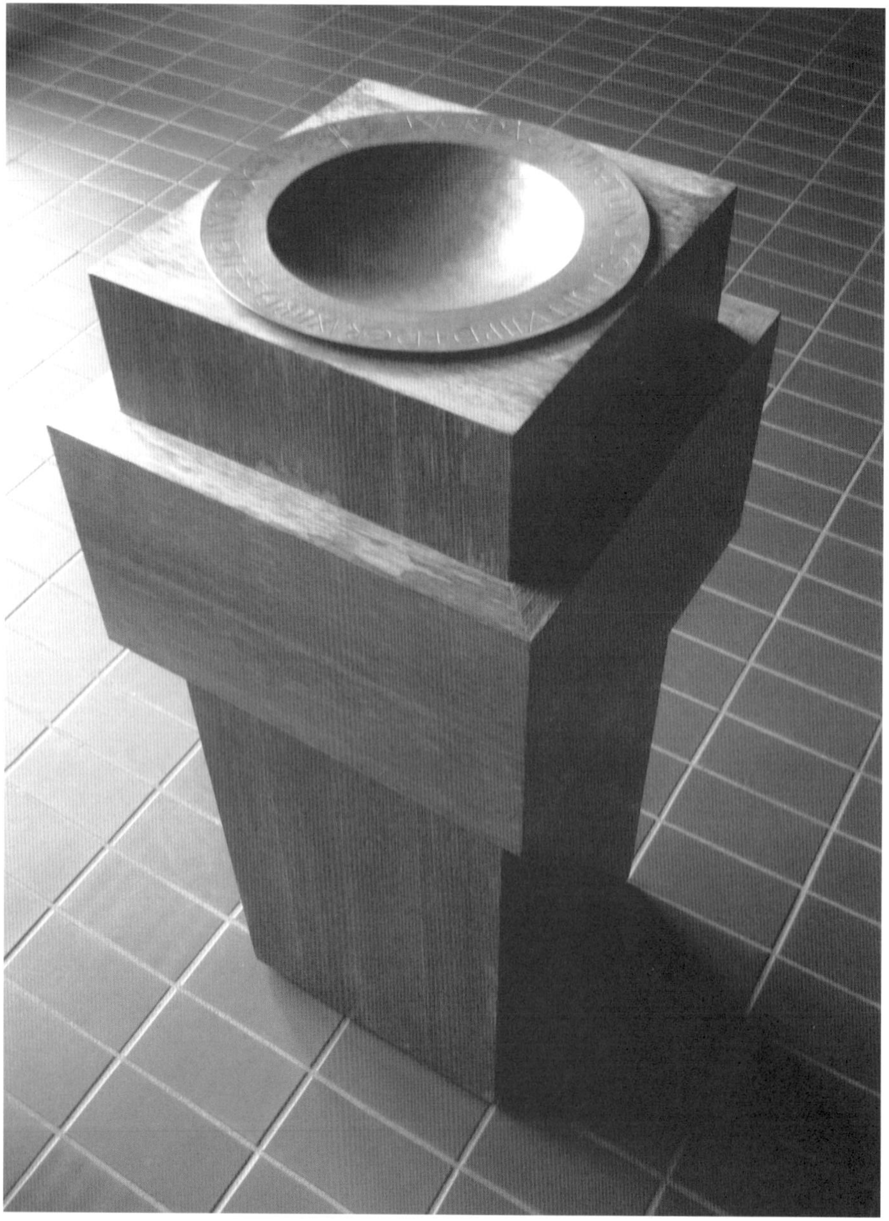

Taufe	**Nr. 32**
Ort	Herkenrath Stadt Bergisch Gladbach Ev. Gemeindezentrum
Alter	um 1992
Material	Eichenholz, Messing
Größe	H = 96 cm, Ø = 43 cm.
Beschreibung	Die hölzerne Taufe ist ein sehr schlichter viereckiger Würfelständer, der sowohl in der Drauf- als auch in den Seitenansichten die Form eines Kreuzes darstellt. Die vier Seiten des Schaftes sind glatt belassen und steigen ohne ein vermittelndes Sockelmotiv unmittelbar auf. Etwa in Hüfthöhe ist dem Schaft eine Erweiterung in Form eines umlaufenden breiten Bandes angearbeitet, darüber reduziert sich der Kopf des Schaftes wieder auf den ursprünglichen Querschnitt. In die Oberseite ist ein runder Einschnitt eingelassen, der die Taufschale aufnimmt. Dieser ist entlang des Randes eine Inschrift gegeben: *„WER DA GLAUBET UND GETAUFT WIRD + DER WIRD SELIG WERDEN"*. Ein Christusmonogramm, zusammengesetzt aus den beiden ersten Buchstaben *X* und *P* der griechischen Schreibweise von Christus, ist der Inschrift beigegeben.
Farbfassung	Der Taufstein ist ungefasst.
Künstler	Der Entwurf des Taufständers geht auf den Architekten Albrecht Böther-Schultze zurück. Die Taufschale schuf der Bildhauer Karl Erich Görk.
Standort	Neben dem Altar, allerdings auf Saalniveau.
Kirche	Ein schlichter im Verhältnis zu seiner Tiefe recht breit angelegter Kirchsaal wird von einer flach geneigten Holzdecke überspannt. Auf der großformatig befensterten Ostseite des Raumes sind die Prinzipalstücke auf einer zweistufigen Estrade angeordnet. Lediglich die Taufe steht auf dem allgemeinen Niveau des Versammlungsraumes. Dieser ist Bestandteil eines Gemeindezentrums, welches in den Jahren 1971-74 unter der Leitung des Arch. Prof. Dr. F. W. Bertram errichtet wurde, aus Platzgründen allerdings schon in 1991/92 durch den Architekten A. Böther-Schultze eine Erweiterung erfahren musste.
Literatur	Fußbroich, a.a.O., S. 168.

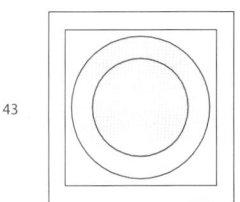

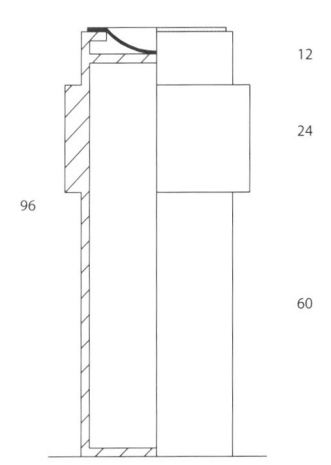

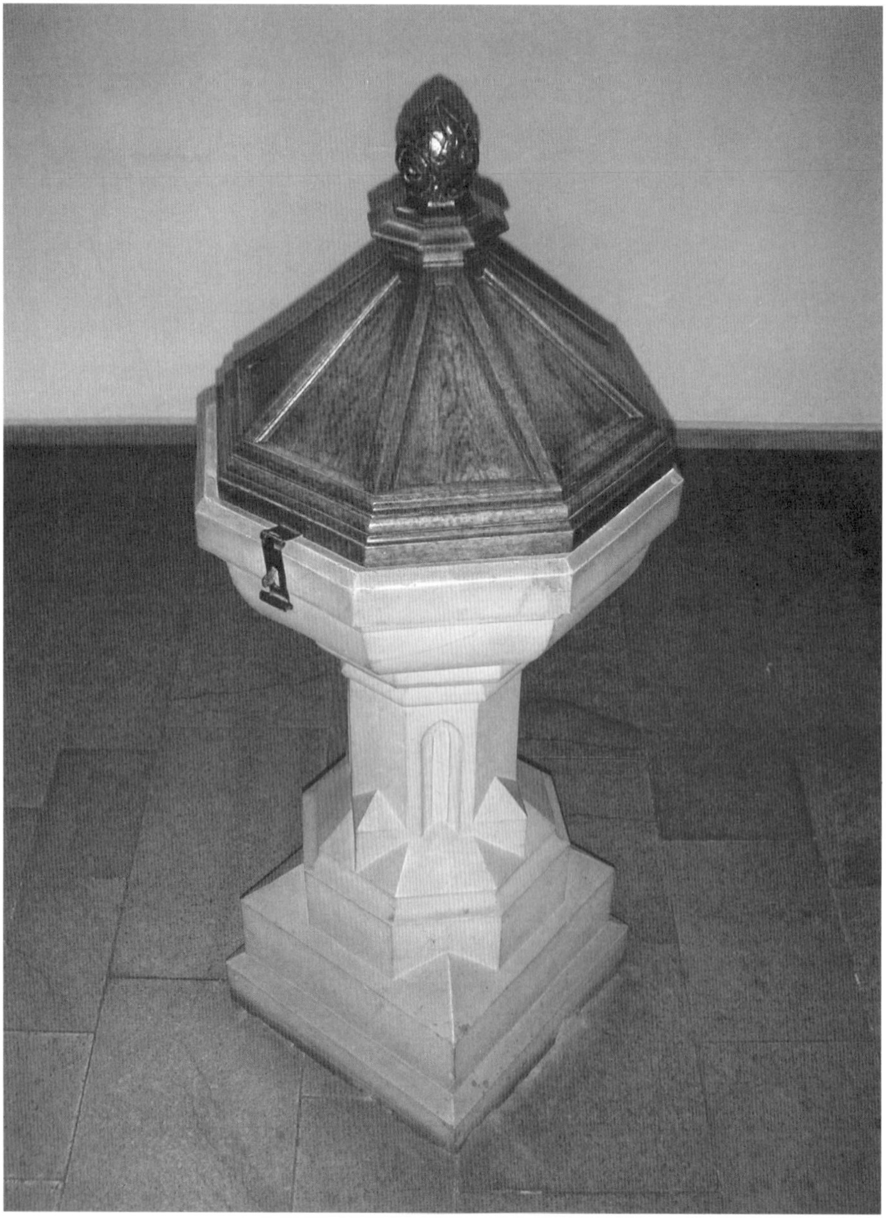

Taufe **Nr. 33**

Ort Herrenstrunden
Stadt Bergisch Gladbach

Kath. Pfarrkirche St. Johannes der Täufer

Alter Im Zuge der neugotischen Erweiterung im Jahre 1904 dürfte auch der Taufstein angeschafft worden sein.

Material Kalkstein

Größe H = 104 cm, Ø = 61,5 cm.

Beschreibung Ein quadratischer gestufter hoher Sockel bildet die Basis der Taufe. An diese Form schließt der oktogonal gestufte Fuß des Schaftes an. In jeder zweiten Schaftseite sind lanzettförmige Nischen eingearbeitet. Der Schaft endet oben mit einem durch Wulst und Hohlkehle gebildetes ausladendes Schmuckelement, auf dem als neuer Stein die ebenfalls achteckige nach oben gebogte Cuppa aufgesetzt ist. Ein breites leicht ausladendes Band schließt das Motiv kopfseitig ab. Die Schalenvertiefung ist halbkugelförmig angelegt. Der aus Holz gefertigte Deckel ist als oktogonale Spitzhaube gestaltet und von einem Blattzapfen bekrönt.

Farbfassung Taufstein und Deckel sind ungefasst.

Künstler Der Entwurf der Taufe geht auf den Architekten Adolf Nöcker zurück. Der Steinmetz, der das Werk ausgeführt hat, ist nicht mehr zu ermitteln.

Standort Die Taufe befindet sich im Nordquerarm.

Kirche Die ehemalige Kapelle der Johanniter in Form eines kleinen flachgedeckten Saalbaus mit Satteldach und westlichem Dachreiter ist im 14. Jh. errichtet und im 16.-18. Jh. mehrmals leicht verändert worden. Im Jahre 1904 erfolgte eine neugotische Erweiterung in Form eines Querschiffs, Chorjochs einschließlich einem dreiseitigen Schluss und eigenem Dachreiter. Architekt dieser Umbau- bzw. Erweiterungsmaßnahme war Adolf Nöcker.

Literatur Dehio, a.a.O., S. 56; Kieven, a.a.O., S. 39; Panofsky-Soergel, a.a.O., S. 79; Arnold, Hans-Ludwig: Katholische Pfarrkirche Herrenstrunden St. Johannes der Täufer, 450 Jahre, Herrenstrunden 2005; Jux, Anton: Die Johanniter-Kommende in Herrenstrunden, Bergisch Gladbach 1956; Opladen, Peter: Kommende und Pfarre Herrenstrunden, Bergisch Gladbach 1946.

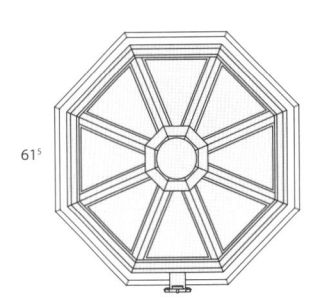

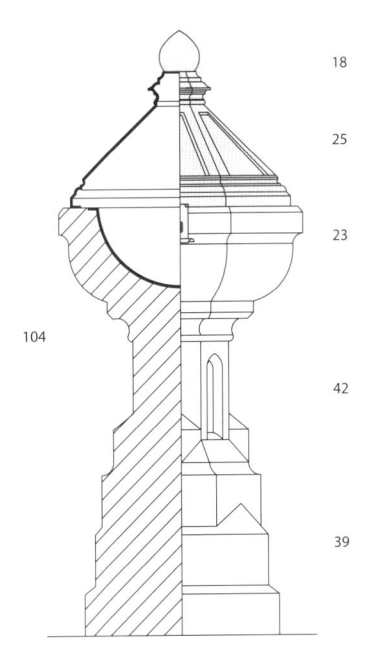

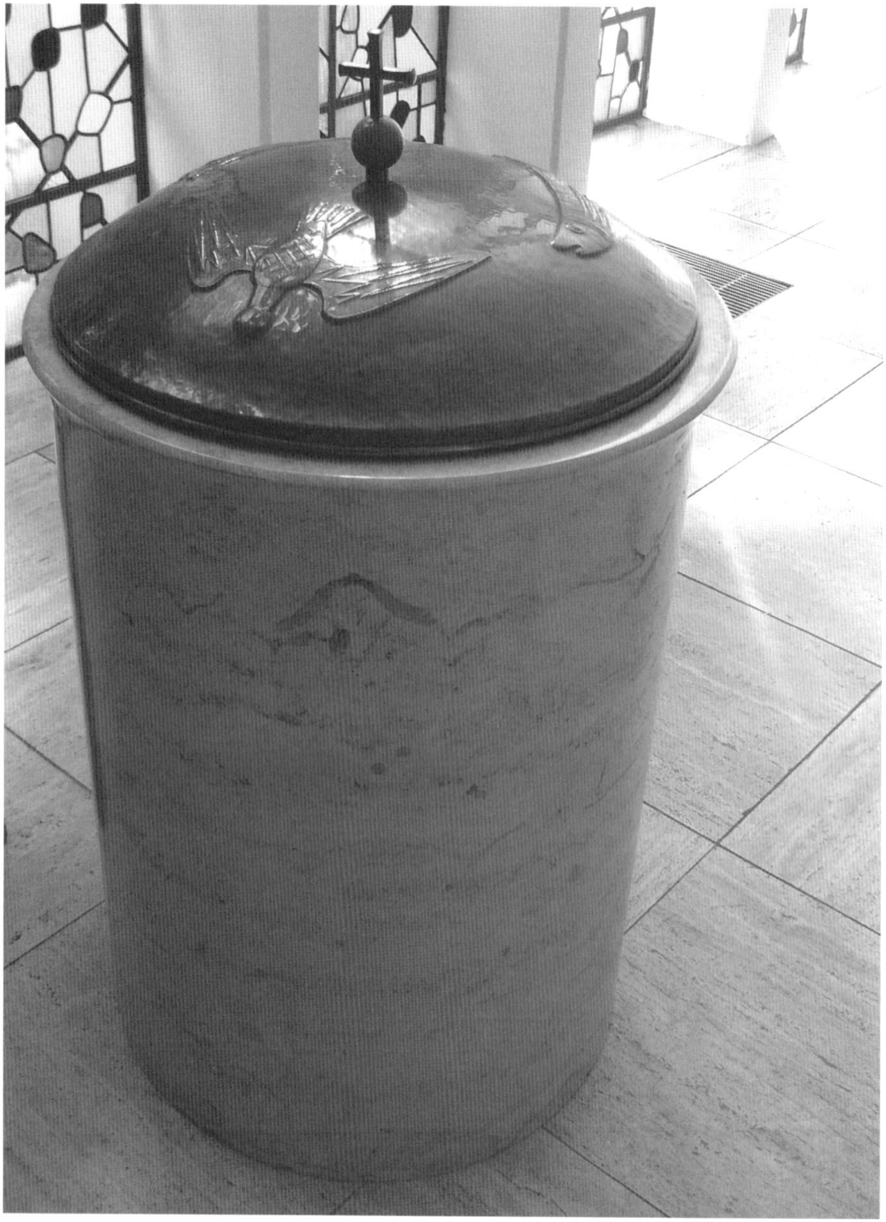

Taufe	**Nr. 34**
Ort	Hilgen Stadt Burscheid Kath. Liebfrauenkirche
Alter	1950er Jahre
Material	Travertin, Kupfer
Größe	H = 89 cm, Ø = 71 cm.
Beschreibung	Die Taufe ist aus einem Stück gefertigt. Ein Rundzylinder bildet Schaft und Cuppa. Kopfseitig schwingt die Mantelfläche leicht nach außen. Die Schalenvertiefung ist eine abgeflachte Halbkugel. Der gebauchte Deckel ist mit zwei Fischen und einer Taube verziert und wird von einem Knauf mit Kreuzaufsatz bekrönt.
Farbfassung	Die Taufe ist ungefasst.
Künstler	Die Innenausstattung der Kirche einschließlich der Taufe fertigte der Künstler Hanns Rheindorf.
Standort	Die Taufe steht im Eingangsbereich.
Kirche	Bei der Kirche in Hilgen handelt es sich um einen aus Ziegeln errichteten schlichten Saalbau. Innerhalb des Bauwerkes ist ein südliches Seitenschiff abgetrennt, darüber sind die Räume der Pfarrbücherei angeordnet. Den Bau schuf in den Jahren 1953/54 der Architekt Dominikus Böhm. Am bekanntesten ist dieser Kölner Architekt (Vater von Prof. Gottfried Böhm) durch seine Bauten für die Kath. Kirche geworden. Unzählige Sakralbauten hat er u.a. im Rheinland, im Ruhrgebiet aber auch in Holland und sogar in Südamerika errichtet. Vom heutigen Standpunkt aus betrachtet haben die meisten der damals als überaus modern geltenden Kirchen eher eine karge Wirkung. Sein Verdienst ist es, der später vom Zweiten Vatikanischen Konzil aufgenommenen Forderung nach einer intensiven Teilnahme der Gemeinde am Gottesdienst im Kirchenbau eine Form gegeben zu haben. In Jahre 1960 wurde der Liebfrauenkirche ein Turm beigestellt. Diesen ließ der Architekt Bernhard Rotterdam nach seinen Plänen errichten.
Literatur	Kieven, a.a.O., S. 108.

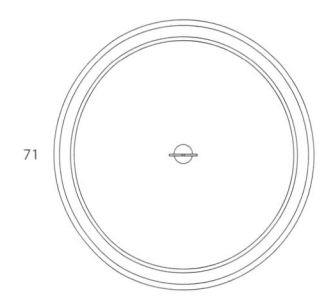

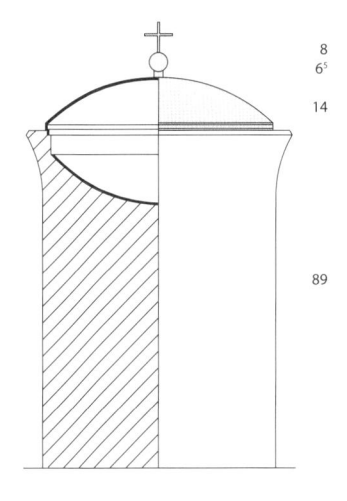

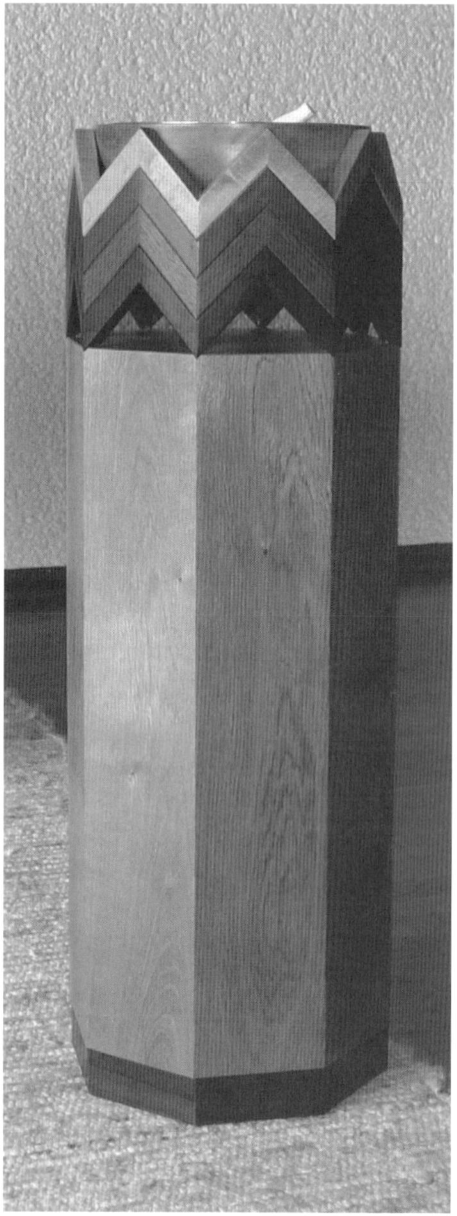

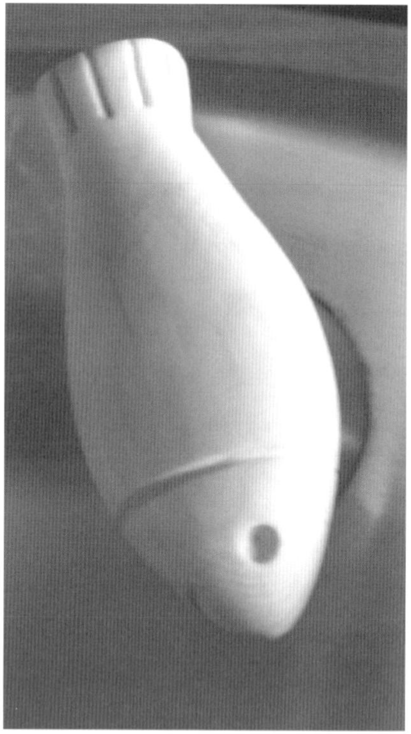

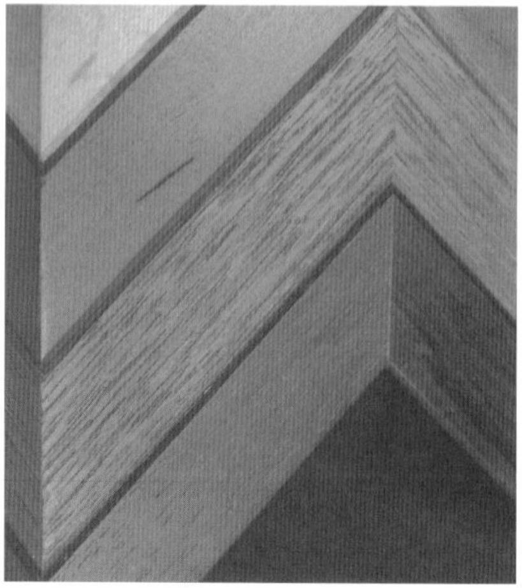

Taufe	**Nr. 35**
Ort	Hilgen Stadt Burscheid
	Ev. Kirche
Alter	1999
Material	Verschiedene Holzarten, Silberschale, Elfenbein
Größe	H = 90 cm, Ø = 32 cm.
Beschreibung	Der hölzerne Taufständer ist über einem achteckigen Grundriss entwickelt. Die Seiten des Schaftes sind glatt belassen und steigen über einem leicht zurückgesetzten Sockelmotiv unmittelbar auf. Das obere Viertel der Taufe ist ähnlich einer Cuppaausbildung durch vier übereinander liegende hölzerne Zickzack-Bänder strukturiert. Die hierbei eingesetzten auch farblich sich unterscheidenden Holzsorten sollen die verschiedenen Kontinente der Erde symbolisieren. Auf der Oberseite des Ständers ist eine runde Öffnung eingelassen, welche eine silberne Taufschale aufnimmt. Diese besitzt als Griff einen aus Elfenbein gefertigten Fisch. Dieser ist als ein christliches Heilszeichen zu interpretieren, denn in der frühchristlichen Kirche verwendete man als Erkennungszeichen nicht ein Kreuz sondern einen Fisch.
Farbfassung	Der Taufstein ist ungefasst.
Künstler	Die Taufe schuf der Bildhauer Henryk Dywan aus Solingen.
Standort	Die Taufe ist variabel und wird bei entsprechenden Feierlichkeiten vor dem Altar aufgebaut.
Kirche	Die Ev. Kirche in Hilgen wurde in den Jahren 1957/58 unter der Leitung des Architekten W. Schneider aus Solingen errichtet. Es handelt sich bei dem Kubus um einen schlichten Saalbau, dem ein verschieferter Turm angefügt ist. Den Sakralbau umgeben Gebäude eines angeschlossenen Gemeindezentrums. Die jüngsten Abschnitte stammen aus dem Architekturbüro M.P.T. Hilden.
Literatur	Kieven, a.a.O., S. 108 f.

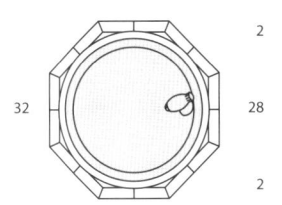

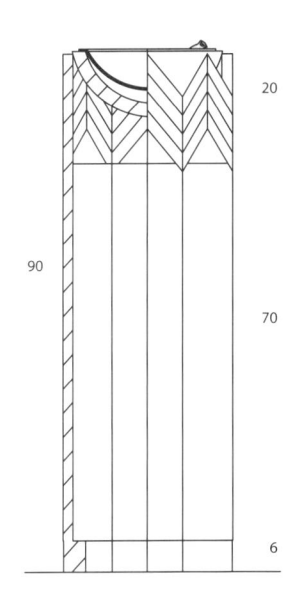

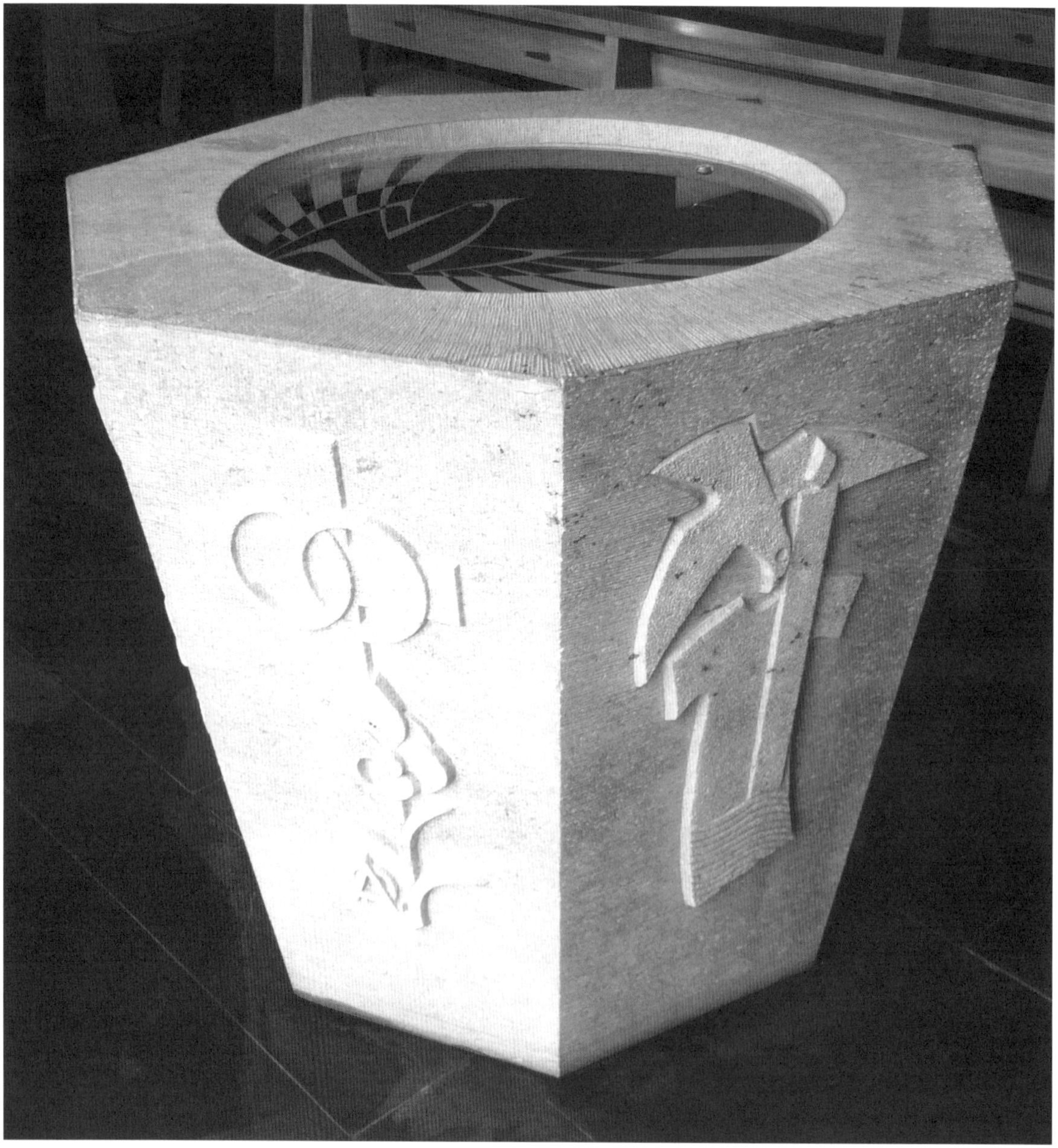

Katalog der Taufen

Taufe	**Nr. 36**
Ort	Hoffnungsthal Stadt Rösrath
	Kath. Kirche St. Servatius
Alter	1965/66
Material	Westerwälder Andesit und Glas
Größe	H = 90 cm, Ø = 114 cm.
Beschreibung	Der Taufstein hat die Form eines auf den Kopf gestellten regelmäßigen siebenseitigen Pyramidenstumpfes. Die Mantelflächen sind ornamentiert und behandeln die sieben Sakramente der kath. Kirche: 1. Taufe, 2. Firmung, 3. Eucharistie, 4. Beichte (auch Buße bzw. Versöhnung), 5. Krankensalbung (früher letzte Ölung oder Sterbesakrament), 6. Weihe (in den drei Stufen Diakon, Priester- und Bischofsweihe) und 7. Ehe. Die in den Stein eingelassene Schalenvertiefung ist halbkugelförmig angelegt. Als Abdeckung dient eine mit einem Taubenmotiv gestaltete gläserne Abdeckplatte.
Farbfassung	Der Stein ist ungefasst.
Künstler	Prof. Werner Kriegeskorte/Bensberg
Standort	Auf der Westseite des Kirchenraumes.
Kirche	Der Sakralbau der Kath. Kirche in Hoffnungsthal erschließt sich zunächst über einen atriumartigen Bezirk, der nach Art frühmittelalterlicher Kirchenbauten dem Versammlungsraum vorgeschaltet ist. Um diesen intim gestalteten Innenhof gruppieren sich das Pfarrhaus und ein Jugendheim. Die Kirche ist in Form eines schlichten Saalbaus konzipiert und nach Osten ausgerichtet. Ein steiles im Inneren mit Holz verkleidetes Satteldach schließt den Raum nach oben hin ab. Raumhohe Fenster sowohl im Chorbereich als auch auf der Westseite des Kirchenraumes sorgen für eine optimale Belichtung. Die Planung und Ausführung wurde in den Jahren 1954 bis 1956 von Architekt B. Rotterdam bewerkstelligt.
Literatur	Kieven, a.a.O., S. 225; Koch, a.a.O., S. 45; Backhaus, Hans: St. Servatius Volberg in Hoffnungsthal, Wiesbaden 1966, S. 5 f.

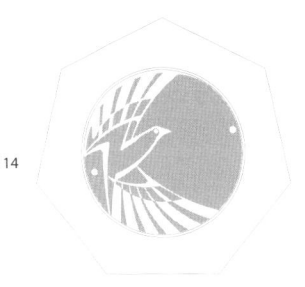

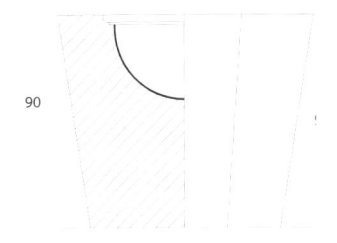

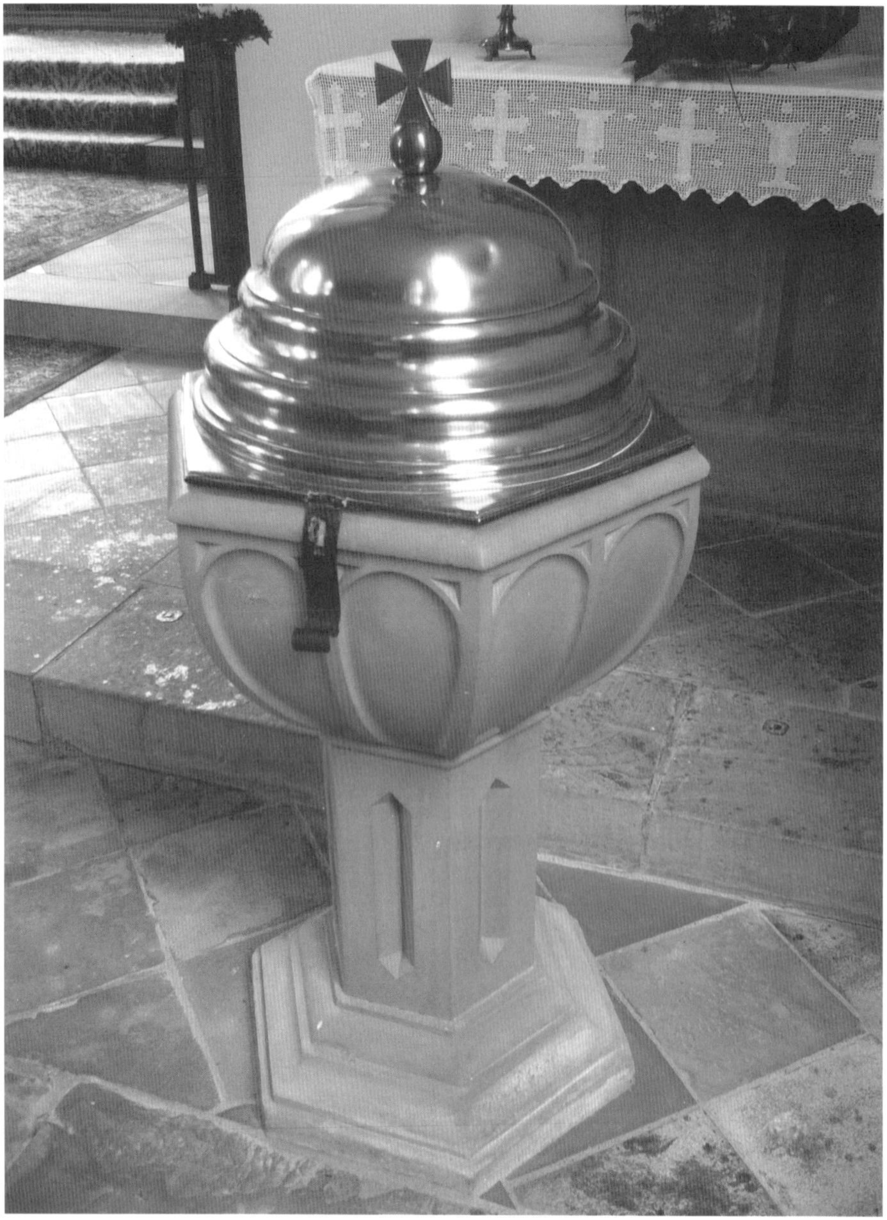

Katalog der Taufen

Taufe	**Nr. 37**
Ort	Hohkeppel Stadt Overath
	Kath. Pfarrkirche St. Laurentius
Alter	evtl. um 1835/40
Material	Sandstein, Messing
Größe	H = 95 cm, Ø = 58 cm.
Beschreibung	Die Taufe ist aus drei Teilen gefertigt. Der Sockel ist sechseckig angelegt und gebogen gestuft ausgeführt. Die sechs Seiten des zylindrischen Schaftes sind jeweils mit einer Spitznische aufgelockert. Auf dem mit einem dünnen Wulstrand abgeschlossenen Schaftkopf ist die ebenfalls sechseckige, nach außen schwingende Cuppa aufgesetzt. Die Mantelflächen zeigen maßwerkartige Verzierung. Als Abschluss dient ein Gesims. Die Schalenvertiefung ist als Halbkugel in den Stein eingearbeitet und mit einer Zinnschale ausgekleidet. Der mehrfach gewölbte und gestufte Messingdeckel wird von einem Kreuz bekrönt.
Farbfassung	Schaft und Cuppa sind grau gefasst.
Künstler	Die Taufe wurde evtl. nach einem Entwurf des Kreisbaumeisters Brunner durch einen Lindlarer Steinmetz um 1835/40 gefertigt.
Standort	Bis zur Renovierung im Jahre 2003 diente die Turmhalle als Taufkapelle. Aus liturgischen Gründen wurde die Taufe in die Nähe des Chores versetzt.
Kirche	Die sog. „Kaldenkapelle", die im Jahre 958 erstmals in einer Schenkungsurkunde erwähnt wird, ist der erste Sakralbau am Ort. Im 12. Jh. wurde als Nachfolgebau eine dreischiffige Pfeilerbasilika errichtet, die im Jahre 1835 mit Ausnahme des Turmes abgerissen und durch den heutigen klassizistischen Bau mit fünfseitigem Chor ersetzt wurde. Die Planung und Ausführung lag in den Händen des Kreisbaumeisters Brunner. Renovierungs- bzw. Sanierungsmaßnahmen erfolgten 1957/58 bzw. 2003/04.
Literatur	Kieven, a.a.O., S. 199; Scherer, Anne: Pfarrkirche St. Laurentius Hohkeppel, Lindlar 2006; Jux, Anton/ Kühlheim, Josef: Heimatbuch der Gemeinde Hohkeppel zur Jahrtausendfeier 958 -1958, Hrsg. von der Gemeinde Hohkeppel 1958, S. 169 ff.

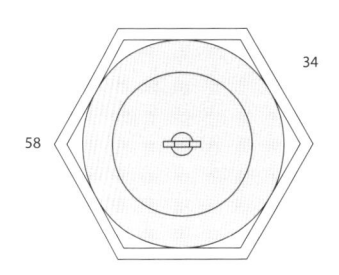

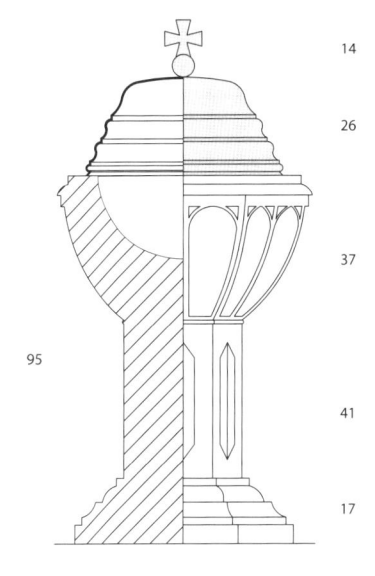

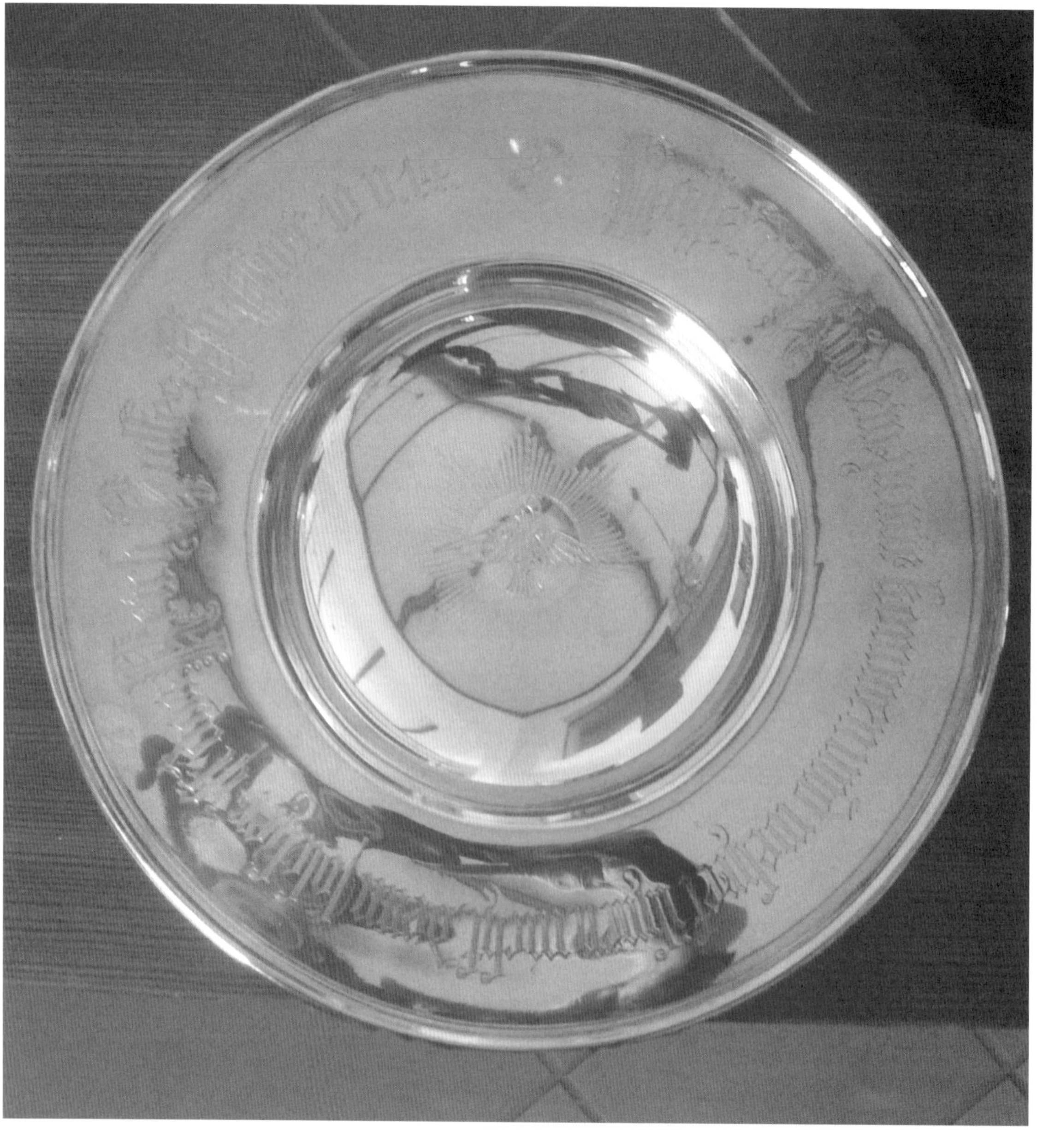

Taufe	**Nr. 38**
Ort	Hünger Stadt Wermelskirchen
	Ev. Kirche
Alter	um 1900
Material	Silber
Größe	H = 5 cm, Ø = 36 cm.
Beschreibung	Die Gemeinde verfügt lediglich über eine sogenannte Taufschale. Diese besitzt einen breiten Rand, der mit folgender Inschrift versehen ist: *„LASSET DIE KINDLEIN ZU MIR KOMMEN UND WEHRET IHNEN NICHT, DENN SOLCHER IST DAS REICH GOTTES EV. MARC. 10 V. 14".* Auf dem Schalengrund ist der Hl. Geist in Form einer Taube dargestellt, umgeben von einem Strahlenkranz.
Farbfassung	ungefasst
Künstler	Die Taufschale dürfte ein Werkstatt-Entwurf der Firma P. W. Jul. Assmann aus Lüdenscheid sein.
Standort	Das Taufgerät bzw. die Taufschale ist in der Sakristei deponiert und wird bei Bedarf auf den Altar gestellt.
Kirche	Die Kirche, die den Mittelpunkt des Dorfes darstellt, besteht aus einem schlanken Kirchturm und einem angeschlossenen Saalbau. Beide sind aus Bruchsteinen errichtet und weiß verputzt. Die Kirche wurde im Jahre 1899 geweiht.
	Während des Zweiten Weltkrieges wurde das Kirchenschiff von einer Luftmine schwer getroffen. Bei diesem Fliegerangriff am 4. Nov. 1944 kamen viele Menschen in Hünger ums Leben, der Ort wurde fast vollständig zerstört. Wermelskirchen war kurz zuvor einschließlich Hünger und seiner übrigen Stadtteile zur Lazarettstadt erklärt worden, um die Stadt vor solchen Bombenangriffen zu bewahren. Dennoch kam es – vermutlich durch abgetriebenes Leuchtfeuer – zu diesem großen Unglück. Der Kirchenbau wurde nach dem Krieg wieder instand gesetzt.
Literatur	Kieven, a.a.O., S. 143; Schulte, H./ Steinhaus, W./ Preis, J.-P.: 4. November 1944, Veröff. des Vereins für Berg. Zeitgeschichte e.V., Hückeswagen 2004.

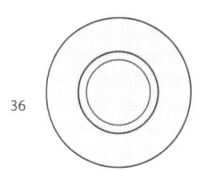

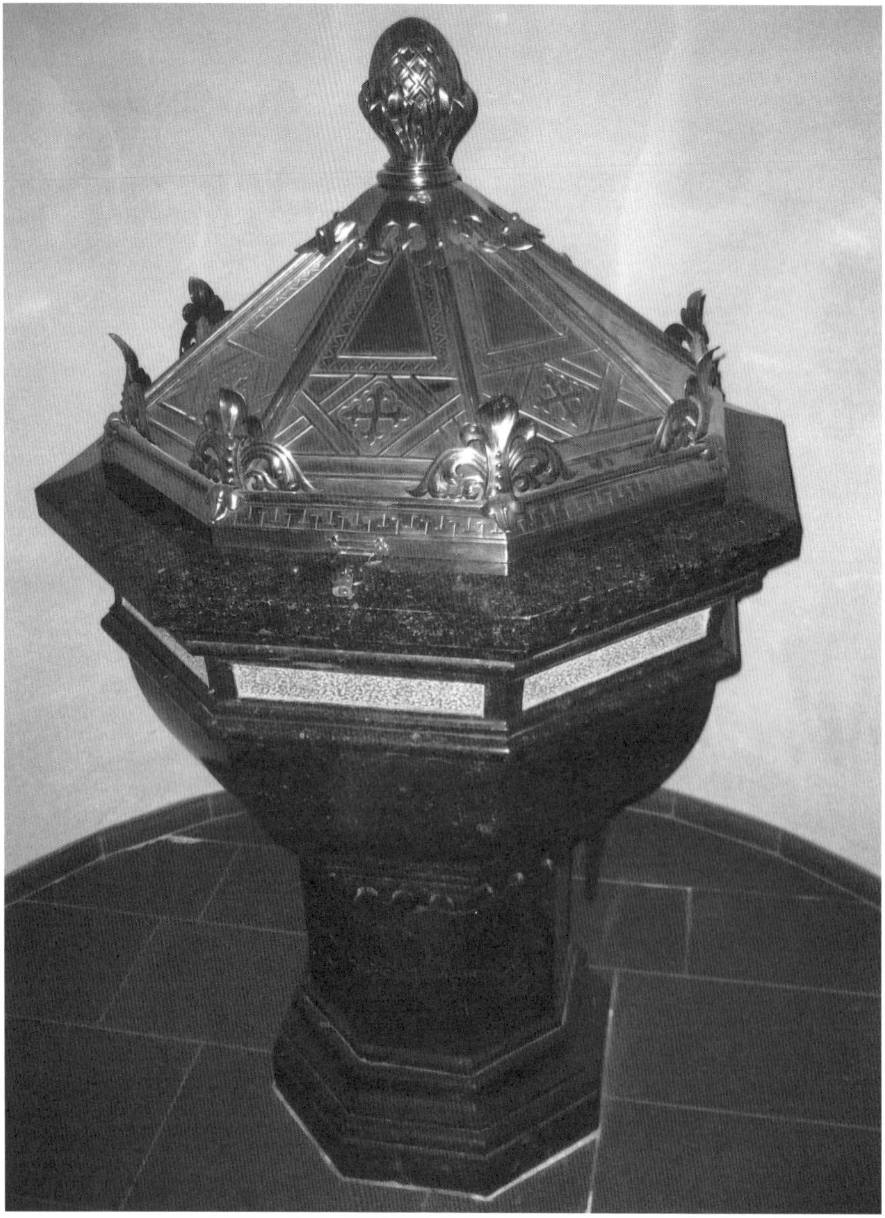

Taufe **Nr. 39**

Ort Immekeppel
Stadt Overath

Kath. Kirche St. Lucia (sog. „Sülztaler Dom")

Alter 1891

Material Schwarzer Marmor, Haube aus Messing

Größe H = 110 cm, Ø = 96 cm.

Beschreibung Der Taufstein ist aus zwei Stücken zusammengesetzt. Ein oktogonal getreppter Sockel trägt den Schaft, der am Kopf mit einem umlaufenden Rundbogenfries geschmückt ist. Die Cuppa ist auf den Schaft gesetzt. Sie schwingt nach außen und nach oben und mündet in ein zylinderförmiges Profilband mit kassettenförmigen Vertiefungen. Der im Grundriss ebenfalls oktogonal angelegte Taufdeckel ist als flache Pyramide ausgebildet, deren Seitenflächen reich ornamentiert sind. Die Ecken sind mit Palmettenakroterien geschmückt und als Bekrönung dient ein blattgeschmückter ornamentierter Zapfen. Die Schalenvertiefung ist als Halbkugel angelegt.

Farbfassung Die Taufe ist ungefasst.

Künstler Die Taufe (evtl. nur die Taufabdeckung) wurde von der Fa. Heinrich Drolshagen aus Königswinter angefertigt.

Standort Dem nördlichen Seitenschiff ist nach Westen hin (unter der Orgelempore, rechts) eine Taufapsis in das Mauerwerk eingeschrieben, in der sich der Taufstein befindet.

Kirche Eine erste Kapelle lässt sich für das frühe 13. Jh. nachweisen. Anstelle eines weiteren Vorgängerbaues, der um 1400 entstanden sein dürfte, erfolgte im Jahre 1887 ein Neubau in neuromanischer Formensprache. Diese dreischiffige Basilika mit weitausladendem Querhaus, Chor einschl. Nebenapsiden und einer mächtigen Doppelturmfassade im Westen wurde nach den Plänen der Baumeister Scherz und Freyse errichtet.

Literatur Leo Frantzen: St. Lucia, Sülztaler Dom zu Immekeppel, Immekeppel ²2007; Schneider, Walter: Die Kath. Pfarrkirche St. Lucia in Immekeppel, in: Achera, Beitrag zur Geschichte der Gemeinde Overath, Hrsg. vom Berg. Geschichtsverein e.V., Abtlg. Overath, Overath 2004, S. 6 ff.

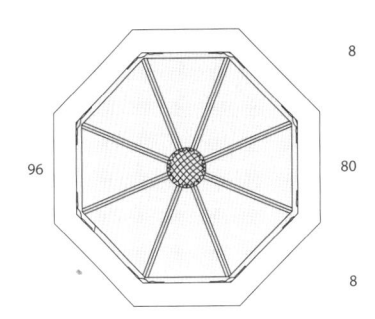

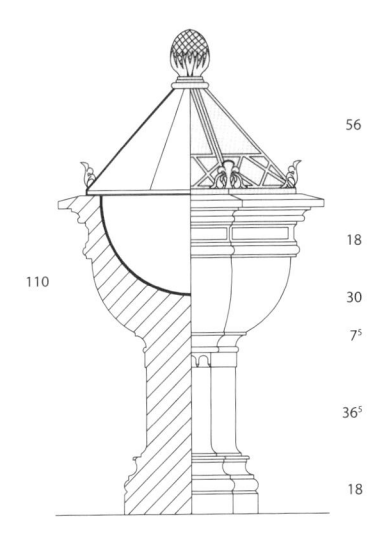

Katalog der Taufen

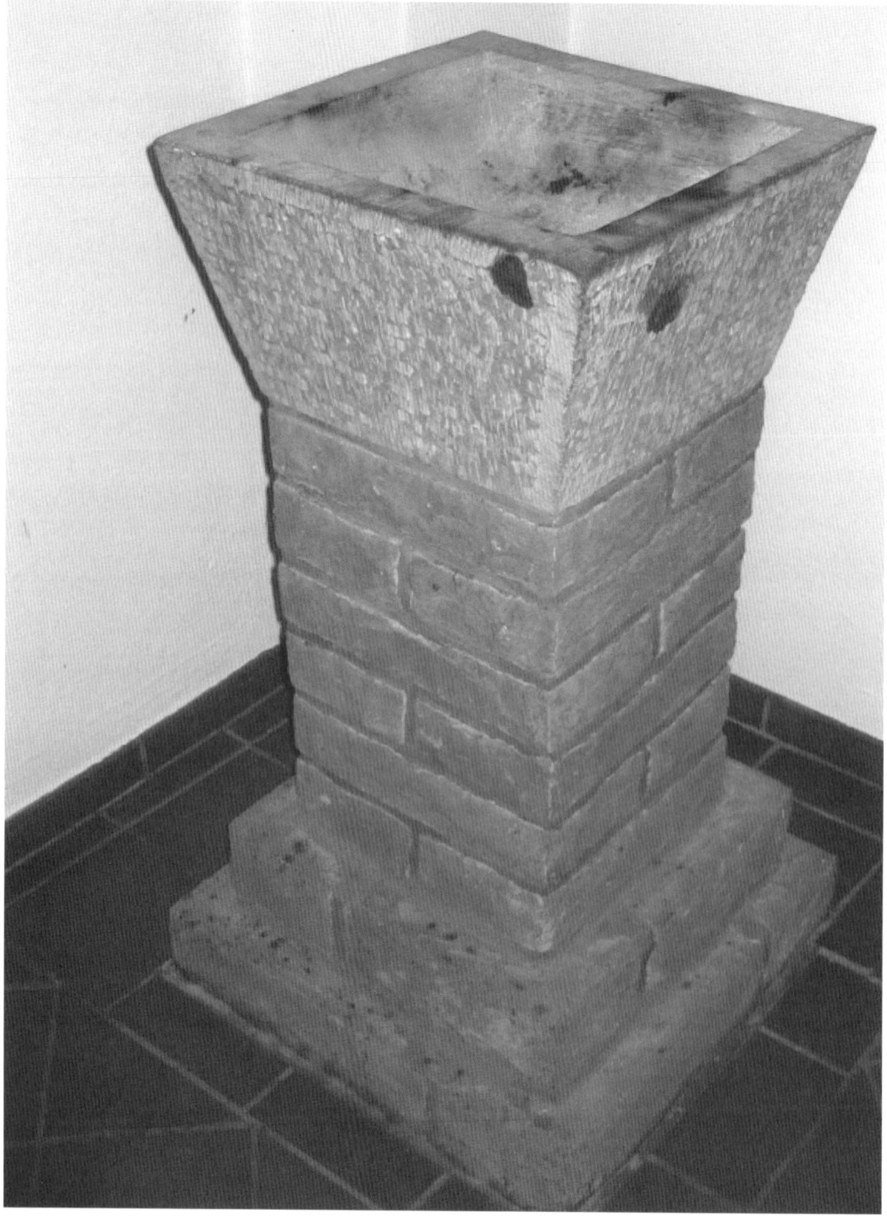

Taufe	**Nr. 40**
Ort	Klasmühle Gemeinde Odenthal Kath. Pfarrkirche Heilig Kreuz
Alter	1948
Material	Kalkstein
Größe	H = 96,5 cm, Ø = 40 cm.
Beschreibung	Der Taufstein gliedert sich in drei Teile. Ein quadratischer, zweifach gestufter Sockel aus Werksteinen bildet den Auftakt. Darauf sitzt ein quadratisch angelegter Schaft auf, der ebenfalls aus Werksteinen aufgemauert ist. Die Quaderspiegel sind nur grob bearbeitet. Die Cuppa hat die Form eines auf den Kopf gestellten Pyramidenstumpfes. Die Schalenvertiefung verläuft konisch und besitzt einen ebenen Boden. Schmuckelemente lassen sich nicht lokalisieren. Ein Holzbrett dient als Abdeckung dieser heute nicht mehr genutzten Taufe.
Farbfassung	Die Taufe ist ungefasst.
Künstler	Der Entwurf der Taufe geht auf den Architekten H. Breuer zurück. Die Ausführung lag vermutlich in der Hand des vor Ort tätigen Maurermeisters.
Standort	Im Eingangsbereich der Kirche.
Kirche	Bei der Kirche in Klasmühle handelt es sich um einen schlichten Saalbau, der in den Jahren 1947/48 im Wesentlichen aus Bruchsteinen errichtet wurde. Architekt war H. Breuer aus Bergisch Gladbach. Die Kirche in Klasmühle ist eine sog. „Filialkirche" von Odenthal, d.h., sie existiert als Nebenkirche neben einer Haupt- oder Pfarrkirche. Der Name ist aus dem Lateinischen abgeleitet (Filius=Sohn, Filia=Tochter). Seit 2007 wurde in der Erzdiözese Köln begonnen, mehrere Pfarrgemeinden zu Großgemeinden zusammenzufassen. Dabei entsteht eine Hauptkirche, dazu (mehrere) Gemeindekirchen mit evtl. je eigenen Filialkirchen. Da diese oft finanziell nicht mehr gehalten werden können, müssen sie sukzessive profaniert oder abgerissen werden. Die Kirche in Klasmühle dürfte von diesen Einsparungsmaßnahmen am frühesten betroffen sein.
Literatur	Kieven, a.a.O., S. 92.

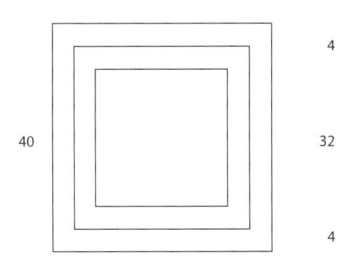

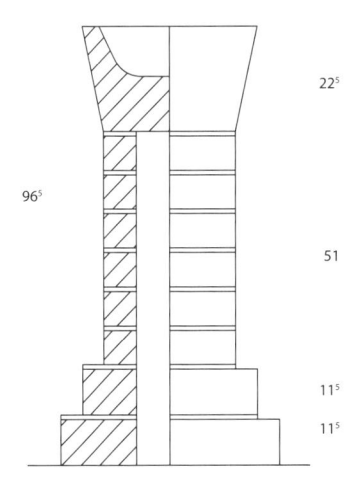

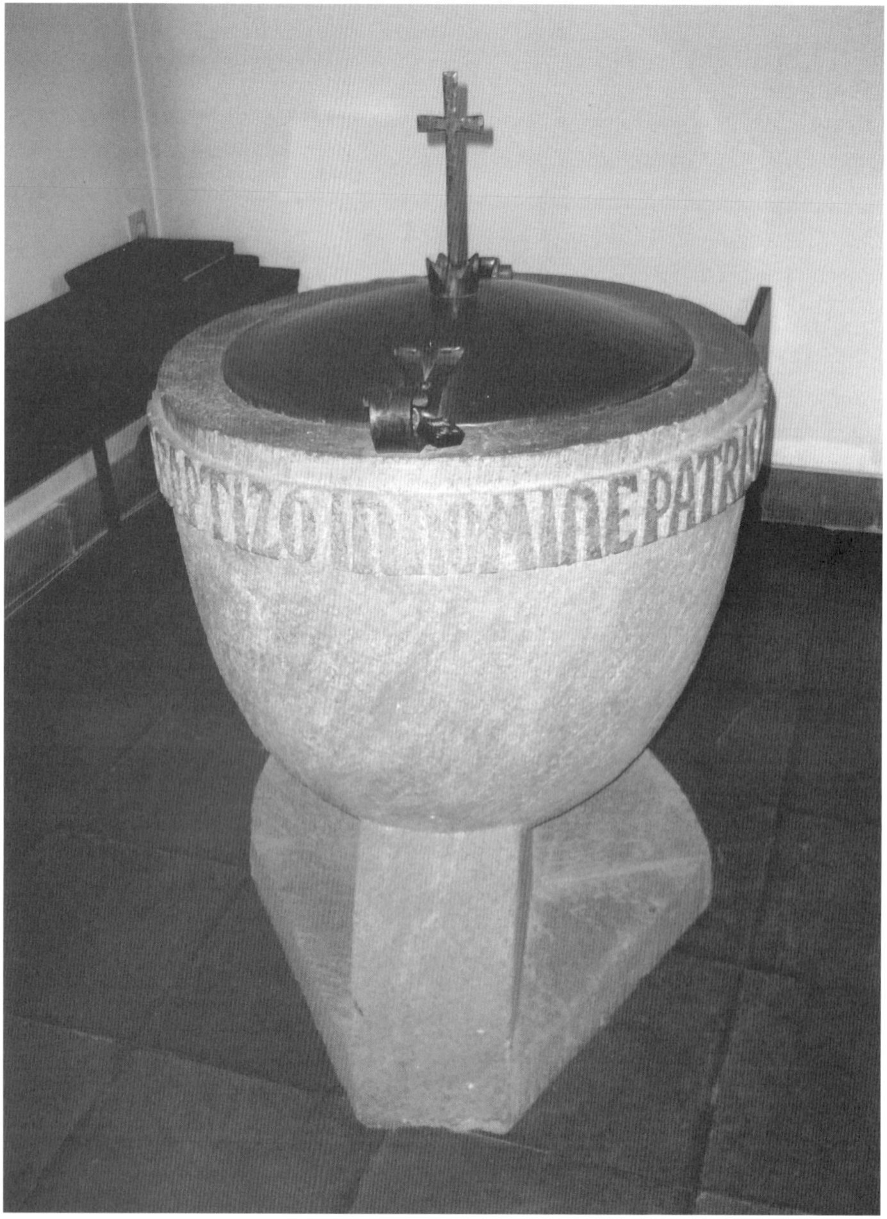
PTIZO
MINE PATRIS

Taufe	**Nr. 41**
Ort	Kleineichen Stadt Rösrath
	Kath. Kirche Hl. Familie
Alter	1950 er Jahre
Material	Roter Michelnauer Tuffstein, Kupferabdeckung
Größe	H = 93 cm, Ø = 75 cm.
Beschreibung	Die Taufe ist aus einem Stück gefertigt. Eine dreieckige Plinthe mit abgeschrägten Ecken bildet die Basis. Darüber sitzt ein dreifüßiger Schaft, der die pokalförmige Cuppa trägt. Der obere Rand wird von einer Inschrift gerahmt: + *EGO TE BAPTIZO IN NOMINE PATRIS ET FILII ET SPIRITUS SANCTI* + In der Übersetzung: „Ich taufe dich im Namen des Vaters und des Sohnes und des H. Geistes". Ein Kupferdeckel mit einem Kreuz bekrönt, welches am Fuß mit einer Krone verziert ist, schließt die Schalenvertiefung ab. Der Deckel ist an der Cuppa befestigt und kann aufgeklappt werden.
Farbfassung	Die Taufe ist ungefasst.
Künstler	Der Taufstein wurde von dem Bildhauer H. Voegele-Mönninghoff gefertigt.
Standort	Im Altarraum
Kirche	Einen Raum für Gottesdienste lässt sich in Kleineichen erst für die Zeit nach dem Zweiten Weltkrieg ausmachen. Zunächst war es nur eine Baracke aus Holz, in der von 1946 bis 1952 Eucharistie gefeiert wurde. Der Grundstein für den heutigen Sakralbau wurde im Sept. 1951 gelegt und schon ein Jahr später konnte die Einweihung erfolgen. Architekt dieses kleinen weiß verputzten Saalbaus war Philipp Franzen. Der der Kirche vorgelagerte freistehende Glockenturm ist aus formaler Sicht etwas zu kurz geraten.
Literatur	Kieven, a.a.O., S. 219; Geist, Georg: Die Kleineichener Kirchen, in: Kleineichen, Eine Waldsiedlung wird 50 Jahre alt. Schriftenreihe des Geschichtsvereins für die Gemeinde Rösrath und Umgebung e.V., Bd. 12, Rösrath 1984, S. 16.

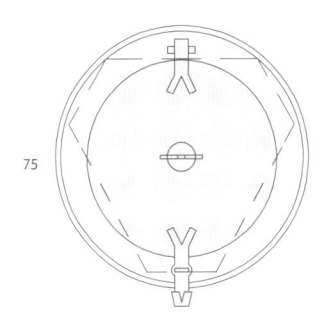

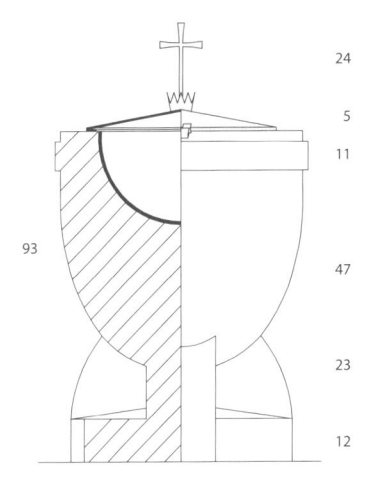

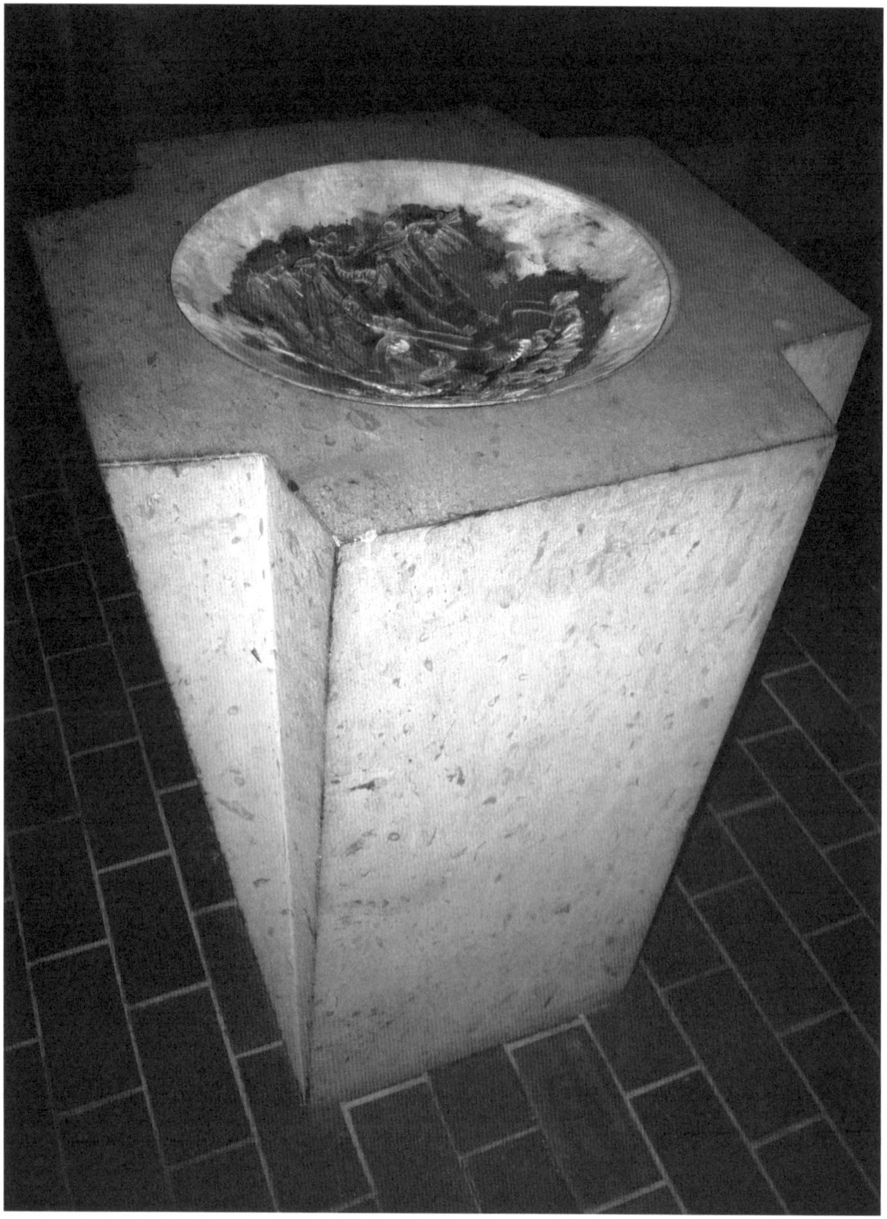

Taufe **Nr. 42**

Ort Kleineichen
Stadt Rösrath

Ev. Kreuzkirche

Alter 1964

Material Beton, emaillierte Metallschale

Größe H = 86 cm, Ø = 60 cm.

Beschreibung Das gleichschenkelige Grundrisskreuz des Zentralbaus wird formal in der Taufe wiederholt. Die Standfläche bildet ein Quadrat. Die aufstrebenden, leicht nach außen geneigten Seitenflächen des Zylinders bilden am Kopf ein gleichschenkeliges Kreuz. In die Oberseite ist eine Schalenvertiefung in Form einer abgeflachten Halbkugel eingearbeitet. Die eingelegte, emaillierte Schale zeigt den Sündenfall.

Farbfassung Die Taufe ist ungefasst.

Künstler Der Entwurf zum Taufstein stammt von dem Architekten der Kirche Horst Welsch. Die Taufschale fertigte Egino Weinert.

Standort Die Taufe steht im Mittelpunkt des Raumes.

Kirche Ein kreuzförmiger Grundriss bildet die Basis dieser als Zentralbau angelegten Kirche. Das an den Seiten tief heruntergezogene Zeltdach ist zur Mitte hin als Glockenträger ausgebildet. Entsprechende Schallöffnungen markieren den Ort, an dem sich die Glockenstube befindet.

Der Innenraum der Kirche wird v.a. durch die trapezförmigen, holzverkleideten Flächen der Raumpyramide geprägt. Zwischen diesen sind verglaste Raumwände angeordnet, die für die notwendige Helligkeit und Leichtigkeit der Architektur Sorge tragen. Altar und Kanzel, im Duktus der Taufe geschaffen, sind in der südlichen Kreuzhaste positioniert und gegenüber dem Laufniveau des Saalbaus durch eine Estrade um zwei Stufen angehoben. Errichtet wurde das Bauwerk im Jahre 1964 durch den Architekten Horst Welsch.

Literatur Kieven, a.a.O., S. 218; Fußbroich, a.a.O., S. 183 f.

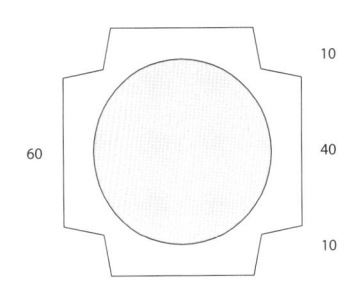

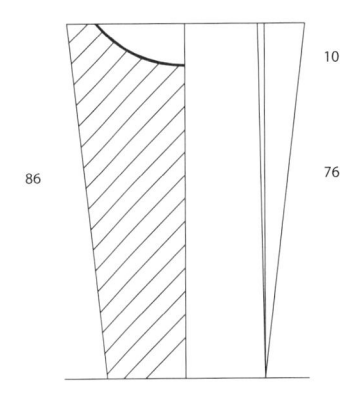

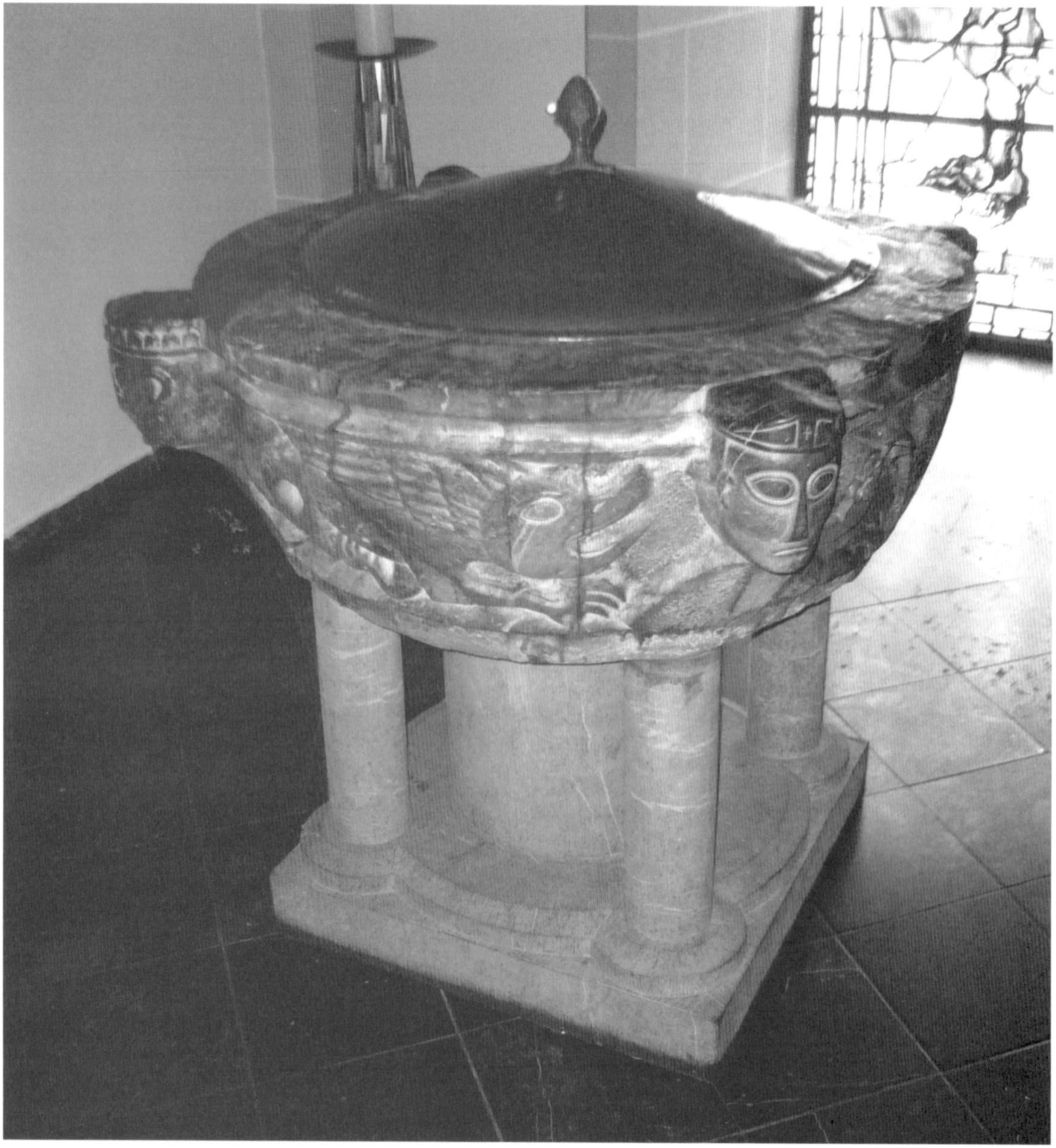

Katalog der Taufen

Taufe **Nr. 43**

Ort Kürten
(Zentrum)

Kath. Pfarrkirche St. Johann Baptist

Alter Ende des 12. Jh.

Material Namurer Blaustein, Basalt, Kupferblech, Rosenquarz

Größe H = 100 cm, Ø = 100 cm

Beschreibung Die Taufe besteht aus einem neuen Teil (Unterbau) und einem alten Teil (Cuppa). Eine starke quadratische Plinthe bildet den Sockel für die Taufe. Der Schaft besteht aus einem kräftigen Mittelzylinder und vier den Beckenrand stützenden Säulen, welche alle auf ineinander übergreifende einfach gestufte Fußplatten ruhen. Die auf den Säulen ruhende Cuppa steigt zylindrisch nach oben mit geringer Neigung nach außen.

Den Beckenrand zieren vier maskenhafte Köpfe, welche zwischen die Flachreliefs mit Tier- und einer Pflanzendarstellung eingefügt wurden. Die Schau- bzw. zum Kirchenraum zugewandte Seite zeigt einen geflügelten Drachen, der drohend sein Maul aufgerissen hat, es folgt (im Uhrzeigersinn) ein in Lauerstellung befindlicher Löwe, eine Katze mit zwei Leibern und eine stilisierte Blume mit Stängel und gerippten Blatt in doppelter, symmetrischer Anordnung. Auf den Schalenausschnitt ist ein moderner runder Deckel mit einer Rosenquarzblüte als Bekrönung aufgesetzt.

Farbfassung Die Taufe ist ungefasst.

Künstler Der Künstler, der die Cuppa aus dem Block geschlagen hat, ist nicht mehr zu lokalisieren. Der Unterbau und der Deckel stammen von dem Bildhauer Sepp Hürten.

Standort Das Taufbecken befindet sich seit dem Jahre 1844 im Erdgeschoss des Turmes, welches als Taufkapelle benutzt wird.

Kirche Von einer ehemaligen romanischen Basilika ist lediglich der Turm erhalten geblieben. Ein neoklassizistischer Neubau wurde im Jahre 1844 unter dem Arch. Popp aus Lechenich errichtet, ein Erweiterungsbau im Chorbereich erfolgte im Jahre 1967 durch den Architekten B. Rotterdam.

Literatur Kieven, a.a.O., S. 158; Koch, a.a.O., S. 91 f.

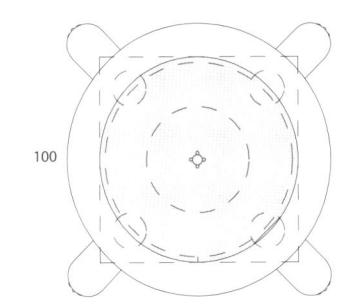

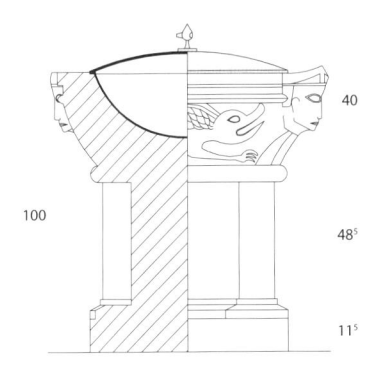

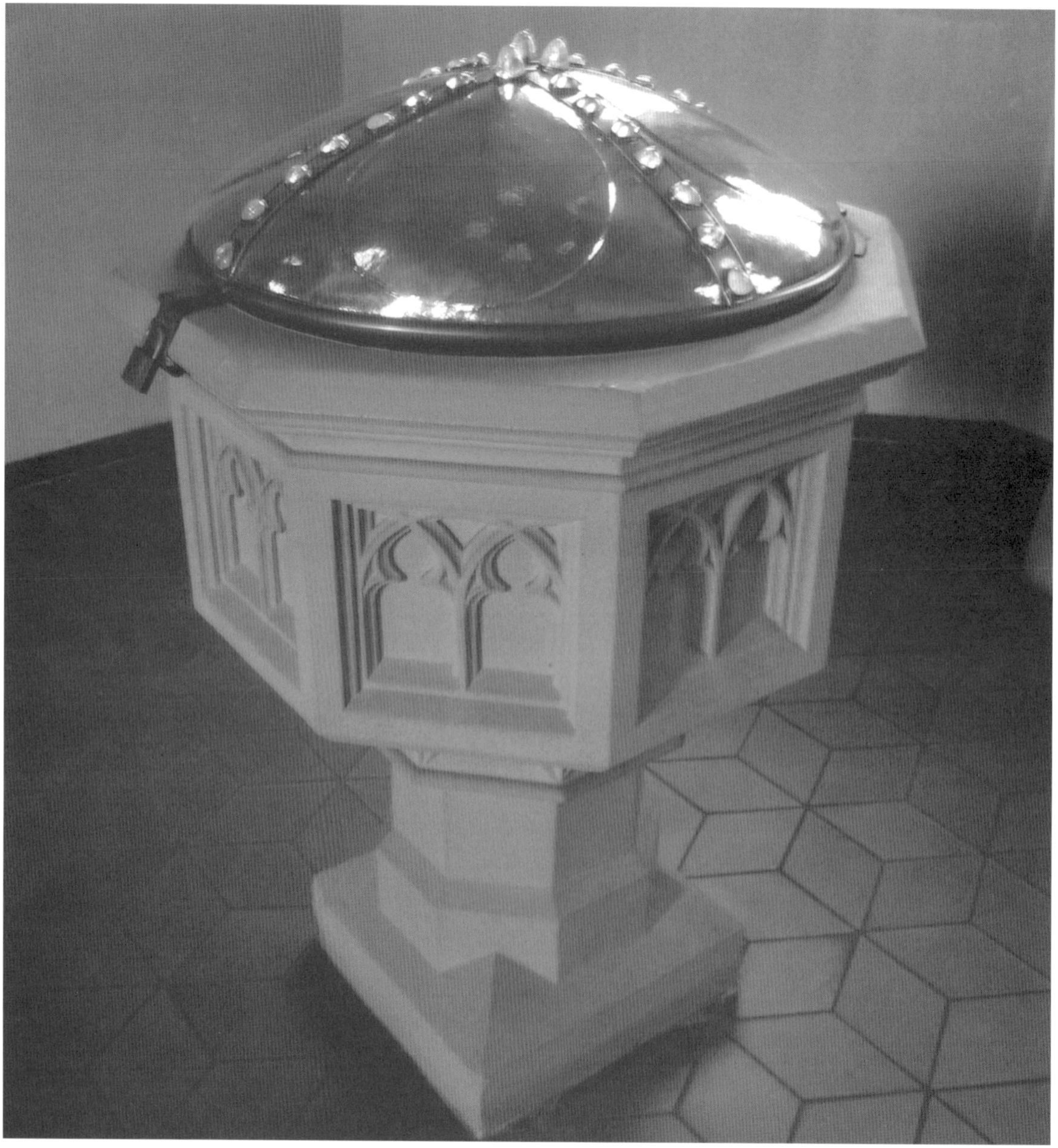

Taufe	**Nr. 44**
Ort	Leichlingen (Zentrum) Kath. Pfarrkirche St. Johann Baptist
Alter	um 1904
Material	Sandstein
Größe	H = 103 cm, Ø = 83 cm
Beschreibung	Die achteckige Taufe ist aus drei Stücken gefertigt. Ein quadratischer einfacher Sockel, in der oberen Hälfte nach innen geschrägt, trägt einen oktogonalen Schaft, der über eine weitere Schräge eine zweifache Gliederung aufweist. Die Cuppa schwingt zunächst über ein profiliertes Hohlkehlenmotiv weit nach außen und steigt dann senkrecht nach oben. Die acht Seitenfelder sind kassettiert und mit Blendmaßwerk verziert. Mit einem mehrfach getreppten und mit Wülsten und Hohlkehle geschmückten, weit auskragenden Profil schließt die achteckige zylindrische Cuppa ab. Die Schalenvertiefung ist als Kugelabschnitt gearbeitet und mit einer Kupferschale ausgekleidet. Der flach gewölbte, moderne Bronzedeckel ist mit einer kreuzförmigen Bandauflage mit Rosenquarzaufsätzen geschmückt.
Farbfassung	Die Taufe ist ungefasst.
Künstler	Die Taufe wurde vermutlich von dem Kölner Baumeister Theodor Kremer entworfen. Der ausführende Steinmetz lässt sich nicht mehr ermitteln. Die moderne Abdeckung stammt von dem Bildhauer Sepp Hürten.
Standort	Die Taufe befindet sich in einer Taufkapelle in Form einer apsisförmigen Erweiterung an der Nordwestseite der Hallenkirche.
Kirche	Es handelt sich um eine dreischiffige neugotische Hallenkirche mit Querhaus, halbrundem Chorschluss und Westturm. Errichtet im Jahre 1904 von Arch. Theodor Kremer aus Köln.
Literatur	Kieven, a.a.O., S. 115; Festschrift „100 Jahre St. Johannes Baptist Leichlingen", Hrsg. von der Kath. Pfarrgemeinde St. Johannes Baptist, Leichlingen 2004.

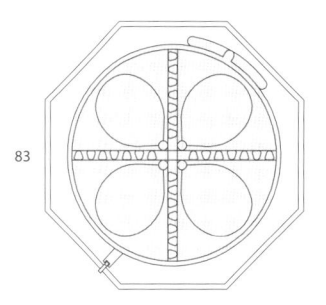

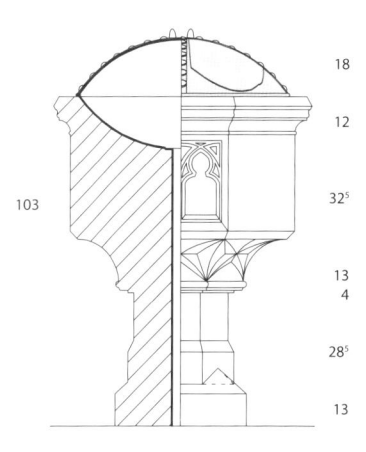

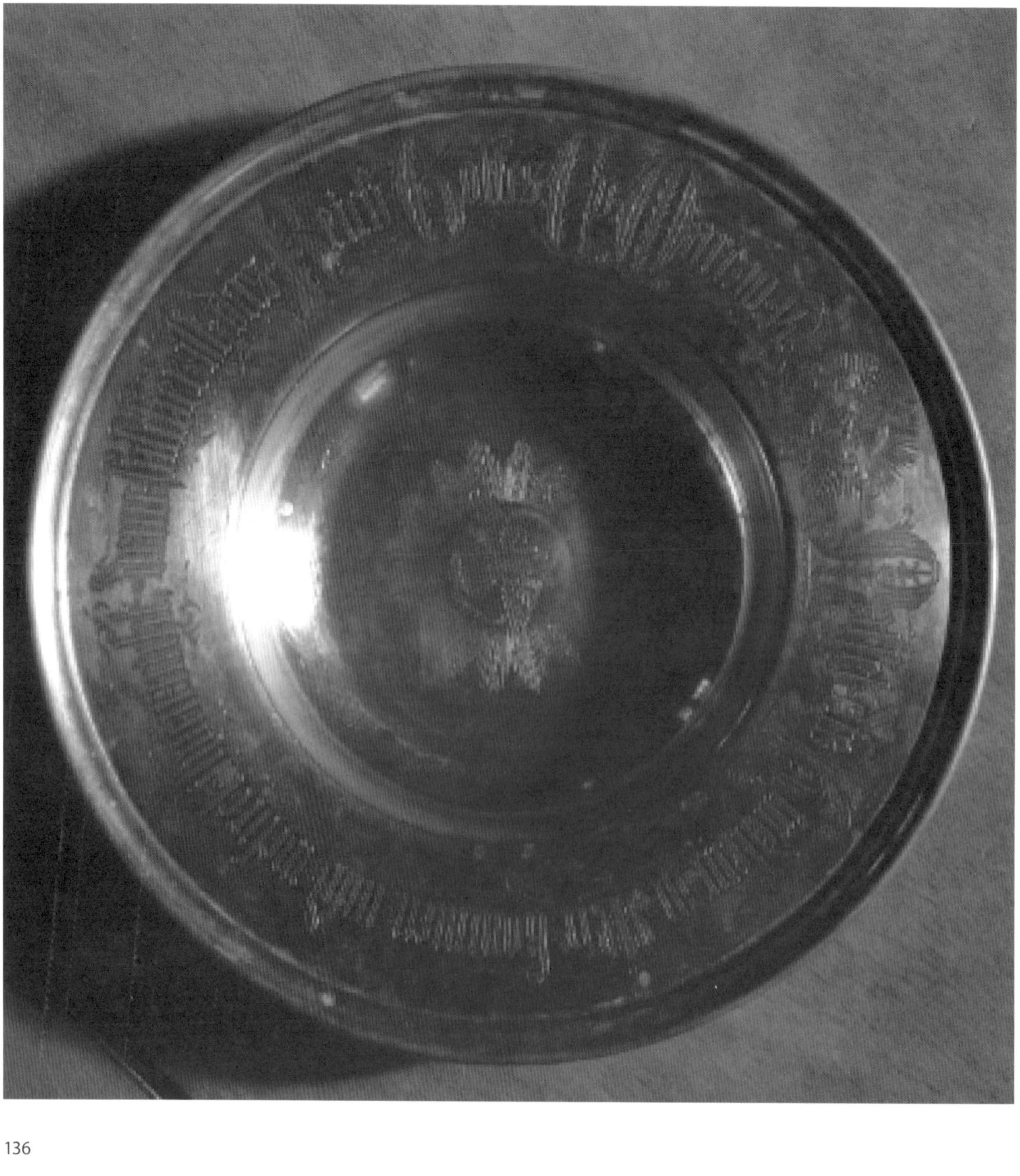

Taufe	**Nr. 45**
Ort	Leichlingen (Zentrum)
	Ev. Kirche
Alter	nach 1890
Material	Versilbertes Taufgerät
Größe	H = 4,5 cm, Ø = 36 cm.
Beschreibung	Die Gemeinde verfügt lediglich über ein sog. Taufgerät, nämlich einer Taufschale und einer Taufkanne. Die Schale besitzt einen breiten Rand, der mit folgender Umschrift versehen ist: „+ *LASSET DIE KINDLEIN ZU MIR KOMMEN UND WEHRET IHNEN NICHT, DENN SOLCHER IST DAS REICH GOTTES. EV. MARC. 10.14*" +. Auf der Rückseite der Taufschale ist eingraviert: „P. W. Jul. Assmann Lüdenscheid Berlin seit 1890."
Farbfassung	ungefasst
Künstler	Die Taufschale ist als Werkstatt-Entwurf in der Firma P. W. Jul. Assmann, „Königliche Kunstanstalt für Kirchenausstattung" in Lüdenscheid entstanden. Die Kanne wurde in späterer Zeit zugekauft.
Standort	Das Taufgerät ist in der Sakristei deponiert und wird bei Bedarf auf den Altar gestellt.
Kirche	Eine erste Kirche darf in Leichlingen für das 10. Jh. angenommen werden. Dies geht zumindest aus einer Schenkungsurkunde an die Benediktinerabtei in Deutz hervor, die Erzbischof Heribert im Jahre 1019 verfassen ließ. Um 1200 war der sicherlich längst zu klein gewordene Saalbau durch eine dreischiffige Anlage ersetzt worden. Und im 18. Jh. entsprach auch die mittelalterliche Basilika nicht mehr den Vorstellungen des barocken Zeitgeistes, sodass diese von 1753 bis 1756 durch eine einschiffige Hallenkirche ersetzt wurde. Zunächst wurde der Glockenturm der alten Kirche noch weiter genutzt. Als dieser aber im Jahre 1843 durch Blitzeinschläge massiv beschädigt wurde, war ein Neubau notwendig geworden, der in neuromanischer Formensprache um 1877 fertig gestellt werden konnte. Eine umfassende Renovierung der gesamten Anlage erfolgte im Jahre 1995.
Literatur	Kieven, a.a.O., S. 112 f.

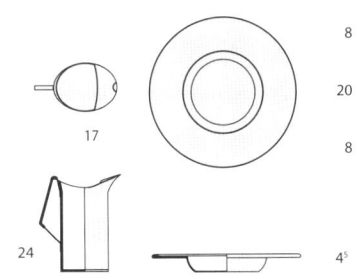

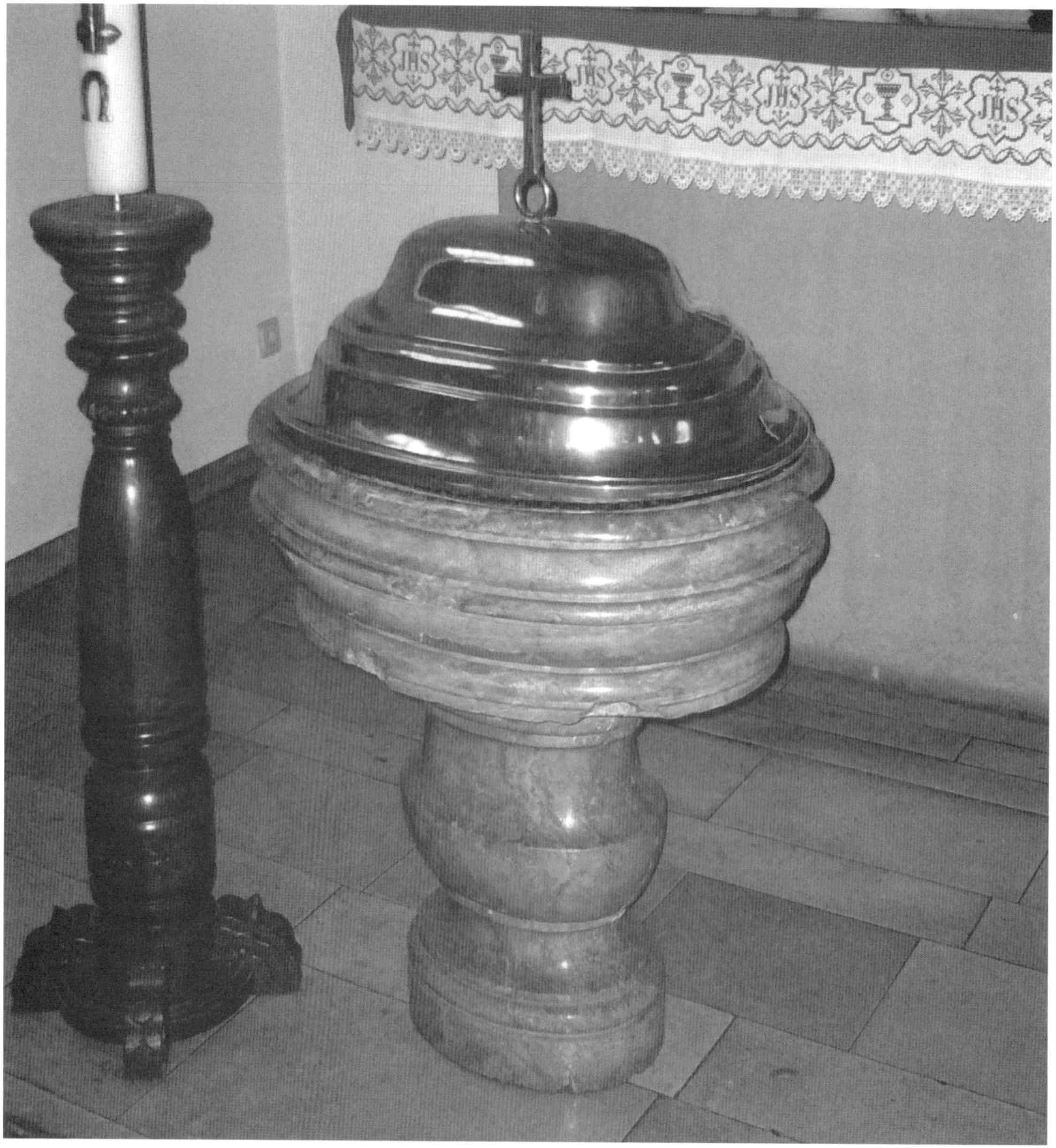
IHS
IHS
IHS
IHS

Katalog der Taufen

Taufe	**Nr. 46**
Ort	Marialinden Stadt Overath Kath. Kirche St. Mariä Heimsuchung
Alter	um 1700
Material	Braun-weiß geäderter Marmor und Deckel aus Messing
Größe	H = 80 cm, Ø = 80 bzw. 64 cm
Beschreibung	Die längsovale Form des Sockels geht in einen balusterförmigen Schaft über. Auf dem Schaftkopf ist die ebenfalls längsovale Cuppa aufgesetzt, deren Wandung mit umlaufenden Wülsten und Hohlkehlen profiliert ist. Die Schalenvertiefung entspricht der Grundform des Taufbeckens. Der Deckel wiederholt in ähnlicher Weise die Profilierung des Taufbeckens, ist mehrfach geschwungen und wird von einem aus neuerer Zeit stammenden Kreuz bekrönt.
Farbfassung	Der Taufstein ist ungefasst.
Künstler	Der Künstler ist unbekannt. Da der verwendete Stein in seiner Farbigkeit dem Lindlarer Marmor bzw. dessen Farbpalette entspricht, kann es durchaus sein, dass auch dieses Stück (vgl. Volberg, Taufe Nr. 72/B) von dem damals sehr renommierten Steinmetz Leonhard Gutherr (Meister Lehnert) aus Lindlar gefertigt wurde.
Standort	Die Taufe befindet sich vor dem Kreuzigungsaltar im nördlichen Seitenschiff.
Kirche	Eine Jagdkapelle war vermutlich der Gründungsgrund der Kirche. Die Stiftung zur Erweiterung einer dreischiffigen Kirche erfolgte wohl zu Anfang des 16. Jh. Im Jahre 1897 wurde der Sakralbau um die doppeltürmige Westfassade erweitert (Arch. war Th. Kremer).
Literatur	Kieven, a.a.O., S. 193 f.; Theodor Rutt: Overath, Geschichte der Gemeinde, Köln 1980; Werner Pütz: Kath. Pfarrkirche St. Mariä Heimsuchung Marialinden, Overath-Marialinden, 1999; Jacobi, Günter: Als die Steinhauer zu Lindlar ihre Zunft aufrichteten und den Marmor brachten. Die gewerbliche Nutzung des Lindlarer Marmors in den letzten vier Jahrhunderten mit vielen Fakten zur Heimatgeschichte aus diesen Zeiten und Beiträgen von Prof. Dr. Ulrich Jux und Friedhelm Servos, Lindlar 2007, S. 77.

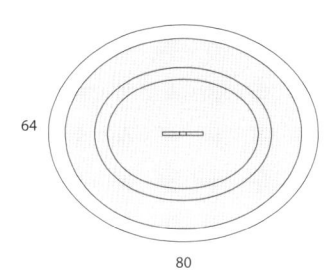

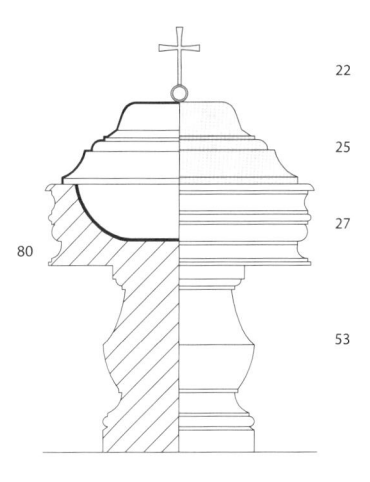

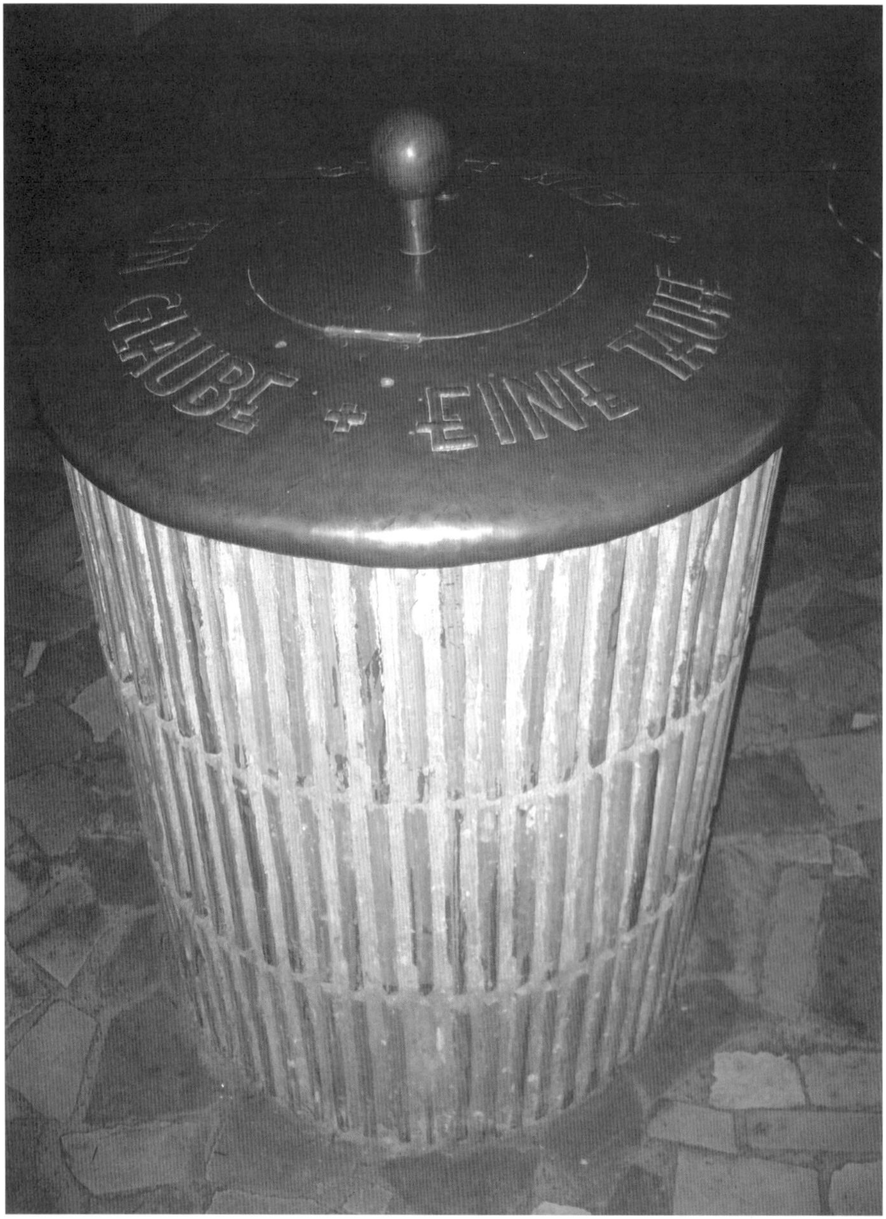
GLAUBE + EINE TAUFE

Taufe	**Nr. 47**
Ort	Moitzfeld
	Stadt Bergisch Gladbach
	Kath. Pfarrkirche St. Josef
Alter	um 1953
Material	Ziegel, Mörtel, Kupferblech
Größe	H = 88 cm, Ø = 75 cm.

Beschreibung Schaft und Cuppa bilden einen kreisförmigen Zylinder, der aus 200 zerbrochenen Dachziegeln, die nach der Fertigstellung des Kirchendaches auf dem Bauplatz umherlagen, aufgemauert wurde. Als Abdeckung dient ein nur leicht gewölbter Deckel aus Kupferblech, der den oberen Rand der Taufe wulstförmig abschließt. Die Oberseite des Deckels trägt die Inschrift: + EIN HERR + EIN GLAUBE + EINE TAUFE +. In der Mitte der Abdeckung ist ein weiterer kleiner Deckel eingearbeitet, der den eigentlichen Zugang zur zylinderförmigen Schalenvertiefung gewährt. Ein Knauf bekrönt die Taufe.

Farbfassung Die Taufe ist ungefasst.

Künstler Der Entwurf zu dieser Taufe geht auf den ehemaligen Pfarrer und Erbauer der Kirche Msgr. Jakob Holl zurück. Errichtet wurde die Taufe von den Handwerkern, die auch die Kirche aufgemauert haben. Der Kupferdeckel wurde von Lorenz Odenthal/Moitzfeld hergestellt.

Standort Im Eingangsbereich befindet sich eine Tauf- und Gedächtniskapelle in der die Taufe mittig aufgestellt ist.

Kirche Die Gemeinde in Moitzfeld verfügte schon seit 1920 über eine Notkirche in Form einer hölzernen Baracke. Obwohl man sich schon während des Zweiten Weltkrieges Gedanken zu einem Kirchenbau gemacht hatte, gelang dieser erst von 1946 bis 1953 unter der Leitung des Architekten B. Rotterdam. Es handelt sich hierbei um einen Saalbau mit einem westlich angefügten Seitenschiff einschließlich einer Galerie. Der bergfriedähnliche Turm wurde auf der Südseite der burgartig anmutenden Kirche angeordnet. Gemäß der Liturgiereform des II. Vatikanischen Konzils erfolgte die Umgestaltung des Chorraumes im Jahr 1981.

Literatur Kieven, a.a.O., S. 61; Panofsky-Soergel, a.a.O., S. 57; Koch, a.a.O., S. 32.

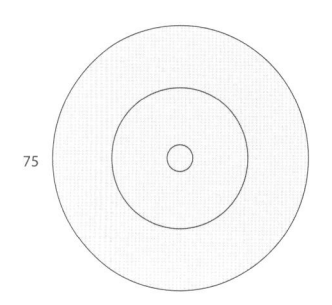

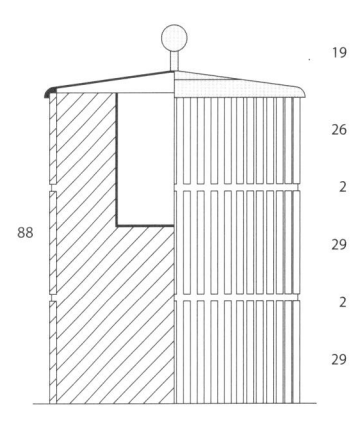

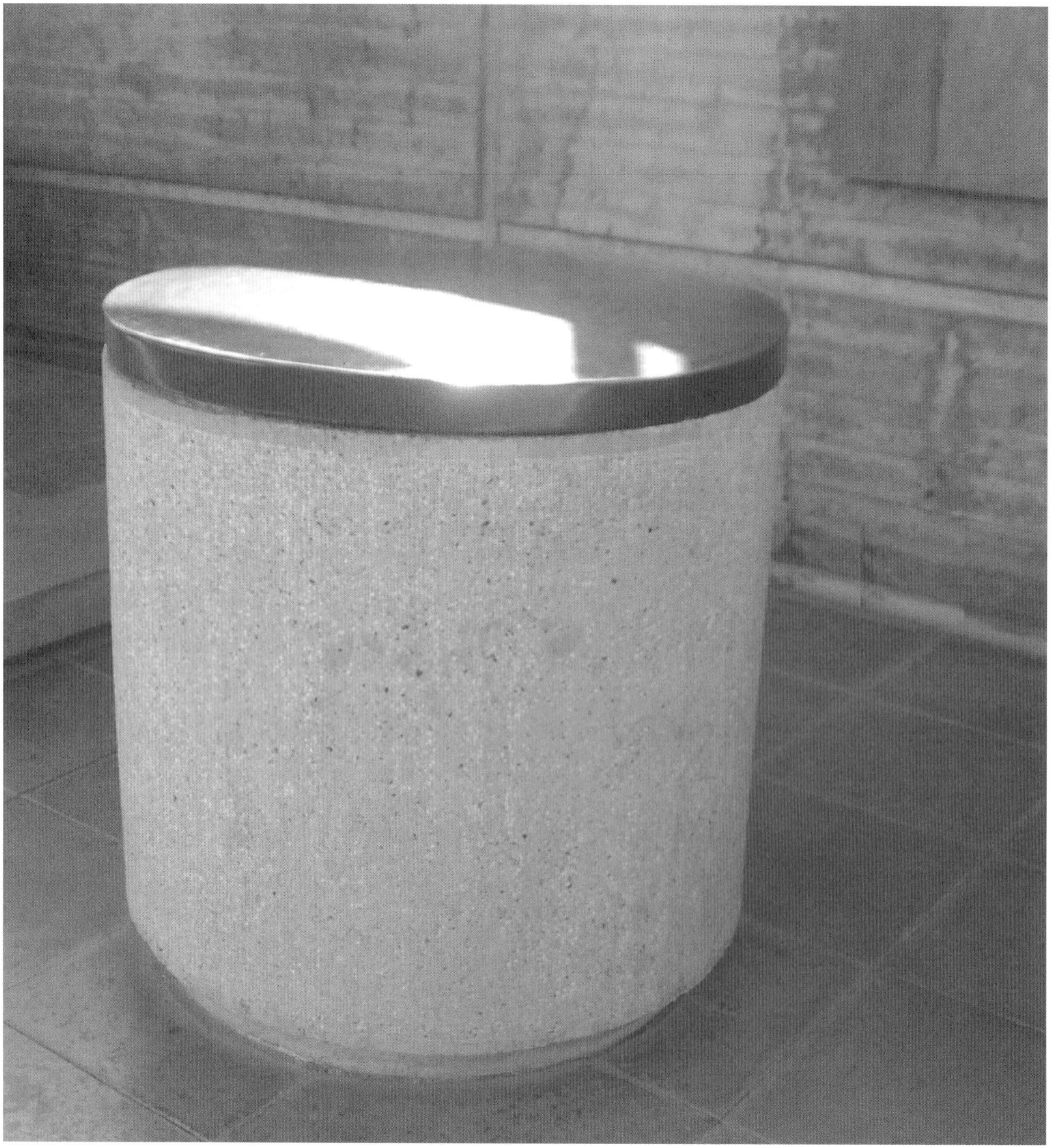

Katalog der Taufen

Taufe	**Nr. 48**
Ort	Neichen Stadt Overath Ev. Friedenskirche
Alter	1964
Material	Beton (Weißbeton), verzinktes Stahlblech bzw. Kupferblech.
Größe	H = 100 cm, Ø = 101 cm.
Beschreibung	Altar, Ambo und Taufe bilden eine formale Einheit. Letztere ist aus Waschbeton als Kreiszylinder in einem Stück gegossen worden. Der Sockel ist nur wenig zurückgesetzt, die Wandung des Schaftes steigt ansonsten ohne Schmuck senkrecht nach oben. Am Kopf garantiert die Ausklinkung der Randeinfassung ein sicheres Auflager für die Abdeckung. Mittig ist eine zylindrische Vertiefung für die Aufnahme der aus Stahlblech gefertigten Taufschale ausgespart. Auf ihr ist entlang des Randes ein Schriftband: *„VON DEN TEILNEHMERN DES SIEBENBÜRGENER KIRCHENTAGES 1964"*. Als Abdeckung der Taufe dient ein nur wenig gebauchter (gongförmiger) Kupferdeckel.
Farbfassung	Die Taufe ist ungefasst.
Künstler	Der Entwurf für die Taufe stammt von dem Architekten Peter Paul Smrha. Die Ausführung lag in den Händen der Firma Ernst Pack aus Overath.
Standort	Die Taufe ist neben dem Altar zu finden.
Kirche	Durch die Vertriebenenströme nach 1945 kamen viele evangelische Christen in die Gemeinde Overath und Steinenbrück. Es mussten Siedlungen gebaut werden. Außerdem waren eine Kirche und Unterrichtsräume einschließlich entsprechender Gemeinderäume notwendig, um die erheblich angewachsene Ev. Gemeinde vor Ort zu versorgen. Die Kirche ist als Saalbau konzipiert. Zwei zueinander geneigte Pultdächer schließen den Baukörper nach oben hin ab. Ein freistehender Glockenturm ergänzt den Sakralbau, der im Jahre 1965 unter Arch. Peter Paul Smrha, Wien/Köln errichtet wurde.
Literatur	John, Dieter: 25 Jahre Friedenskirche Neichen, Hrsg. vom Presbyterium der Evangelischen Kirchengemeinde Overath, Neichen 1990.

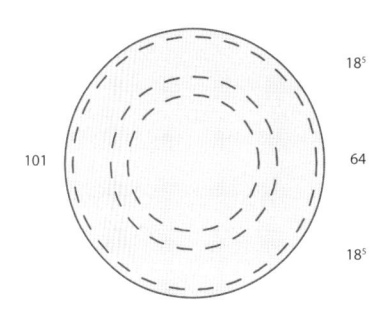

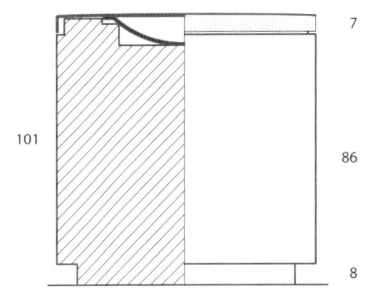

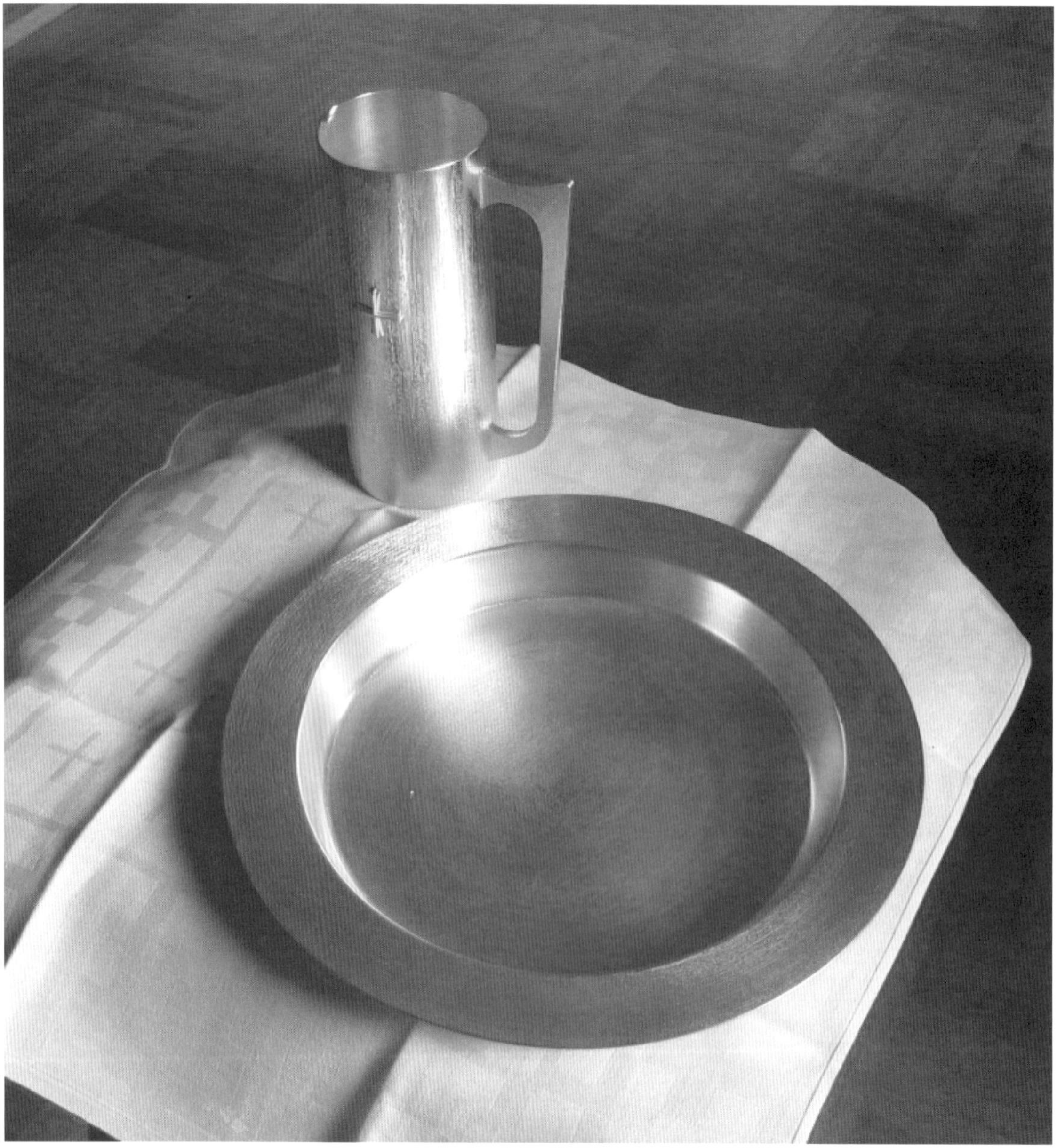

Taufe	**Nr. 49**
Ort	Neschen Gemeinde Odenthal
	Kath. Kirche St. Michael
Alter	2007
Material	Messing
Größe	H = 3 cm, Ø = 29,5 cm.
Beschreibung	Die Gemeinde verfügt lediglich über ein sog. Taufgerät, nämlich Taufschale und Taufkanne. Die Schale besitzt einen ca. 2 cm breiten Rand. Die Vertiefung verläuft konisch, der Boden ist eben ausgeführt. Die Kanne ist ebenfalls sehr schlicht gehalten und lediglich mit einem Kreuzzeichen geschmückt.
Farbfassung	ungefasst
Künstler	Das Taufgerät ist im Rahmen eines Werkstatt-Entwurfes des Paramentenhauses Wefers/Köln, Inh. Dr. Wolfgang Stracke, entstanden.
Standort	Wird zur Taufe auf den Altar gestellt.
Kirche	Die Kirche ist eingebunden in ein Gemeindezentrum, welches sich in Form einer dreiflügeligen Anlage um einen begrünten Innenhof gruppiert. Die vierte Seite ist durch eine Verbindungsmauer geschlossen. Dieses „klösterliche Konzept" wird durch einen allseits umlaufenden Laubengang noch verstärkt.
	Der Kirchenraum ist als ein schlichter Saalbau mit flachem Chorschluss über einem rechteckigen Grundriss konzipiert. Altar, Tabernakel und Ambo sind gegenüber dem Saalniveau leicht angehoben. Das sich auch auf die Innenraumgestaltung auswirkende asymmetrisch gesetzte Satteldach verdeutlicht die Idee des Kirchbaues, nämlich als Zelt Gottes unter den Menschen zu sein. Die Innenwände sind verputzt und weiß gestrichen. Farbige Akzente sind lediglich durch unterschiedlich angeordnete Fenster an allen vier Seiten des Raumes gesetzt. Mit der Planung war der Architekt B. Rotterdam (1960-63) beauftragt.
Literatur	Kieven, a.a.O., S. 89 f.; Koch, a.a.O., S. 67; Müller, Gerd: Odenthal, Geschichte einer bergischen Gemeinde, Odenthal 1976.

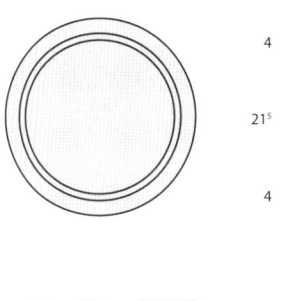

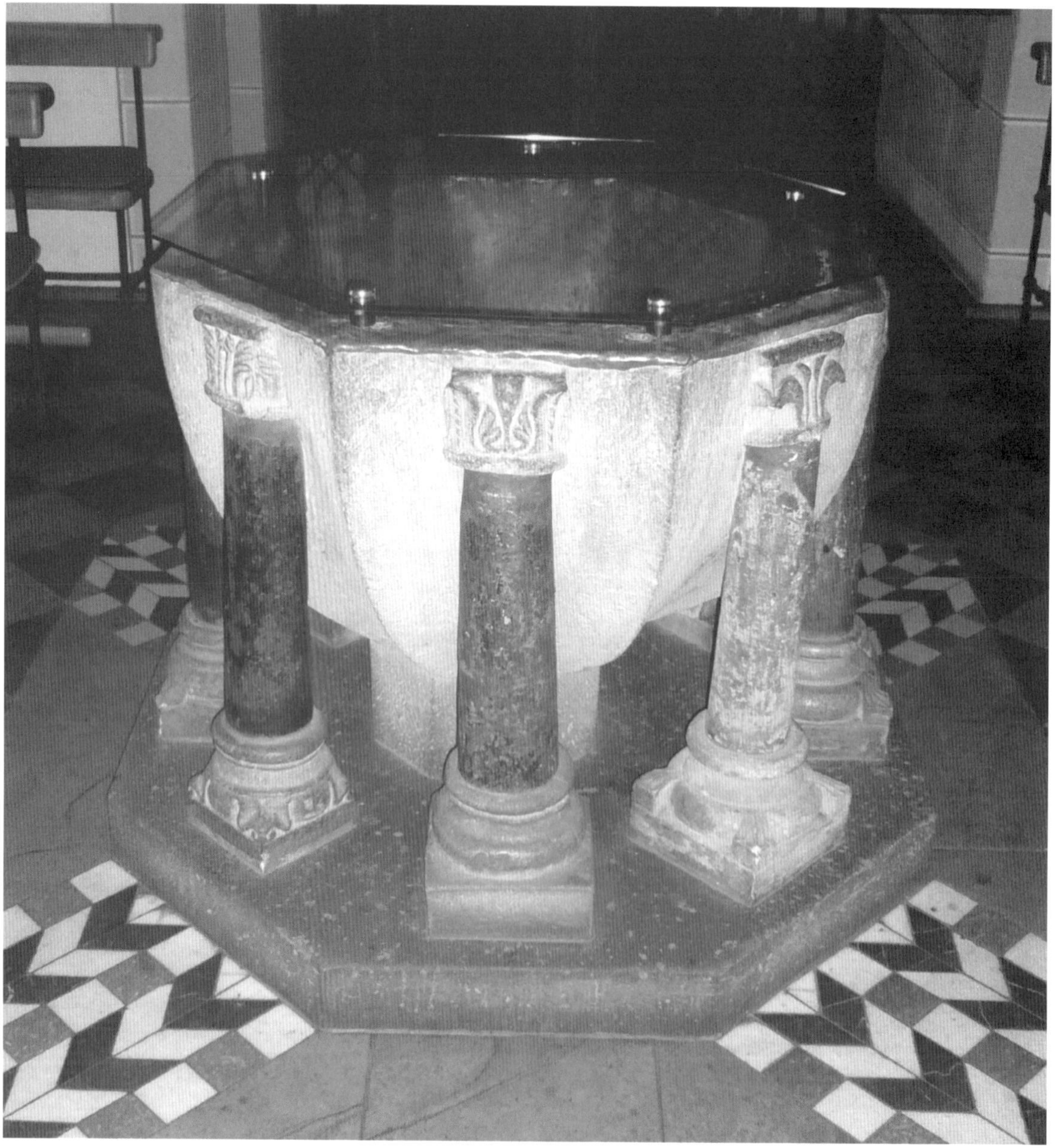

Taufe **Nr. 50**

Ort Odenthal (Zentrum)

Kath. Kirche St. Pankratius

Alter Ende 12. Jh.

Material Andesit, Schwarzer Marmor

Größe H = 92 cm, Ø = 124 cm.

Beschreibung Die Taufe steht auf einem achteckigen, um eine Stufe erhöhten Fußbodensockel. Auf diesem steht mittig ein sog. Mittelzylinder, auf dem die achtseitige Cuppa ruht. Die Beckenseiten werden von acht Säulchen flankiert, die jeweils in der Mitte jeder Beckenseite ansetzen. Die Säulchen sitzen auf attischen Basen und diese wiederum auf schmucklosen Sockeln auf. Die jeweiligen Eckzwickel sind mit angearbeiteten Blättern bzw. Spornen geschmückt. Die Säulenköpfe sind in Form von ornamentierten Würfelkapitellen abgeschlossen. Die Schalenvertiefung der Cuppa ist ebenfalls achtseitig in den Stein eingetieft und am Boden fast eben ausgeführt. Eine auf Abstandshaltern aufgelegte oktogonale Glasplatte schließt die Taufe kopfseitig ab.

Farbfassung Die Taufe ist ungefasst.

Künstler Der Künstler ist unbekannt.

Standort Auf der Westseite der Basilika.

Kirche Der Sakralbau geht auf eine romanische Pfeilerbasilika des 12. Jh. zurück. Der dreischiffige Innenraum ist flach gedeckt und äußerst schlicht gehalten. Im Jahre 1701 erfolgte die Erneuerung der Seitenschiffe. Eine Erweiterung der Kirche sah man in den Jahren 1893/94 vor, als die mittelalterliche Apsis abgebrochen und durch einen Neubau in Form eines Querhauses einschließlich Chorraum mit apsidialem Schluss und seitlich angefügten Sakristeien ersetzt wurde (Arch. Karl Freyse). Der Turm blieb bis heute in seiner ursprünglichen Gestalt erhalten.

Literatur Kieven, a.a.O., S. 79; Dehio, a.a.O., S. 525; Clemen, Paul: Kunstdenkmäler in Altenberg und Odenthal (erw. Nachdruck der Ausgabe von 1901), Köln 2003, S. 65 ff.; Felder, Hans: St. Pankratius Odenthal, in: Rheinisch-Bergischer Kalender 1983, Bergisch Gladbach 1983, S. 43 ff.

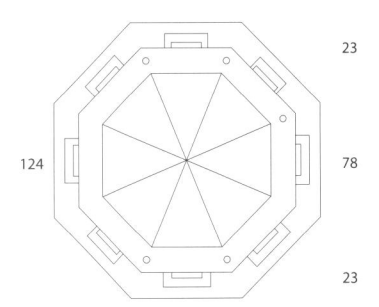

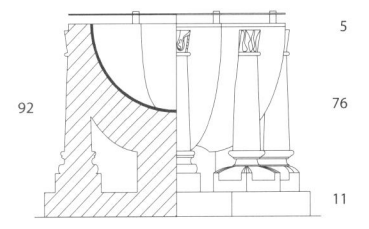

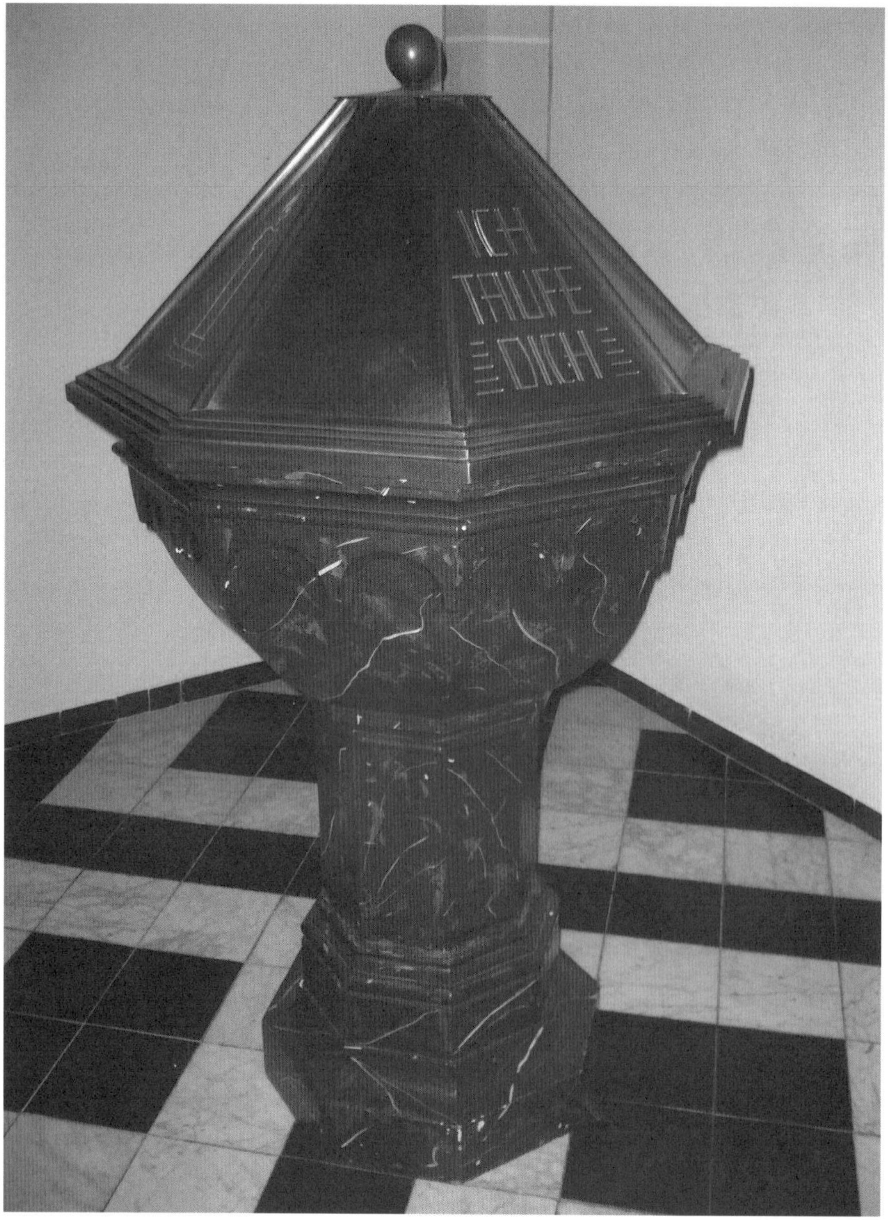
ICH
TAUFE
DICH

Taufe	**Nr. 51**
Ort	Offermannsheide Gemeinde Kürten Kath. Kirche St. Peter und Paul
Alter	1893 bzw. 1973
Material	Sandstein, Kupferblech
Größe	H = 103 cm, Ø = 86 cm.
Beschreibung	Die oktogonale Taufe ist aus drei Stücken gefertigt. Der Sockel ist gebogen, getreppt gegliedert. Die Seiten des zylindrischen Schaftes sind schmucklos. Am Kopf leitet ein weiteres profiliertes Band in die Cuppa über. Die Seitenflächen sind am Kopf von einem aus jeweils zwei Rundbogen zusammengesetzten Fries abgeschlossen. Den oberen Rand der Cuppa schmückt ein relativ weit ausladendes wiederum gebogt getreppt gegliedertes Profilband. Die Schalenvertiefung ist als Halbkugel eingearbeitet. Der über den Cupparand ragende Deckel der Taufe ist im Jahre 1973 gefertigt worden. Dieser nimmt die oktogonale Form der Taufe auf und ist als Pyramidenstumpf konzipiert. Die durch wulstförmige Stege unterteilten und aus Kupferblech gefertigten Seitenflächen sind im Wechsel gehämmert bzw. mit einer Gravur versehen. Die Motive zeigen: Taufkleid, Friedenstaube, Kerze und die Inschrift *„ICH TAUFE DICH"*. Als Bekrönung ist ein Knauf aufgesetzt.
Farbfassung	Die Farbfassung der Taufe ist weiß-grau-schwarz marmoriert und soll damit den formalen Bezug zum Fußboden herstellen.
Künstler	Der Bildhauer, der die Taufe schuf, ist nicht mehr zu ermitteln. Der Deckel (1973) enthält Gravuren, die von dem Graveurmeister Rudolf Niedballa/Dürscheid entworfen wurden. Die Ausführung lag in den Händen von Alois Odenthal.
Standort	Die Taufe steht unmittelbar vor dem Chorbereich, allerdings noch auf Saalniveau.
Kirche	Die im neuromanischen Stil errichtete Saalkirche mit Westturm, Chor mit Vorjoch einschließlich Apsis wurde in den Jahren 1882/83 von dem Architekten und Franziskanerbruder Paschalis aus Düsseldorf entworfen.
Literatur	Kieven, a.a.O., S. 168.

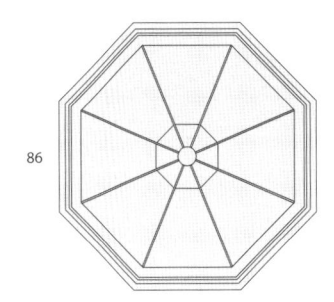

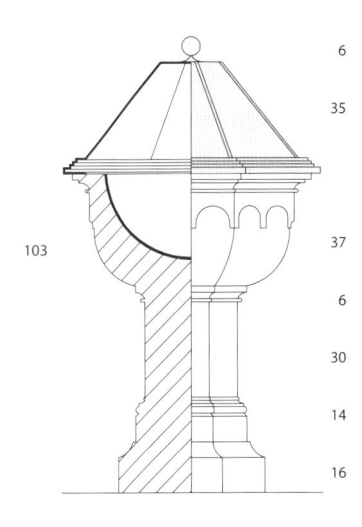

DES HEILIGEN GEISTES.

Taufe	**Nr. 52/A**
Ort	Olpe Gemeinde Kürten Kath. Kirche St. Margareta
Alter	Ende 19. Jh.
Material	Holz, Messingdeckel
Größe	H = 106 cm, L/B = 64/33 cm.
Beschreibung	Die Taufe besteht aus einer hölzernen Giebelrückwand und dem davor aufgesockelten Taufbecken. Der Schaft des Taufbeckens besteht aus einem mit Blendmaßwerk verzierten Mittelzylinder und vier flankierenden Säulchen. Darauf ruht, über ein kreuzrippenförmiges Strebewerk abgelastet, die quaderförmige Cuppa. Die Schalenvertiefung ist mit Zinkblech ausgekleidet. Die Abdeckung hat die Form eines Walmdaches und ist mit Beschlagwerk geschmückt. Die Giebelrückwand trägt folgende Inschrift:

EUNTES. ERGO. DO-
CETE OMNES. GENTES.
BAPTIZANTES. EOSIN. NO-
MINE. PATRIS. ET FILII ET. SPI-
RITUS. SANCTI
MATTH XXVIII 19.-
DARUM. GEHET. HIN. UND. LEH-
RET. ALLE. VOELKER. UND. TAU-
FET. SIE. IM. NAMEN. DES. VAT-
ERS. UND. DES. SOHNES UND.
DES HEILIGEN. GEISTES.

Farbfassung	Holzfarben, schwach getönt lasiert, mit partieller Fassung in Gold, Grünblau und Rot.
Künstler	Den Entwurf zur Taufe schuf vermutlich der Architekt Eduard Endler. Die Ausführung lag wahrscheinlich in den Händen von Ferdinand Hachenberg.
Standort	Turm- bzw. Eingangshalle.
Kirche	Vgl. Nr. 52/B
Literatur	Vgl. Nr. 52/B

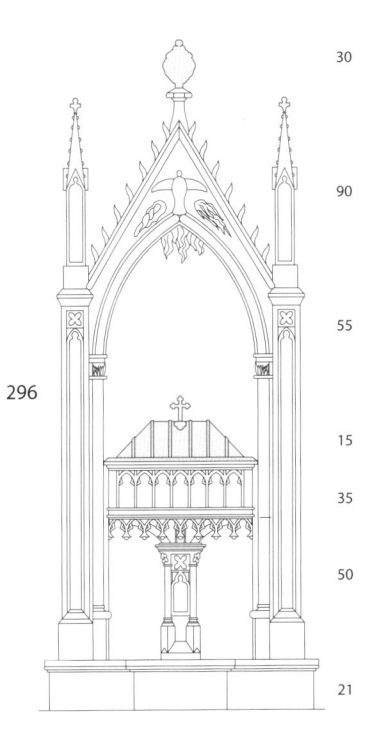

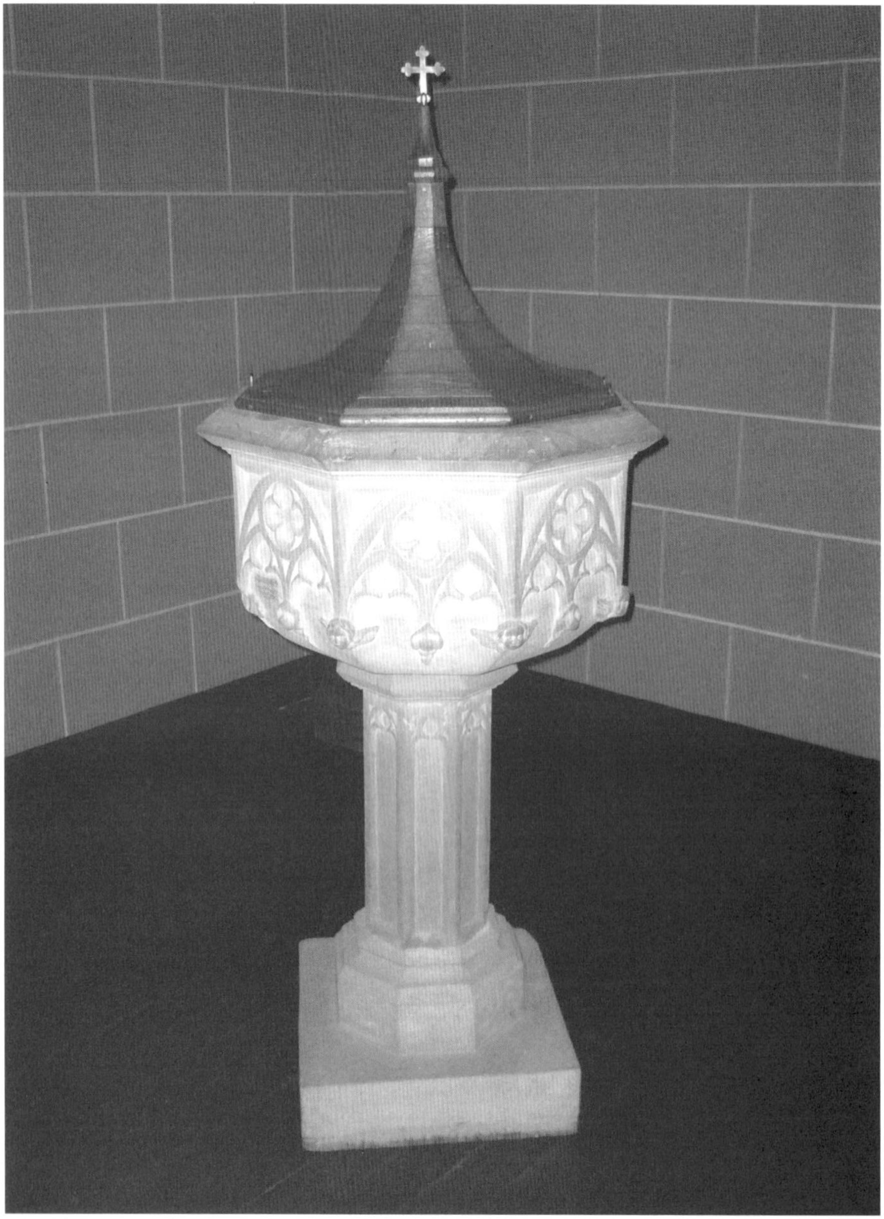

Katalog der Taufen

Taufe	**Nr. 52/B**
Ort	Olpe Gemeinde Kürten Kath. Kirche St. Margareta
Alter	kam um 1960/65 in die Kirche (evtl. zugekauft, da 19. Jh.).
Material	Sandstein, Holzdeckel
Größe	H = 112 cm, Ø = 70 cm.
Beschreibung	Die Taufe besteht aus drei Teilen. Ein quadratischer breiter Sockel bildet die Basis der Taufe. Der darauf aufsitzende oktogonale Schaft ist am Fuß getreppt gebogt gegliedert. Die geschlossenen Schaftseiten sind mit vorgelegtem lanzettförmigem Maßwerk verziert. Mit einem getreppten Profil schließt sich die achteckige zylindrische Cuppa an. Ihre Wandungen sind ebenfalls mit Maßwerk verziert, welches auf jeder Ecke von einem geflügelten Engelskopf konsolenartig getragen wird. Das über dem Maßwerk liegende auskragende Profil schließt die Cuppa ab. Die Schalenvertiefung ist als Zylinder in die Cuppa eingetieft und mit Zinkblech ausgekleidet. Der Holzdeckel ist dem oktogonalen Rand der Cuppa angepasst. Mit einem einwärts gewölbten Schwung mündet er in einer Kleeblattkreuzbekrönung.
Farbfassung	Die Taufe ist ungefasst.
Künstler	Der Künstler ist nicht mehr ausfindig zu machen.
Standort	Die Taufe befindet sich im Südl. Querarm
Kirche	Nach Abbruch eines Vorgängerbaues wurde zwischen 1896/97 unter Arch. E. Endler eine neugotische dreischiffige Halle mit Westturm, Querhaus und dreiseitigem Chorschluss einschl. Vorjoch errichtet. Im Jahre 1961/62 erfolgte eine umfassende Renovierung unter der Leitung des Architekten Bernhard Rotterdam/Bensberg.
Literatur	Kieven, a.a.O., S. 173; Büchel, Josef: 825 Jahre Olpe im Bergischen Land. Eine Dorfchronik, Olpe 1996, S. 97 f.; Büchel, Josef/ Schmidt- Goertz, Ursula: 825 Jahre Olpe - aus Vergangenheit in die Zukunft, in: Rheinisch-Bergischer Kalender, Bergisch Gladbach 1997, S. 190ff.; Hilger, Hans Peter: Raum und Ausstattung rheinischer Kirchen 1860 1914, Düsseldorf 1981, S. 133 ff.

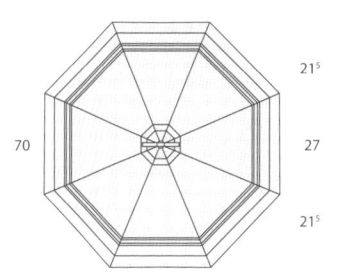

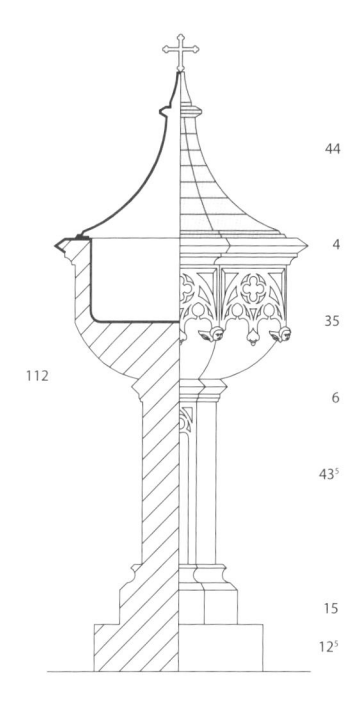

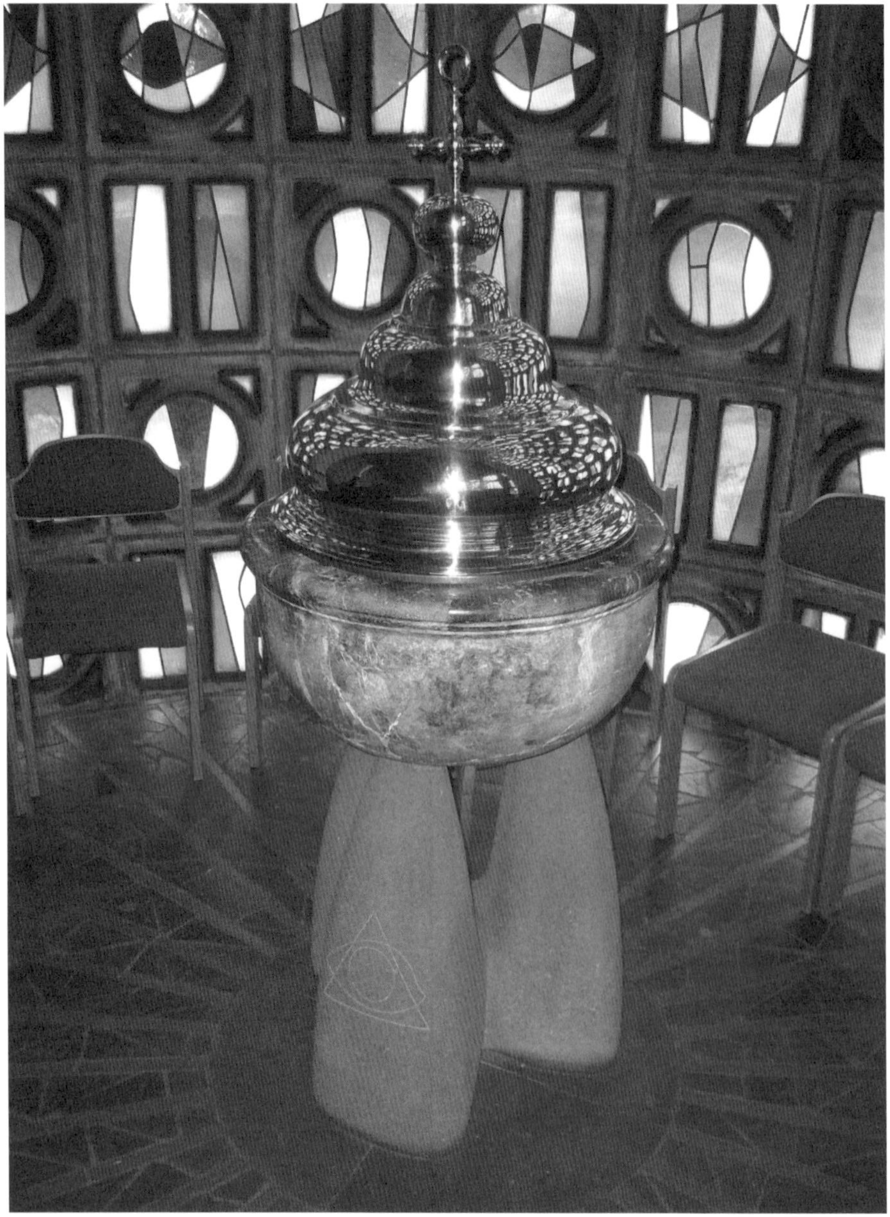

Katalog der Taufen

Taufe	**Nr. 53**
Ort	Overath (Zentrum)
	Kath. Kirche St. Walburga
Alter	Cuppa und Deckel um 1720, Schaft um 1955/56
Material	Schaft aus Basalt, Cuppa aus Marmor, Deckel aus Messing
Größe	H = 102 cm, Ø = 70 cm

Beschreibung Der Taufstein ist aus zwei Teilen zusammengesetzt. Ein neuer schlichter, sich nach oben hin verjüngender und nach innen schwingender Dreibeinfuß bildet den Schaft für die unmittelbar aufgesetzte Cuppa. Die einzelnen Stützglieder des Schaftes sind jeweils mit einem Medaillon geschmückt. Diese zeigen: die „Doppelflamme", welche an das Pfingstereignis erinnern soll, das „Vierspeichige Radkreuz", welches als lebens- und lichtbringendes Zeichen die Herrschaft Christi verkörpern soll und das „Auge der Vorsehung", das den Menschen an die ewige Wachsamkeit Gottes mahnen soll. Die Cuppa ist am oberen Abschluss durch ein leicht auskragendes Profilband abgeschlossen. Die Schalenvertiefung ist als Halbkugel gearbeitet und durch eine zusätzlich eingehängte Bronzeschale wieder nutzbar gemacht. Der Deckel ist mehrfach geschwungen und läuft in einer Kugel aus, welche von einem Kreuz bekrönt wird.

Farbfassung Die Taufe ist ungefasst.

Künstler Der Steinmetz, der die Cuppa geschaffen hat, ist nicht mehr zu ermitteln. Bekannt ist, dass diese im Jahre 1720 neben einigem anderen liturgischen Gerät von Pastor Satorius angeschafft wurde. Der dreifüßige Unterbau ist um 1955/56 von dem Bildhauer Prof. Hein Wimmer geschaffen worden.

Standort Die Taufe befindet sich in einer sog. Taufapsis im Westen des Sakralbaues.

Kirche Einem Vorgängerbau vermutlich des 11. Jh. folgte in der Zeit um 1105-1126 ein Neubau in Form einer rom. Pfeilerbasilika mit gewölbtem Chor und Nebenapsiden. Nach dem Zweiten Weltkrieg wurde, durch Niederlegung des nördlichen Seitenschiffs ein großzügig angelegter Erweiterungsbau beauftragt. Der Umbau erfolgte zwischen 1953-55 durch den Arch. K. Band.

Literatur Kieven, a.a.O., S. 184 f.

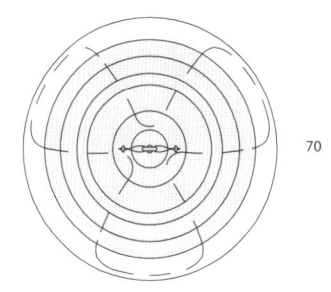

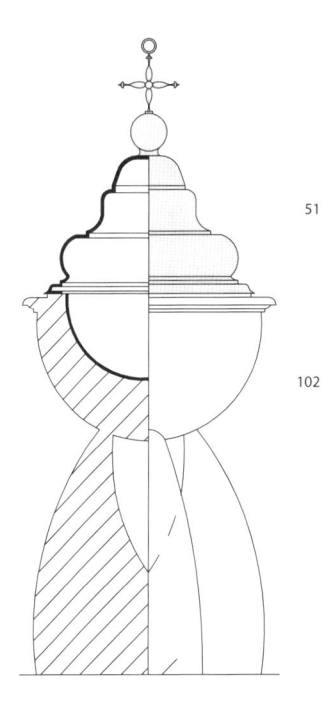

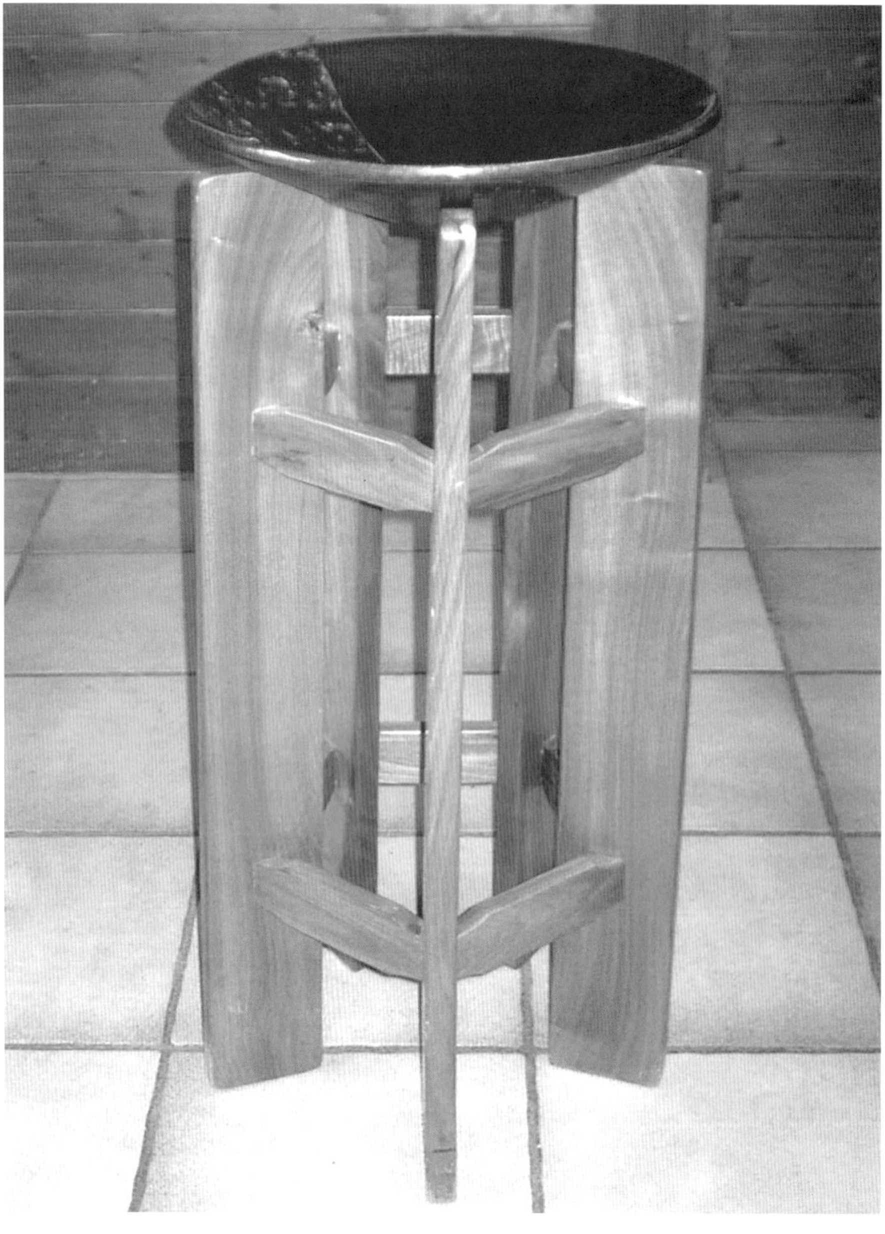

Taufe	**Nr. 54**
Ort	Overath (Zentrum)
	Ev. Kirche
Alter	1991
Material	Ständer aus Kirschbaumholz, Taufschale aus lasiertem Steingut
Größe	H = 97 cm, Ø = 40 cm.
Beschreibung	Die Taufe besteht aus zwei Teilen. Fünf aus Kirschbaumholz gefertigte Standglieder tragen eine Taufschale aus dunkelgrau lasiertem Steingut. Die Schalenvertiefung ist als flacher Kugelabschnitt bewerkstelligt. In ihr ist auf einen Viertelkreis beschränkt eine Ornamentik aus hebräischen Buchstaben.
Farbfassung	Die Taufe ist ungefasst.
Künstler	Der Entwurf und die Ausführung der Taufschale stammen von der Künstlerin Viola Kramer aus Overath. Die Ausführung des Taufständers lag in den Händen der Tischlerei Wolfgang Thiemann aus Overath.
Standort	Im Altarbereich.
Kirche	Nach dem Ende des Zweiten Weltkrieges kamen viele evangelische Christen in das „katholische Overath". Aufgrund dieses Zustromes war es notwendig, nicht nur eine eigene Ev. Gemeinde zu gründen, sondern auch eine entsprechende Kirche zur Verfügung zu stellen. Es waren v.a. Christen aus der Schweiz, die durch Spenden diesen Neubau aus Holz ermöglichten. Der Architekt der Anlage war Otto Bartning (1883-1959), der sich nach dem Zweiten Weltkrieg u.a. auch durch die Entwicklung von Notkirchen aus vorgefertigten Teilen einen Namen machte. Allein zwischen 1948 und 1950 wurden nicht weniger als 49 seiner „Kirchen-Typenbauten" verwirklicht. Bei der in Overath im Jahre 1951 realisierten Kirche handelt es sich um einen schlichten Baukörper, der über einem rechteckigen Grundriss entwickelt wurde. Ein gemauerter Sockel nimmt die darüber aufgezimmerte Holzarchitektur auf. Ein tief heruntergezogenes Dach, dem als bekrönender Abschluss ein Dachreiter aufgesetzt ist, charakterisiert den Bau von außen. Eine umfassende Renovierung erfolgte im Jahre 1991.
Literatur	Kieven, a.a.O., S. 187.

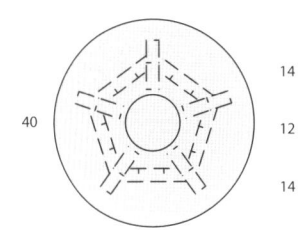

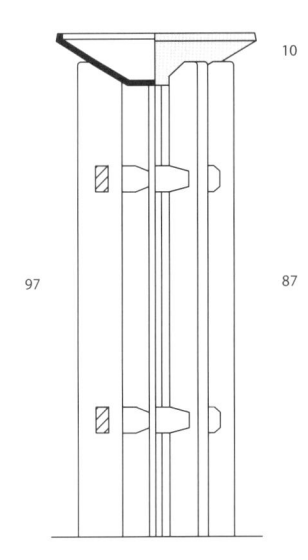

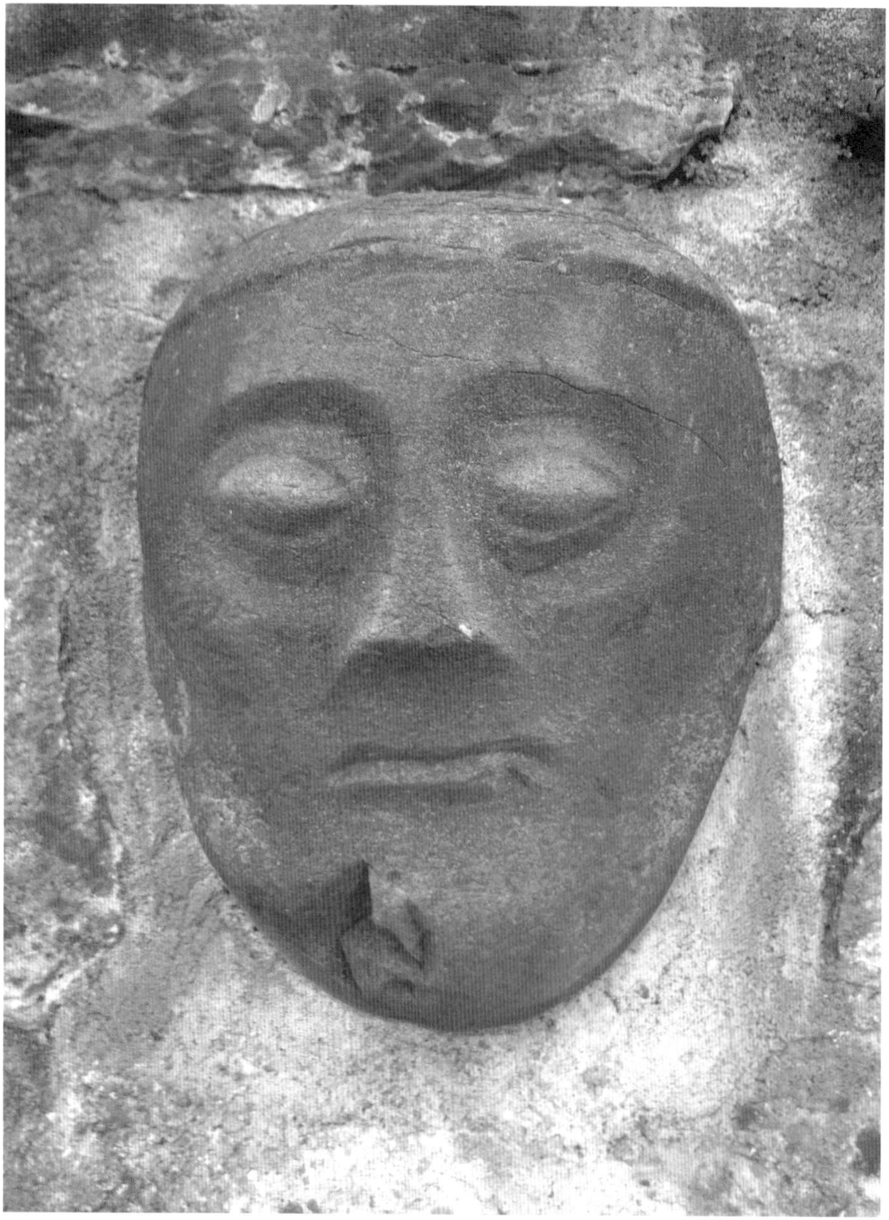

Taufe	**Nr. 55/A**
Ort	Paffrath Stadt Bergisch Gladbach Kath. Pfarrkirche St. Clemens
Alter	12. Jh.
Material	Basalt
Größe	H = ca. 20 cm
Beschreibung	Rätselhaft wirkt ein anthrazitfarbener Basaltkopf, der in das Mauerwerk eingesetzt wurde, das die Kirche vom Pfarrhaus bzw. vom Pfarrgarten trennt. Bis zum Jahre 1980 war dieser Kopf noch in etwa 6m Höhe in die Turmnordwand eingemauert. Heute befindet sich dort ein Duplikat. Die maskenhafte Physiognomie, die sich im Untersuchungsgebiet auch an den Taufen in Herkenrath (Nr. 31), Kürten (Nr. 43) und Wermelskirchen (Nr. 74) lokalisieren lässt, ist in ihrem archaisch anmutenden Ausdruck nur schwer zu deuten. Geht von den Gesichtern der genannten Vergleichsbeispiele eine eher beklemmende Wirkung aus, so umspielt bei dem „Paffrather Köpfchen" zumindest ein leichtes oder geneigtes Lächeln die Lippen.
Farbfassung	ungefasst
Künstler	unbekannter Steinmetz
Standort	Turm Nordwand bzw. Pfarrgartenmauer.
Kirche	Eine dreischiffige Bruchstein-Basilika mit quadratischem Chorhaus und Halbkreisapsis sowie einem vorgesetzten viergeschossigen Westturm, errichtet um die Mitte des 12. Jh., bildet den Ursprung dieses Sakralbaus. In den Jahren 1908-13 wurde aus Platzmangel das südliche Seitenschiff der alten Wehrkirche abgebrochen und durch einen Anbau (neues Mittelschiff und Seitenschiff) erweitert. Seitdem dient das ehemalige Mittelschiff der alten Kirche als nördliches Seitenschiff der neuen Kirche. Architekt dieser Veränderung war Eduard Endler. Chor und Altar der neoromanischen Kirche wurden im Jahre 1968 durch den Arch. B. Rotterdam und den Bildhauer Toni Zenz der Liturgiereform des Zweiten Vatikanums angepasst. Eine grundlegende Sanierung erfolgte unter Arch. G. Hagen von 1978-84.
Literatur	Weyer, Bernhard: Die katholische Pfarrkirche St. Clemens in Bergisch Gladbach-Paffrath, Rhein. Kunststätten, Heft 341, Köln 1988.

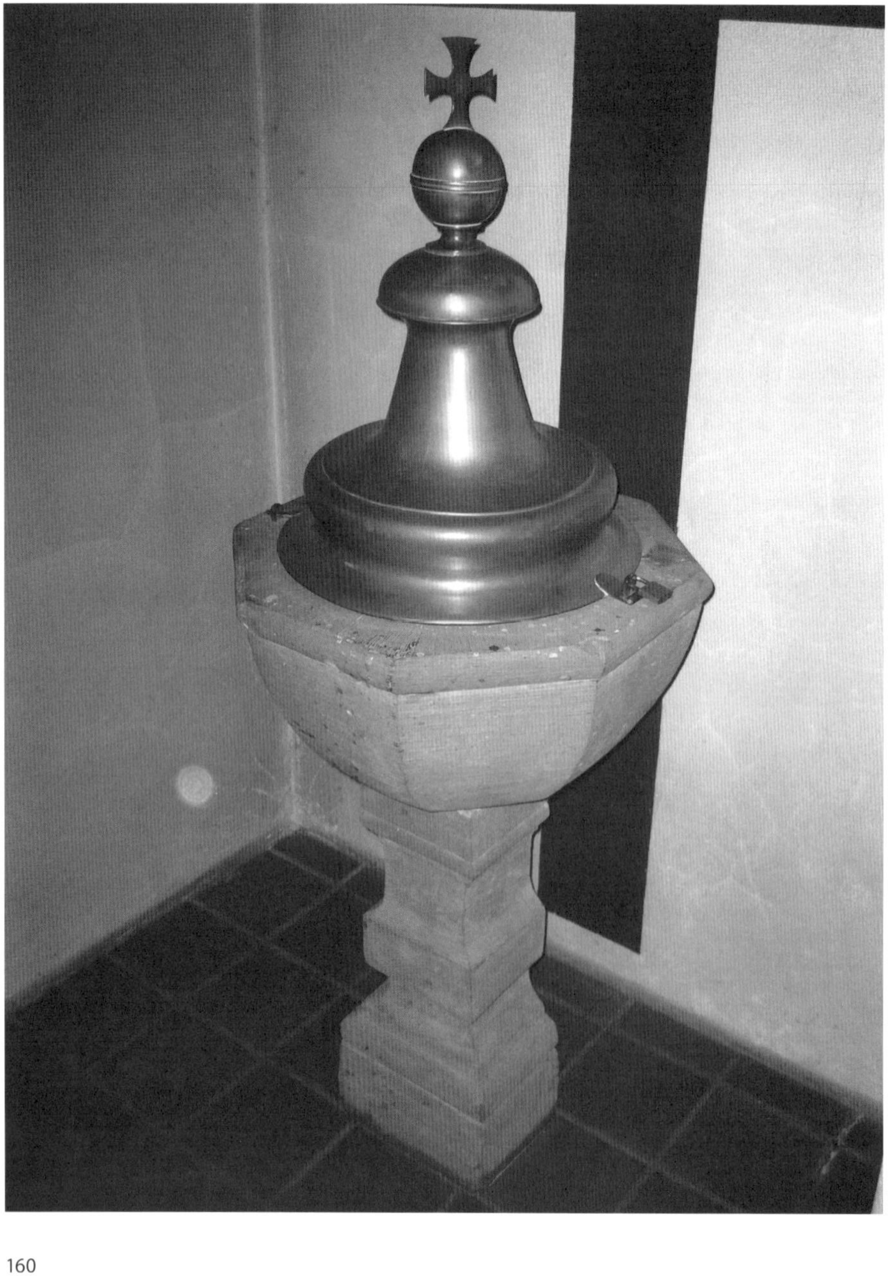

Taufe	**Nr. 55/B**
Ort	Paffrath Stadt Bergisch Gladbach
	Kath. Pfarrkirche St. Clemens
Alter	um 1913
Material	Sandstein, Kupferblech
Größe	H = 96 cm, Ø = 59 cm.
Beschreibung	Ein quadratischer einfacher Sockel bildet die Basis. Der ebenfalls quadratisch angelegte balusterartige Schaft beginnt und endet mit einem Wulstband. Die etwa mittig angesiedelte Schwellung ist würfelförmig ausgebildet. Auf den quadratischen Schaftkopf ist die ausschwingende achteckige Cuppa gestellt. Der obere Abschlussrand des Beckens ist wulstförmig ausgebildet. Die Schalenvertiefung besitzt die Form einer Halbkugel. Der runde ebenfalls balusterartige Deckel schwingt sich über der Schalenvertiefung nach oben. Die Bekrönung besteht aus einer Kugel und einem Kreuz.
Farbfassung	Der Taufstein ist ungefasst.
Künstler	Der Entwurf der Taufe geht vermutlich auf Eduard Endler zurück, der sich nicht nur für den Bau seiner Objekte sondern auch für deren Ausstattung verantwortlich fühlte.
Standort	Nördliches Seitenschiff.
Kirche	Eine dreischiffige Bruchstein-Basilika mit quadratischem Chorhaus und Halbkreisapsis sowie einem vorgesetzten viergeschossigen Westturm, errichtet um die Mitte des 12. Jh., bildet den Ursprung dieses Sakralbaus. In den Jahren 1908-13 wurde aus Platzmangel das südliche Seitenschiff der alten Wehrkirche abgebrochen und durch einen Anbau (neues Mittelschiff und Seitenschiff) erweitert. Seitdem dient das ehemalige Mittelschiff der alten Kirche als nördliches Seitenschiff der neuen Kirche. Architekt dieser Veränderung war Eduard Endler. Chor und Altar der neoromanischen Kirche wurden im Jahre 1968 durch den Arch. B. Rotterdam und den Bildhauer Toni Zenz der Liturgiereform des Zweiten Vatikanums angepasst.
Literatur	Dehio, a.a.O., S. 56; Kieven, a.a.O., S. 69; Panofsky-Soergel, a.a.O., S. 85; Weyer, a.a.O., S. 10 ff.

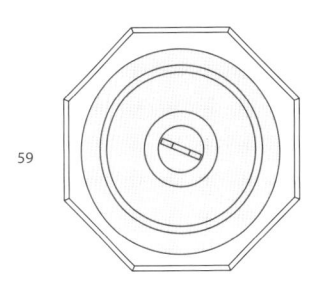

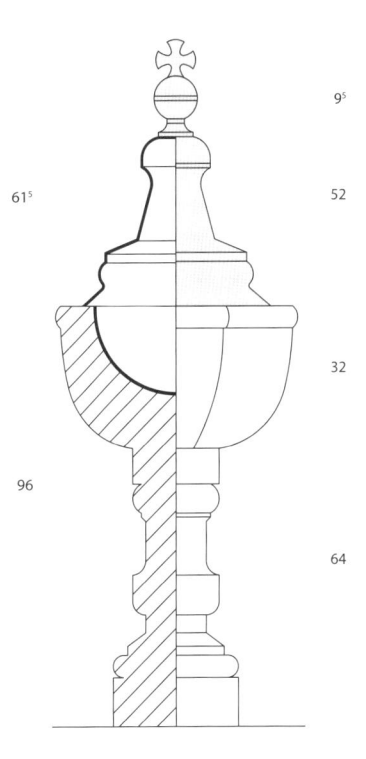

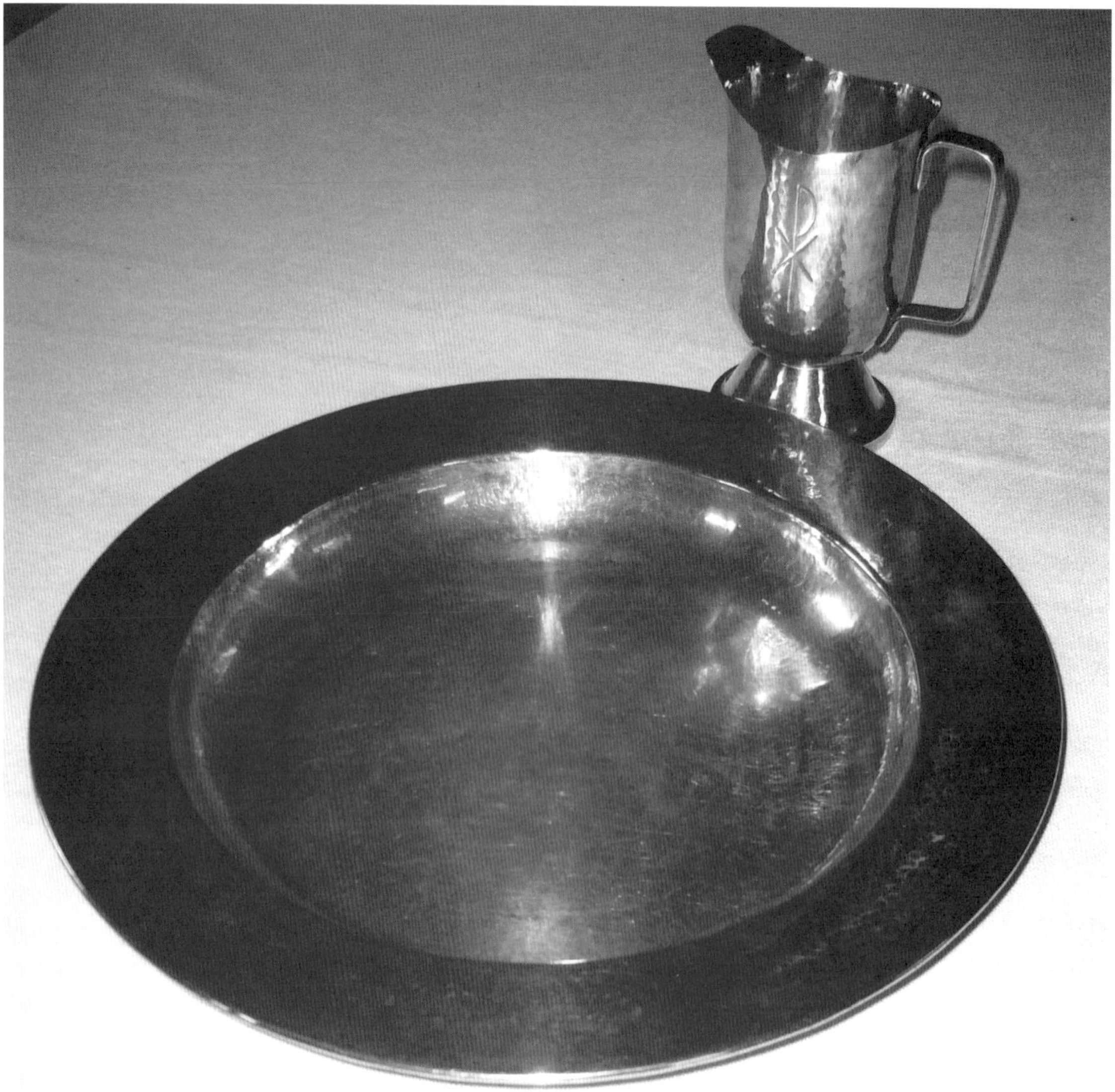

Katalog der Taufen

Taufe	**Nr. 56/A**
Ort	Refrath Stadt Bergisch Gladbach Alte Kirche, St. Johann Baptist
Alter	Anfang des 20. Jh.
Material	Silber, gehämmert
Größe	H = 3 cm, Ø = 32 cm.
Beschreibung	Das Taufgerät, bestehend aus Taufschale und Kanne, ist aus Silberblech gefertigt. Die Schale ist, außer einer unterseitigen Hersteller-Inschrift, unbeschriftet. Die Kanne trägt vorderseitig ein Christusmonogramm aus den beiden griechischen Buchstaben *X* und *P*.
Farbfassung	ungefasst
Künstler	Schale und Krug besitzen auf der Unterseite die Signatur „*A. Kreiten Köln*".
Standort	Wird bei Bedarf auf den Altar gestellt.
Kirche	Für das 9. Jh. darf eine erste kleine Saalkirche aus Holz angenommen werden. Es handelt sich, nach dem archäologischen Befund zu urteilen, um eine sog. Schwellbalkenkonstruktion mit aufgezimmerten Holzwänden, vermutlich ohne Lehm- oder Mörtelausfachungen. Um die während der Bauarbeiten weiter bestehende Holzkirche wurde mit geringem Abstand von dieser im 11. Jh. eine Kirche aus Steinen errichtet. Eine weitere Umbauung aus Stein erfolgte nach einem Brand um 1200. Von dieser Kirche sind die nördliche und westliche Saalmauer mit dem rundbogig geschlossenen Nordportal und den kleinen Fenstern in der heutigen Kirche noch erhalten. An den Saalbau wurde in der ersten Hälfte des 13. Jh. eine Chorerweiterung und der Turm im Westen der Kirche angebaut. Die im Apsisscheitel angefügte Sakristei stammt aus den Jahren 1765/66.
Literatur	Kieven, a.a.O., S. 64; Panofsky-Soergel, a.a.O., S. 58; Werling, Michael: Die historischen Grabsteine an der „Taufkirche" in Bergisch Gladbach/Refrath. Eine Dokumentation in Text, Bild und Zeichnung. Veröffentlichung der Fachhochschule Köln, Fakultät für Architektur, Fachgebiet Baugeschichte, Stadtbaugeschichte und Entwerfen und Bd. 38 der Schriftenreihe des Bergischen Geschichtsvereins Abteilung Rhein-Berg e.V., Köln 2002, S.19 ff.

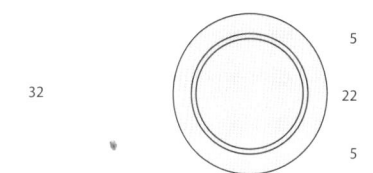

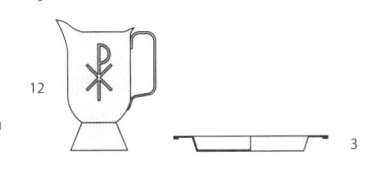

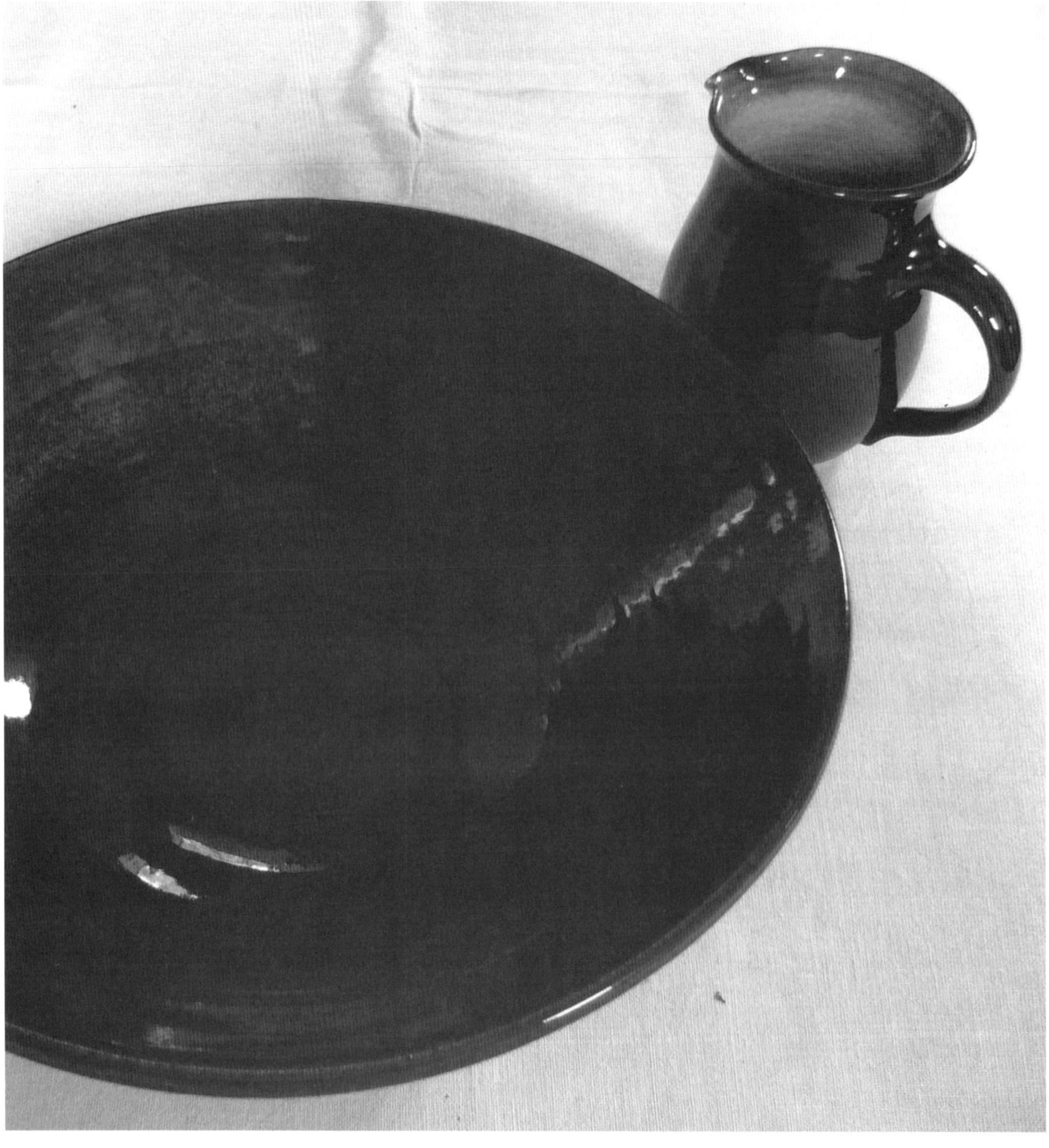

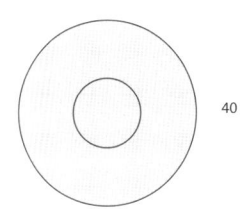

Katalog der Taufen

Taufe **Nr. 56/B**

Ort Refrath
Stadt Bergisch Gladbach

Alte Kirche St. Johann Baptist

Alter 2007

Material Steingut

Größe H = 12 cm, Ø = 40 cm.

Beschreibung Die in ihrer Grundform annähernd konisch verlaufende Schale ist handgetöpfert und nach Auskunft des Künstlers nicht mit Absicht als Taufschale gefertigt worden. Zu ihr gehört eine farblich und auch formal abgestimmte leicht bauchig geformte Kanne, die mit einem einseitig angearbeiteten geschwungenen Henkel geschmückt ist.

Farbfassung Blau

Künstler Schale und Kanne wurden von Rainer Brodesser gefertigt.

Standort Wird bei Bedarf auf den Altar gestellt.

Kirche Für das 9. Jh. darf eine erste kleine Saalkirche aus Holz angenommen werden. Es handelt sich, nach dem archäologischen Befund zu urteilen, um eine sog. Schwellbalkenkonstruktion mit aufgezimmerten Holzwänden, vermutlich ohne Lehm- oder Mörtelausfachungen. Um die während der Bauarbeiten weiter bestehende Holzkirche wurde mit geringem Abstand von dieser im 11. Jh. eine Kirche aus Steinen errichtet.

Eine weitere Umbauung aus Stein erfolgte nach einem Brand um 1200. Von dieser Kirche sind die nördliche und westliche Saalmauer mit dem rundbogig geschlossenen Nordportal und den kleinen Fenstern in der heutigen Kirche noch erhalten. An den Saalbau wurde in der ersten Hälfte des 13. Jh. eine Chorerweiterung und der Turm im Westen der Kirche angebaut. Die im Apsisscheitel angefügte Sakristei stammt aus den Jahren 1765/66.

Literatur Kieven, a.a.O., S. 64; Werling, a.a.O., S. 19 ff.; Kreutz, H.-Josef: Die Taufkirche von Refrath - ein Buch vom Schicksal eines Bergischen Dorfes, o.D.

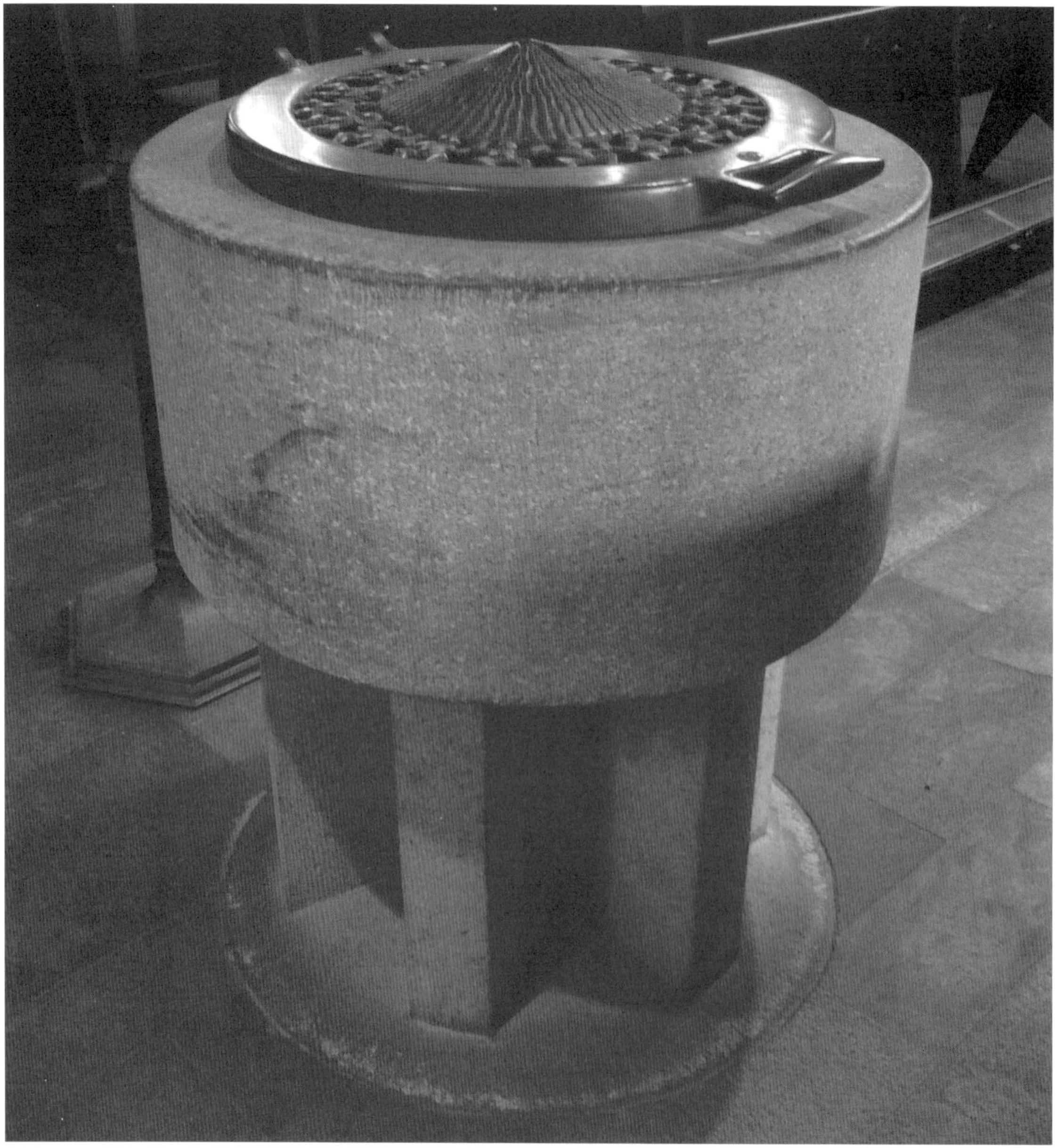

Taufe	**Nr. 57**
Ort	Refrath Stadt Bergisch Gladbach Kath. Pfarrkirche St. Johann Baptist
Alter	1980er Jahre
Material	Trachyt, Bronze
Größe	H = 94 cm, Ø = 82 cm.
Beschreibung	Ein runder nur wenig über das Fußbodenniveau hervortretender Sockel, der allseitig zu seinem Mittelpunkt leicht ansteigt, bildet die Basis. Sechs Pfeiler in der Anordnung eines in der frühchristlichen Zeit üblichen Christusmonogramms (I und X zusammengezogen) tragen eine runde Cuppa mit flachem Boden und senkrechter Wandung. Die Schalenvertiefung ist halbkugelförmig ausgebildet. Eine aus Bronze gefertigte Abdeckung schließt das Becken.
Farbfassung	Der Stein ist ungefasst. Lediglich durch den bronzefarbenen Deckel tritt eine gewisse Farbigkeit in Erscheinung.
Künstler	Der Taufstein einschließlich Deckel wurde von dem Kölner Bildhauer Heinz Gernot gefertigt.
Standort	Die Taufe befindet sich unmittelbar hinter dem Hauptzugang.
Kirche	Die Kirche ist in Form einer dreischiffigen Hallenkirche von drei mal vier Jochen konzipiert. Nach Westen ist dem Sakralraum ein Turm angefügt. Im Chorbereich prägt ein Baldachin aus dem Jahre 1987 den Raum. Außen zeigt sich die Kirche als ein unverputzter Ziegelbau, im Inneren ist sie im Wesentlichen durch weiße Putzflächen geprägt. Errichtet wurde sie von 1864 bis 1872 durch den Kölner Dombaumeister Vincenz Statz, der sich weitestgehend vom neugotischen Stil inspirieren ließ. Eine Chorerweiterung und der Bau eines Querhauses wurden in den Jahren 1962 bis 1964 durch den Architekten Karl Band realisiert. Eine erneute Sanierung und Umgestaltung des Altarraumes folgte in den Jahren 1984 bis 1987 durch die Architekten Ingo Pfeifer und Hans Ulrich Schmidt aus Düsseldorf.
Literatur	St. Johann Baptist Refrath, Zur Erinnerung an die Wiederkonsekration des Altares der Pfarrkirche St. Johann Baptist, Berg. Gladbach, am 31. Mai 1987.

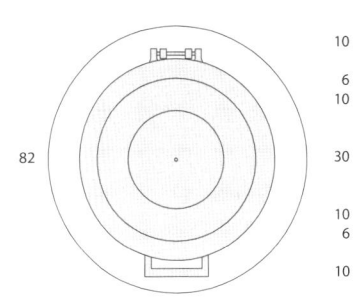

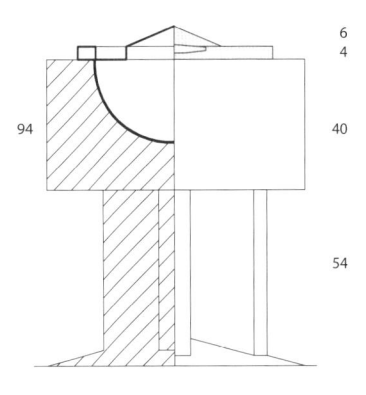

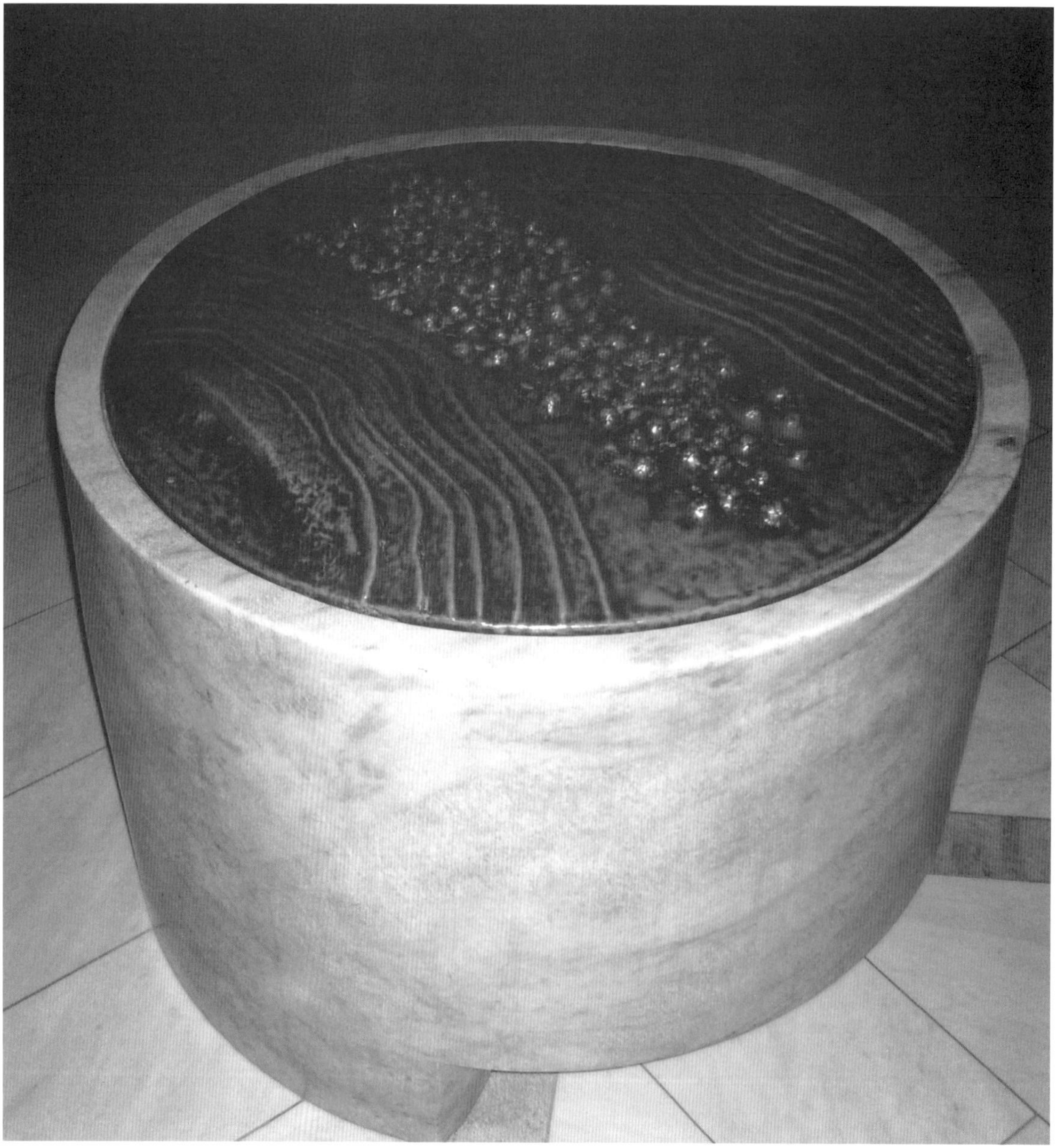

Taufe	**Nr. 58**
Ort	Refrath Stadt Bergisch Gladbach
	Kath. Pfarrkirche St. Elisabeth in der Auen
Alter	1995
Material	Marmor, Bronze
Größe	H = 68 cm, Ø = 98 cm.
Beschreibung	Der Taufstein ist aus einem Block in Form eines Kreiszylinders gearbeitet. Zwei aus dem Zylinder herausgearbeitete Füße liefern die notwendige Standsicherheit. Die Schalenvertiefung besteht aus einer Halbkugel und ist der Cuppa entsprechend groß angelegt. Einziger Schmuck der Taufe ist der in den Taufstein eingepasste Bronzedeckel, der als Motiv den Zug Israels durchs Rote Meer thematisiert.
Farbfassung	Der aus Carrara-Marmor geschliffene Stein ist ungefasst.
Künstler	Den Taufstein schuf Helmut Moos.
Standort	Das Taufbecken befindet sich zusammen mit dem Altar, Ambo und dem Tabernakel im Chorraum bzw. in der halbrunden Konche.
Kirche	Ein Innenhof, gerahmt durch Bücherei und Jugendheim und zur Straße hin durch Arkaden getrennt, bildet den Auftakt zur Erschließung des Sakralbaus. Dieser ist über einem quadratischen Grundriss als flachgedeckter Saalbau konzipiert und nach Süden hin mit einer halbrunden Konche geschlossen. Dieser Bereich, der Altar, Ambo, Tabernakel und Taufe aufnimmt, ist durch zwei Stufen erhöht angeordnet. Den Raum prägen Stahlbetonrahmen, die sich in der Raummitte diagonal schneiden und dadurch an eine Art „Kreuzrippengewölbe" erinnern. Der Baukörper wird außen durch die Verwendung von roten Ziegeln geprägt. Im Inneren sind die Wandflächen weiß gehalten. An der Ostseite der Kirche wird durch eine plastisch geformte Fensterwand mit farblich abgestimmten Glasflächen eine, wenn auch gedämpfte, Belichtung des Raumes gewährleistet. Errichtet wurde der Bau in den Jahren 1961/62 durch Bernhard Rotterdam. Eine Chorumgestaltung erfolgte im Jahre 1995 durch Prof. Maria Schwarz.
Literatur	Kieven, a.a.O., S. 65; Panofsky-Soergel, a.a.O., S. 59; Koch, a.a.O., S. 74.

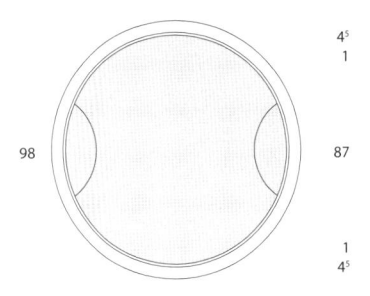

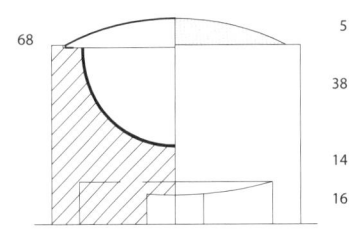

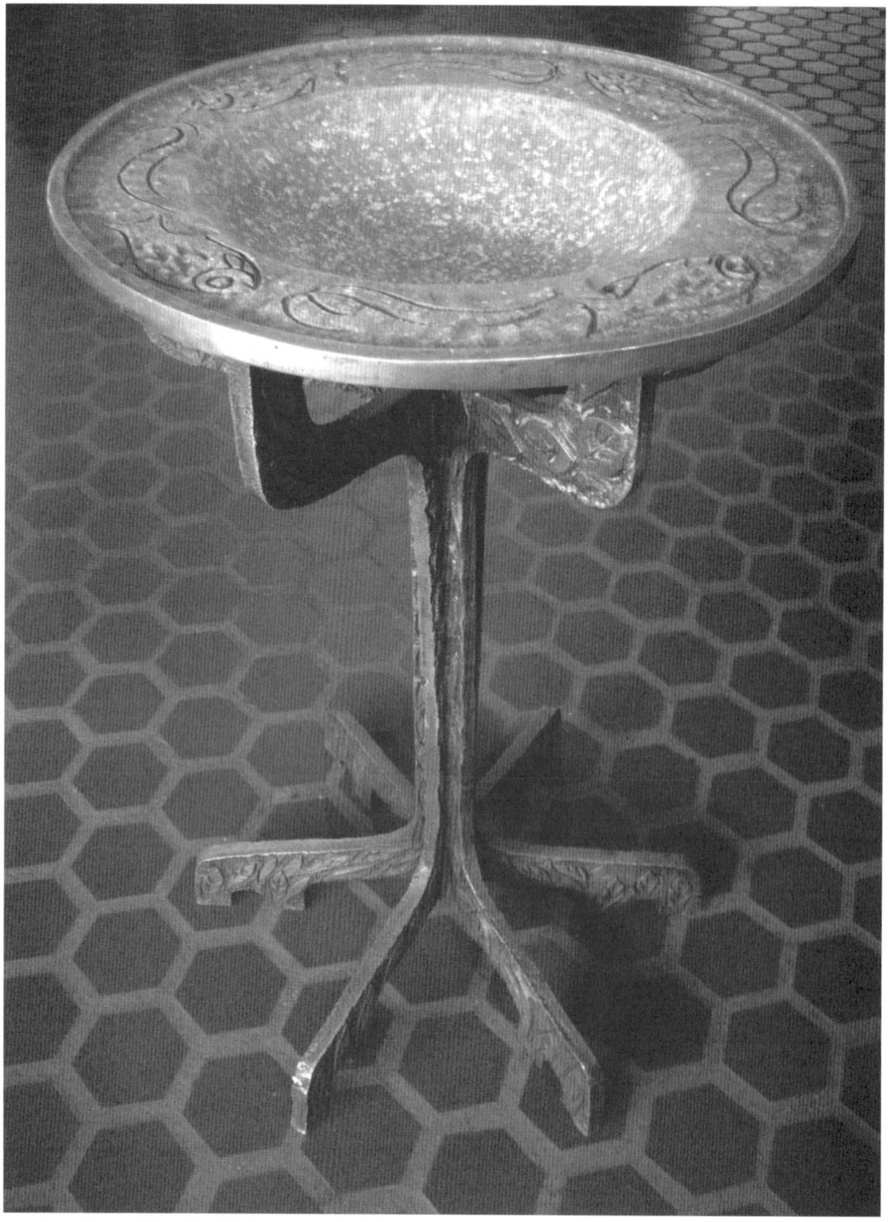

Katalog der Taufen

Taufe	**Nr. 59**
Ort	Refrath Stadt Bergisch Gladbach Kinderdorf Bethanien, Kath. Kloster- und Kinderdorfkirche „Albertus Magnus".
Alter	um 1982/83
Material	Der Taufständer ist aus Sayn-Silber gefertigt, einer ungewöhnlichen Aluminiumlegierung.
Größe	H = 80 cm, Ø = 54 cm.
Beschreibung	Sechs an Kopf und Fuß ausschwingende Stützglieder tragen eine mit ihnen verbundene Taufschale. Diese ist annähernd rund geformt, mit einem breiten Rand versehen und mittig durch eine annähernd halbkugelige Schalenvertiefung ausgezeichnet. Der Rand ist mit Fischen und ebenso vielen stilisierten Wellen verziert. Die Stützglieder zeigen Blattwerk-Ornamentik.
Farbfassung	ungefasst
Künstler	Der Taufständer wurde bei der Fa. Wefers (Inh. Dr. Josef Stracke), Paramente und Kirchenbedarf in Köln, im Jahre 1983 angekauft. Evtl. handelt es sich um ein Atelier-Entwurf. Der Künstler konnte nicht mehr ermittelt werden.
Standort	Die Taufe wird bei Bedarf vor den Altar gestellt.
Kirche	Das Kinderdorf „Bethanien" wurde von Dominikanerinnen der holländischen Kongregation von Bethanien gegründet. Prof. Gottfried Böhm erhielt den Auftrag, diese Anlage zu planen und zu bauen. Unter Bewahrung großer Freiflächen hat er eine konzentrische Anordnung von Wohn-, Gemeinschafts- und Klosterbauten geschaffen, die sich um den Kern der Anlage, der Albertus-Magnus-Kirche, legen. Während die über fünfzehn profan genutzten Kuben aus Ziegelsteinen errichtet sind, zeigt sich der Sakralraum in dem für G. Böhm in jener Zeit typischen Stil der aufgelösten kristallförmigen, lediglich aus Sichtbeton errichteten Struktur. Errichtet wurde die Anlage in den Jahren 1962 bis 1968.
Literatur	Kieven, a.a.O., S. 65.

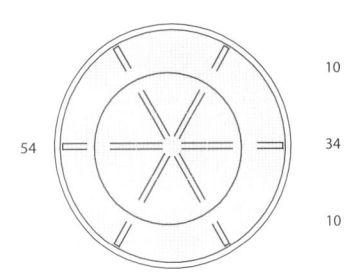

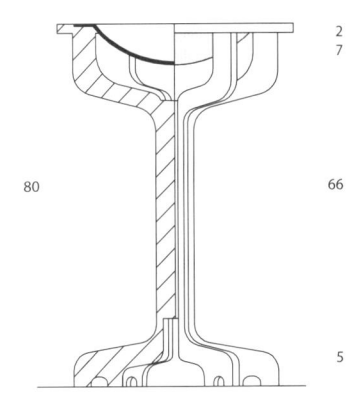

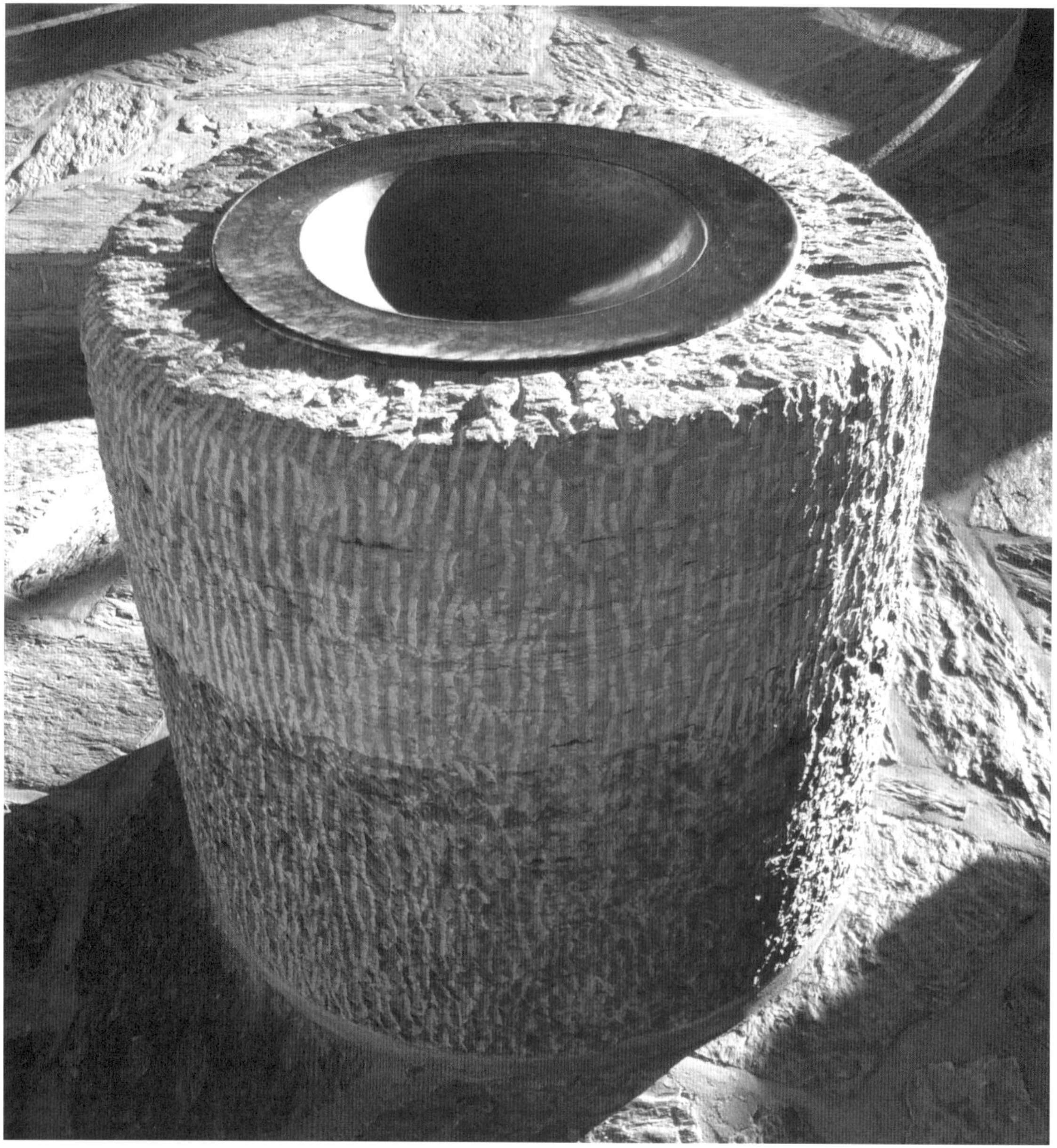

Taufe	**Nr. 60**
Ort	Refrath Stadt Bergisch Gladbach Ev. Kirche, Kippekausen, sog. „Zeltkirche"
Alter	1966
Material	Schiefer aus Schevenhütte/Eifel
Größe	H = 72 cm, Ø = 82 cm.
Beschreibung	Der Taufstein ist aus einem Schieferblock in Form eines Kreiszylinders gearbeitet. Er sitzt unmittelbar auf dem ebenfalls aus Schieferplatten bestehenden Fußboden auf. Die Oberfläche der Taufe ist mit einem Spitzhammer nur grob egalisiert. Die Spuren sind in Form von deutlich sichtbaren Vertiefungen gut zu erkennen.
Farbfassung	Der Taufstein ist ungefasst.
Künstler	Der Taufstein ist ein Entwurf des Architekten Georg Rasch. Die ca. ein Jahr später eingepasste Kupferschale stammt von dem Bildhauer Karl Erich Görk.
Standort	Neben dem Altar.
Kirche	Das fehlen geeigneter Räume und der starke Zuzug durch den Bau der Parksiedlung Kippekausen machte u.a. den Bau eines Ev. Gemeindezentrums für Kippekausen notwendig. Nachdem bereits im Jahre 1966 der von Architekt Dr. Neumann entworfene Kindergarten in Betrieb genommen werden konnte und auch das Gemeindehaus sowie das Pfarrhaus bezugsfertig waren, konnte die Kirche mit Glockenturm im März 1967 eingeweiht werden. Diese ist als Zentralbau konzipiert. Das sich über dem Grundriss hoch aufschwingende Zeltdach ist eine nur auf vier Punkten aufliegende Holzkonstruktion. Die übrigen Umfassungsflächen sind verglast. Der Bau wurde in den Jahren 1964-67 von Architekt Georg Rasch in Zusammenarbeit mit Winfried Wolsky realisiert.
Literatur	Kieven, a.a.O., S. 63; Horst Reinhardt: 25 Jahre Evangelische Kirche Kippekausen, Refrath 1992; Fußbroich, a.a.O., S. 166 f.; Müller, Gerd: Refrath, Neustadt a. d. Aisch 1974.

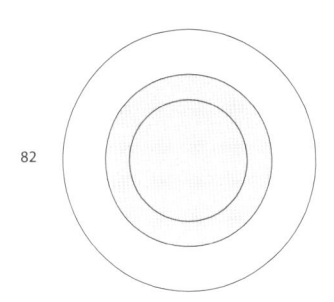

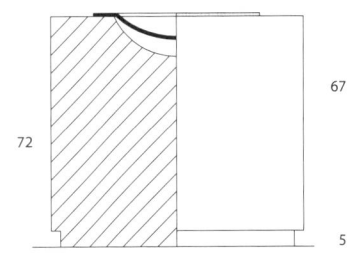

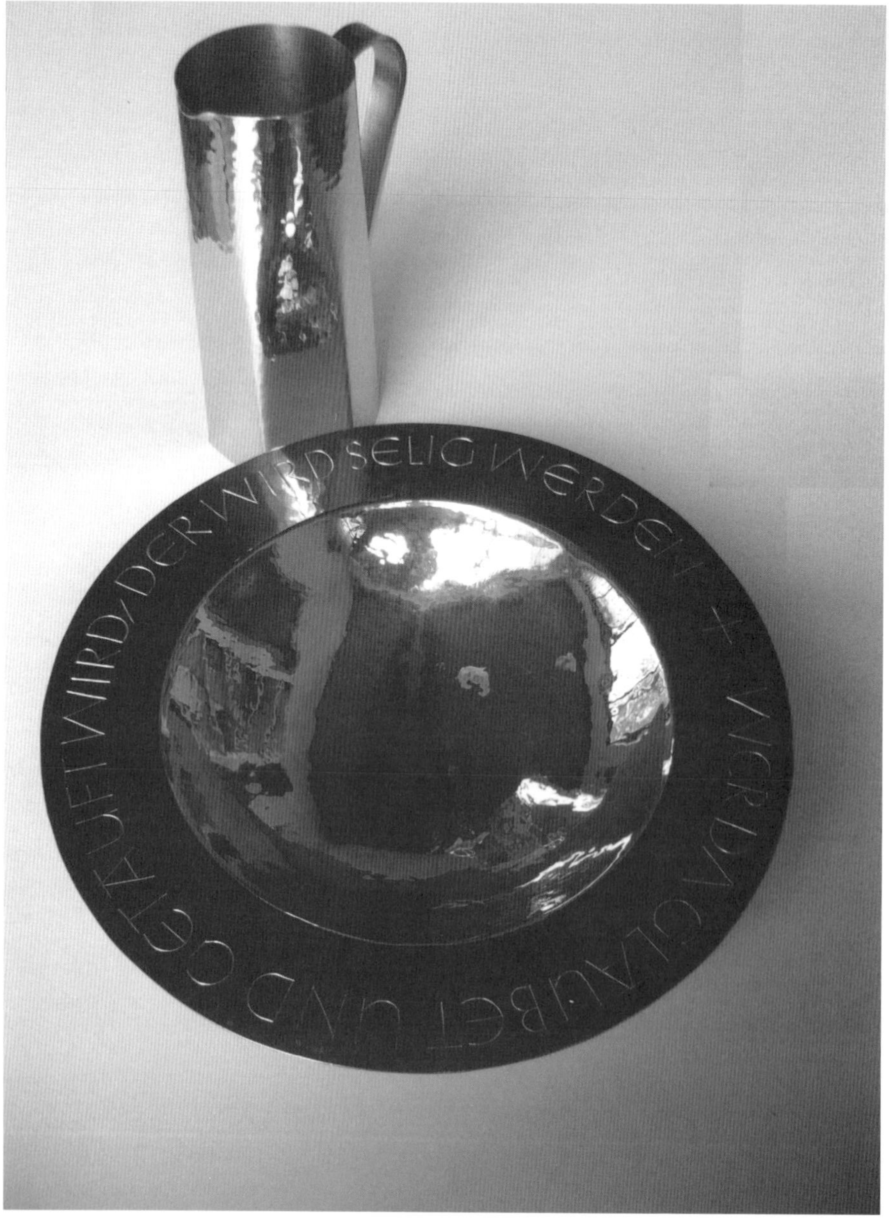
WER DA GLAUBET UND GETAUFT WIRD/ DER WIRD SELIG WERDEN +

Taufe	**Nr. 61**
Ort	Refrath-Vürfels Stadt Bergisch Gladbach
	Ev. Gemeindezentrum
Alter	1953
Material	Messing, vergoldet
Größe	H = 5,5 cm, Ø = 33 cm.
Beschreibung	Die Gemeinde verfügt lediglich über ein sog. Taufgerät, nämlich Taufschale und Taufkanne. Die Schale besitzt einen breiten Rand, der mit einer Umschrift versehen ist: + *WER DA GLAUBET UND GETAUFT WIRD / DER WIRD SELIG WERDEN*. Die Vertiefung ist eine abgeflachte Halbkugel. Auf der Innenseite des Schalensockels ist eingraviert: Evangelische Gemeinde Bensberg-Refrath 19+53
Farbfassung	ungefasst
Künstler	Die Taufschale wurde von Gotthold Schönwandt geschaffen. Die Taufkanne wurde später dazugekauft.
Standort	Wird zur Taufe auf den Altar gestellt.
Kirche	Evangelische Einwohner von Refrath mussten sich während und nach der Reformation hauptsächlich nach Mülheim orientieren, da dort seit 1610 eine ev. Gemeinde existierte. Erst gegen Ende des 19. Jh. begann sich wieder evangelisches Leben in Refrath zu regen. Und erst im Jahre 1930 konnte wieder in einem Saal einer Refrather Gastwirtschaft Gottesdienst gefeiert werden. Als die Gemeinde größer wurde nutzte man für Gottesdienste zuerst die kath. Schule, nach dem Zweiten Weltkrieg zunächst die neuerrichtete evangelische Schule. Erst nachdem ein schon im Jahre 1934 gegründeter Kirchbauverein wieder aktiviert werden konnte, wurde es möglich, im Jahre 1953 mit dem Bau des Refrather Gemeindezentrums zu beginnen. Bei dem darin eingerichteten Kirchsaal handelt es sich um einen schlichten Versammlungsraum, errichtet unter Arch. Schönhagen im Jahre 1953. Begleitende Gemeinderäume bzw. Erweiterungsbauten erfolgten in den Jahren 1981 durch den Arch. Georg v. d. Goltz bzw. im Jahre 1993 durch den Arch. Albrecht Böther-Schultz.
Literatur	Fußbroich, a.a.O., S. 164 f.

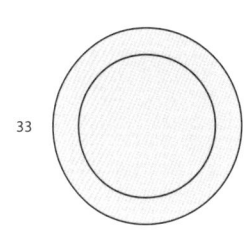

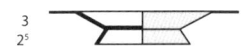

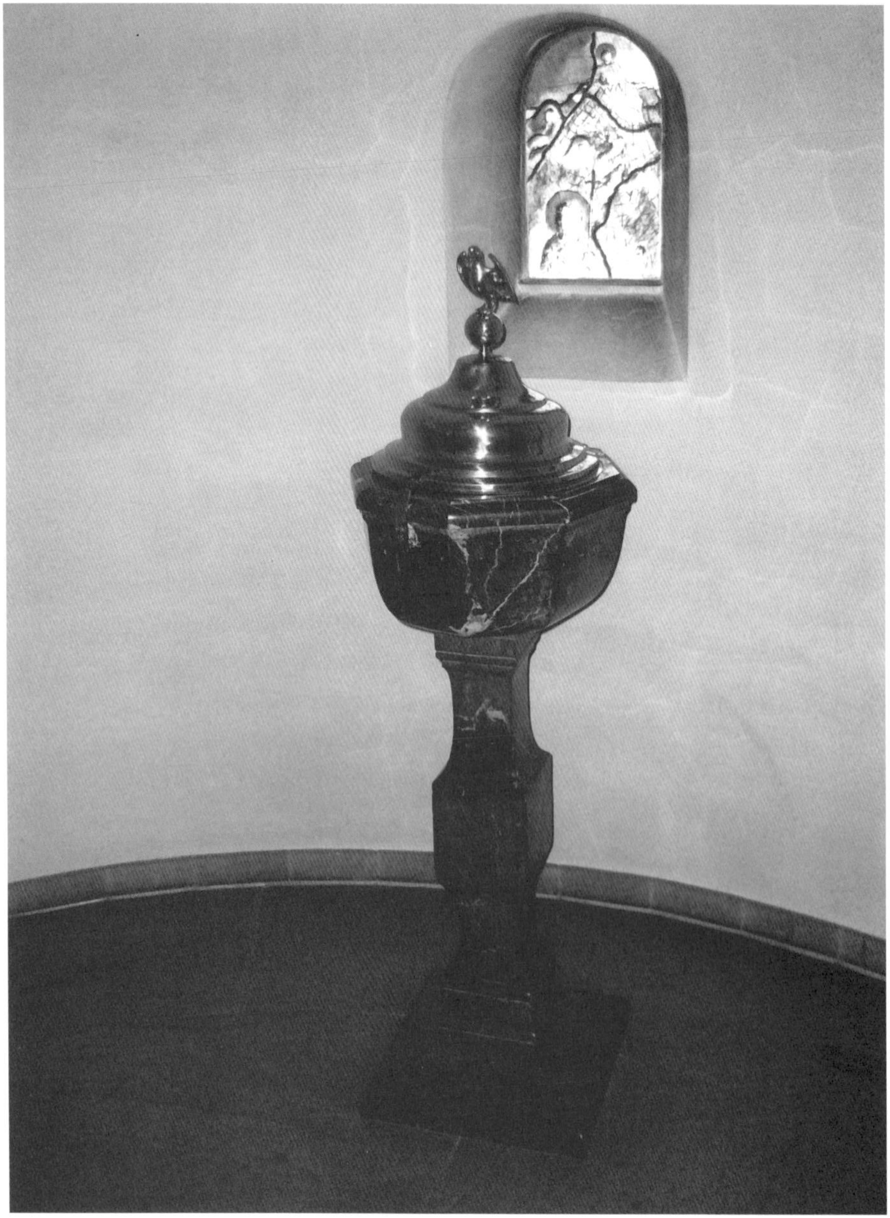

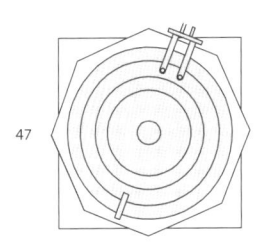

Katalog der Taufen

Taufe **Nr. 62**

Ort Rösrath
(Zentrum)

Kath. Kirche St. Nikolaus von Tolentino
und ehem. Augustiner-Eremiten-Kloster

Alter um 1700

Material Schwarzer Marmor, Messing

Größe H = 112 cm, Ø = 47 cm.

Beschreibung Der quadratische Sockel ist mehrfach geschwungen und getreppt gegliedert. Darauf steht der ebenfalls quadratische, balusterartige Schaft. Die achteckige Cuppa ist passgenau mit einem quadratischen Sockel aufgesetzt. Der obere Abschlussrand des Beckens ist profiliert. Die Schalenvertiefung ist als Halbkugel gearbeitet. Eine neue Messinghaube, bekrönt von einer Kugel, auf der eine Taube mit ausgebreiteten Flügeln sitzt, schließt die Taufe. Sie ist an der Cuppa mit einem Scharnier befestigt.

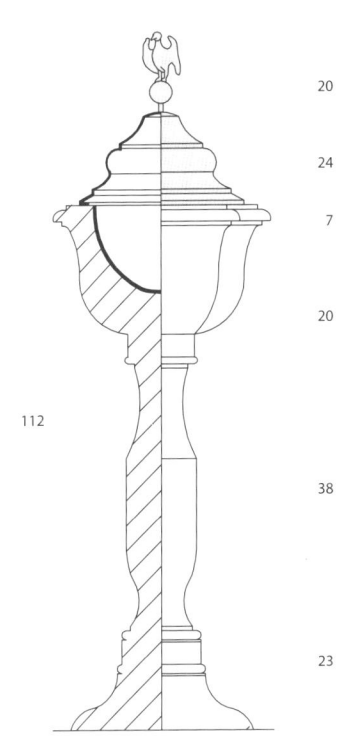

Farbfassung ungefasst

Künstler Vielleicht war es der angesehene Lindlarer Steinhauermeister Leonhard Gutherr (1660-1724), der diese Taufe gefertigt hat. Zumindest passt das Zeitfenster der Erbauung der Kirche mit den Lebensdaten dieses quasi in der Nachbarschaft lebenden Künstlers überein.

Standort In der Südwand des zweiten östlichen Jochs ist eine etwas tiefer gelegene Taufkapelle eingelassen, in der sich das Taufbecken befindet.

Kirche Die Kirche besitzt die Form einer einschiffigen, kreuzrippengewölbten Hallenkirche mit einer polygonalen Apsis auf der Ostseite. Errichtet wurde sie in der Zeit zwischen 1691-1703. Zu Beginn des 20. Jh. ist der Sakralbau wegen Baufälligkeit bis auf die Unterkante der Fenster abgetragen und neu aufgemauert worden. Eine weitere Renovierung erfolgte in den Jahren 1982/84 unter Arch. G. Hagen.

Literatur Wolff, Helmut: Kath. Pfarrkirche Rösrath – Nikolaus von Tolentino – Rösrather Denkmäler 6, Geschichtsverein für die Gemeinde Rösrath und Umgebung e.V., Rösrath 1998; Gernert, Klaus-Dieter/Wolff, Helmut: Chronik der Gemeinde Rösrath, Bd. 1: Von den Anfängen bis zum Ende des 18. Jh., Bd. 2: Von der Franzosenzeit bis zum Ende des 2. Weltkrieges, Rösrath 1993.

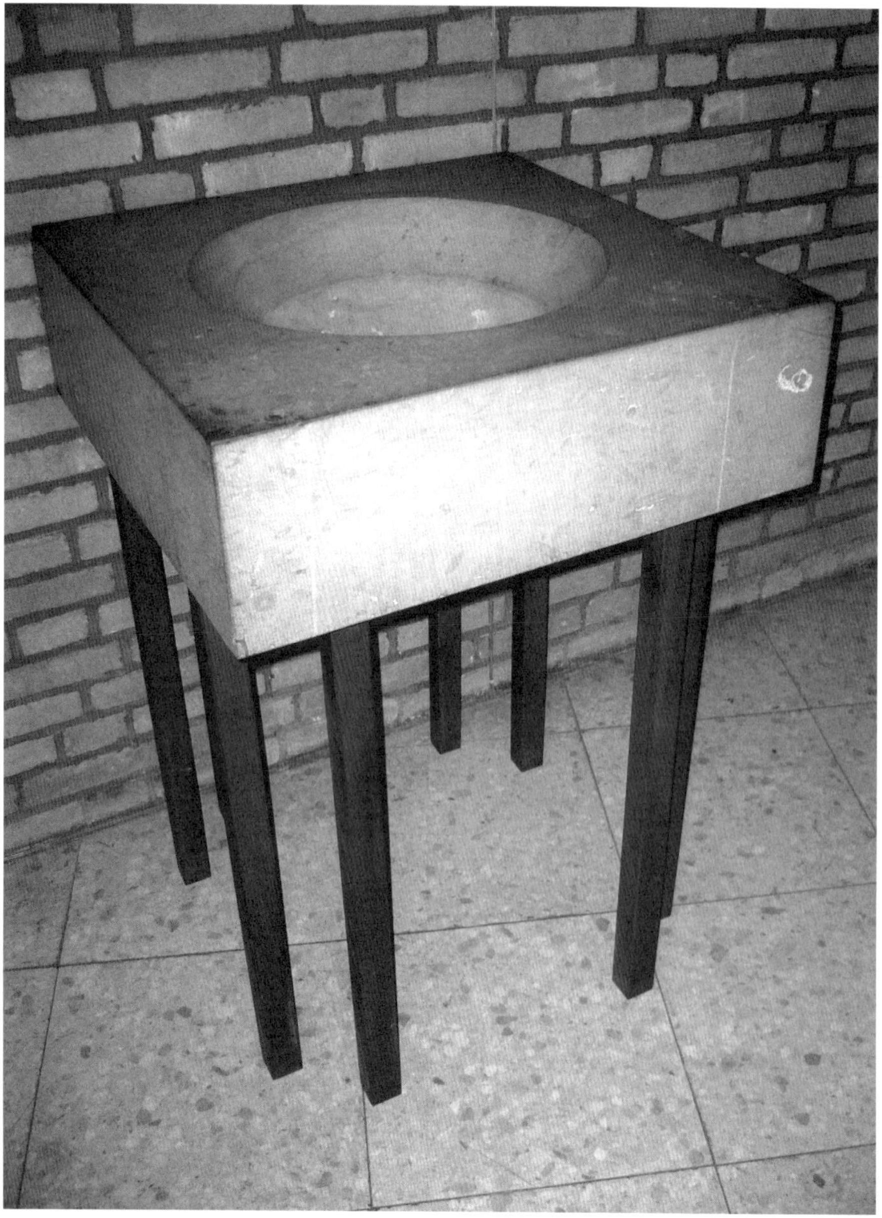

Taufe **Nr. 63**

Ort Rösrath (Zentrum)

Ev. Versöhnungskirche

Alter 1967

Material Stahl, Anröchter Grünsandstein

Größe H = 90 cm, Ø = 65 cm.

Beschreibung Die Taufe besteht aus zwei Teilen. Als Unterbau dient ein umlaufender Stahlrahmen an den an jeder Ecke jeweils zwei Tischbeine, ebenfalls aus Quadratrohr, angeschweißt sind. Diese bilden in ihrer Grundrissstruktur ein gleichschenkeliges Kreuz. Die schmucklose Cuppa ist in Form eines Quaders dem Rahmen aufgelegt. Als Schalenvertiefung dient auf der Oberseite eine flache Halbkugel.

Farbfassung Die Taufe ist ungefasst.

Künstler Der Entwurf der Taufe geht auf den Architekten der Kirche Horst Welsch zurück.

Standort Die Taufe steht noch auf Saalniveau vor dem leicht erhöhten Altarbezirk.

Kirche Am westlichen Ortseingang von Rösrath steht auf einer kleinen Anhöhe die Kirche. Erschlossen wird die Anlage von der Hauptstraße über eine kurze ansteigende Zuwegung. Ein auffällig gestalteter Turm, im Volksmund als „Seelenbohrer" bekannt, bezeichnet zugleich den Anfang eines weiten Platzes, der als Erschließungs- und Versammlungsfläche vor dem Gemeindezentrum angesiedelt ist.

Das Kirchenschiff selbst hat die Form eines Schiffsbugs. Es ist zweigeschossig angelegt und birgt im Erdgeschoss das Gemeinschaftszentrum und im Obergeschoss den Kirchsaal. Die Geschlossenheit dieses Raumes wird lediglich durch ein Lichtband unter der Decke und durch zwei Schlitzfenster im Altarbereich unterbrochen. Errichtet wurde die Kirche einschließlich des Gemeindezentrums im Jahre 1967 durch Architekt Horst Welsch.

Literatur Kieven, a.a.O., S. 217; Fußbroich, a.a.O., S. 184 f.; Rutt, Theodor: Rösrath im Wandel der Geschichte, Hoffnungsthal 1970.

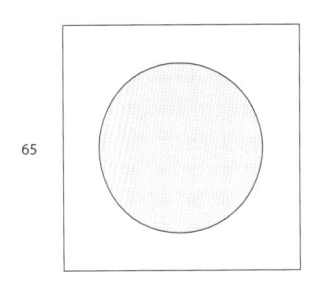

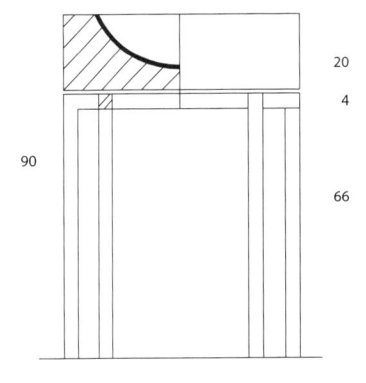

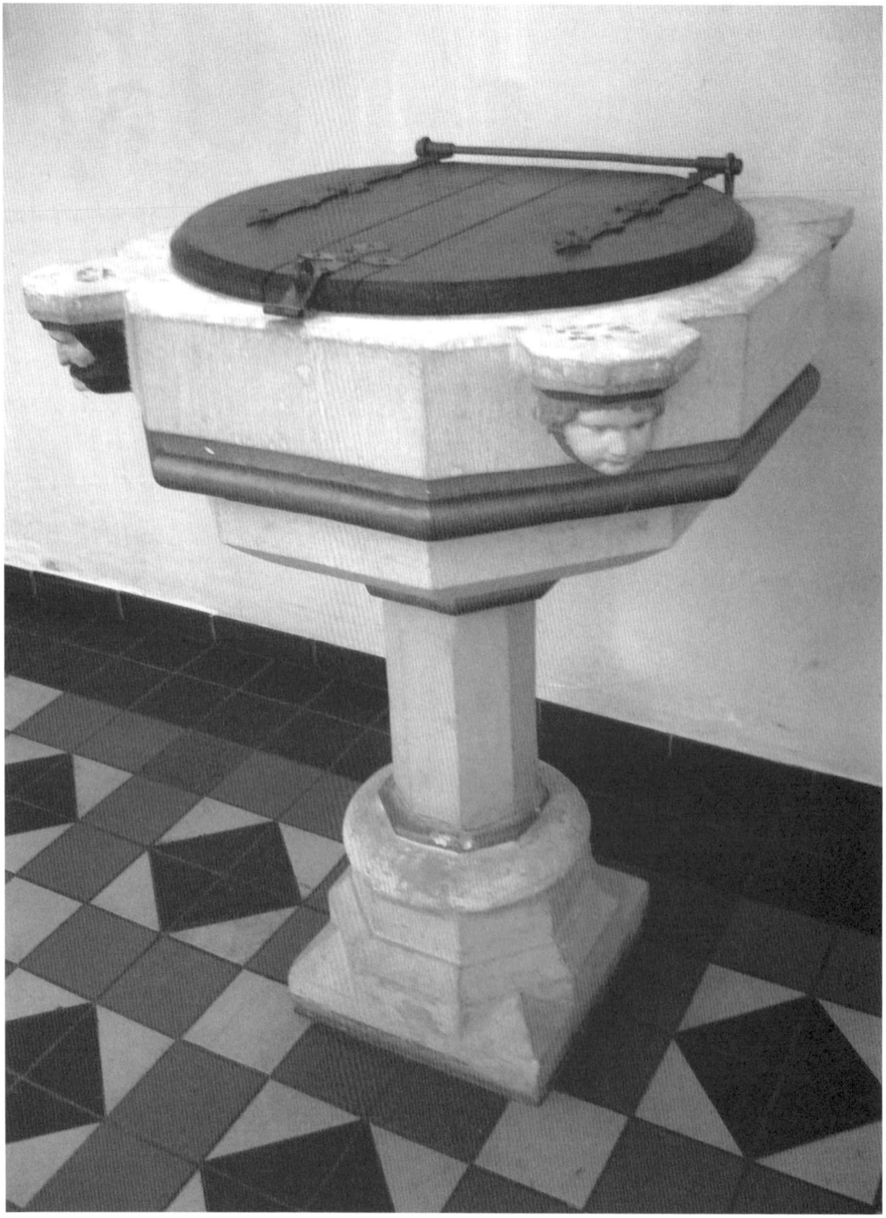

Taufe Nr. 64

Ort Sand
Stadt Bergisch Gladbach

Kath. Pfarrkirche St. Severin

Alter um 1880/86

Material Kunststein, Holzdeckel

Größe H = 101 cm, Ø = 74 cm.

Beschreibung Auf einer quadratischen Plinthe steht ein zweites achteckiges Sockelteil, welches mit einem Doppelwulstmotiv kopfseitig abgeschlossen wird. Darüber sitzt der ansonsten schmucklos gehaltene ebenfalls achteckige Schaft auf, der ebenfalls am Kopf mit einem gerundeten Profilband abschließt. Die weit ausschwingende Cuppa ist als zylindrisches Behältnis aufgesetzt. Jede zweite Cuppawandung ist durch unterschiedlich gestaltete Köpfe geschmückt. Es handelt sich um zwei männliche und zwei weibliche Portraits. Die runde Schalenvertiefung ist als Halbkugel gearbeitet und mit einer Bleifolie ausgekleidet. Als Abdeckung dient ein Holzdeckel, der mit entsprechendem Beschlagwerk versehen ist.

Farbfassung Während der Renovierung zwischen 1984-86 wurde u.a. auch der Taufstein farblich neu gefasst: Sockel und Schaft, Hellblau; Wülste, Gold; Hohlkehlen, rot abgesetzt; Becken, Rosa; die am Beckenrand befindlichen Kopfverzierungen ebenfalls unterschiedlich farbig gefasst.

Künstler Den Entwurf zur Taufe lieferte der Arch. Carl August Lange. Der Steinmetz, der das Werk ausgeführt hat, ist nicht überliefert.

Standort Bis zum Jahre 1984 stand die Taufe im Vorraum des südlichen Seitenschiffes. Heute steht sie im Osten dieses Bauteils, unmittelbar an der Südwand.

Kirche Es handelt sich bei der Kirche um eine dreischiffige Basilika mit fünfseitigem Chorschluss und einem Westturm. Errichtet wurde sie im neugotischen Stil von 1878-81 durch den Architekten August Lange.

Literatur Kieven, a.a.O., S. 45; Panofsky-Soergel, a.a.O., S. 94; Die Geschichte von Sand aus der Chronik der Pfarrgemeinde St. Severin Bergisch Gladbach-Sand, Bergisch Gladbach 1981; Zorn, Aloysius Jakob: Der Architekt August Carl Lange (1834-1884), Diss. Aachen 1980, S. 307 ff.

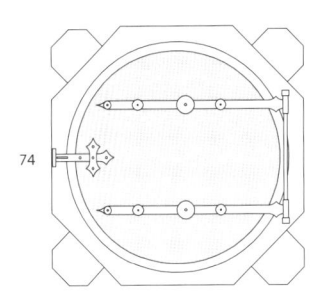

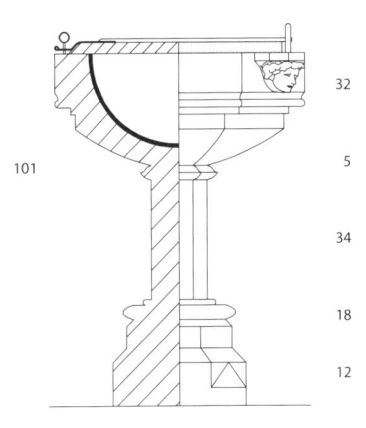

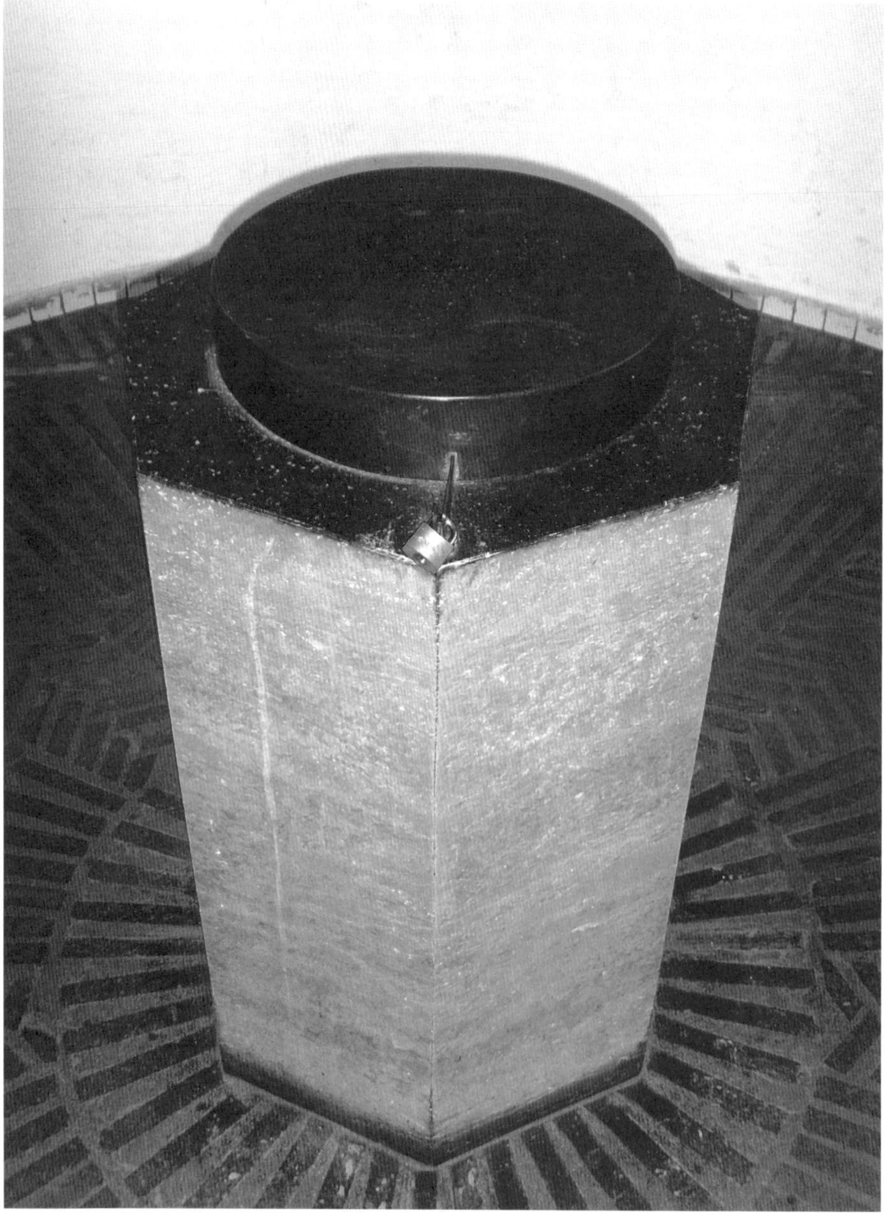

Katalog der Taufen

Taufe	**Nr. 65**
Ort	Schildgen Stadt Bergisch Gladbach Kath. Pfarrkirche Herz Jesu
Alter	1960
Material	Roter Marmor
Größe	H = 80 cm, Ø = 58 cm.
Beschreibung	Schaft und Cuppa des heptagonalen Taufsteines sind aus einem Stück gearbeitet. Die Schalenvertiefung ist rund und zylindrisch geformt. Ein schmuckloser, flacher Deckel schließt die Taufe.
Farbfassung	Die Taufe bzw. der verwendete Beton ist leicht rötlich eingefärbt.
Künstler	Der Entwurf stammt von dem Architekten der Kirche Prof. Gottfried Böhm.
Standort	Der Taufstein ist in einer mit einem eigenen Turm ausgestatteten Taufkapelle zu finden.
Kirche	Die Expansion der katholischen Bevölkerung im Raume Schildgen, v.a. nach dem Zweiten Weltkrieg, hatte zur Folge, dass die erst im Jahre 1929 geweihte Herz-Jesu-Kirche zu klein geworden war und durch einen Neubau ersetzt werden musste. Nach den Plänen des Kölner Architekten Prof. Gottfried Böhm wurde in den Jahren 1957 bis 1960 die heutige Herz-Jesu-Kirche errichtet. Das äußere Bild des Kirchenbaus wird bestimmt von einer festen Mauer, welche die sakralen Bereiche des Pfarrzentrums umschließt. Sechs Türme überragen die orientalisch anmutende Anlage, die an die vieltürmige Stadt Jerusalem als Sinnbild des Gottesvolkes erinnern soll. Die spitzen Kegelhelme markieren aber auch jene Orte, an denen Sakramente gespendet werden. Hinter der Schildmauer erstreckt sich das Kirchengebäude als ein dreiteiliger Baukörper aus Gussbeton. Der Altarraum im Innersten der Anlage wird mit Hilfe einer baldachinartigen Konstruktion, welche das Tageslicht von oben in den Altarbereich durchlässt, zu einer Art Lichtinsel.
Literatur	Kieven, a.a.O., S. 72; Sommerberg, Engelbert: Katholische Kirchengemeinde Herz Jesu, Bergisch Gladbach-Schildgen, Chronik (1908 bis 1985), Leverkusen 1985.

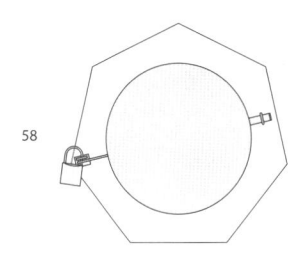

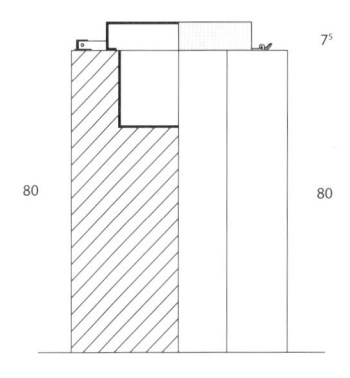

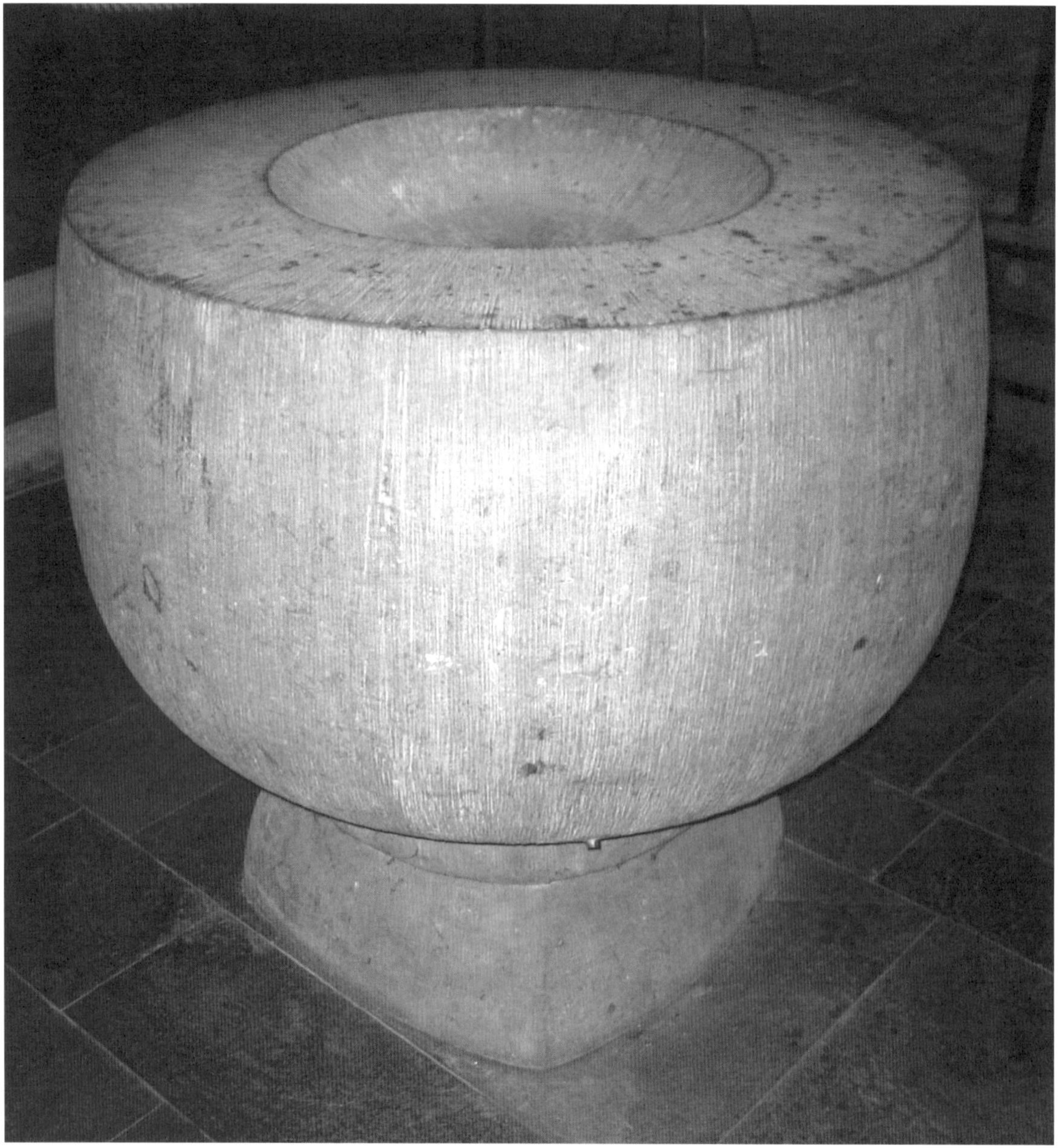

Taufe	**Nr. 66**
Ort	Schildgen Stadt Bergisch Gladbach
	Ev. Andreas Kirche
Alter	1967
Material	Anröchter Dolomit
Größe	H = 90 cm, Ø = 101 cm.
Beschreibung	Die Taufe ist aus drei Teilen zusammengefügt. Der viereckige Sockel ist sowohl an seinen Seiten als auch zur Mitte hin gebaucht. Ein Wulstkissen vermittelt den Übergang zu einer großen weitausladenden Cuppa. Die Schalenvertiefung ist in Form eines flachen Kugelabschnittes in den Stein eingearbeitet.
Farbfassung	Der Taufstein ist ungefasst.
Künstler	Die Taufe wurde von der Bildhauerin Marie Luise Wilckens aus München gefertigt.
Standort	Die Taufstelle ist unmittelbar vor dem Chorbereich angesiedelt und durch eine geringfügige Absenkung des Fußbodens aus dem Saal separiert.
Kirche	Der stetige Zuzug von Ostflüchtlingen nach 1946 zwang die bisher recht kleine Ortsgemeinde, den Gottesdienst nun vor Ort selbst zu organisieren. Im Jahre 1954 entschloss man sich, ein entsprechendes Gemeindezentrum zu erstellen, aber erst im Jahre 1963 konnte über einen beschränkten Architekten-Wettbewerb der zukünftige Architekt, nämlich Bert Gielen aus Bremen, ermittelt werden. Mit dem Bau wurde allerdings erst in den Jahren 1966/67 begonnen. Ein Vorplatz, der die gegen Osten ausgerichtete Saalkirche über die ganze Länge begleitet, schafft zunächst den nötigen Achtungsabstand zur Straße hin. Das Gemeindezentrum besteht aus zwei parallel zueinander angeordneten Baukörpern, die durch einen Verbindungsbau miteinander verknüpft sind. Der größere Riegel ist als Kirche genutzt. Der schlichte Innenraum wird durch ein Satteldach abgedeckt. Ein freistehender Turm ist der Bautengruppe beigestellt.
Literatur	Kieven, a.a.O., S. 73; Fußbroich, a.a.O., S. 160 ff.

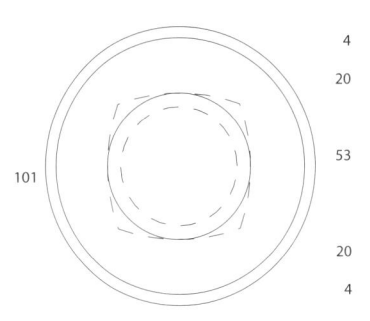

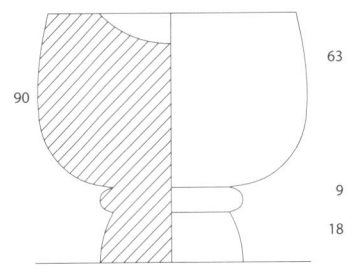

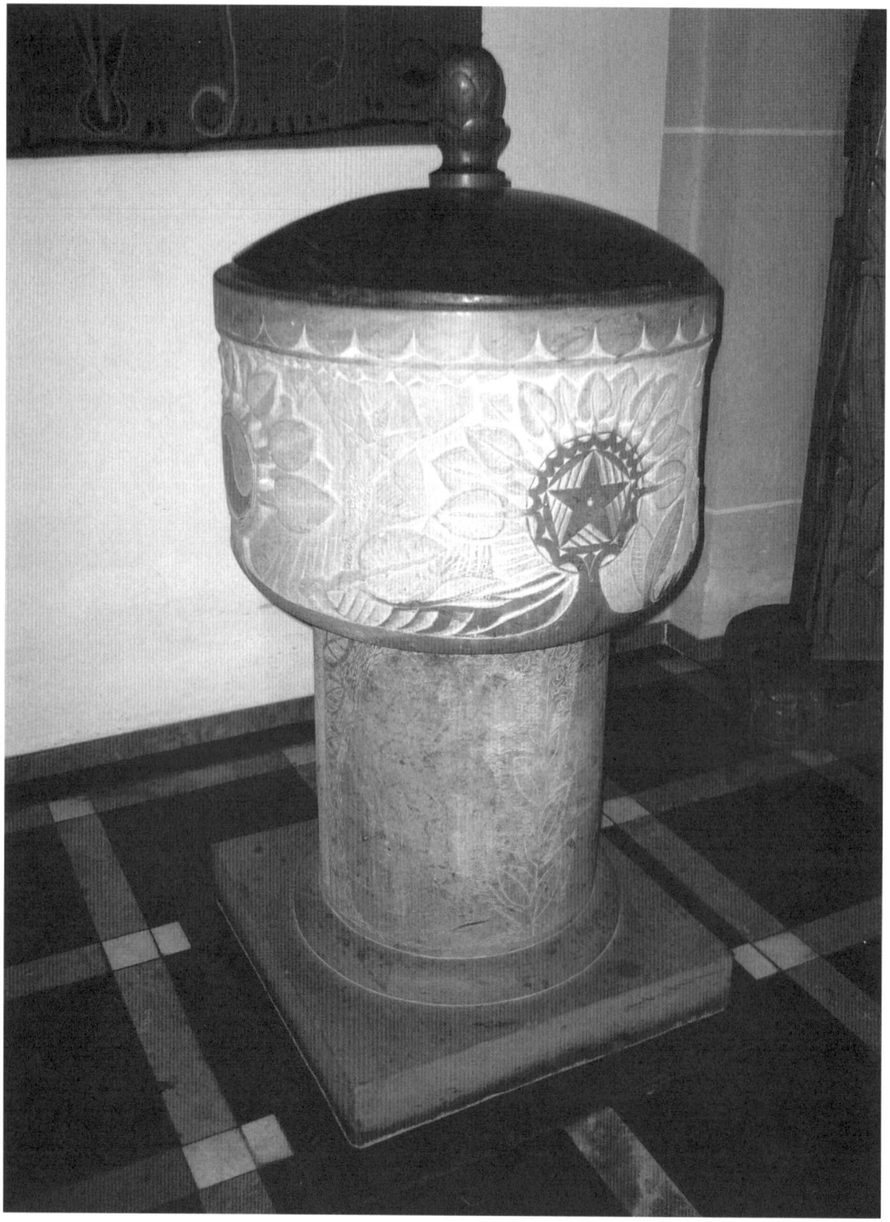

Taufe **Nr. 67**

Ort Steinenbrück
Stadt Overath

Kath. Kirche St. Barbara

Alter 1980er Jahre

Material Anröchter Dolomit, Holzdeckel

Größe H = 104 cm, Ø = 65 cm.

Beschreibung Die Basis bildet eine kräftige quadratische Platte. Der Übergang zur Schaftsäule wird über einen Wulst bewerkstelligt. Die weitausschwingende Cuppa nimmt die zylindrische Form auf und ist am Kopf mit einem nur wenig vorspringenden umlaufenden Schuppenband geschmückt.

Die Taufe gibt in ihrer künstlerischen Durchgestaltung einen stilisierten Lebensbaum wieder. Ihn schmücken vier symbolische Früchte, die auf die Harmonie in der Schöpfung hinweisen und die ersten Zahlen des Goldenen Schnitts (2-3-5) enthalten: für die 2: das Yin-Yang-Symbol (Dunkel und Licht), für die 3: der Dreipass mit gleichseitigem Dreieck, für 2 und 3: das Symbol der mystischen Rose, für die 5: die Kelchblätter einer Rose (vgl. Zielhofer 2004, S. 17). Die Schalenvertiefung ist halbrund angelegt. Der Deckel ist flach gewölbt und von einem Blattzapfen bekrönt.

Farbfassung Der Taufstein ist ungefasst.

Künstler Pfarrer Johannes Langen, der von 1962 bis 1990 Priester an St. Barbara in Steinenbrück war.

Standort Die Taufe steht am östlichen Ende des südlichen Seitenschiffs.

Kirche Es handelt sich um eine dreischiffige Pfeilerbasilika im neuromanischen Stil. Errichtet wurde der Sakralbau in den Jahren 1914 bis 1916 durch Arch. J. Stumpf/Bonn. Ein freistehender Glockenturm kam erst im Jahre 1963/64 dazu. Hier zeichnete der Arch. W. Pollen verantwortlich. Eine Grundsanierung erfolgte im Jahre 1982.

Literatur Kieven, a.a.O., S. 205 f; Zielhofer, Joachim: Die katholische Pfarrkirche St. Barbara in Steinenbrück, in: Achera, Beitrag zur Geschichte d. Gemeinde Overath. Hrsg. Bergischer Geschichtsverein e.V., Abteilung Overath, Overath 2004, S. 16 f.

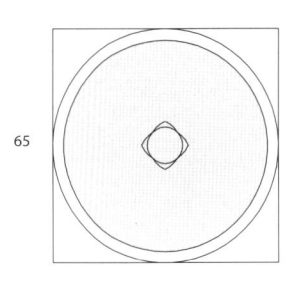

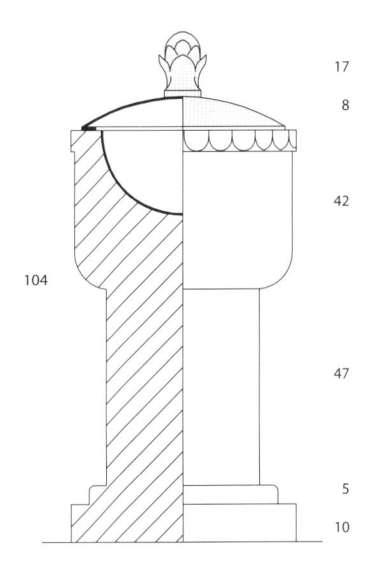

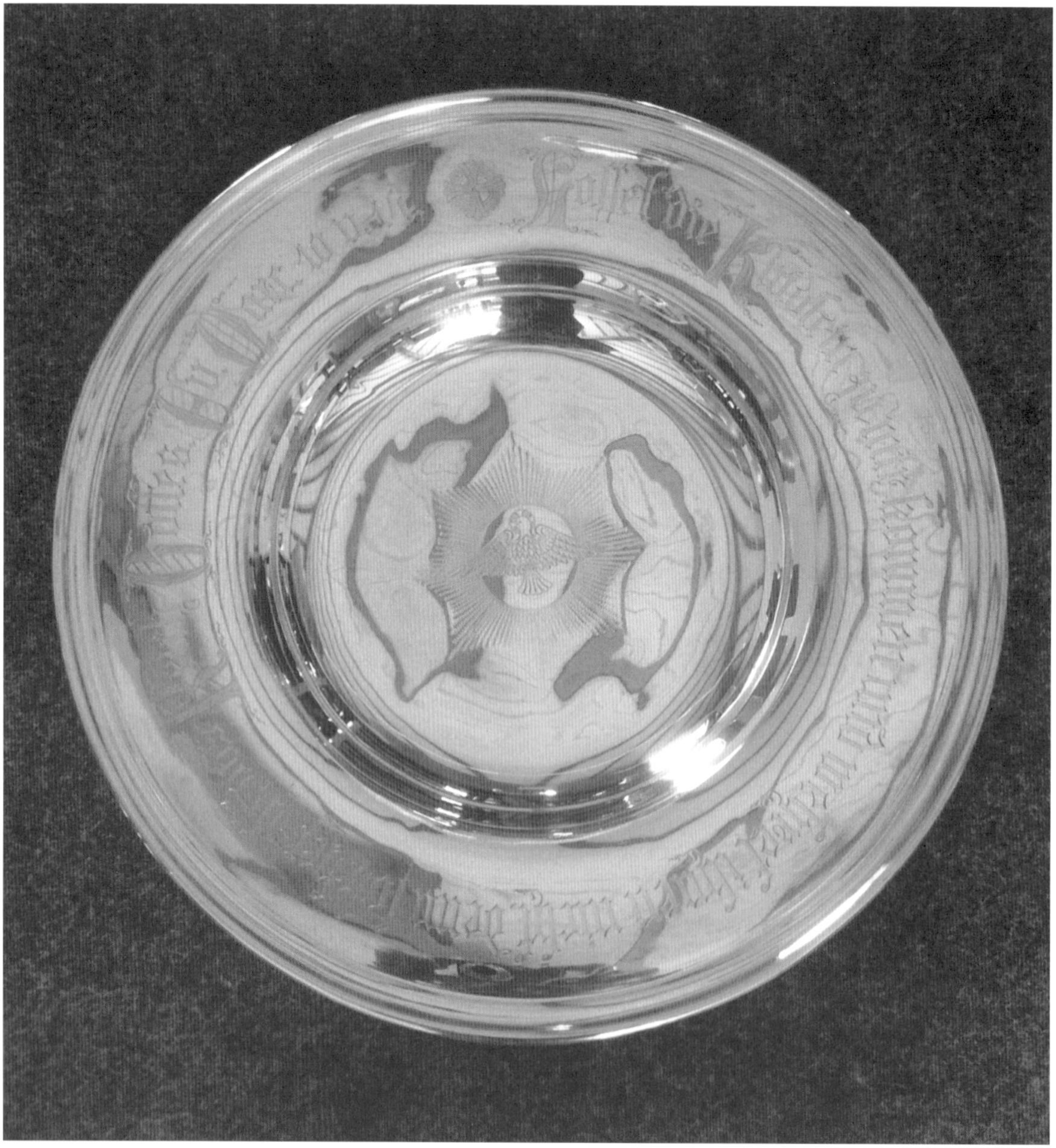

Taufe	**Nr. 68**
Ort	Tente
	Stadt Wermelskirchen
	Ev. Jugend- und Gemeindehaus
Alter	Ständer aus heutiger Zeit, Schale um 19. Jh.
Material	Stahl bzw. Silber
Schalengröße	H = 5 cm, Ø = 38 cm.
Beschreibung	Der aus Stahlrohr gefertigte schlichte vierfüßige Taufständer trägt eine silberne Taufschale. Diese besitzt einen relativ breiten Rand auf dem folgende Inschrift zu lesen ist: *„Lasset die Kindlein zu mir kommen und wehret ihnen nicht, denn solcher ist das Reich Gottes Ev. Marc. 10 V. 14".* Diese Umschrift wird durch ein Radkreuz bereichert. Auf dem Grund der Schale ist ein Hl.-Geist-Motiv in Form einer Taube im Strahlenkranz abgebildet.
Farbfassung	ungefasst
Künstler	Die Schale ist ihrem Duktus nach als Werkstatt-Entwurf in der Firma F. W. Jul. Assmann, „ Königliche Kunstanstalt für Kirchenausstattung" in Lüdenscheid entstanden.
Standort	Der Taufständer wird bei Bedarf vor dem Altar aufgestellt.
Kirche	Vermutungen, dass es sich bei dem Ort Tente bei Wermelskirchen um einen alten Wohnplatz handelt, sind, zumindest bis heute, nicht verifizierbar. Erst in den Kirchenbüchern von 1798 wird „Tente" erstmals erwähnt. Blickt man parallel auf die topographischen Karten jener Zeit, erscheint z.B. in der sog. Ersten preußischen Landaufnahme von Tranchot/v. Müffling, gezeichnet um 1824/25, Tente als ein Ort mit vier bis fünf Häusern. Zwischenzeitlich ist die Gemeinde gewachsen und hat neben einer katholischen auch eine evangelische Kirche. Diese ist in ein Gemeindezentrum eingebunden, das im Jahre 1952 von dem Architekten Rautenbach aus Wermelskirchen errichtet wurde. Es handelt sich um einen schlichten Saalbau, der von einem Satteldach überdeckt und von einem Dachreiter bekrönt wird.
Literatur	Kieven, a.a.O., S. 146.

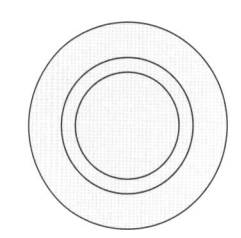

190

Taufe **Nr. 69**

Ort Untereschbach
Stadt Overath

Kath. Kirche St. Maria Himmelfahrt

Alter um 2000/2002

Material Bronze

Größe H = 94 cm, Ø = 41 cm

Beschreibung Die Basis bildet eine quadratische Platte, deren Seitenflächen schräg einfallen. Mittig erhebt sich ein viereckiger Schaft, dessen Seitenflächen mit einer halbkreisförmigen Nut unterteilt sind, sodass über Eck gesehen eine Kreuzform entsteht. Die unmittelbar aufsitzende Cuppa besitzt die Form eines auf den Kopf gestellten Pyramidenstumpfes. Der darüber befindliche Deckel nimmt in der Umkehrung dieses Motiv wieder auf. Der Deckel wird durch ein Kreuz bekrönt. Die Taufschale ist in die Cuppa eingehängt. Die Vorderseite der Taufe zeigt eine Taube mit einem frischen Ölzweig im Schnabel. Ein Hinweis auf die biblische Sintflut-Erzählung in der die Taube die Rolle des frohen Botschafters spielt (Gen. 8, 11), aber auch ein Hinweis als Symbol für den Hl. Geist (Markus 1, 10).

Farbfassung Der Taufstein ist ungefasst.

Künstler Die Taufe ist von Leopoldo Giampieri aus Rom gefertigt. Den Entwurf dazu lieferte Pater Constantino Ruggeri.

Standort Vor dem Altarraum

Kirche Bei der Kirche handelt es sich um einen schlichten Saalbau mit einem flachen Chorschluß im Westen. Errichtet wurde sie in den Jahren 1950 bis 1952 unter dem Architekten E. Blass.

Die sich unmittelbar an die Kirche rückwärtig anschließenden Bereiche wie Kindergarten, Jugendheim und Küsterwohnung konnten im Jahre 1959 eingeweiht werden. Und der für ein Gotteshaus notwendige Glockenturm kam erst im Jahre 1960 hinzu.

Literatur Porschen, Ulrich/Nicke, Herbert: 50 Jahre Pfarrgemeinde St. Marien Untereschbach, Nümbrecht-Elsenroth 2002; Nicke, Herbert (Hrsg.): Untereschbach und Immekeppel im mittleren Sülztal, Wiehl 1997.

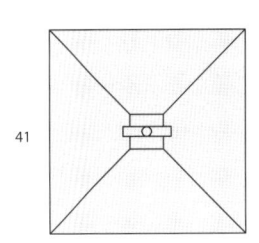

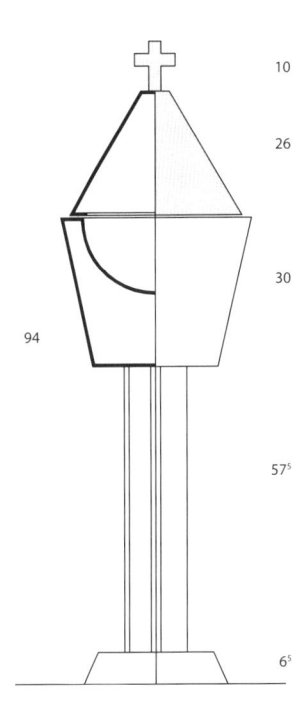

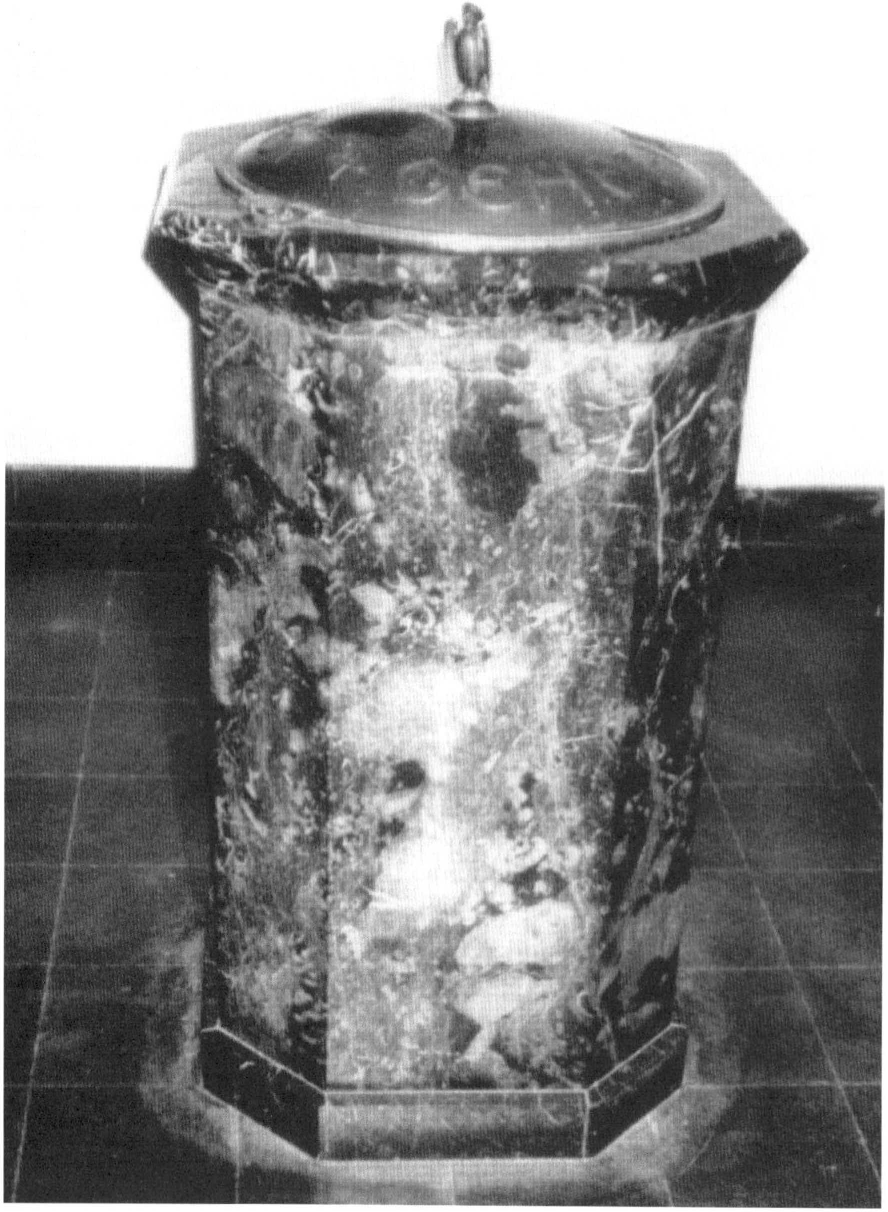

Taufe	**Nr. 70/A**
Ort	Vilkerath
Stadt Overath

Kath. Kirche St. Maria Hilf
Die ehemalige Taufe ist heute nicht mehr aufzufinden. |
Alter	1952
Material	Schwarzer Lindlarer Marmor, Kupferblech
Größe	H = 110 cm, Ø = ca. 68 cm.
Beschreibung	Die Taufe ist sehr schlicht gearbeitet. Ein achteckiger Zylinder steigt konisch nach oben. Am Fuß ist eine Sockelleiste mit nach innen steigender Schräge angearbeitet. Als oberer Abschluss dient ein ebenfalls mit Schrägen versehener Fries. Die Schalenvertiefung darf in Form einer Halbkugel angenommen werden. Als Abdeckung diente ein aus Kupferblech gefertigter Deckel mit einer Taube als Bekrönung (Inschrift vgl. 70/ B). Diese Abdeckung schließt heute das neue Taufbecken ab.
Farbfassung	Der Stein ist ungefasst.
Künstler	Bei der Ausstattung der Kirche legte man sehr großen Wert darauf, möglichst einheimische Materialien einzusetzen. Deshalb verwendete man für den Altar, die Kommunionbank und für die Taufe den schwarzen Marmor aus dem Steinbruch der Gebrüder Pack in Linde. Der Block für den Taufstein wurde dort gebrochen, geschnitten und geschliffen. Den Entwurf hierzu lieferte vermutlich der Architekt der Kirche H. P. Fischer aus Köln.
Standort	Die Taufe stand unter dem Orgeltisch, auf der rechten Seite des Zuganges in der Art einer offenen Taufkapelle.
Kirche	Eine Notkirche aus dem Jahre 1896 war der Vorgängerbau dieser dreischiffigen Halle mit breitem Westgiebel und glattem Chorschluss im Osten. Der Bau wurde im Wesentlichen im Jahre 1952 unter dem Architekten H. P. Fischer aus Köln errichtet. Der Glockenturm stammt aus dem Jahre 1958 (Arch. Lob aus Siegburg). Umfangreiche Reparaturmaßnahmen und eine umfassende Umgestaltung erfolgten im Jahre 1990.
Literatur	Jacobi, a.a.O., S. 161.

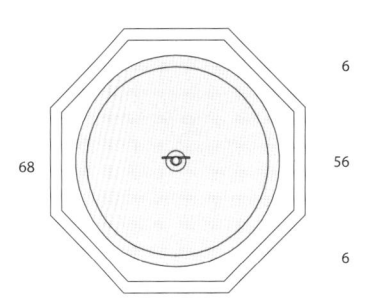

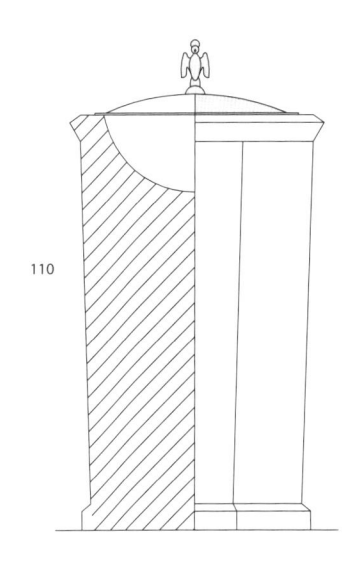

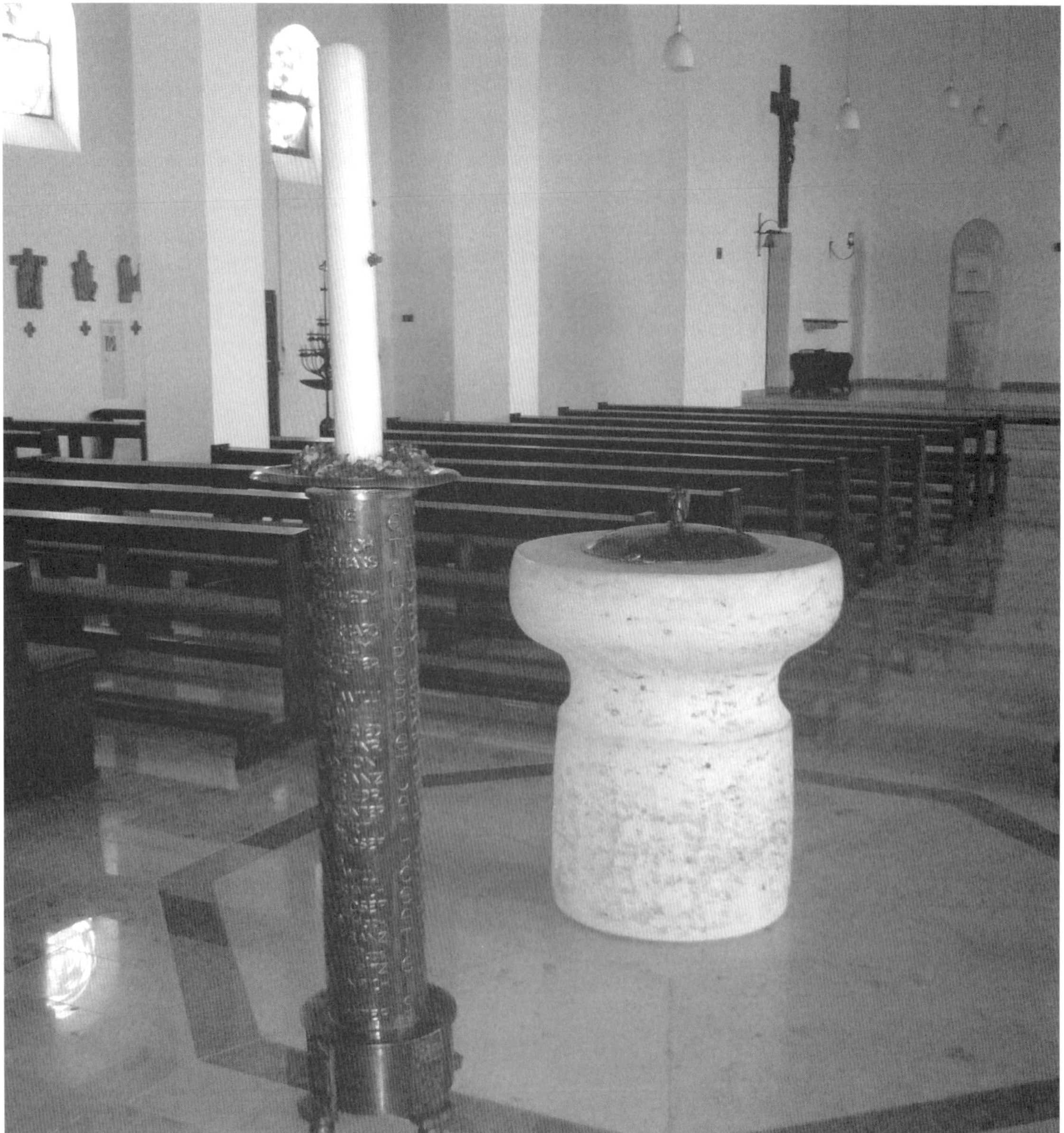

Taufe	**Nr. 70/B**
Ort	Vilkerath Stadt Overath Kath. Kirche St. Maria Hilf
Alter	1999
Material	Juragestein aus Augsburg, Kupferblech
Größe	H = 98 cm, Ø = 88 cm.
Beschreibung	Die Taufe ist aus einem Stück gefertigt. Eine mächtige schmucklose Säule bildet für die Taufe Sockel und Schaft. Am Kopf des Stützgliedes vermittelt eine Hohlkehle zur darüber befindlichen weit ausladenden Cuppa. Die Oberflächen der Taufe zeigen eine unterschiedliche Bearbeitungstiefe, die von grob behauen (Schaft) bis zu fein poliert (Cuppa) reicht. Die Schalenvertiefung ist rund. Der aus Kupferblech gefertigte Deckel besitzt die Aufschrift: + *GEHET·HIN·UND·TAUFET* + Als Bekrönung ist dem Motiv eine Taube mit Heiligenschein (sog. Nimbus) aufgesetzt.
Farbfassung	Der Stein ist ungefasst.
Künstler	Die Taufe (einschl. Altar, Tabernakel, Ambo und Priestersitz) schuf der Bildhauer Christoph Wilmsen-Wiegmann.
Standort	Die Taufe ist nach Westen orientiert und steht unmittelbar hinter dem Zugang zum Kirchenraum.
Kirche	Eine Notkirche aus dem Jahre 1896 war der Anfang für die Glaubensgemeinschaft in Vilkerath. Durch den enormen Zuzug nach dem Zweiten Weltkrieg war die Bevölkerung stark angewachsen. Die Notkirche reichte nicht mehr aus, sodass man sich für einen Neubau entscheiden musste. So entstand im Jahre 1952 eine dreischiffige Hallenkirche mit breitem Westgiebel und glattem Chorschluss im Osten. Architekt war H.P. Fischer aus Köln. Der Glockenturm stammt aus dem Jahre 1958 (Arch. Lob aus Siegburg). Umfangreiche Reparaturmaßnahmen und eine umfassende Umgestaltung erfolgten im Jahre 1990.
Literatur	Kieven, a.a.O., S. 197 f.; Schwamborn, Aloys: Vilkerath, Ein Dorf im Aggertal, Bd. 3, Vilkerath 2001, S. 116; Jacobi, a.a.O., S. 161.

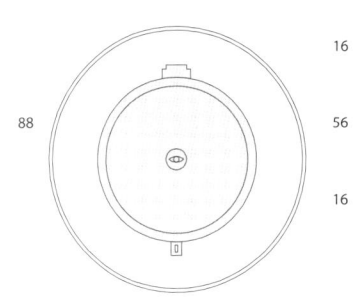

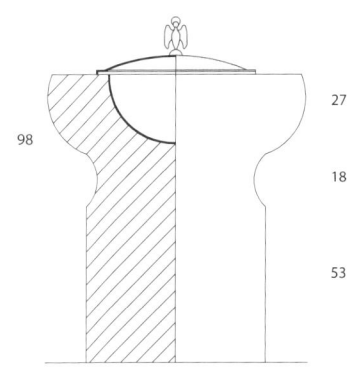

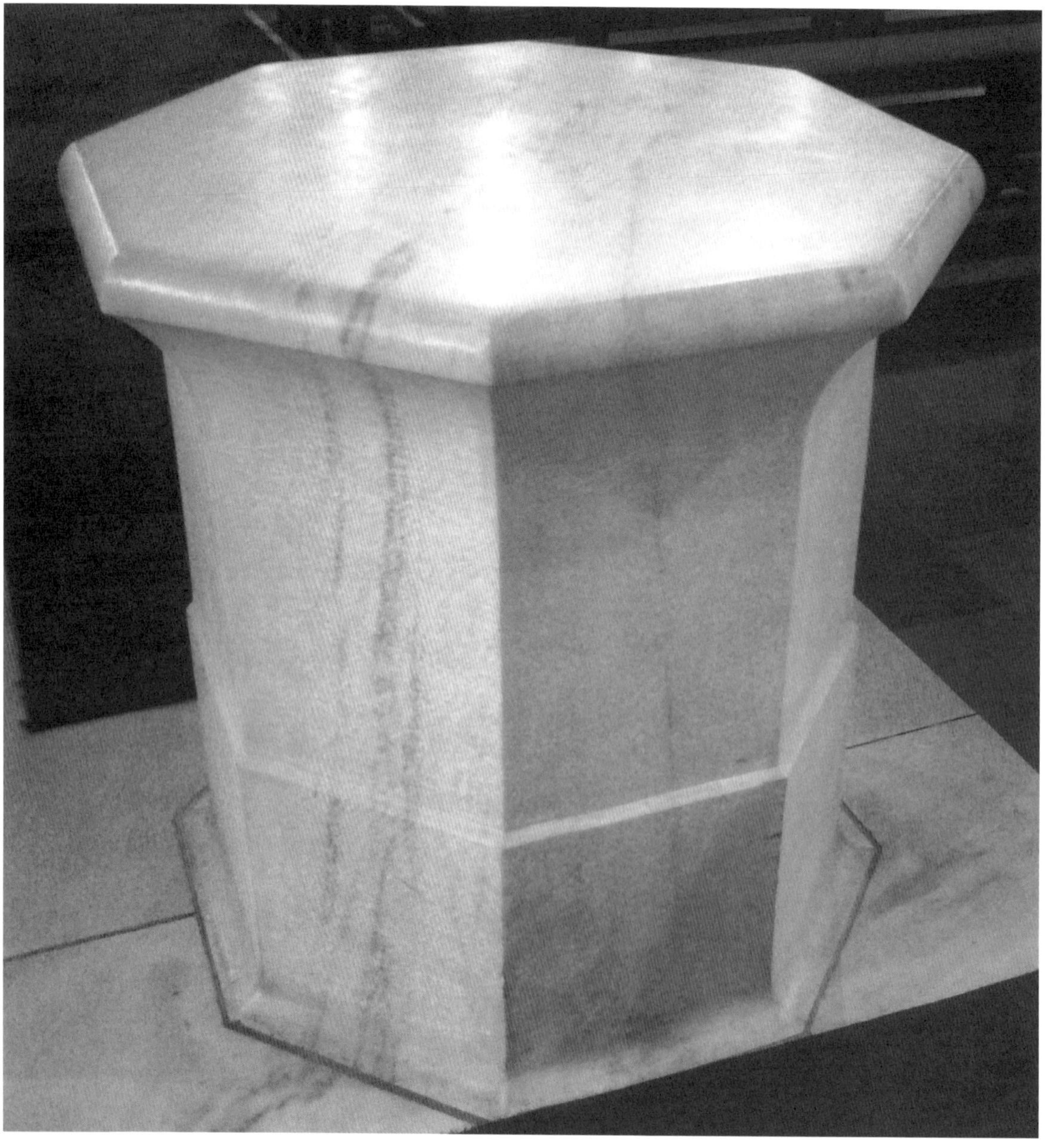

Taufe	**Nr. 71**
Ort	Voiswinkel Gemeinde Odenthal
	Kath. Kirche St. Engelbert
Alter	1963
Material	Carrara-Marmor
Größe	H = 95 cm, Ø = 95 cm.
Beschreibung	Die Taufe ist aus einem Stück gefertigt. Der oktogonale, als Hohlkehle ausgebildete Sockel geht in einen glatten, zylindrischen Schaft über. Nach ca. einem Drittel der Höhe wird der Querschnitt des Schaftes über eine Schräge allseitig geringfügig reduziert. Am Kopf schwingt der achteckige Zylinder in Form eines konkaven Zierprofils allseitig nach außen und schließt mit einem gewölbten Rand ab. Eine Schalenvertiefung ist nicht vorhanden, da die Stele lediglich als Unterbau für das Taufgerät (Schale und Kanne) dient, das bei entsprechenden Feierlichkeiten zum Einsatz kommt.
Farbfassung	Die Taufe ist ungefasst.
Künstler	Die Stele ist von dem Bildhauer Olaf Höhnen aus Köln gefertigt worden.
Standort	Die Taufstele steht, Axial zum Altar, im Eingangsbereich der Kirche.
Kirche	Die Kirche ist als Saalbau über einem quadratischen Grundriss entwickelt. Auf der Ostseite ist ein trapezförmiger Anbau angeschlossen, indem sich der Taufstein befindet. Der mit einem Pultdach gedeckte Innenraum wird v.a. durch einen großzügig verglasten Westgiebel geprägt. Die Kirche wurde im Jahre 1963 unter der Leitung des Entwurfsverfassers Architekt Herbert Herrmann aus Trier errichtet. Die Kirche in Voiswinkel ist eine sog. „Filialkirche" von Odenthal, d.h., sie existiert als Nebenkirche neben einer Haupt- oder Pfarrkirche. Seit 2007 wurde in der Erzdiözese Köln begonnen, mehrere Pfarrgemeinden zu Großgemeinden zusammenzufassen. Dabei entsteht eine Hauptkirche, dazu (mehrere) Gemeindekirchen mit evtl. je eigenen Filialkirchen. Da diese oft finanziell nicht mehr gehalten werden können, müssen sie sukzessive profanisiert oder abgerissen werden.
Literatur	Kieven, a.a.O., S. 93.

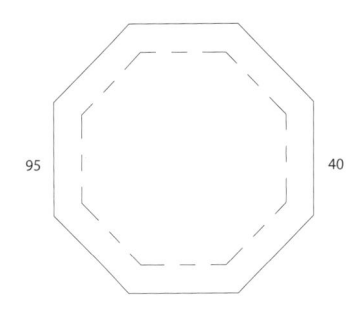

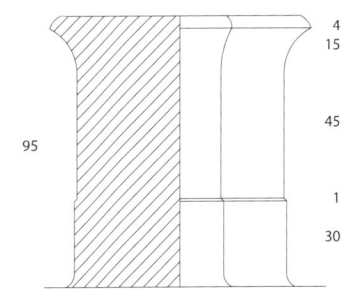

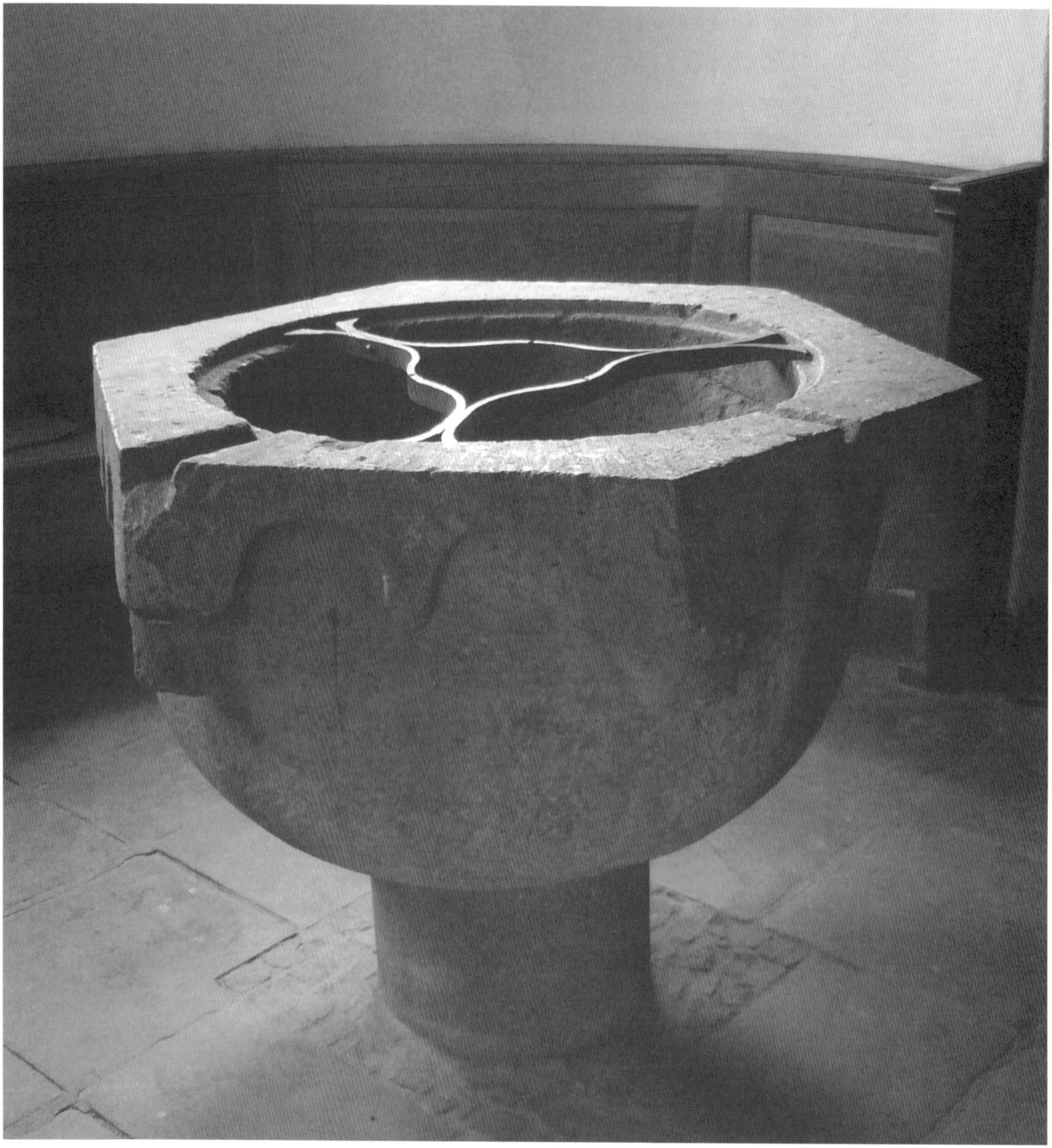

Katalog der Taufen

Taufe	**Nr. 72/A**
Ort	Volberg Gemeinde Rösrath Ev. Kirche
Alter	12. Jh.
Material	Andesit aus dem Siebengebirge
Größe	H = 96 cm, Ø = 105 cm.
Beschreibung	Die Taufe besteht aus zwei Teilen. Ein aus unserer Zeit stammender säulenförmiger Mittelzylinder trägt, wie ehemals wieder, die noch aus romanischer Zeit stammende Cuppa. Ihr Zustand ist roh und zuweilen nicht ganz im richtigen Winkel behauen. Der obere Abschluss der weit ausladenden Cuppa bildet ein sechseckiges Gesims von vorspringenden kleinen Rundbogen. Sechs ehemals freistehende schlanke Säulchen umstellten den Kessel bzw. stützten den Beckenrand, wie man an den noch vorhandenen Ansätzen erkennen kann. Da eine Kapitellausbildung fehlt, dürften auch die Basen der Stützglieder minimalistisch ausgefallen sein. Die Schalenvertiefung ist halbkugelförmig in den Stein eingehauen. Als Abdeckung dient heute eine aus geschweiften schmiedeeisernen Stäben hergestellte Absperrvorrichtung.
Farbfassung	Der Stein ist ungefasst.
Künstler	Unbekannter Steinmetz aus dem Siebengebirge.
Standort	Der rom. Taufstein ist in der Turmkapelle, die heute als Sakristei genutzt wird, aufgestellt.
Kirche	Die Anfänge der romanischen Vorgängerkirche lassen sich zeitlich nicht mehr exakt fassen. Für das 9. Jh. ist zumindest eine Eigenkapelle (mit Priester) und um 1275 eine Pfarrkirche bezeugt. Der heutige Sakralbau wurde im Wesentlichen in der Zeit zwischen 1788-90 errichtet. Lediglich das Turmuntergeschoß einschließlich der Apsis stammt noch aus dem 12. Jh.
Literatur	Kieven, a.a.O., S. 224; Clemen, a.a.O., S. 286; Fußbroich, a.a.O., S. 231 ff.; Jacobi, a.a.O., S. 74 ff.; Gustav Halke: Geschichte der evangelischen Gemeinde Volberg, Volberg 1938, S. 63 f.; Panofsky-Soergel, a.a.O, S. 96.

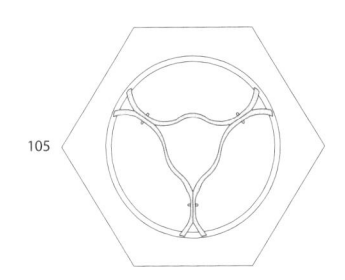

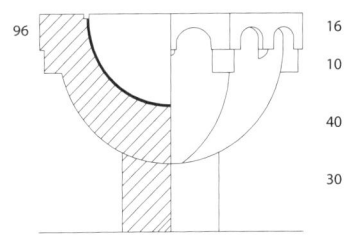

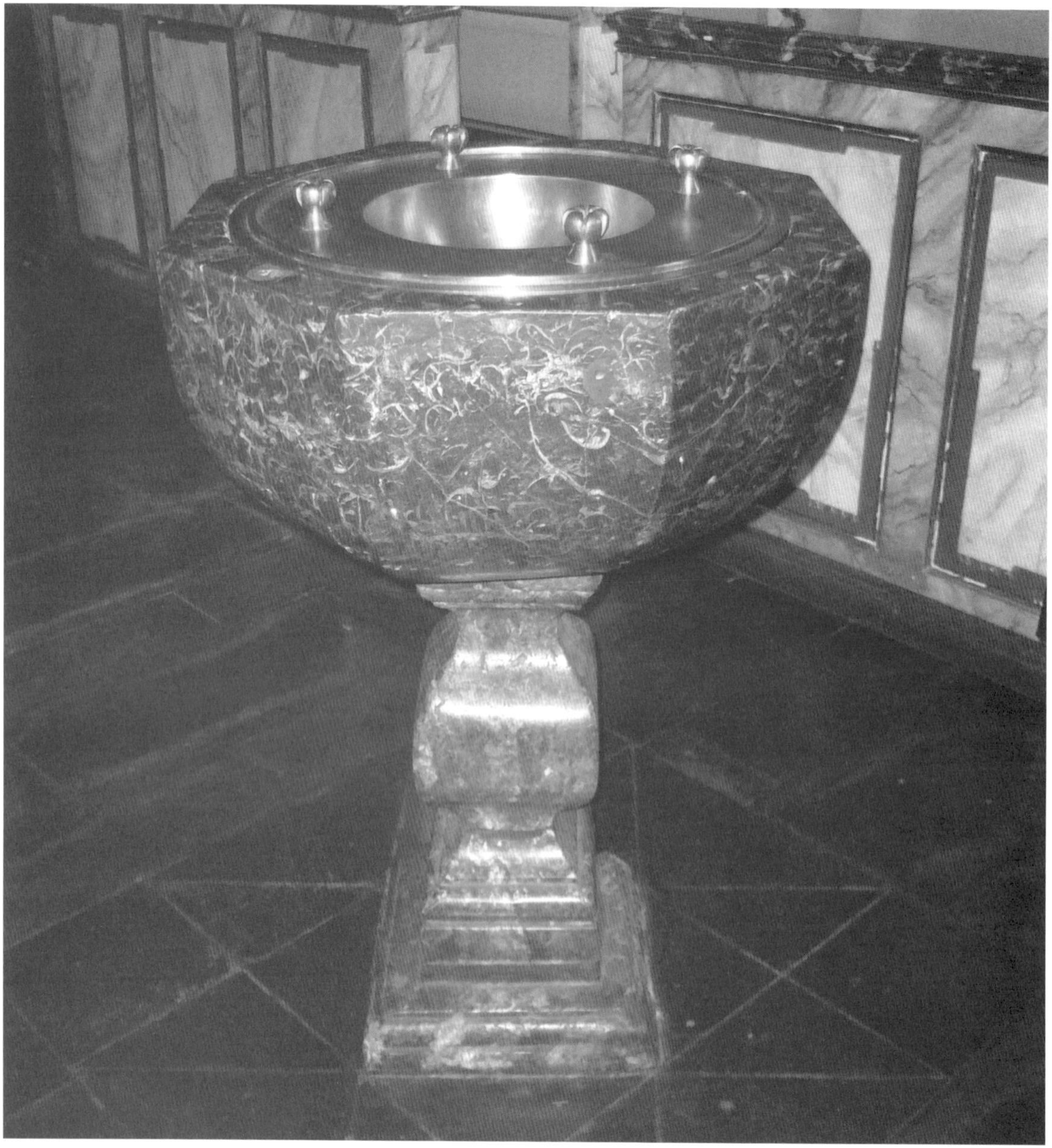

Taufe	**Nr. 72/B**
Ort	Volberg Stadt Rösrath
	Ev. Kirche
Alter	1703
Material	Rötlich und weiß geäderter Marmor (vermutlich aus der Umgebung von Heiligenhoven), Haube aus Messing
Größe	H = 101 cm, Ø = 73 cm.
Beschreibung	Die Taufe ist in zwei Teilen, Sockel mit Schaft und Cuppa gearbeitet. Der quadratische Sockel ist getreppt bzw. geschwungen gegliedert. Das zweite Segment bildet der quadratische, balusterartige Schaft, dessen nach außen schwingendes Mittelteil ungestaltet bleibt. Auf den quadratischen Schaftkopf ist die achtseitige Cuppa gestellt. Auf ihrer Oberseite ist eine runde Messingplatte mit einer halbkugeligen Schalenvertiefung eingelassen. Vier Blattkugeln rahmen das Motiv. Ebenfalls halbkugelförmig ist der modern gefasste Deckel mit Bekrönung.
Farbfassung	Die Taufe ist ungefasst.
Künstler	Folgendes ist überliefert: „*…Dieser Taufstein ist 1703 von dem Meister Lenert in Lindlar verfertigt worden für die Summa von 20 Rth. Es war accordirt den Taufstein nach dem Muster zu machen als H. Pastor zu St. Cuniberti zu Cölln einen nach Mülheim verehrt. Der uhralte Taufstein, so vorhero einige hundert Jahre von den Römisch Catholischen und Evangel. Lutherischen war gebraucht worden ist gegen das Jahr 1701 aus der Kirche geräumet worden …*" (Ev. Kirchenarchiv Volberg, Akte 729 – Transkription Akte 632). D.h., wir kennen sowohl die Herkunft des Materials, den Steinmetzen als auch das Datum der Herstellung. Außerdem ist es durch Jakobis Forschungen gelungen, unter Meister Lenert den Lindlarer Steinhauermeister Leonhard Gutherr nachweisen zu können.
Standort	Der Taufstein ist neben dem Altar auf Saalniveau aufgestellt.
Kirche	vgl. Taufe Nr. 72/A
Literatur	Kieven, a.a.O., S. 224; Fußbroich, a.a.O., S. 231 ff.; Jakobi, a.a.O., S. 74 ff.; Panofsky-Soergel, a.a.O., S. 96.

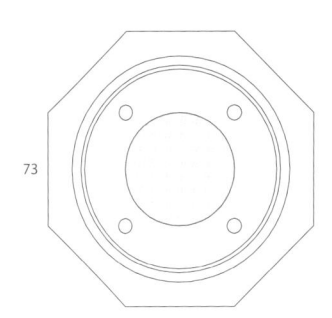

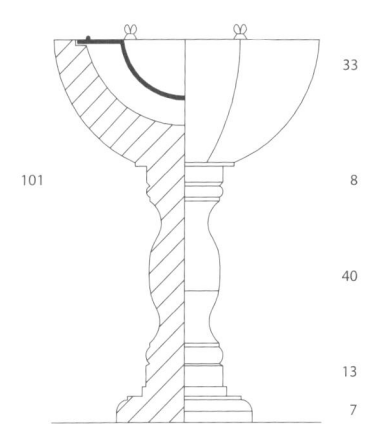

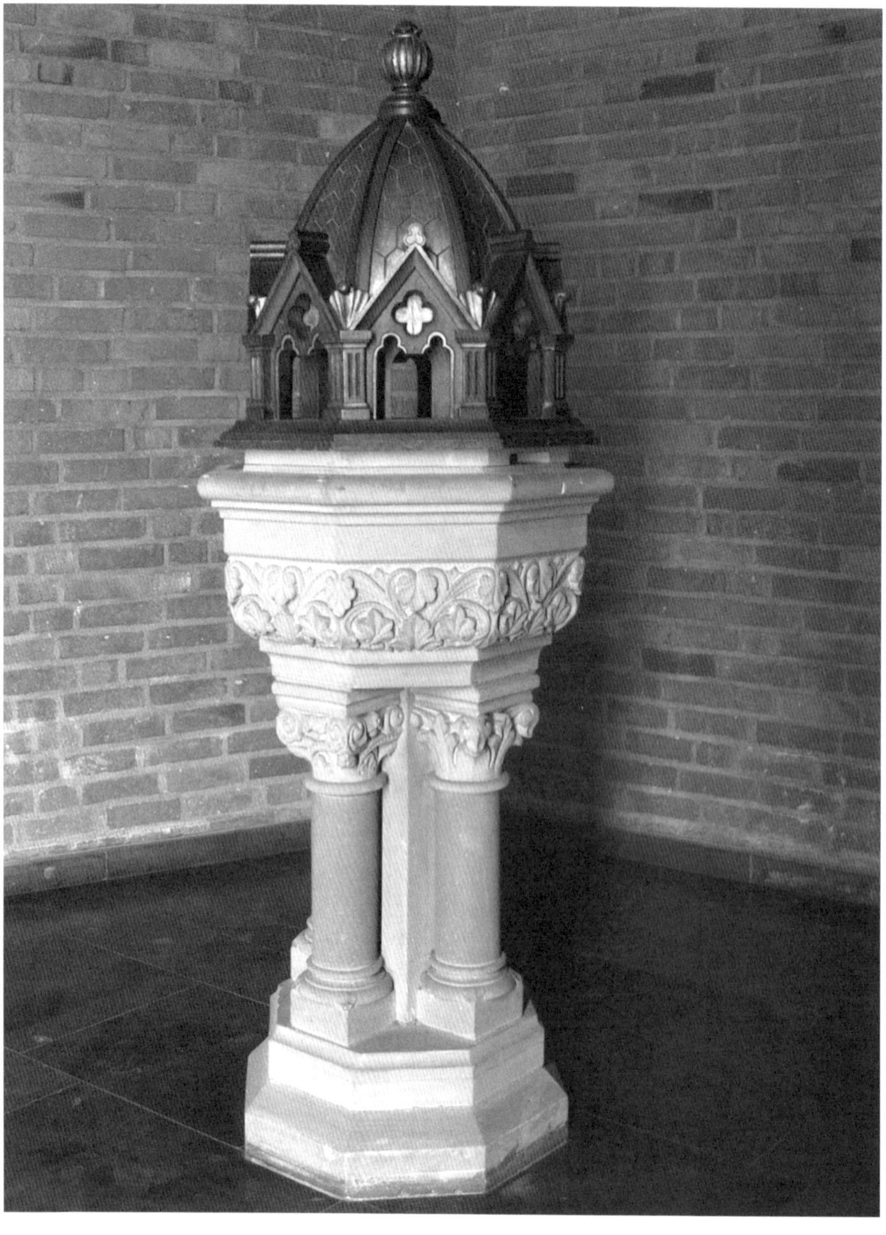

Taufe	**Nr. 73**
Ort	Wermelskirchen (Zentrum)
	Kath. Kirche St. Michael
Alter	um 1840
Material	Sandstein, Holz
Größe	H = 115 cm, Ø = 72 cm.
Beschreibung	Die oktogonale Taufe ist aus drei Teilen gefertigt. Der achteckige Sockel ist zweistufig angelegt. Zunächst steigt er zylindrisch auf, schrägt dann ab und leitet dadurch in sein Kopfteil über. Der Schaft besteht aus einem Pfeiler, dem auf allen vier Seiten jeweils eine Säule vorgelegt ist. Diese schmücken am Fuß Tellerbasen und am Kopf dickfleischige Blattkapitelle. Auf ihnen ruht die ausladende Cuppa. Der gewölbte untere Teil beginnt zunächst mit einem steigenden Karnies. Ein umlaufendes Band aus Blattwerk nimmt den konvexen Schwung der Glockenleiste auf. Ein Profilband, mehrfach getreppt und mit einer gerundeten Abschlusskante versehen, schließt die Cuppa kopfseitig ab. Die Schalenvertiefung ist als Halbkugel gearbeitet und mit einer Kupferschale ausgekleidet. Ein aufwendiger Schmuckdeckel ist der Taufe aufgesetzt. Der Unterbau der achteckigen Überkuppelung besteht aus maßwerkgeschmückten Giebelfeldern. Die darüber aufsteigende Spitzkuppel ist an jeder Ecke des Oktogons durch eine aufsteigende Bandrippe untergliedert. Der Scheitel der Kuppel ist mit einem Knauf bekrönt.
Farbfassung	Der Deckel ist grün und rot gefasst, die Architekturteile zum Teil vergoldet.
Künstler	Das Taufbecken stammt aus der alten Kirche. Der Künstler ist unbekannt.
Standort	Die Taufe steht heute im Altarbereich.
Kirche	Einer im Jahre 1704 errichteten kleinen Kirche folgte im Jahre 1838 ein Neubau in neugotischer Formensprache. 1962 erfolgte, aufgrund einer schlechten Ausführung, die Niederlegung und ein Neubau nach den Plänen des Arch. Hans Schilling. Lediglich der Turm der Vorgängerkirche blieb als Campanile erhalten.
Literatur	Kieven, a.a.O., S. 136.

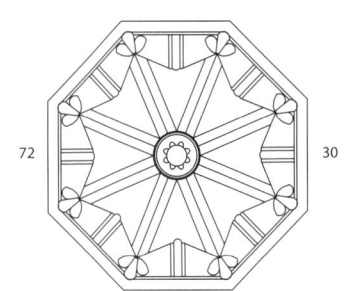

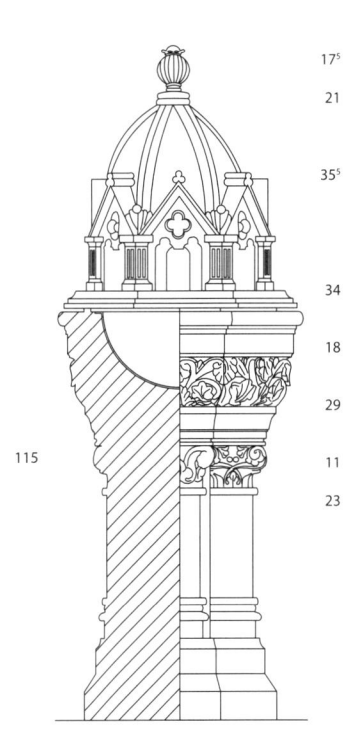

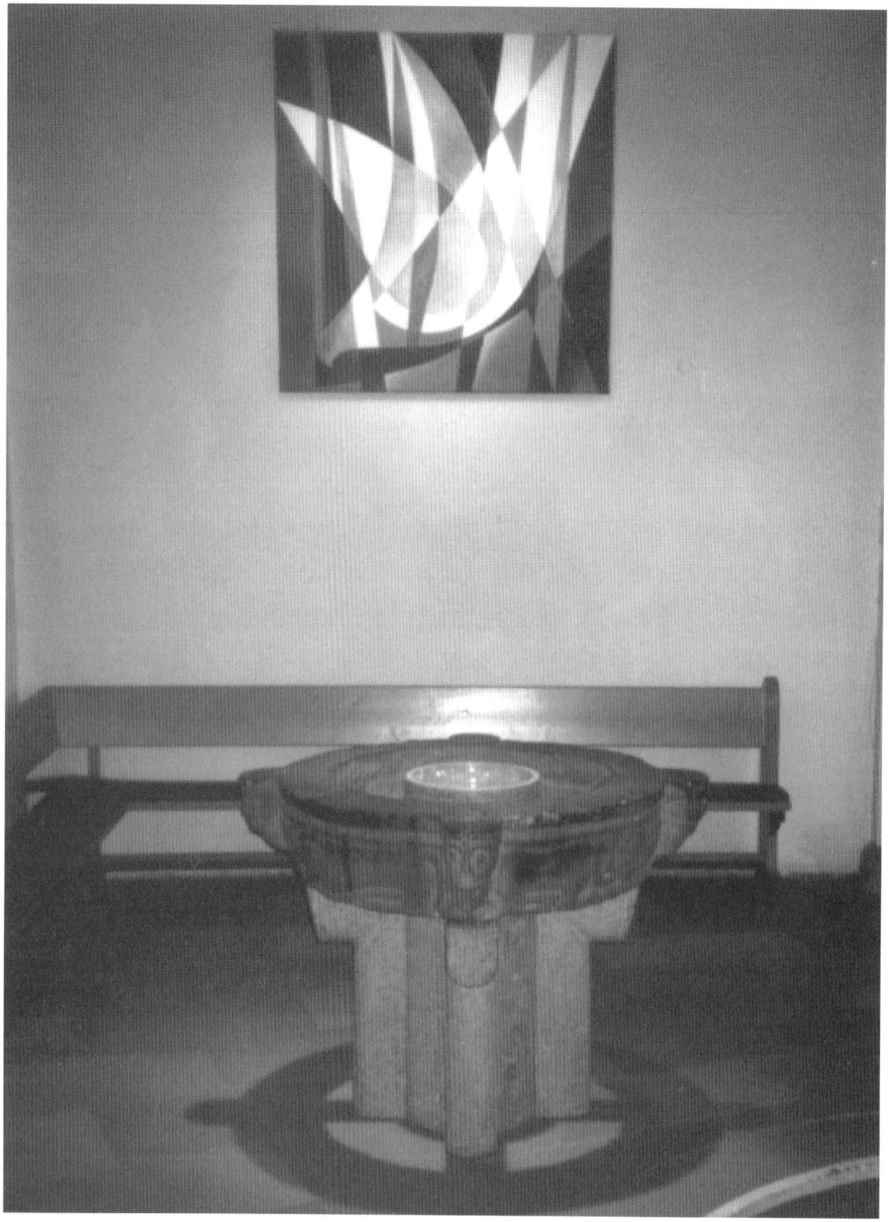

Katalog der Taufen

Taufe	**Nr. 74**
Ort	Wermelskirchen (Zentrum)
	Ev. Stadtkirche
Alter	um 1200, bzw. 2000
Material	Namurer Blaustein (Belgischer Granit)
Größe	H = ca. 111 cm, Ø = 111,5 cm.
Beschreibung	Die Taufe besteht aus zwei Teilen. Ein aus unserer Zeit stammender Unterbau trägt, wie ehemals wieder, das noch aus romanischer Zeit stammende Cuppafragment. Dieser Unterbau nimmt das Motiv des ehemaligen säulenförmigen Mittelzylinders auf, der von vier den Beckenrand stützenden Säulen umgeben ist. Diese tragen den noch erhaltenen ausladenden Beckenrand der Cuppa. Da diesem der Boden fehlt (er wurde vermutlich beim Abbruch des alten Kirchenschiffes von herabstürzendem Gestein zerschlagen), ist dem Schaft eine moderne und wesentlich kleinere zylindrische Cuppa aufgesetzt, welche die Öffnung des Ringes einnimmt. Ihre Schalenvertiefung ist annähernd halbkugelförmig. Als Auskleidung dient eine gläserne Schale. Den alten Beckenrand zieren vier maskenhafte Köpfe. Drei davon sind noch original erhalten, einer in unserer Zeit wenig überzeugend nachgebildet. Zwischen den Häuptern umkreist ein Flachrelief mit figürlichem Schmuck den Torso. Zu erkennen ist ein kreuztragendes Täufersymbol, Tierdarstellungen wie z.B. zwei Löwen mit einem einzigen gemeinsamen Kopf, die als Dämonen interpretiert werden dürfen. Überreste einer Halterung am oberen Beckenrand lassen vermuten, dass die Taufe ursprünglich mit einem Bronzedeckel verschlossen war.
Farbfassung	Die Taufe ist ungefasst.
Künstler	Ein unbekannter Steinmetz schuf die Cuppa. Der moderne Unterbau wurde von dem Bildhauer Wolf Münninghoff gefertigt.
Standort	Die Taufe steht auf der Ostseite des nördlichen (linken) Seitenschiffes.
Kirche	Es handelt sich um eine über mehreren Vorgängerbauten errichtete Kirche im neoklassizistischen Stil unter dem Architekten Otto v. Gloeden.
Literatur	Kieven, a.a.O., S. 134 f.; Marpe, Karl-Heinz: Die Stadtkirche in Wermelskirchen. Kunsthistorischer Abriss und hypothetische Betrachtungen, Wermelskirchen 1982, S. 32 ff.

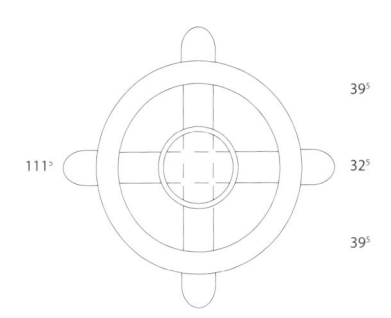

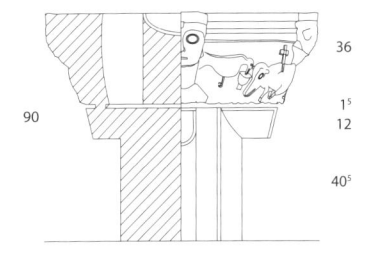

206

Taufe	**Nr. 75**
Ort	Witzhelden Stadt Leichlingen Kath. Kirche St. Heinrich
Alter	um 1936
Material	Stahl, Kupferblech
Größe	H = 90 cm, Ø = 42 cm.
Beschreibung	Vier Bandstützen aus Stahl bilden den Schaft des Taufständers. Am Boden gespreizt, schwingen die Profile nach oben, mittig von zwei Ringen gehalten. Kopfseitig gewährt ein weiterer Verbindungsring auch die Aufnahme der kleinen schlichten eiförmigen Cuppa. Ein einfach gebogter Deckel mit einem Kreuz als Bekrönung schließt die Taufe. Auf der Wandung des Deckels ist der Umriss eines Fisches in das Kupferblech getrieben.
Farbfassung	Der Taufe ist ungefasst.
Künstler	Der Metallbildhauer, der die Taufe gefertigt hat, ist unbekannt. Den Entwurf dazu lieferte vermutlich der Architekt B. Rotterdam.
Standort	Die zierliche Taufe steht im Chorbereich, kann aber beliebig versetzt werden.
Kirche	Die Kirche ist als ein schlichter Saalbau über einem rechteckigen Grundriss entwickelt. Ein kleiner Dachreiter erhebt sich über der nordwestlichen Giebelseite. Errichtet wurde der Sakralbau unter B. Rotterdam im Jahre 1936. Im Jahre 1984/85 und in 2006 folgten umfangreiche Renovierungsarbeiten bzw. Umgestaltungen im Inneren der Kirche. So sind die Außenwände, die man ursprünglich in unverputztem Ziegelmauerwerk errichtet hatte, heute weiß gestrichen. Der Innenraum der Kirche wird vor allem durch das sichtbar belassene Sparrendach und durch die einhüftig angelegte Empore geprägt. Eine Chorapsis in der nordwestlichen Giebelwand beherbergt den Altar. Kleine sowohl über der Empore als auch im Bereich der Giebelwände angeordnete Rundbogenfenster sorgen für die Belichtung des Raumes.
Literatur	Kieven, a.a.O., S. 126; Koch 2006, S. 23 f.; Apweiler, Joseph: 1000 Jahre Witzhelden, Witzhelden 2000.

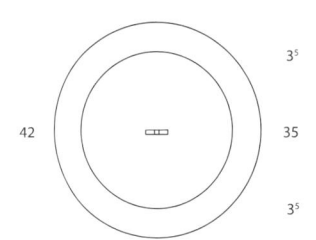

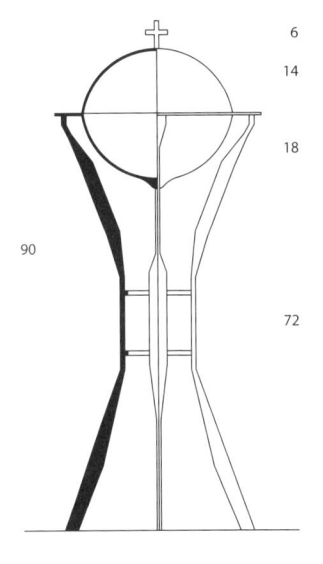

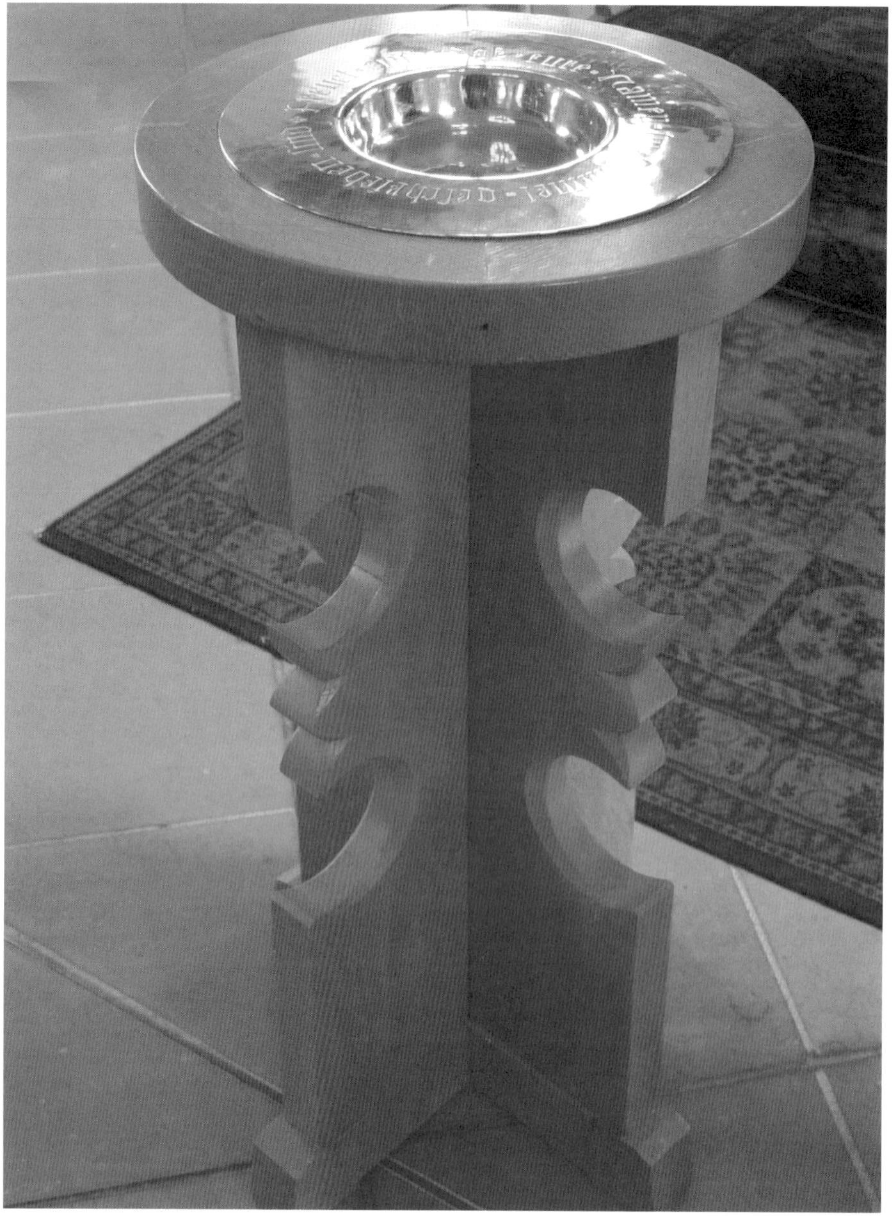

Taufe	**Nr. 76**
Ort	Witzhelden Stadt Leichlingen Ev. Kirche
Alter	Der Holzständer stammt aus dem Jahre 1982, die Taufschale evtl. aus den 20er Jahren des 20. Jh.
Material	Holz, Messing
Größe	H = 92,5 cm, Ø = 47cm.
Beschreibung	Ein Balkenkreuz bildet die Standfläche für die Taufe. Auf diesem sind, umseitig nur wenig abgesetzt, vier Vollholzscheiben aufgesetzt, die sich nach oben hin leicht verjüngen. Diese Stützglieder besitzen mittig eine Verzierung in Form stilisierter Blätter. Ein breiter hölzerner Ring schließt den Schaft kopfseitig ab. Seine Öffnung gewährt die Aufnahme der aus Messing hergestellten Taufschale. Diese besitzt einen breiten Rand, der mit folgender Umschrift versehen ist: „+ FREUET + EUCH + DASS + EURE + NAMEN + IM + HIMMEL +GESCHRIEBEN + SIND +". Die Schalenvertiefung verläuft konisch, der Grund ist eben ausgebildet und ohne Gravur.
Farbfassung	Die Taufe ist blaugrau gefasst.
Künstler	Die Künstler, die Ständer und Taufschale gefertigt haben, sind unbekannt.
Standort	Die Taufe ist in der Sakristei untergebracht und wird bei entsprechenden Feierlichkeiten vor dem Altar aufgebaut.
Kirche	Ausgrabungen, die im Zuge einer Restaurierungsmaßnahme in den Jahren 1979 bis 1982 durchgeführt wurden, brachten Reste einer Ost-West orientierten Saalkirche aus dem 11. Jh. zutage. Im 12. Jh. setzte man an diesen Kubus einen kräftigen und mit einem Pyramidendach bestückten Turm an. Dieser ist heute noch in seiner ursprünglichen Art erhalten. Im 15. Jh. wurde das alte Kirchenschiff abgetragen und durch einen, um zwei Seitenschiffe vergrößerten Neubau ersetzt. Bei der heutigen spätbarocken Saalkirche handelt es sich wiederum um einen Neubau, der in den Jahren 1767 bis 1772 errichtet wurde.
Literatur	Kieven, a.a.O., S. 124 f.

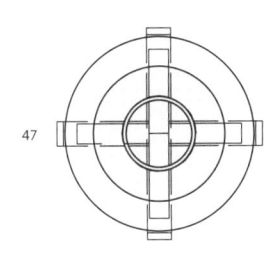

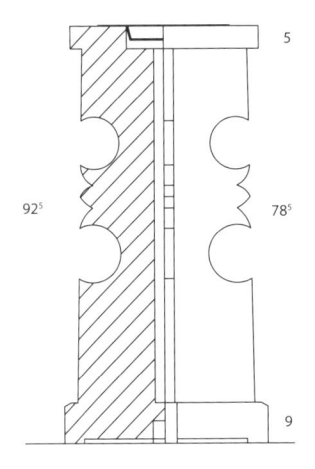

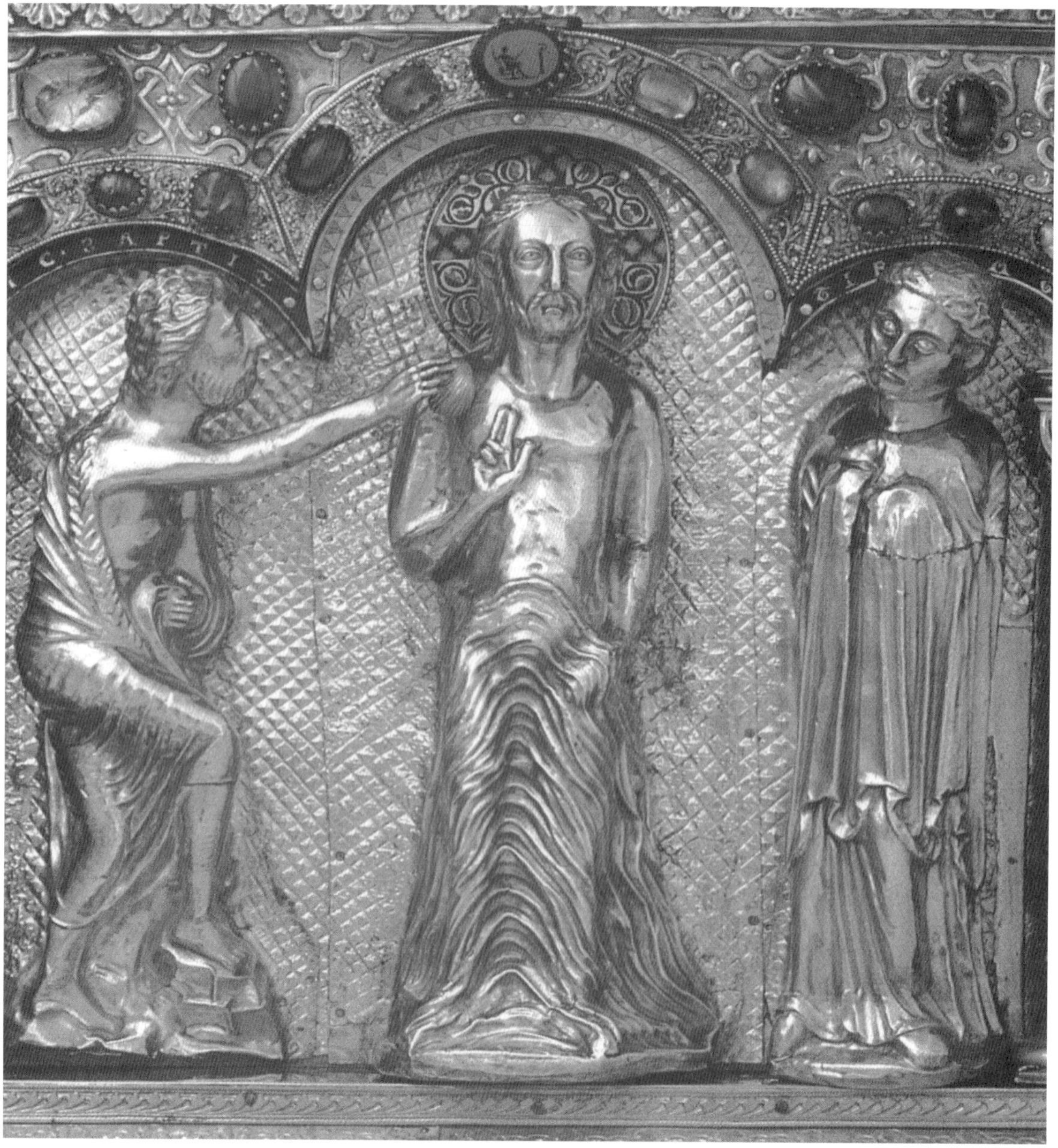

4.0 Katalog der Künstler

Taufe Jesu im Jordan, dargestellt am Dreikönigenschrein im Kölner Dom.
Spätrom. Meisterwerk (1181-ca.1220), wahrscheinlich von Nikolaus von Verdun,
Quelle: Lauer, Rolf: Der Schrein der Heiligen Drei Könige, Meisterwerke des Kölner Domes, Bd.9, Köln 2006; Abb. 87

Peter Wilhelm Julius I. Assmann

1836-1914

Peter Wilhelm Julius Assmann wird am 25.12.1836 in Lüdenscheid als sechstes Kind des Fabrikanten F. W. Assmann geboren. Nach dem Abitur, welches er auf einem Gymnasium in Dortmund ablegt, studiert er u.a. Jura in Bonn und Berlin. Nach dem Studium zieht es ihn wieder in das Sauerland zurück, wo er in die Leitung des Familienunternehmens mit eingebunden wird. Es gibt aber nicht nur die Juristerei die ihn beschäftigt. Seit den 80er Jahren des 19. Jh. befasst er sich sehr intensiv mit Meteorologie.

Assmann gründet ein „Spezialinstitut für Wetter- und Klimalehre", stellt entsprechende Messgeräte im Park seiner Villa auf, schließt später noch weitere meteorologische Außenstellen an und gewinnt dadurch Daten, die sowohl der Kaiserlich Deutschen Seewarte in Hamburg als auch dem Königlich Meteorologischen Institut in Berlin von großer Wichtigkeit sind.

Im Jahre 1890 gründet er die „Königliche Kunstanstalt für Kirchenausstattung" in seiner Heimatstadt Lüdenscheid. Schon acht Jahre später wird sein Betrieb als „Hoflieferant Ihrer Majestät Auguste Viktoria, Kaiserin und Königin von Preußen" ausgezeichnet. Die Artikel die in jener Zeit und auch heute noch (das Unternehmen wird in der 5. Generation seit 2001 von Stephanie Assmann geleitet) geführt werden, reichen vom Taufbecken bzw. der Taufschale, dem Abendmahlsbesteck über Antependien, Altardecken und Kerzen bis hin zum Gesangbuchwagen und Kniekissen. Die Kataloge, verfasst von der Firma „F. W. Jul. Assmann", sind heute aus kunstgeschichtlicher Sicht von großer Bedeutung.

Julius Assmann bleibt aber auch seinen wetterkundlichen Ambitionen treu und verfasst eine Vielzahl von entsprechenden Aufsätzen. Neben all diesen Aktivitäten findet er noch die Zeit, sich zum Wohle seiner Heimatstadt sowohl im Magistrat als auch in der Handelskammer und der Stadtverordnetenversammlung zu engagieren. Von 1866 bis 1870 nimmt er, zuletzt im Range eines Leutnants der Reserve, an den Einigungskriegen teil. Peter Wilhelm Julius I. Assmann, dessen Firma für eine Reihe von Taufschalen im Rheinisch-Bergischen Kreis verantwortlich zeichnet, stirbt am 1.7.1914 in Lüdenscheid.

Literatur:

Pahl, Helmut: Lüdenscheider Köpfe des kulturellen Lebens von A-Z, 177 Kurzbiographien, Lüdenscheid 2003.

Matthaeus Biercher

1797-1869

Matthaeus Biercher wird am 23.8.1797 in Köln geboren. Er verlebt als Sohn eines erfolgreichen Schneidermeisters und Tuchhändlers, zusammen mit seiner Schwester, eine sorglose Jugend, besucht die Schule im Viertel von St. Aposteln und absolviert sie offensichtlich erfolgreich, sodass die notwendige Grundlage für seine weitere berufliche Entwicklung und gesellschaftliche Stellung gelegt ist. Nach einer Lehre im Steinhauerhandwerk übt er diesen Beruf zunächst auch einige Zeit praktisch aus. Im Jahre 1815 meldet er sich als Freiwilliger zur Teilnahme am Feldzug gegen Frankreich.

Da er beruflich eine Planstelle im königlichen Baudienst anstrebt, macht er zunächst eine Ausbildung zum Feldmesser. Das Examen hierfür, die sog. „Erste Staatsprüfung", legt er im Jahre 1819 erfolgreich ab. Ab 1820 studiert er an der königlichen Bauakademie in Berlin, legt im Jahre 1821 die sog. „Zweite Staatsprüfung" ab und hat sich damit – wie beabsichtigt – für den königlichen Baudienst qualifiziert. Als Baukonduktor bei der Kölner Regierung wird Biercher erstmals im Jahre 1822 aufgeführt. Nachdem einige Bewerbungen auf Bauinspektorenposten u.a. in Bonn und Koblenz nicht den gewünschten Erfolg bringen, arbeitet er in seiner Position als Bauaufseher bzw. später als Bauinspektor in Köln weiter. Er hat es in der Hauptsache mit Instandsetzungen und Instandhaltungen aber auch mit Neubauten zu tun (z.B. das Regierungsgebäude in der Zeughausstraße/1835-37, das Gefängnis in Klingelpütz/1838 oder das Theater auf der Komödienstraße, usw.).

Seit dem Jahre 1835 leitet er die Restaurierungsarbeiten am Dom zu Köln und ist ab 1842 im Vorstand des Zentral-Dombau-Vereins. Daneben setzt er sich auch mit städtebaulichen Fragestellungen auseinander und versucht, dadurch das Stadtbild von Köln mitzugestalten. In der Zeit von 1850-66 ist Biercher Stadtverordneter der liberalen Partei und als solcher ebenfalls deren baupolitischer Sprecher bzw. Berater. Sein gesellschaftliches Engagement erstreckt sich allerdings auch auf andere Gebiete. So setzt er sich sehr für karitative Einrichtungen ein, in dem er z.B. für die Taubstummen-Vorsorge tätig ist. Er, der ebenso für den Wiederaufbau des Doms zu Altenberg verantwortlich zeichnet, dürfte auch den Entwurf zur dortigen, sog. „Alten Taufe" geliefert haben. Matthaeus Biercher stirbt am 2.5.1869 in Köln.

Literatur:

Brucker, Franz Rudolf: Der Kölner Regierungs-Bauinspektor Matthaeus Biercher, Diss. an der RWTH- Aachen 1981;
Steimel, Robert: Kölner Köpfe, Köln 1958, Sp. 58.

Gottfried Böhm

geb.1920

Gottfried Böhm wird am 23.1.1920 in Offenbach am Main geboren. Nach dem Abitur im Jahre 1938 wird er zum Militär- bzw. Kriegsdienst eingezogen. Von 1942-47 studiert er in München sowohl Architektur als auch Bildhauerei. Im Jahre 1947 tritt er in das Architekturbüro seines Vaters Dominikus Böhm ein, das er nach dessen Tod im Jahre 1955 weiterführt. In jener Zeit ist er auch Mitarbeiter der von Rudolf Schwarz geleiteten Wiederaufbaugesellschaft der Stadt Köln. Von 1963-85 hat er an der RWTH Aachen den Lehrstuhl für Stadtbereichsplanung und Werklehre inne.

Wie sein Vater Dominikus baut auch Gottfried Böhm vor allem Sakralbauten, insgesamt über vierzig, die meisten davon sind im Rheinland zu finden. Böhm baut zunächst vorwiegend in Beton und gelangt hierbei zu sehr persönlichen Lösungen, wie z.B. bei der Kirche St. Gertrud in Köln oder der Wallfahrtskirche in Neviges. Von überregionaler Bedeutung ist sicherlich auch sein Bensberger Rathaus, wo es ihm gelingt, die vorhandene mittelalterliche Architektur mit dem Neubau zu einem Gesamtensemble zu vereinen. Als Städtebauer zeichnet er u.a. für die Siedlung in Köln-Chorweiler verantwortlich.

Gottfried Böhm ist nicht nur wegen der Vielzahl seiner Bauten, sondern vor allem wegen der Originalität seiner Entwürfe einer der bedeutendsten Architekten der deutschen Nachkriegszeit. Eine Fülle von Preisen und Auszeichnungen würdigen sein Werk. So ist er bisher der einzige deutsche Träger des Pritzker-Preises, der bedeutendsten Auszeichnung in der Architektur. Seit 1991 ist er Ehrenmitglied des Royal Institute of British Architects in London. Im Jahre 2006 wird sein Lebenswerk durch die Retrospektive „Felsen aus Glas und Beton" des Deutschen Architekturmuseums in Frankfurt am Main geehrt.

Gottfried Böhm, der in den Jahren 1957-60 die Pfarrkirche Herz Jesu in Bergisch Gladbach-Schildgen errichtet, fertigt in diesem Zusammenhang auch den Entwurf für die dortige Taufe.

Literatur (Auswahl):

Darius, Veronika: Der Architekt Gottfried Böhm, Bauten der sechziger Jahre, Düsseldorf 1988;
Pehnt, Wolfgang: Gottfried Böhm, Basel 1999;
Raév, Svetlozar: Gottfried Böhm.Bauten und Projekte, Auszug aus den Jahren 1985-2000, Tübingen 2001;
Voigt, Wolfgang (Hrsg.): Gottfried Böhm. Katalogbuch anlässlich der Ausstellung „Felsen aus Beton und Glas", Die Architektur von Gottfried Böhm, Deutsches Architekturmuseum Frankfurt, Frankfurt 2006.

Albrecht Böther-Schultze

1922-2004

Albrecht Böther-Schultze wird am 5.11.1922 in Biederitz bei Magdeburg geboren. Nach dem Abitur studiert er von 1951 bis 1954 an der Staatlichen Ingenieurschule für Bauwesen in Köln Architektur. Danach ist er als Architekt in der Industrie tätig, errichtet aber auch eine Fülle von privaten Wohnbauten.

Außerdem übernimmt er als Kirchenbaumeister ehrenamtliche Entwurfsarbeiten zum Beispiel für das Ev. Gemeindezentrum in Refrath und Herkenrath. Hierbei entsteht auch der Entwurf für den Taufständer in Herkenrath.

Albrecht Böther-Schultze ist ein hervorragender Freihandzeichner, der sich, neben zahlreichen anderen Interessen, hauptsächlich auch der Archäologie verbunden fühlt. Er stirbt am 18.2.2004 im Alter von 82 Jahren in Bensberg.

Hubert Breuer

1897-1972

Hubert Breuer wurde am 12.3.1897 in Köln geboren. Da er das Studium an der Staatlichen Baugewerkschule in Köln absolviert hat, ist davon auszugehen, dass er die entsprechenden Voraussetzungen erfüllt hatte. Diese waren sowohl eine abgeschlossene Lehre, die handwerksmäßige, praktische Ausbildung auf der Baustelle als auch der Nachweis eines Praktikums in einem Büro.

Nachdem Hubert Breuer die Ausbildung an der Baugewerkschule durchlaufen hatte, war er in der Lage, entweder bei der Behörde oder in einem Architektur- oder Ingenieurbüro eine Stelle als Techniker auszufüllen. Dies dürfte er auch zunächst in Angriff genommen haben, bevor er sich im Jahre 1924 als selbständiger Architekt in Bergisch Gladbach niederließ.

Über sein architektonisches Werk bzw. Erbe ist wenig bekannt. So lässt sich aus dem profanen Bauschaffen lediglich noch der Umbau einer Doppelvilla in Köln-Marienburg, Parkstraße 23, ausmachen. Dieses in spätbarocker Manier in den Jahren 1912/13 errichtete Gebäude hat Breuer im Jahre 1939 zu einem Mehrfamilienhaus umgebaut. Was den Sakralbau betrifft, lagen sowohl die Planung als auch der Bau der Filialkirche von Odenthal in der Siedlung Klasmühle in seinen Händen. Vermutlich hat er neben dem aus Bruchsteinen errichteten schlichten Saalbau auch für den Entwurf des dortigen Taufsteines Sorge getragen.

Hubert Breuer starb im Jahre 1972 im Alter von 75 Jahren in Bergisch Gladbach.

Literatur:

Hagspiel, Wolfram: Köln: Marienburg, Bauten und Architekten eines Villenvorortes, Stadtspuren-Denkmäler in Köln, Bd. 8, Köln 1996.

Rainer Brodesser

geb.1958

Rainer Brodesser wird am 23.7.1958 in Köln geboren. Nach dem Besuch der Realschule in Köln-Höhenberg zieht es ihn zum Handwerklichen und v.a. zum elementaren Arbeiten mit Ton. Beim Töpfereimuseum Langerwehe, das als Spezialmuseum die Entwicklung der Langerweher Töpferei vom frühen Mittelalter bis zur Gegenwart aufzeigt und das parallel dazu eine Töpferlehrwerkstätte betreibt, findet er die passende Lehrstelle. Den perfekten Umgang mit der Töpferscheibe bzw. die anspruchsvolle Gestaltung von Keramik lernt er dort bei Christa Schmitt, die als Töpfermeisterin der Museumswerkstatt vorsteht, aber auch die zeitweise kommissarische Verwaltung des in Deutschland einzigartigen Museums innehat.

Von 1978-82 arbeitet Brodesser als Geselle in der Töpferwerkstatt von Elli und Wilhelm Kuch in Burgthann bei Nürnberg. Bei diesen beiden „Klassikern der modernen Keramik", deren Produkte überall in der Welt ausgestellt und mit allen wichtigen internationalen Keramikpreisen ausgezeichnet wurden, kann Brodesser sein Empfinden für Ästhetik, Qualität und Perfektion weiterentwickeln und auch die Neugierde, immer etwas Neues zu entdecken und auszuprobieren wird in dieser renommierten Werkstatt ungemein gefördert.

Im Jahre 1983 legt Rainer Brodesser vor der Handwerkskammer in Köln die Meisterprüfung ab und macht sich im Anschluss in Distelkamp bei Nümbrecht selbständig. Seit 1992 betreibt er, quasi als zweiten Arbeitsplatz, die Küchenhoftöpferei beim Dom zu Altenberg.

Eine von Rainer Brodesser gefertigte Schale mit Krug wird seit 2007 in der „Refrather Taufkirche" (Alt St. Johann Baptist) als Taufgerät genutzt.

Willi Dirx

1917-2002

Willi Dirx wird im Jahre 1917 in Recklinghausen geboren. Zwanzig Jahre später erhält er sein Abitur an einem Gymnasium in Duisburg-Hamborn. Schon früh ist bei ihm die Begeisterung für alles Künstlerische, v.a. für die deutschen Expressionisten geweckt. Besondere Freude gibt ihm die Holzschnittkunst, mit der er sich sehr schnell vertraut macht. So entstehen schon bald eigene erste Werke, aber auch in Sachen Bildhauerei ist er sehr interessiert und belegt Kurse bei Karl Ehlers (1904-1973), der im Unterschied zu den meisten Bildhauern der damaligen Zeit Holz als Werkstoff bevorzugt. Im Jahre 1937 nimmt Willi Dirx das Studium der Grafik bei Prof. W. M. Kersting an der Kunstakademie in Düsseldorf auf. Der Zweite Weltkrieg, bzw. seine Einberufung als Soldat im Jahre 1939 zwingen ihn, seine Studien nach gerade einmal drei Semestern abzubrechen. Während des Krieges folgt noch ein als Abschluss gedachtes viertes Semester. Mehr Akademieausbildung ist, zumindest für ihn, in jener Zeit nicht möglich. Willi Dirx füllt auch während seiner Soldatenzeit das stets mitgeführte Skizzenbuch, zeichnet was er sah und erlebt, oft genug auch jammervolle menschliche Schicksale.

Sein künstlerisches Schaffen wird natürlich auch ein Stück weit geprägt durch persönliche Bekanntschaften und Freundschaften mit namhaften Kollegen wie z.B. Alfred Kubin, Otto Pankok oder Richard Seewald. Hier gewinnt er jene Impulse, die ihm ein „normales" Akademiestudium nie hätte geben können, wobei er durch diese „Auseinandersetzungen" nicht in eine Art künstlerische Abhängigkeit gerät, sondern sie für eine kontinuierliche Weiterentwicklung seines durchaus persönlichen Stils zu nutzen weiß. Willi Dirx unternimmt nach dem Krieg viele Studienreisen in West- und Südeuropa und setzt sich sehr intensiv mit den Landschaften und den Kulturen der besuchten Länder auseinander. Frucht dieser „künstlerischen Erkundungen" sind eine Vielzahl von meisterhaften Holzschnitten. Das Atelier, in dem all diese Arbeiten umgesetzt werden, hat er seit 1945 in Wuppertal, wo er mit seiner Familie wohnt.

Seit 1967 gewinnt das plastische Arbeiten im Schaffen von Willi Dirx wieder an Bedeutung. Die engagierte Auseinandersetzung mit christlichen Themen führt dazu, dass u.a auch der Taufstein für St. Laurentius in Burscheid (1985) entsteht. Willi Dirx stirbt, mit vielen Preisen und Auszeichnungen versehen, im Jahre 2002 im Alter von 85 Jahren.

Literatur:

Keller, Jean Joseph: Begegnungen mit Willi Dirx. Zum 70. Geburtstag des Bergischen Künstlers, in: Romerike Berge, Zeitschrift für das Bergische Land, 37. Jg., Heft 3, Remscheid 1987;
Bildende Künstler im Land Nordrhein-Westfalen, Hrsg. vom Wirtschaftsverband Bildender Künstler NRW e.V., Band 3, Bergisches Land, Recklinghausen 1967;
Künstler in Wuppertal, Wuppertal 1983;
Meyer-Kahrweg, Ruth: Denkmäler, Brunnen und Plastiken in Wuppertal, 1718-1991, Wuppertal 1991.

Henryk Dywan

geb.1933

Henryk Dywan wird am 1.5.1933 in Konitz/Westpreußen geboren. Nach der Schule macht er von 1950 bis 1954 eine Ausbildung in der Stein- und Bildhauerwerkstatt von Ludwig Nolde in Osnabrück. Im Anschluss studiert er an der Kölner Werkschule bei Prof. Ludwig Gies, Bildhauerei. Seit 1960 ist er als freischaffender Künstler in Solingen im historischen Höhscheider Hof tätig.

Henryk Dywans künstlerische Tätigkeit umfasst die profane und sakrale Gestaltung, in unterschiedlichen Materialien, in allen Größenbereichen von kleinsten Plaketten bis hin zu Großplastiken. Für den öffentlichen Bereich seien u.a. angeführt, diverse Brunnenanlagen z.B. für die Städte Paderborn (Gesamthochschule), Nürnberg (Klinikum Hallerwiese), Köln (Bezirksregierung), Ohligs (Bremsheyplatz) und in Ibbenbüren (Finanzamt), oder z.B. zwei der Steinfiguren für den Rathausturm zu Köln, usw.

Henryk Dywan, der überwiegend für vorbestimmte Standorte gestaltet, hat in über 20 Städten für den sakralen Raum gearbeitet, in Solingen allein für acht Kirchen. Hierbei geht es von der Ausstattung der Kapellen und des Chorraumes von St. Engelbert/Solingen (1978), bis hin zur Fertigung der Prinzipalstücke für die Pfarrkirche St. Suitbertus/Solingen. Eine seiner beeindruckendsten Plastiken ist sicherlich das St.-Clemens-Denkmal, das im Jahre 1974 anlässlich der 600-Jahr-Feier der Stadt Solingen vor der St.-Clemens-Kirche an der Goerdelerstraße aufgestellt wird.

Henryk Dywan nimmt an vielen Ausstellungen im In- und Ausland erfolgreich teil. Für seine Aktivitäten erhält er u.a. im Jahre 1993 den Kulturpreis der Stadt Solingen – Stiftung Baden.

Neben einer Reihe von Taufsteinen (z.B. Kath. Kirche Maria Rosenkranzkönigin/Langenfeld oder Heilig-Geist-Kirche/Threysa) ist er auch verantwortlich für jenen in der Ev. Kirche in Hilgen.

Literatur:

Ebert, Helmut: Deutsches Künstlerverzeichnis ab 1800, Münster 2008, S. 185.

Eduard Endler

1860-1932

Eduard Endler wird im Jahre 1860 als viertes von insgesamt fünf Kindern in Hildesheim geboren. Nach seiner Realschulausbildung schreibt sich der neunzehnjährige für drei Semester als Hospitant an der Königlichen Technischen Hochschule in Hannover ein. Während dieser Zeit ist er v.a. ein Schüler von Conrad Wilhelm Hase. Von 1883 bis 1887 ist Eduard Endler Mitarbeiter im Atelier des Architekten Gottlieb Christoph Hehl. Von 1888 bis 1891 ist er als Bauführer im Architekturbüro des Privatbaumeisters Heinrich Johann Wiethase in Köln zu finden. Als dieser im Jahre 1893 stirbt, wird Endler die Fertigstellung des gerade begonnenen Rathauses in Gelsenkirchen übertragen. Im Anschluss macht sich Endler in Köln selbständig und entfaltet in den folgenden Jahrzehnten bis zu seinem Tode eine andauernde unermüdliche Tätigkeit.

Sein umfangreiches Œuvre beinhaltet vorwiegend die Errichtung von Sakralbauten, aber auch Erweiterungen und Restaurierungen von Kirchen gehören zu seinem Repertoire. Tätig ist er v.a. im Erzbistum Köln und in den Diözesen Aachen und Trier. Neben diesem eindeutigen Schwerpunkt muss aber ebenso seine Tätigkeit im profanen Bauen Erwähnung finden. Hierzu gehören die Errichtung von Fabrikgebäuden (z.B. Glasfabrik in Sinzig), Rathäuser (z.B. in Betzdorf/Sieg), Erweiterungsbauten für Krankenhäuser(z.B. Marienhospital in Köln) und Klöster (z.B. Ursulinen-Kloster in Wipperfürth), Geschäftshäuser (z.B. Umbau für die Opelwerke), Villen (z.B. in Köln-Marienburg) und Arbeiterhäuser (z.B. Wohnhäuser für die Städtische Straßenbahn, Stammheimerstraße. Diese entstehen ebenso schwerpunktmäßig v.a. im Großraum Köln.

Im Jahre 1906 gründet Eduard Endler mit Johanna, geb. Schäfer eine Familie. Aus dieser Ehe gehen vier Kinder hervor. Endler ist sicherlich einer der erfolgreichsten Kirchenbauer um die Wende vom 19. zum 20. Jh. Allein dreißig Kirchenneubauten und weitere 15 Erweiterungsmaßnahmen werden unter ihm geplant und gebaut. Er ist Mitglied vieler Gutachter-Kommissionen und Verbände, so z.B. des Bundes Deutscher Architekten (BDA), des deutschen Werkbundes (DWB).

Eduard Endler, auf den die Entwürfe für die Taufsteine in St. Margareta/Olpe, Hl. Dreikönige/Berg. Gladbach-Hebborn und St. Clemens/Berg. Gladbach-Paffrath zurückgehen, stirbt in seinem Haus in Worringen im Jahre 1932 im Alter von 72 Jahren.

Literatur:

Lennartz, Arno M.: Architekt Eduard Endler 1860-1932, Diss. TH Aachen, Aachen 1984.

Hein(z) Gernot

geb. 1921

Gernot Heinz, oder auch Hein (Künstlername), geb. 1921 in Andreashütte/ Oberschlesien, ist nach einer Steinmetzlehre in Köln zunächst bzw. bis zum Ausbruch des Zweiten Weltkrieges im Bildhaueratelier Willy Meller beschäftigt. Zum Kriegsdienst eingezogen, kehrt er – nach zehn Jahren - als Spätheimkehrer wieder zurück. Im Anschluss studiert er an der Kunstakademie in Düsseldorf und bringt es bis zum Meisterschüler. Als selbständiger Künstler arbeitet er in der Nachkriegszeit und darüber hinaus für alle renommierten Architekten in und um Köln, v.a. aber für Rudolf Schwarz und Karl Band. Obwohl er auch für die öffentliche Hand tätig ist, sind es hauptsächlich Aufträge der kath. Kirche, die sein künstlerisches Schaffen bestimmen. Hervorgehoben seien z.B. die Umhüllung des Cassius- und Florentinus- Schreins im Bonner Münster, die Prinzipalstücke vieler Kirchen, u.a. in St. Judas Thaddäus in Heisterbacherrott oder in St. Katharina und St. Clemens in Köln-Niehl bis hin zur künstlerischen Ausgestaltung der Deckenbalken in der Kirche Hl. Drei Könige in Opladen. Hein(z) Gernot lebt heute mit seiner Frau in Köln-Vingst.

Literatur:

Ebert, Helmut: Deutsches Künstlerverzeichnis ab 1800, Münster 2008, S. 252.

Leopoldo Giampieri

geb. 1937

Leopoldo Giampieri wird im Jahre 1937 in Arcevia in der Provinz Ancona geboren. Seine schulische Ausbildung genießt er ebenfalls in Arcevia. Im Jahre 1957 zieht Leopoldo zusammen mit seinem zwei Jahre älteren Bruder Aldo Giampieri nach Rom. Dort sind beide zunächst als Angestellte in einer Werkstatt für sakrale Kunst tätig. Im Jahre 1966 haben sie die nötige Erfahrung gesammelt um sich selbständig zu machen. Beide werden Mitglieder der Handwerkskammer für Künstler, eröffnen jeweils eine eigene Werkstatt und widmen sich zusammen mit entsprechenden Mitarbeitern der Herstellung sakraler Gegenstände.

Auf Grund der Tatsache, dass ihre Ateliers in Rom an touristischen Brennpunkten liegen, Leopoldo arbeitet in der Nachbarschaft von St. Peter, Aldo in unmittelbarer Nähe des Pantheons, finden sie viele Abnehmer ihrer Kunst aus der ganzen Welt. Seit Mitte der 60er Jahre arbeiten beide Brüder auch mit dem Künstler Pater Constantino Ruggeri zusammen, der ihnen eine Vielzahl von Entwürfen für ihre Arbeiten liefert. Eines ihrer größten Werke ist die Einrichtung der Kirche St. Francis Xavier in Japan. Sowohl Leopoldo als auch Aldo betreiben heute gemeinsam ein kleines Atelier außerhalb von Rom, widmen sich aber nach wie vor der Herstellung liturgischer Gegenstände.

Die Taufe in der Kath. Kirche St. Maria Himmelfahrt in Untereschbach stammt von Leopoldo Giampieri aus Rom. Den Entwurf dazu lieferte Pater Constantino Ruggeri.

Bert Gielen

1917-2000

Bert Gielen wird am 23.5.1917 in Lieberose/Oberspreewald geboren. Die höhere Schule besucht er in Jüterbog und Schulpforta. In Berlin studiert er Architektur und legt im Jahre 1940 sein Diplom ab. Von 1940-45 ist er als Soldat in Russland und Italien. Nach dem Zweiten Weltkrieg ist Bert Gielen bei der „Heimstätte Dünne" in Bad Vilbel-Heilsberg tätig. Dieser Verein, im Jahre 1907 von Gustav v. Bodelschwingh gegründet, hat in der Zeit der Weimarer Republik, zu Zeiten großer Wohnungs- und Arbeitsnot, Hunderte von Einfamilienhäuser für Familien aus der Arbeiterschaft mit Hilfe der Siedler und seines Vereins an den unterschiedlichsten Orten errichten lassen.

Im Jahre 1955 lässt er sich als freischaffender Architekt in Espelkamp nieder. Eine seiner ersten großen Aufträge ist die Planung und der Bau des Kreiskrankenhauses in Rahden/Westfalen. Schon ein Jahr später ist er zusammen mit dem bekannten Krankenhausbauer Ernst Kopp mit der Planung und der Errichtung des Diakonissen-Krankenhauses in Bremen beauftragt. Noch im Jahre 1956 wird er auch dessen Partner. Der Kontakt zu Ernst Kopp , der bis zu seinem Tode im Jahre 1962 über 50 Krankenhäuser in Deutschland, Südamerika und im Nahen Osten gebaut hat, kam über das Studium zustande. Nach dem Tode von Kopp kann Bert Gielen das Bremer Architekturbüro zusammen mit seinen führenden Mitarbeitern und späteren Partnern Georg Quednau und Hans-Georg Schwartz weiter ausbauen. Gielen baut allerdings nicht nur selbst über 20 Krankenhäuser, sondern eine Fülle von anderen Zweck- und Privatbauten, darunter auch einige Sakralbauten.

Aus der Feder von Gielen stammen auch zahlreiche Aufsätze, die vor allem die von ihm gebauten Krankenhäuser begleiten und in den Kontext ihrer Zeit einbeziehen. Die damalige Krankenhausbautätigkeit wird dadurch zu einem guten Zeugnis der Zeitgeschichte. Dem Deutschen Krankenhausinstitut ist Gielen als korrespondierendes Mitglied lange verbunden. In den 80er Jahren ist er auch als Vizepräsident des Landesverbandes der freien Berufe im Lande Bremen in hervorragender Funktion tätig. Bert Gielen, in den Jahren 1959-61 mit der Planung und Errichtung der Ev. Kirche Hl. Geist in Bergisch Gladbach-Hand beauftragt, fertigt auch den Entwurf zur Taufe. Er stirbt im Jahre 2000, im Alter von 83 Jahren.

Literatur:

Architekt Bert Gielen zum 65. Geburtstag, in: Historia Hospitalum, Zeitschrift der Deutschen Gesellschaft für Krankenhausgeschichte, Herzogenrath 1982, S. 384 f.

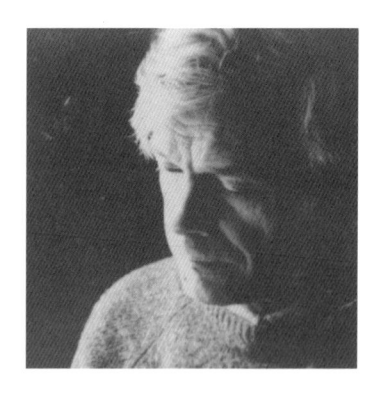

Karl Erich Görk

1913-1999

Der Bildhauer Karl Erich Görk wird im Jahre 1913 in Eisenach/Thüringen geboren. Sein Vater, von Beruf Drechsler, gibt den ersten Zeichenunterricht und im Alter von zehn Jahren besucht er die von Goethe gegründete Zeichenschule seiner Heimatstadt und erfährt so einen weiteren frühen Kontakt zum künstlerischen Schaffen.

Nach dem Abschluss einer Gürtler- und Ziseleurlehre in Wuppertal beginnt Görk das Studium an der Kölner Werkschule. Dort ist er Schüler in der Metall- und Bildhauerklasse, u.a. bei Prof. Hussmann (Grafik) und Prof. Wallner (Bildhauerei). Im Jahre 1941 kommt Görk zum Kunststudium an die Hochschule der Bildenden Kunst nach Berlin und findet neben Prof. Fischer und Prof. Scheibe v.a. in dem Bildhauer Prof. Wilhelm Gerstel seinen Lehrer. Hier reiht er sich ganz bewusst in die Tradition der Berliner Bildhauerschule ein, die dort seit Schadow bis zu Gerstel auf eine relativ naturnahe Darstellungsweise in der figürlichen Plastik orientiert ist. Im Jahre 1943 erhält er ein Stipendium für einen Studienaufenthalt in Italien. In dieser Zeit pflegt er enge Kontakte zu dem Maler und Graphiker Prof. Ahlers-Hestermann und Frau Hanna Bekker vom Rath, die sich v.a. durch ihr im Jahre 1947 gegründetes „Frankfurter Kunstkabinett" einen Ruf als Institution für moderne deutsche Kunst erworben hat.

Ab dem Jahre 1945 ist Görk zunächst noch als freischaffender Bildhauer in Eisenach tätig. 1948 siedelt er aus seiner Heimatstadt nach Köln über und entfaltet dort bald dankbarer Helfer, Mäzene und Freunde ein reiches künstlerisches Schaffen v.a. auf dem Gebiet der sakralen Kunst. Ebenso beteiligt er sich am Aufbau des Bundesverbandes Bildender Künstler und ist schon damals durch Einzel- und Gruppenausstellungen entsprechend präsent. Sechs Jahre später ist sein Haus und Atelier in Bensberg zu finden. Dort kümmert er sich neben seiner künstlerischen Tätigkeit um den Aufbau der örtlichen Volkshochschule, wo er über Jahrzehnte hinweg Kurse im Emaillieren und Ziselieren, im keramischen Gestalten, Modellieren und Skulptieren gibt. Seine Schaffenskraft ist bis zuletzt ungebrochen und das künstlerische Werk, das er hinterlässt, ist immens. Arbeiten in Metall, Treibarbeiten in Silber und Messing bilden die Grundlage. Viele sakrale Gegenstände wie Kelche und Leuchter tragen Görks Handschrift und sind zugleich Ausdruck seines handwerklichen Könnens wie seiner tiefen Religiosität. Im Untersuchungsgebiet lassen sich die Taufschalen in der Ev. Gnadenkirche in Berg. Gladbach, in der Ev. Zeltkirche in Refrath/Kippekausen und in der Ev. Kirche in Biesfeld auf ihn zurückführen. Karl Erich Görk stirbt im Jahre 1999 im Alter von 86 Jahren.

Leonard Gutherr (Goudhaire)

um 1660-1724

Sowohl das Geburtsjahr als auch der Geburtsort (wahrscheinlich Aachen) von Leonard Gutherr ist bisher noch nicht erforscht. Nach den Aufzeichnungen des Refrather Pastors Dolman (1853-1901) soll er ein Wallone aus der Diözese Lüttich sein. Für seine Herkunft aus der Wallonie spricht v.a. die unterschiedliche Schreibweise seines Namens im Raum Lindlar „Gutherr, Goedherr oder Goudher", im Raum Bensberg „Gudhaire, Goudhaire oder Goidhaire", oder eben einfach nur „Meister Lenert". Da er am 24. August 1692 als Pate im Lindlarer Taufbuch aufgeführt ist, dürfen wir davon ausgehen, dass er spätestens um 1690 in Lindlar wohnhaft gewesen ist. In diesem Zeitfenster wird er auch seine Frau Catharina, geb. Becker, geheiratet haben, denn am 16. November 1693 wird das erste seiner sieben Kinder, der Sohn Johannes Jacob ebenfalls in Lindlar getauft.

Wo Leonard Gutherr seine Ausbildung zum Steinhauer bzw. Steinhauermeister absolviert, liegt ebenfalls noch im Dunkeln. Tatsache ist, dass er sehr begabt ist, wie wir heute u.a. noch an dem „neuen" Taufstein in der Ev. Kirche in Volberg nachvollziehen können, weil wesentliche Fakten, nämlich Hersteller, Herstellungsort und Herstellungsdatum in damaliger Zeit verschriftet sind. Seine zumindest in unserem Raum zu lokalisierende größte Aufgabe ist allerdings, im Rahmen des Bensberger Schlossneubaues, die Ausführung der Natursteinarbeiten zu übernehmen. Das bedeutet z.B., die steinmetzmäßige Bearbeitung sämtlicher Fenster- und Türgewände, eine in der Barockzeit durchaus anspruchsvolle Tätigkeit. Da der Bauherr – Kurfürst Johann Wilhelm von der Pfalz – mit seinen Leistungen sehr zufrieden ist, schenkt er ihm im Jahre 1710 die Refrather Steinbreche. Dieses Steinbruchgelände wird von Gutherr erschlossen und das dort anstehende Material, ein sog. Riffkalkstein, natürlich auch für den Schlossneubau verwendet.

Da er dort auch seinen Wohnsitz nimmt, wird aus der anfänglichen Steinhauer-Schutzhütte ein prächtiges Wohnhaus errichtet, das bis heute erhalten gebliebene Haus Steinbreche aus dem Jahre 1712. Meister Leonard Gutherr stirbt im Jahre 1724 an Schlag-Stickfluß, einer Art schweren Lungenentzündung. Bestattet wird er in der Refrather Filialkirche St. Johann Baptist, um deren Erhalt er sich sehr verdient machte.

Literatur:

Brenner, Hans Leonhard: Die Geschichte der Kalkbrennerei in Bergisch-Gladbach, Gummersbach 1992;
Jacobi, Günter: Als die Steinhauer in Lindlar ihre Zunft aufrichteten und den Marmor brachen, Lindlar 2007;
Werling, Michael: Die historischen Grabsteine an der „Taufkirche" in Bergisch Gladbach/ Refrath, Köln 2002, S. 49.

Ferdinand Hachenberg

1852-1917

Über das Leben von Ferdinand Hachenberg ist wenig bekannt. Geboren wird er am 23. Juni 1852 in Köln. Vermutlich besucht er die sog. Elementarschule und macht, wahrscheinlich 14-jährig, in einer Werkstatt eines Holz- oder Steinbildhauers oder sogar an der Dombauhütte zu Köln eine Lehre. Wann er den Absprung in die Selbständigkeit wagt oder mit welchen profanen oder sakralen Themenstellungen er sich in seiner Zeit als Jungunternehmer beschäftigt, ist ebenso nicht überliefert. Obwohl wir eine Menge von Werken auf ihn zurückführen können, die v.a. um die Wende zum 20. Jh. entstehen, ist Hachenberg bzw. seine Werkstatt lediglich zwischen 1915-17 in Greven´s Adressbüchern nachzuweisen.

Sein bildhauerisches Können kann allerdings durch eine Reihe von Beispielen auch heute noch bewundert werden. So schafft er für St. Jakobus in Niederkassel-Lülsdorf eine Kanzel (1895), ebenso die Kanzel für St. Antonius Einsiedler in Bechen, die allerdings nicht mehr vorhanden ist, außer den ehemals an der Brüstung aufgestellten Figuren, die heute eine Seitenwand des Sakralraumes schmücken. In den Jahren 1899-1901 ist er u.a. mit der Ausstattung von St. Margareta in Olpe beschäftigt, wo er sowohl die Kanzel (1899), den Seitenaltar im Südquerarm (1900) und Nordquerarm (1901) als auch das Triumphkreuz im Chorbogen (1901) fertigt. Es ist deshalb davon auszugehen, dass er auch für die Herstellung der alten Taufe verantwortlich ist. Ebenfalls im Jahre 1901 entstehen Ausstattungsstücke für St. Remigius in Sürth, darunter der Altarbaldachin mit korinthischen Säulen aus rotem Lahnmarmor, d. h. Ferdinand Hachenberg ist durchaus auch in der Lage, neben dem Material Holz auch Stein in die gewünschte Form zu bringen. Für St. Josef in Bonn-Beuel fertigt er zwischen 1901-03 hölzerne Seitenaltäre und im Jahre 1909 entsteht aus seiner Hand ein Hochaltar für St. Laurentius in Burscheid.

Einen weiteren Hochaltaraufbau liefert er um 1912/13 für die Kirche St. Gordianus und Epimachus in Dietersheim bei Bingen. Dieser darf nach wie vor als die Hauptzierde der ganzen Kirche betrachtet werden, weil er in seiner Stilreinheit, in seiner Farbenpracht einschließlich des leuchtenden Goldauftrags bei dem Beschauer eine feierliche Wirkung erzeugt. Der Bildhauer Ferdinand Hachenberg stirbt am 17. April 1917 und wird auf dem alten Kath. Friedhof in Köln-Mülheim bestattet.

Literatur:

Schleicher, Herbert M.: Der Alte Kath. Friedhof Köln-Mülheim, Rheinische Friedhöfe, Sonderheft der Mitteilungen der Westdeutschen Gesellschaft für Familienkunde, Heft 13, Köln o.D.

Katalog der Künstler

Hans Hansen

1889-1966

Hans Hansen wird am 16.5.1889 in Roetgen in der Eifel geboren. Nach dem Abschluss der Volksschule macht er eine Lehre im Architekturbüro von Ludwig Paffendorf in Köln. Es ist davon auszugehen, dass er dann eine Baugewerkschule aufsucht, um seine architektonischen Interessen zu vertiefen. Um 1914 schließt er sich den Kölner „Lunisten" an, einer spiritistischen Bohème-Gruppe, zu der u.a. auch Max Ernst, Otto Freundlich, Peter Abelen und R. M. Cahen zählten.

Auch nach dem Ersten Weltkrieg ist seine Ablehnung konventioneller Kunst und Architektur ungebrochen. Er steht zu dieser Zeit den Künstlern der Dada-Bewegung nahe, die sich damals meist in seiner Wohnung treffen, um ihre politisch provokanten Arbeiten zu „ventilieren". Im Jahre 1918 macht er sich als Architekt selbständig. Neben seinen architektonischen Aktivitäten ist er zumindest um 1919 als Mitarbeiter der marxistisch orientierten Satire-Zeitschrift „Der Ventilator" aktiv, die von Hans Arp, Max Ernst und Johannes Baargeld finanziert und herausgegeben wird. Außerdem ist Hansen Mitglied in der Künstlervereinigung „Der Strom" (gegründet 1919), bzw. im „Arbeitsrat für Kunst". Dies ist ein Zusammenschluss von Architekten, Malern, Bildhauern und Kunstschriftstellern, welcher sich 1918 in Berlin gründet, allerdings nur drei Jahre besteht. Ziel dieser v.a. von Bruno Taut, Walter Gropius, Adolf Behne und Cesar Klein ins Leben gerufenen Einrichtung soll sein, die aktuellen Entwicklungen und Tendenzen der Architektur und Kunst einer breiten Bevölkerung nahe zu bringen.

Hans Hansens religiös motiviertes soziales Engagement bedeutet für ihn aber auch eine starke kirchliche Bindung, die er in Köln-Sülz/Klettenberg, sowohl in der Pfarre St. Bruno als auch in der von der kirchlichen Arbeiterschaft getragenen „Siedlungsgenossenschaft Köln-Sülz GmbH" findet, für die er zahlreiche Bauten plant und ausführt. Als weitere Sakralbauten im Umfeld von Köln, die durch ihn entweder wiederaufgebaut oder erweitert werden, können angeführt werden: St. Michael in Hückelhoven/1929, St. Christophorus in Bessenich/1930, Pfarrkirche Bottenbroich/1930-31, St. Peter und Paul in Engelskirchen/1949 und St. Klemens in Herrig/1949. Hans Hansen, mit der Ausgestaltung des Chorraumes von St. Laurentius in Bergisch Gladbach beauftragt, ist auch der Schöpfer der dortigen Taufe. Er stirbt am 24.5.1966 in Köln.

Literatur:

Hagspiel, Wolfram: Köln: Marienburg. Bauten und Architekten eines Villenvorortes- einschließlich der Villengebiete von Bayenthal, Stadtspuren – Denkmäler in Köln, Bd. 8, Teil 2, Köln 1996, S. 847.

Eine Interpretation der Taufkapelle liefert Hans Hansen selbst in:Frielingsdorf, R.: Aus der Chronik der Pfarre St. Laurentius in Bergisch Gladbach, Bergisch Gladbach 1939.

Olaf Höhnen

geb. 1933

Olaf Höhnen wird am 5.April 1933 in Mendig/Eifel geboren. Nach der Schule macht er von 1948 bis 1951 eine Steinbildhauerlehre bei dem Bildhauer Erich Moog in Kottenheim. Das Studium an den Kölner Werkschulen nimmt er im Jahre 1951 auf. Hier ist er in der Metallbildhauerklasse von Prof. Josef Jaekel eingeschrieben. Bei ihm schließt er auch sein Studium als Meisterschüler im Jahre 1957 ab.

Seit 1970 lebt Olaf Höhnen als selbständiger Bildhauer, Medailleur, Maler und Zeichner in Frechen und entsprechend präsent sind auch einige seiner Werke im dortigen Stadtraum, z.B. der stattliche „Klüttenbrunnen" im Zentrum von Frechen (1986), die große Rathausgruppe (1982) oder der Bartmannbrunnen (1990). Aber auch den sakralen Themenstellungen wendet er sich schon früh zu und setzt auch für Frechen vieles um z.B. den Kreuzweg in St. Maria Königin (1966), Steinfiguren für das Portal von St. Audomar (1983), oder das Synagogenmahnmal in der Hauptstraße von Frechen (1995).

Olaf Höhnen schafft eine unwahrscheinliche Fülle von Arbeiten sowohl für den städtischen als auch für den sakralen Raum. Neben seiner Bildhauerei ist er aber auch als ein glänzender Zeichner bekannt, der mit wenigen fließenden Strichen eine Situation gekonnt auf das Papier zu bannen versteht. Hierbei bringt er nicht selten noch die Farbe ins Spiel, arbeitet mit Pastell und Aquarell, sodass seine Blätter bzw. Motive gelegentlich zu einer lyrischen Zartheit finden. Es gibt aber auch Bilder von Olaf Höhnen, die ihn als einen Maler ausweisen, der auf das Sorgfältigste seine Motive auf der Leinwand auszuführen im Stande ist. In jüngerer Zeit wendet er sich dem Holzschnitt zu, weil der Eigensinn des Materials ihm eine klare, scharfkantig abgesetzte Formensprache abverlangt.

Olaf Höhnen nimmt an einer Fülle von internationalen und nationalen Ausstellungen erfolgreich teil. Im Jahre 1985 erhält er für seine Leistungen den Kulturpreis des Erftkreises. Olaf Höhnen hat neben einer Reihe von Taufsteinen (z.B. St. Barbara/Hürth-Gleuel, in Etzweiler, Zülpich-Niederelvenich, St. Gertrud/Düsseldorf-Eller, Kirche in Seoding/Namibia) auch jenen in St. Antonius Einsiedler in Bechen gefertigt.

Literatur:

Graf-Bicher, Jenny/ Müller, Sabine: Olaf Höhnen Skulptur · Grafik · Malerei, Frechen 2003.

Katalog der Künstler

Jakob Alphons Holl

1905-1966

Jakob Holl wird im Jahre 1905 in Düsseldorf geboren. Nach dem Theologiestudium wird er 1931 im Hohen Dom zu Köln zum Priester geweiht. Von 1931-35 ist er Kaplan in Herz Jesu/Leverkusen-Wiesdorf und von 1936-40 in St. Peter/Düsseldorf. Im gleichen Jahr wird Jakob Holl zum Pfarrvikar von Moitzfeld ernannt. Sofort beginnen seine Planungsüberlegungen für einen Kirchenneubau. Der zusammen mit Bernhard Rotterdam erarbeitete Entwurf kann allerdings v.a. wegen der Kriegsereignisse nicht weiter verfolgt werden. Im Jahre 1946, Jakob Holl ist mittlerweile zum Pfarrer ernannt, wird mit dem Neubau der Kirche begonnen. Die Finanzierung bestreitet Holl v.a. mit Fotografien. Zur Zeit der Währungsreform (1948) gelingt ihm über den Kauf von Industrieaktien die Rettung des gesammelten Baugeldes. 1955 muss er seine Pfarrei verlassen um auf Wunsch der Bischöfe Direktor der Erzbischöflichen Fernsehstelle mit der Zuständigkeit für die Diözesen Köln, Aachen, Münster und Paderborn zu werden. Neben seiner Tätigkeit in der kirchlichen Verwaltung ist er als Subsidiar in Köln-Rath seelsorgerisch tätig.

Im Rahmen dieser Tätigkeit als „Fernsehbeauftragter" beginnt eine rege Reisetätigkeit um v.a. für die nachfolgenden Fernsehteams Thematik und Durchführung von Filmen über den Katholizismus in den jeweiligen Ländern vorzubereiten. Hierbei stellen sich auch seine Fähigkeiten als Autor von später preisgekrönten Filmen heraus, z.B. Kartause /1956, Gesang aus der Stille/1959. Auch als Dichter geistlicher Lieder, Aphorismen, Sentenzen und Marginalien macht er sich einen Namen.

Durch eine Reise nach Indien im Jahre 1958 und durch die Konfrontation mit den damaligen katastrophalen Zuständen vor Ort, kann er nach seiner Rückkehr mit seinem Reisebericht v.a. über Mutter Teresa bei Josef Kardinal Frings den Anfangsimpuls für Misereor und Adveniat geben. Ebenso gewinnt er auf einer seiner über dreißig Afrikaflüge in Salisbury Ordensfrauen der Dominikanerinnen von Strahlfeld für das von ihm im Jahre 1961 gegründete Kinderdorf „Die gute Hand" in Biesfeld. Papst Paul VI. ernennt ihn im Jahre 1964 zum päpstlichen Geheimkämmerer mit dem Titel Monsignore. Msgr. Jakob Holl, der den Entwurf für die Taufe in St. Josef/Berg. Gladbach-Moitzfeld lieferte, stirbt im Alter von 61 Jahren in Köln-Brück.

Literatur:

Reinehr, Paul: In Memoriam Msgr. Jakob Holl (1905-1966), Moitzfeld 1998; Reinehr, Paul: Moitzfeld, Chronik der Kapellengemeinde von 1920-1952 unter Einbeziehung des Orts- und Zeitgeschehens, Moitzfeld 1986.

Peter Joachim Hübotter

1928-2002

Peter Joachim Hübotter wird am 15.1.1928 als erstes von insgesamt drei Kindern des Gartenarchitekten Wilhelm Hübotter und seiner Frau Irmgard, geb. Prüßmann in Hannover geboren. Nach der schulischen Ausbildung beginnt er eine Lehre als Maurer und Bautischler bei dem Architekten Heinz Bünemann in Lübbecke/Westfalen. Im Jahre 1945 wird er noch zum Kriegsdienst eingezogen aber schon Mitte des Jahres wieder aus der Kriegsgefangenschaft entlassen. Ein Jahr später beendet er seine Lehre mit der Gesellenprüfung als Maurer und in den Jahren danach ist er in mehreren Architekturbüros als freier Mitarbeiter tätig, so z.B. als Assistent und Bauleiter bei Prof. F. W. Kraemer in Braunschweig (1948), bei Prof. P. Bonatz in Stuttgart (1949) oder bei K. Gutschow in Hamburg (1950). Schon im Jahre 1949 gründet er sein eigenes Architekturbüro, welches durch unterschiedliche Gemeinschaften, z.B. mit B. Ledeboer (1956-59), R. Romero und E. Busch (ab 1959), C. Fahr (ab 1988) bzw. T. Hübotter (ab 1997) bereichert wird.

Betrachtet man sein Œuvre, stellt man fest, dass Peter Hübotter v.a. Einfamilienhäuser zeitlebens gern entwirft aber auch baut. Auf der langen Liste, die alle seine Bauten nennt, zählt man über Hundert davon, die Reihenhäuser der Siedlungen, die er ebenfalls in Fülle entwirft, nicht mitgerechnet. Damit ist sein umfangreiches architektonisches Werk allerdings längst nicht umrissen. So errichtet er z.B. allein siebzehn Kirchen – oft einschließlich der Kindergärten, Pfarr- und Gemeindehäuser. Daneben schafft er Büro- und Geschäftshäuser, Sozialbauten, Sport- und Freizeitanlagen, Kliniken, Theater- und Schulbauten und Labor- bzw. Wirtschaftsgebäude. Viele seiner Bauten werden mit Preisen ausgezeichnet. Neben all diesen beruflichen Aktivitäten findet er noch reichlich Zeit und Muße für ein lebhaftes ehrenamtliches Engagement in den verschiedensten Einrichtungen. So ist er z.B. Vorstandsmitglied der Kestner-Gesellschaft (1979-90), Vorsitzender des Heimatbundes Niedersachsen (1986-2002), Beirat im Verein Naturschutzparke e.V. (1988-98), Präsidiumsmitglied der Deutschen Gartenbaugesellschaft (1992-2002) und Mitbegründer der Bürgerstiftung Hannover (1997).

Peter Hübotter, der die Ev. Kirche „Zum Frieden Gottes" in Bergisch Gladbach-Heidkamp entwarf und baute, stirbt am 11.7.2002 in seinem Haus in Hannover-Kirchrode.

Literatur:

Elke v. Radziewsky/Ruth Hübotter (Hrsg.):
Häuser und Gärten.
Der Architekt Peter Hübotter,
München/Hamburg 2004.

Sepp Hürten

geb. 1928

Sepp Hürten wird am 1. Mai 1928 in Köln geboren. Schon mit 16 Jahren wird er – ein Jahr vor Kriegsende – zum Militärdienst eingezogen. Die Familie, die während des Zweiten Weltkrieges in Köln „ausgebombt" wird, muss vorübergehend ihren Wohnsitz in den Schwarzwald verlagern. Im WS 1945/46 nimmt Sepp Hürten das Studium der Bildhauerei an den Kölner Werkschulen auf. Seine Lehrmeister waren u.a. die Professoren Wallner und Gies. Nach zehn Semestern beendet er seine Studien und arbeitet bis heute als freischaffender Künstler. Sein künstlerisches Schaffen umfasst vornehmlich religiöse Werke, die v.a. in zahlreichen Kirchen in und um Köln zu finden sind. Zu seinen Lieblingsarbeiten zählt der aus weißem Naxos-Marmor neu gestaltete Sarkophag für die sterblichen Überreste der Kaiserin Theophanu (+991), der in St. Pantaleon in Köln zu finden ist.

In St. Georg in Köln gestaltet Sepp Hürten zum Beispiel im Jahre 1963 Altar, Ambo und Osterleuchter. Den im Jahre 1930 von Michael Powolny geschaffenen Tabernakel integriert er dort in ein Bronzegitter. Anfangs stark umstritten war der in neuromanischer Form gearbeitete Vierungsaltar in St. Aposteln/Köln. Hürten schuf hier im Jahre 1975 unter Verwendung romanischer Säulen einen Zelebrationsaltar mit aufgelegter Bronzeplatte, darüber eine mächtige Leuchterkrone, in deren Mitte, unter einem vergoldeten Strahlenkranz, die Taube des Heiligen Geistes mit einem zierlichen runden Tabernakel schwebt.

Im Untersuchungsgebiet lassen sich die Taufen in St. Josef /Heidkamp und in St. Johann Baptist in Kürten auf ihn zurückführen. Sepp Hürten lebt mit seiner Frau, der Malerin Charlotte Hürten, in Hochkirchen bei Köln bzw. in Köln.

Literatur:

Ebert, Helmut: Deutsches Künstlerverzeichnis ab 1800, Münster 2008, S. 364.
Über seine Werke u.a.: Kalckert, Georg: Altarrelief von Sepp Hürten, Köln, für die Pfarrkirche St. Laurentius in Oberdollendorf, in: Zeitschrift für christliche Kunst und Kunstwissenschaft, Bd. 41, München 1988, S. 317 f.

Josef Iven

1897-1973

Josef Iven wird am 22.12.1897 in Köln geboren. Nach der Schule macht er eine Ausbildung im Bildhauer-Atelier seines Vaters Alexander Iven. Er studiert dann an der Kölner Kunstgewerbeschule u.a. bei Prof. Georg Grasegger Bildhauerei. Um neue Impulse zu erfahren, zieht es ihn danach für einige Zeit an die Akademie der bildenden Künste München, die als internationales Zentrum für Kunst in der damaligen Zeit viele Studierende anzulocken versteht. In welcher Klasse er dort aufgenommen wird, ist unbekannt. In seiner Vaterstadt macht er sich daraufhin als Bildhauer mit eigenem Atelier selbständig.

Eines seiner größten Werke wäre damals eine von ihm entworfene Brunnenanlage geworden, die für die im Jahre 1940 beabsichtigte Internationale Verkehrsausstellung in Köln vorgesehen ist, aber wegen der Kriegsereignisse nicht umgesetzt wird. Nach dem Ende des Zweiten Weltkrieges geht Iven als freischaffender Künstler nach Rösrath. Hier arbeitet er sowohl für die Kirche als auch für die öffentliche Hand, schafft bauplastische Arbeiten für Gebäude, die u.a. ein befreundeter Architekt entworfen hat. Daneben fertigt er auch kunsthandwerkliche Objekte an, vielfach reproduziert v.a. das Tonrelief „Philemon und Baucis".

Außerdem schafft er etliche Grabsteine und Ehrenmäler. Der Ehrenhain für die Opfer der Weltkriege in Erftstadt-Friesheim ist hierbei sicherlich der beeindruckendste. Dort stellt er sich meisterhaft dem Thema „Der Hl. Martin teilt seinen Mantel" in Form einer überlebensgroßen Plastik. Iven stattet außerdem einige Kirchen mit seinen Bildhauerarbeiten aus. Eins seiner schönsten Werke ist die Madonnen-Statue in der kath. Kirche Hl. Familie in Rösrath-Kleineichen.

Josef Iven, der die Taufe für die Pfarrkirche St. Apollinaris in Wermelskirchen-Grunewald schuf, stirbt am 23.12.1973 in Rösrath.

Walter Jansen

geb. 1938

Walter Jansen wird im Jahre 1938 in Bergisch Gladbach geboren. Nach einer Ausbildung zum Tischler holt er das Abitur nach und studiert im Anschluss in Köln Pädagogik, im Hauptfach Bildende Kunst u.a. bei den Prof. Köster und Kriegeskorte. Seine pädagogische Laufbahn beendet er im Jahre 2003 als Schulleiter an der Grundschule in Blecher bei Altenberg, wo er über viele Jahre hinweg zum Wohle der ihm anvertrauten Schüler vieles hat bewegen können.

Parallel zu seinem täglichen Beruf als Lehrer verliert er allerdings das eigene künstlerische Schaffen nie aus den Augen. Und so ist er seit Ende der 70er Jahre bis heute auch als Metall- und Holzbildhauer tätig. Walter Jansen fühlt sich hierbei jedoch schon immer von der Ausgestaltung sakraler Räume angezogen (z.B.: Marienkapelle in Berg. Gladbach-Hand). Eine Vielzahl von Skulpturen, Reliefs, Kreuze und anderer liturgischer Ausstattungsstücke, aber auch Brunnen (z.B.: Hexenbrunnen in Odenthal) oder Plastiken für den öffentlichen Raum entstehen so aus seiner Hand.

Neben all dieser schöpferischen Tätigkeit ist Walter Jansen von 1990-1994 Vorsitzender des Arbeitskreises der Künstler in Berg. Gladbach (AdK), wo er sich nicht nur um die Interessensvertretung seiner Künstlerkolleginnen und Kollegen kümmert, sondern auch um die Förderung und Gestaltung der regionalen Kultur bemüht. Ebenso setzt er sich seit 1988 als Kulturbeauftragter der Gemeinde Odenthal dafür ein, ambitionierte junge Künstler aus der Region in Form des „Förderstipendiums Bildende Kunst in Odenthal" zu unterstützen.

Leonhard Karl

1904-1988

Leonhard Karl wird im Jahre 1904 in München geboren. Nach einer Lehre als Silberschmied und Ziseleur besucht er die Kunstgewerbeschule in Köln. Vor dem Zweiten Weltkrieg arbeitet er als freier Designer und Werbegraphiker. Nach dem Krieg sind es hauptsächlich Aufträge der kath. Kirche, die sein Schaffen bestimmen. Tabernakel, Leuchter, Kirchturmhähne, Bronzetüren und Entwürfe für Glasfenster beschreiben im Wesentlichen die Bandbreite seiner Arbeiten.

Als Dominikus Böhm im Jahre 1930-32 die heutige St. Engelbertkirche für Köln-Riehl schafft, wird Leonhard Karl beauftragt, für diesen ersten modernen Kirchenbau in Köln die Bronzetüren zu fertigen. Hervorzuheben ist ebenfalls das große Westfenster in St. Maria Königin in Bergisch Gladbach-Frankenforst, welches er zusammen mit der Taufe Ende der 50er Jahre fertigt.

Leonhard Karl ist ein hervorragender Zeichner und Aquarellmaler. Nach Auskunft seiner Tochter Dorothea Cremer „hat das ´Porträt´ so manch eines bergischen Bauernhauses allerdings auch geholfen, die Speisekammer der Familie aufzufüllen".

Leonhard Karl lebte bis kurz vor seinem Tod in der Nähe von Köln.

Literatur:

Ebert, Helmut: Deutsches Künstlerverzeichnis ab 1800, Münster 2008, S. 396.

Jürgen Kreft

geb. 1944

Jürgen Kreft wird am 30.12.1944 in Cosel/Oberschlesien geboren. Nach der schulischen Ausbildung und einer im Anschluss absolvierten Maurerlehre studiert er von 1964 bis 1967 an der Staatlichen Ingenieurschule für Bauwesen in Köln. Zwischen 1968 und 1972 ist er als Angestellter in verschiedenen Architekturbüros tätig. Von 1972 bis 1975 studiert Jürgen Kreft an der RWTH Aachen Architektur und fertigt seine Diplomarbeit bei Prof. Gottfried Böhm. Im Jahre 1975 wird er in der Fachsparte Städtebau Schinkelpreisträger. Nach dem Hochschulstudium ist er von 1976 bis 78 als freier Mitarbeiter im Architekturbüro „Urbanes Wohnen" in Köln tätig. Im Jahre 1979 gründet er zusammen mit Bruno Franken eine Arbeits- bzw. Bürogemeinschaft. In der mittlerweile 30-jährigen Zusammenarbeit werden Planungsaufgaben in fast allen Bereichen der Architektur bewältigt. Sie reichen vom Entwickeln städtebaulicher Planungen über das klassische Hochbauprojekt bis zu den innenarchitektonischen Fragestellungen, jeweils vom Entwurf bis zur Realisierung der Bauwerke.

Neben einer Vielzahl von Projekten im profanen Bereich realisiert Jürgen Kreft auch im Kirchenbau Sanierungen, bzw. Um- und Neubauten. Angemerkt seien für den Rheinisch-Berg. Kreis u.a.: Sanierung St. Elisabeth/Bergisch Gladbach-Refrath (1990), Renovierung St. Petrus und Paulus/Kürten-Offermannsheide (2000/2004), Sanierung und Umbau, Orgelempore St. Nikolaus, Bergisch Gladbach-Bensberg (2003), Umbau und Erweiterung Andreaskirche/Bergisch Gladbach-Schildgen (2004). In Zusammenarbeit mit Marianne Vogt-Werling erfolgt im Jahre 2003/04 der Umbau und die Neugestaltung der Ev. Kirche in Bensberg, bei der u.a. auch der Taufstein bzw. die übrigen Prinzipalstücke entworfen wurden.

Literatur:

Broekman, Ralf: Architekten Almanach Köln, Wuppertal 1998.

Alois Kreiten

1856-1930

Alois Kreiten wird im Jahre 1856 in Oedt bei Viersen, nahe der holländischen Grenze, geboren. Dort verbringt er seine Jugend und besucht sicherlich auch die Elementarschule. Danach schließt sich eine handwerkliche Ausbildung an. Ob er sich als „Vergolder" (vgl. Kirchenbuch der Gemeine Oedt aus dem Jahre 1870) oder als „Goldarbeiter" ausbilden lässt, ist nicht mit letzter Sicherheit zu klären. Ersteres hätte sich im Wesentlichen in einer Schreinerei oder in einer Restauratorenwerkstatt abgespielt und hätte v.a. die Oberflächenbehandlung von Holzrahmen sowie sakraler Objekte zum Thema. Letzteres, was wohl eher zutreffen dürfte, war die Berufsbezeichnung für jene Kunsthandwerker, die Schmuck und Gegenstände aus Edelmetallen herstellen und die wir heute als Gold- und Silberschmiede bezeichnen. Die Lehrzeit als „Goldarbeiter" ist auch im ausgehenden 19. Jh. noch beträchtlich und kann in manchen Städten bis zu sechs Jahre betragen, einschließlich eines noch zusätzlich zu entrichtenden jährlichen Lehrgeldes.

Ob er nach seiner Lossprechung als Geselle auf Wanderschaft geht, ist ungewiss. Seine erste Frau soll er in Koblenz geheiratet haben. Sie stirbt bei der Geburt des ersten Kindes. Wo er seine zweite Frau ehelicht, ist ebenfalls nicht mehr nachzuvollziehen. Tatsache ist, dass in Altena im Sauerland im Jahre 1890 sein Sohn Paul geboren wird. Ob er in dieser Stadt als Goldschmied arbeitet, ist unbekannt.

Im Jahre 1891 wird Alois Kreiten in Köln ansässig. Er betreibt zunächst eine Goldschmiede-Werkstatt „Auf dem Hunnenrücken" und nach 1899 ist er mit seinem Atelier in der Komödienstraße Nr. 47 zu finden. Um die Jahrhundertwende gelingt es ihm, sich v.a. mit prachtvollen, historisch geprägten Arbeiten für das Kölner Ratssilber einen Namen zu machen. Im Jahre 1912 gründet er die Goldschmiede-Innung in Köln und wird deren erster Obermeister. Bis zum Jahre 1927 führt er seine Gold- und Silberschmiedewerkstatt erfolgreich weiter und gibt dann die Geschäfte an seinen Sohn Paul ab, der sich mittlerweile ebenfalls als Gold- und Silberschmied weit über Köln hinaus durch seine Werke hervorgetan hat.

Alois Kreiten, der das silberne Taufgerät fertigte, das in der Alten Kirche in Refrath in Gebrauch ist, stirbt am 5.3.1930 in Köln.

Werner Kriegeskorte

1913-1991

Im Jahre 1913 wird Werner Kriegeskorte in Köln geboren. Nach dem Abitur studiert er zunächst an der Kunstakademie in Düsseldorf, kann aber dort kein Examen ablegen, weil er als Soldat am Zweiten Weltkrieg teilnehmen muss. Nach dem Krieg absolviert er an der Staatlichen Akademie der bildenden Künste in Stuttgart eine Ausbildung zum Kunsterzieher. Seine erste Anstellung findet er an einem Gymnasium in Heidenheim bei Ulm.

Im Jahre 1960 folgt er einem Ruf als Dozent an die Pädagogische Akademie in Köln, um dort den künstlerischen Aspekt bei der hochschulgemäßen Ausbildung der Volksschullehrer zu vertreten. Die stetige Verwissenschaftlichung der Akademie führt im Jahre 1962 zur Umbenennung in Pädagogische Hochschule und im Jahre 1980 folgt die Integration der Einrichtung als „Erziehungswissenschaftliche Fakultät" an der Universität zu Köln. Werner Kriegeskorte hat dort als Professor den Lehrstuhl für „Bildende Kunst und ihre Didaktik" inne.

Sein künstlerisches Schaffen darf als vielfältig bezeichnet werden. Er veröffentlicht z.B.: Guiseppe Arcimboldo 1527-1593, Köln 1993, betätigt sich als Illustrator z.B.: Die Ostalb erzählt, Ein schwäbisches Sagenbuch, Heidenheim/Brenz 1952, wo er mit sicherem Zeichenstift die ernst-heitere Atmosphäre des Inhalts zu visualisieren weiß, gestaltet Schulbücher, malt ebenso in Öl, gestaltet Kirchenfenster und war auch als Bildhauer tätig. Der Taufstein der Kath. Kirche St. Servatius in Hoffnungsthal wird ebenfalls von ihm um 1965/66 gefertigt.

Werner Kriegeskorte stirbt im Jahre 1991 im Alter von 78 Jahren in Bensberg.

August Carl Lange

1834-1884

August Carl Lange wird am 21.5.1834 in Kassel geboren. Nach dem Abschluss der Realschule macht er eine Maurerlehre und schließt diese im Jahre 1851 ab. Im Anschluss studiert er an der Höheren Gewerbeschule in Kassel. Einer seiner damaligen Lehrer, Georg Gottlob Ungewitter, einer der ersten Architekten der gotischen Wiederbelebung, dürfte den größten Einfluss und die größte Bedeutung für den jungen Architektur-Studenten gehabt haben. Nach erfolgreichem Abschluss der Studien im Jahre 1853 zieht es ihn sofort in die Praxis. In den folgenden fünf Jahren ist er mit der Ausführung von Hochbauten beschäftigt, fertigt wohl aber auch noch Zeichnungen für Ungewitters „Gothisches Musterbuch" an.

Im Jahre 1859 bewirbt sich Lange erfolgreich als Architekt beim Stadtbauamt in Köln. Und schon ein Jahr später erhält er den ersten Auftrag, nämlich für die Familie von Bongart nach seinem Entwurf das Schloss Paffendorf von einem ehemals schlichten Renaissancebau zu einem Schloss mit gotischen Stilelementen umzubauen. Lange projektiert noch weitere Landhäuser bzw. Schlösser im neugotischen Stil, dessen Ideen er in seinen Bauwerken schöpferisch umzusetzen versteht. Zu ihnen zählt z.B. auch die Marienburg bei Monheim, die er in den Jahren 1879/80 für den Landtags- und Reichstagsabgeordneten Eugen von Kesseler errichtet. Zwar erfolgte der Innenausbau dieser als Sommerresidenz konzipierten Anlage nach Aussage des Architekten „in einfachster Weis", der Einbau von Wandschränken in allen Zimmern, Wasserleitungen und Wasserklosetts in ausreichender Anzahl, usw. sprechen aber dafür, dass man es an Annehmlichkeiten nicht fehlen lassen will. August C. Lange zeichnet außerdem für zahlreiche Sakralbauten in und um Köln verantwortlich. Mehr als fünfzig Mal werden unter seiner Leitung Kirchengebäude entweder neu errichtet, umgebaut oder restauriert, so zum Beispiel Herz Jesu in Rurich-Erkelenz/ 1868-72, St. Johannes Baptist in Sievernich-Düren/ 1869-73, St. Martin in Friesheim-Euskirchen/ 1877-78, oder St. Nikolaus in Bensberg/ 1877-83.

Lange, der in den Jahren 1878-81 mit der Planung und Errichtung der Kath. Pfarrkirche St. Severin in Bergisch Gladbach-Sand beauftragt ist, liefert wohl auch den Entwurf zur dortigen Taufe. August Carl Lange stirbt am 24.5.1884, im Alter von 50 Jahren, in Köln.

Literatur:

Zorn, Alois Jakob: Der Architekt August Carl Lange (1834-1884), Diss., 2 Bde., Aachen 1980;
Weyres, Willy/Mann, Albrecht: Handbuch zur Rheinischen Baukunst des 19. Jahrhunderts 1800 bis 1880, Köln 1968, S. 65 f.;
Vogts, Hans: Vincenz Statz, Lebensbild und Lebenswerk eines Kölner Baumeisters, Köln 1960, S. 97;
Weyres, Willy: Zur Geschichte der kirchlichen Baukunst im Rheinland von 1800-1870, Köln 1960, S. 411.

Heinrich Langen

1913-2008

Im Jahre 1913 wird Heinrich Langen in Düsseldorf geboren. Das Abitur legt er im Jahre 1935 am Düsseldorfer Prinz-Georg-Gymnasium ab. Seiner inneren Berufung folgend nimmt er – nach Absagen in Roermond und Bonn – das Studium der Theologie in Fribourg in der Schweiz auf. Schon im Priesterseminar beginnt er als Autodidakt, quasi seiner zweiten Berufung, dem Zeichnen und Malen nachzugehen. Nach drei Semestern kommt er dann doch an das Priesterseminar in Bonn, um dort sein Studium zu beenden. Im Jahre 1942 lernt er in der Eifel den deutschen Maler, Graphiker und Bildhauer Otto Pankok kennen. Dieser hat sich dorthin zurückgezogen, weil er als entarteter Künstler von den Nazis verfolgt wird. Den Priesteramtskandidaten beeindrucken dessen Werke sehr.

Die Priesterweihe erfolgt im Jahre 1944 wegen der Kriegswirren nicht im Dom zu Köln, sondern in Bad Honnef. Nach Kaplansjahren in Horrem (1945-49), Braunsfeld (1949-58) und St. Gereon in Köln (1958-62) wird Heinrich Langen ab 1962 Pfarrer in St. Barbara, Steinenbrück. Auch als engagierter Priester beteiligt er sich schon damals an einer Vielzahl von Ausstellungen. Bei seinen Künstlerkollegen, z.B. einem Schmitz-Imhoff, Georg Meistermann oder Hubert Berke, ist er sehr geschätzt. Über die vielen Jahrzehnte seines künstlerischen Schaffens widmet er sich inhaltlich, vor allem nach dem Zweiten Weltkrieg, dem leidenden Menschen, immer aber fühlt er sich zu christlichen bzw. spirituellen Themenstellungen hingezogen. Heinrich Langen hinterlässt ein umfangreiches künstlerisches Werk. Sicherlich eines seiner eindrucksvollsten Werke ist die künstlerische Ausgestaltung seiner im anvertrauten Pfarrkirche St. Barbara. Sämtliche Ausstattungsstücke wie das Kruzifix in der Apsis, der Ambo, Tabernakel und Altar, die 14 Stationsbilder des Kreuzweges, die Fenster des Mittelschiffs, die Wandbehänge und der Taufstein sind ein Werk von Heinrich Langen. Außerdem malt er in den siebziger Jahren einen umfänglichen Bilderzyklus der Heilsgeschichte auf Pfeiler, Wände, Gewölbekappen und in der Apsis seiner Kirche. Diese Fresken müssen allerdings im Rahmen der Grundsanierung der Kirche im Jahre 1982 – auch zum Leidwesen seiner Gemeinde – wieder entfernt werden.

Johannes Langen, der erst im Jahre 1991 im Alter von 78 Jahren sein Amt als Pfarrer in Steinenbrück aufgab, lebt nach wie vor in seiner Gemeinde, wo er am 7.12.2008 im Alter von 95 Jahren verstarb.

Literatur:

Läufer, Erich/Zehnder, Frank Günther: Chaos und Ordnung Johannes Langen, Thomas-Morus-Akademie Bensberg, Kunstbegegnung Bensberg, Heft 5, Bensberg 1994.

Georg Maria Lünenborg

1907-1972

Georg Maria Lünenborg wird am 18.10.1907 in Mönchengladbach geboren. Nach dem Abitur studiert er an der Staatsbauschule in Trier Architektur. Zu seinen Lehrern gehört u.a. der Architekt Prof. Fritz Thoma, der v.a. für den Kirchenbau des 20. Jh. im Bistum Trier einen wesentlichen Beitrag geleistet hat. Ab 1933 macht sich Lünenborg selbständig und führt Projekte in den Städten Mönchengladbach, Stuttgart und Braunschweig aus.

Nach dem Zweiten Weltkrieg wird er als Professor an die Hochschule für Bildende Künste in Braunschweig berufen, wechselt aber schon im Jahre 1948 als Dozent an die Kölner Werkschulen. Dort ist er bis zu seiner Emeritierung im Jahre 1967 der Klassenleiter im Fach Möbelbau.

Zahlreiche Möbel werden in jener Zeit nach seinen Entwürfen gefertigt, u.a. für die Werkbundausstellung „Neues Wohnen" im Jahre 1949. Auch die Stadtverwaltung von Köln und die Universität zu Köln lässt bei ihm Möbel entwerfen, die dann von den Firmen Carl Hondrich, Werner Tellmann oder Gustav Pesch hergestellt werden.

Zusammen mit seinem älteren Bruder, dem Glasmaler Hans Lünenborg, arbeitet er in und um Köln an etlichen Sakral- und Profanbauten, z.B.: St. Marien/Gremberg, bzw. St. Antonius von Padua/Kleinmaischeid, oder Schokoladenfabrik Novesia/Neuss, bzw. das Verwaltungsgebäude der Fa. A. Langen u. Sohn/Krefeld.

Da Georg Maria Lünenborg in den 50er Jahren des letzten Jahrhunderts für die Instandsetzung der Pfarrkirche St. Nikolaus in Dürscheid verantwortlich zeichnet, dürfte auch der Entwurf bzw. die Herstellung der Taufe im Jahre 1954 auf ihn zurückgehen. Georg Maria Lünenborg stirbt am 23.4.1972 in Köln.

Literatur:

Hagspiel, Wolfram: Köln-Marienburg. Bauten und Architekten eines Villenvorortes. Stadtspuren-Denkmäler in Köln, Bd. 8, Köln 1986, S. 877 ff;
Weyres, Willy: Neue Kirchen im Erzbistum Köln 1945-1956, Düsseldorf 1957, S. 125;
Steimel, Robert: Kölner Köpfe, Köln 1958, Sp. 255 u. 256.

Helmut Moos

geb. 1931

Helmut Moos, geb. am 20.2.1931 in Bonn, studiert von 1949 bis 1958 sowohl bei Josef Jaekel und Gerhard Marcks an der Kunstgewerbeschule in Köln als auch bei Hans Wimmer an der Kunstakademie in Nürnberg. Als freischaffender Künstler richtet er sich in Bensberg-Lustheide ein Atelier ein und lebt auch dort. Im Jahre 1991 zieht es ihn wieder nach Bonn zurück. Zwischenzeitlich hat er sich in Urmersbach in der Eifel eine historische Wassermühle zu einem Zweitatelier ausgebaut, in dem er bis heute tätig ist.

Sein künstlerisches Schaffen umfasst neben Kleinplastiken von Menschen und Tieren und profanen Denkmälern auch den sakralen Raum. Hier sind es v.a. die Prinzipalstücke (Altar, Ambo, Taufstein), aber auch Portale, wie jene für die Herz-Jesu-Kirche in Euskirchen oder eine Kanzel für den Dom in Braunschweig beschreiben die Bandbreite seiner sakralen Arbeiten. Helmut Moos ist seit 1958 mit der Schriftstellerin Hildegard Moos-Heindrichs verheiratet, mit der er vier Kinder hat.

Im Untersuchungsgebiet stammen zwei Taufen von Helmut Moos. Im Jahre 1992 schafft er für den aus dem 12./13. Jh. stammenden Taufstein in St. Nikolaus in Bensberg sowohl eine neue Innenschale als auch eine moderne Abdeckung. Für St. Elisabeth in der Auen in Bergisch Gladbach-Refrath stellt er den gesamten Taufstein einschließlich Abdeckung her.

Literatur:

Grafik, Plastik: Alfons Allard, Ulf Cramer, Hans Krämer, Helmut Moos: Ausstellung im Allianz-Haus Köln 21. Nov.-20. Dez. 74, Köln 1974; Helmut Moos, Skulpturen, Katalog Städtische Galerie Villa Zanders, Bergisch Gladbach 2001.

Wolf Münninghoff

geb. 1967

Wolf Münninghoff wird im Jahre 1967 in Wermelskirchen geboren. Nach dem Abschluss der Schule macht er von 1986-1990 eine Ausbildung zum Steinmetz und Bildhauer in Rheine/Westfalen. Nach der Erziehungszeit seiner Kinder (1988, Geburt von Sohn Lukas, 1990, Geburt von Tochter Hannah), einigen Jobs und einem ersten Herantasten an eine künstlerische Arbeit ist er von 1995-2000 in einem Grabmalwerk beschäftigt. Parallel dazu gelingt ihm im Jahre 1996 die Gründung einer eigenen Werkstatt. Es folgen erste Ausstellungsbeteiligungen. Seit 2000 ist Wolf Münninghoff als freischaffender Bildhauer tätig, seit 2004 in seinem historischen Anwesen in Zellertal-Harxheim in der Pfalz.

Die Teilnahme an verschiedenen Projekten (z.B. „Fremde, Landschaft, Heimat"/2001 in Grünstadt oder „Kunst im Kesselhaus"/ 2003 in Ebertsheim) und Symposien (z.B. „Heimat"/2003 in Göllheim oder „metall & form"/2007 in Heidelberg) bringen den erwünschten Erfolg. Von 2002-2004 arbeitet Münninghoff mit der Künstlerin Lisa Bihlmann/ Ebertsheim zusammen, seit 2005 mit dem Glaskünstler K.-H. Garske.

Wolf Münninghoff, der sowohl für die öffentliche Hand als auch für die Kirche bildhauerisch tätig ist, schuf im Jahre 2001 den Taufstein in Wermelskirchen.

Rudolf Niedballa

1914-1996

Rudolf Niedballa wird im Jahre 1914 in Chemnitz geboren. Nach der schulischen Ausbildung macht er eine Lehre als Stahlstecher und Graveur. Lehrmeister ist sein eigener Vater, der als Graveur in Sachsen tätig ist und der es offensichtlich versteht, ihm solide handwerkliche Kenntnisse zu vermitteln. Danach findet er einen Arbeitsplatz in Köln und gründet eine Familie. Da die berufliche Selbständigkeit für ihn ein Traumziel ist, qualifiziert er sich im Graveur- und Metallbildner-Handwerk weiter und absolviert mit Bravour die Meisterschule. Sofort nach dem Zweiten Weltkrieg macht sich Rudolf Niedballa inmitten des zerbombten Köln in einem Behelfsbau selbständig. Die berufliche Palette ist breit gefächert: Heraldische Gravuren, Einladungs- und Visitenkarten, Ex libris sowie Umschläge; Siegel- und Wappengravuren für Farblos- Reliefprägung auf Papier oder Karton; auch mit Gegenstempel, eingebaut in eine Hebelpresse zum Selbstprägen; Wappen-, Text-, Monogrammgravuren auf Gold- und Silbergerät, Medaillen und Münzen u.v.a. Da Rudolf Niedballa seine Aufträge nicht nur gut, sondern mit ungewöhnlicher künstlerischer Begabung und wohl auch technischer Phantasie zu meistern weiß, bleibt der Erfolg, ja Ruhm nicht aus. Aufträge von der Prominenz aus aller Welt laufen in seinem Atelier ein – angefangen beim Herzog von Edingburgh, dem Fürsten von Schwarzenberg in Wien, Schweizer Geld- und europäischer Hochadel bis zu den letzten vier Päpsten. Der Heilige Stuhl bevorzugt über ein Vierteljahrhundert für alle Siegel und Stempel des Vatikanstaates das hohe handwerkliche Können von Rudolf Niedballa. Mittlerweile sitzen bei ihm bis zu 18 Mitarbeiter. Dass er sein Wissen und seine Erfahrung nicht als Geheimnis für sich behalten will, zeigt sich unter anderem auch daran, dass er sowohl in Vorträgen und Aufsätzen Kollegen über seine Kunstfertigkeit informiert als auch darin, dass er 22 Jahre an der Werkschule in Köln als Dozent tätig ist. Einige Jahre ist er zudem Obermeister der Graveur-Innung.

Der „beste Graveur der Welt", nach einer Bewertung in einem englischen Fachbuch der Heraldik, wird im Jahre 1979, dank Papst Joh. Paul II., zum Komtur-Ritter des Ordens vom Heiligen Gregor dem Großen ernannt und im Jahre 1988 mit dem Bundesverdienstkreuz ausgezeichnet. Rudolf Niedballa, der für den Deckel des Taufbrunnens der Kirche St. Peter und Paul in Offermannsheide die Motive über das Sakrament der Taufe entwarf und fertigte, stirbt im Jahre 1996 in seinem Haus in Dürscheid.

Literatur:

Lieb-Schäfer, Ulrike:
Siegel für Fürsten und Päpste.
Aus einer Werkstatt in bergischer Idylle – Atelier Niedballa bei Dürscheid, in: Rheinisch-Bergischer Kalender, Heimatjahrbuch für den Rheinisch-Bergischen Kreis, 47. Jg., Bergisch Gladbach 1977, S. 87 ff.

Adolf Nöcker

1856-1917

Adolf Nöcker wird im Jahre 1856 in Köln geboren. Er studiert nach entsprechender Schulausbildung zunächst an der „Königlichen Rheinisch-Westphälischen Polytechnischen Schule" (der heutigen RWTH Aachen) und im Anschluss an der TH Charlottenburg (der heutigen TU Berlin). Seine Lehrer sind u.a. Everbeck, Henerici und Raschdorff, letzterer der Erbauer der Ev. Oberpfarr- und Domkirche zu Berlin.

Ab dem Jahre 1880 ist er als selbständiger Architekt wieder in seiner Heimatstadt Köln ansässig. Zu seinen ersten größeren Baumaßnahmen gehören sicherlich die Erweiterungsbauten für das israelitische Asylgebäude für Kranke und Altersschwache an der Silvanstraße in Köln (ab 1882-89). Neben einer großen Zahl von Geschäftshäusern und Villen (z.B. Wohnhaus „Am Römerwall Nr. 7") schafft er auch einige bedeutende Kirchen in Köln. Erwähnt seien z.B. die dreischiffige Basilika St. Anna (1907/08) und St. Bonifatius, Hl. Heinrich und Kunigunde (1913). Letztere ist insofern etwas Besonderes im Reigen der Kölner Kirchenbauten, weil bei ihr sich Stilelemente des späten Historismus mit modernen Gestaltungselementen des Jugendstils und des deutschen Werkbundes mischen. Auch als restaurierender Architekt ist Nöcker tätig, indem er sich u.a. der Instandsetzung der reduzierten Westturmgruppe von St. Maria im Kapitol annimmt. Ebenso ist er bei der Erneuerung der Türme von St. Severin (1906/09) und Klein St. Martin involviert.

Adolf Nöcker sitzt lange Jahre (ab 1904) als Stadtverordneter im Kölner Rat, ist Mitbegründer des BDA, des Vereins „Ars sacra" und des Meister-Wilhelm-Bundes. Da Adolf Nöcker im Jahre 1904 für die Umbau- bzw. Erweiterungsmaßnahme der Kath. Pfarrkirche St. Johannes der Täufer in Bergisch Gladbach-Herrenstrunden verantwortlich zeichnet, ist auch der Entwurf des neugotischen Inventars, einschließlich der neuen Taufe, ihm zuzurechnen. Wer allerdings den Taufstein aus dem Steinblock gehauen hat ist unbekannt. Nöcker starb am 24.4.1917 in Köln.

Literatur:

Steimel, Robert: Kölner Köpfe, Köln 1958;
Hagspiel, Wolfram: Köln-Marienburg. Bauten und Architekten eines Villenvorortes.
Stadtspuren-Denkmäler in Köln, Bd. 8, Köln 1996.

Theodor Caspar Pilartz

1887-1955

Theodor Caspar Pilartz ist zu Lebzeiten Bildhauer und Bühnenbildner. Neben seinen Bildnisbüsten, die sowohl im Wallraf-Richartz-Museum in Köln als auch in der Kunsthalle in Mannheim vertreten sind, tut er sich v.a. mit einer Marmorbüste für den Deutsch-Amerikaner Carl Schulz hervor, die im Jahre 1929 durch den damaligen Reichstagspräsidenten Paul Loebe im Reichstagsgebäude feierlich aufgestellt wird.

Pilartz ist als Bühnenbildner sowohl in Berlin als auch in Darmstadt, Köln und Düren tätig. So schafft er z.B. für eine von Walter Braunfels mit gewaltigen instrumentalen und vokalen Mitteln komponierte „Große Messe" die erforderlichen Bühnenbilder. Das Stück wird im Jahre 1926 im Kölner Gürzenich unter Hermann Abendroth uraufgeführt. Und für das von Paul Hindemith komponierte Werk „Der Dämon", uraufgeführt im Jahre 1923 am Hessischen Landestheater in Darmstadt, schafft er neben dem Bühnenbild sogar die Kostüme. Pilartz ist seit 1919 Mitglied der Darmstädter Sezession und ebenso regelmäßig zwischen 1919 und 1933 an den Ausstellungen des Jungen Rheinlands, der Rheingruppe und der Rheinischen Sezession beteiligt. Dass er zeitweilig auch für die Kirche tätig ist, dokumentiert u.a. der von ihm im Jahre 1936 aus Lindenholz gefertigte Hochaltar für die Pfarrkirche St. Mathias in Strauch/Gem. Simmerath.

Vielleicht über seinen Bruder, den bekannten Kölner Münzhändler Heinrich Pilartz, erhält er 1930, am Ende der franz. Besatzungszeit im Rheinland, den Auftrag, entsprechende Gedenkmünzen (3- und 5 RM Stück „Rheinlandräumung") zu fertigen, die damals in hoher Auflage erscheinen.

Theodor Caspar Pilartz, der für St. Josef/Berg. Gladbach-Heidkamp den sog. Alten Taufstein fertigte, stirbt im Jahre 1955 in Düren.

Literatur:

Caspar, Helmut: Einigkeit und Recht und Freiheit. Ein Streifzug durch die Münz- und Geldgeschichte der Weimarer Republik, Wien 2006.

Max Pohl

1906-1993

Max Pohl wird im Jahre 1906 in Essen geboren. In einem kunstsinnigen Elternhaus aufgewachsen, erfährt er schon früh die notwendigen Impulse für eine spätere künstlerische Ausbildung. Nach dem Abschluss der Schule studiert er ab 1925 zunächst an den Kölner Werkschulen und findet v.a. bei dem Bildhauer Prof. Wolfgang Wallner eine erste akademische Orientierung. Von 1928-1930 ist er bei Prof. Richard Luksch an der Staatskunstschule in Hamburg eingeschrieben. Im Anschluss studiert er an der Staatsschule für angewandte Kunst in Nürnberg. Dort ist er Mitglied der Bildhauerklasse von Wilhelm Nida-Rümelin, welcher der klassischen Tradition des 20. Jh. verpflichtet war. Pohls Plastiken finden bei ihm Gefallen, sodass er zum Meisterschüler aufsteigt. Hatte Pohl zuvor überwiegend in Holz gearbeitet, ist nun der Stein das Material, mit dem er sich vornehmlich auseinander setzt.

In der Zeit von 1932-33 setzt er seine Studien bei Prof. Wallner an den Kölner Werkschulen fort. Im Jahre 1939 zum Kriegsdienst eingezogen, kehrt er 1945 wieder zurück. Zwischenzeitlich hat er seine Frau Edelgard, geb. Schulz geheiratet und den gemeinsamen Wohnsitz in Leverkusen genommen. Nach dem Zweiten Weltkrieg ist er dort als Steinmetz für Grabmäler tätig, schafft aber als Mitglied des Rheinisch-Bergischen Künstlerbundes eine Fülle von plastischen Arbeiten. Als Beispiel seien die „Spielenden Bären" an den Wiembachteichen sowie die „Musizierenden Kinder" angeführt.

Zwischen 1968-1977 legt Max Pohl in Sachen Bildhauerei eine schöpferische Pause ein und widmet sich ganz der Malerei, die bei ihm seit seiner Jugend völlig in Vergessenheit geraten war. Ende der 70er Jahre nimmt er die gegenständliche Auseinandersetzung mit der menschlichen Figur wieder auf und arbeitet erneut in Stein. Später bevorzugt er die Technik des Betongusses, weil dies ihm die beliebige Reproduktion seiner Figuren erlaubt. Als Künstler und auch als ein beispielhaft für die Kulturarbeit in Leverkusen engagierter Bürger, als Beteiligter an zahlreichen überregional bedeutenden Ausstellungen gestaltet Max Pohl die Kunstszene der Stadt Leverkusen und des Rheinlandes jahrzehntelang erfolgreich mit.

Max Pohl, der die sog. „Alte Taufe" der kath. Kirche St. Laurentius in Burscheid schuf, stirbt am 11.10.1993 im Alter von 87 Jahren in Leverkusen.

Literatur:

Wedewer, Rolf: Bestandskatalog des Museums Morsbroich, Hrsg. von der Stadt Leverkusen, 2 Bde., Leverkusen 1985;
Anna, Susanne: Max Pohl – *Skulpturen 1930-1990.
Eine Ausstellung des Städtischen Museum Leverkusen Schloss Morsbroich, Leverkusen 1991;
Bildende Künstler im Land Nordrhein-Westfalen, Hrsg. vom Wirtschaftsverband Bildender Künstler Nordrhein-Westfalen e.V.,
Bezirksverband Köln-Aachen,
Recklinghausen 1967.

Georg Rasch

1920-1968

Georg Rasch wird im Jahre 1920 in Pegau bei Leipzig geboren. Nach dem Abitur nimmt er das Studium an der TH Dresden auf, wird jedoch sehr bald zum Militärdienst eingezogen. Nach dem Zweiten Weltkrieg studiert er von 1947-1950 u.a. bei Egon Eiermann an der TH Karlsruhe und kann nach seiner Diplomierung noch einige Zeit bei ihm im Büro tätig sein. Ab dem Jahre 1960 ist er in Köln als selbständiger Architekt zu finden. Sein Schaffen umfasst v.a. den Bau von ev. Kirchen- bzw. Gemeindezentren, deren Aufträge ihm durch entsprechende Wettbewerbserfolge (14 erste Preise) zugesprochen werden. Von den über 12 geplanten und gebauten kirchlichen Gemeindezentren, die er fast alle mit seinem Mitarbeiter und späteren Partner Winfried Wolsky errichtet, sei stellvertretend die heute unter Denkmalschutz stehende Ev. Auferstehungskirche in Köln-Buchforst, Kopernikusstraße 34-38 angeführt, errichtet in den Jahren 1965-67.

Georg Rasch, der immer auch das Interieur seiner Kirchenbauten mitplante, entwarf auch den Taufstein in der ev. Kirche in Kippekausen.

Hanns Rheindorf

1902-1982

Hanns Rheindorf wird am 2.7.1902 in Leverkusen-Wiesdorf geboren. Seine künstlerische Ausbildung erhält der Bildhauer und Goldschmied in den Jahren 1922-28 an den Kölner Werkschulen. Seine Lehrer sind die Bildhauer Georg Grasegger und Hans Wissel, der Jugendstil-Goldschmied Ernst Riegel und der Pionier des katholischen Kirchenbaus im 20. Jh. Dominikus Böhm.

Hanns Rheindorf, der schon zu Beginn seiner künstlerischen Tätigkeit auf Ausstellungen oft und erfolgreich vertreten ist, schafft Kunstwerke v.a. für Sakralbauten quer durch Deutschland. Für Dominikus Böhms Kirchenbauten gestaltet er bis in die fünfziger Jahre hinein zahlreiche Arbeiten. Nach dem Zweiten Weltkrieg häufen sich die Aufträge in fast unübersehbarer Zahl. Mittlerweile hat er die Skulptur als alleiniges Darstellungselement aufgegeben und sich noch intensiver als zuvor der Emailkunst gewidmet, die er oft in Verbindung mit getriebener Metallplastik und mit reliefiertem Kupfer, Silber oder Gold zu kostbaren kirchlichen Geräten zu formen versteht. Rheindorfs Werke sind mittlerweile weit über Deutschland hinaus begehrt. Kardinäle und Bischöfe geben bei ihm Werke in Auftrag und auch Regierungen, z.B. Bundeskanzler Konrad Adenauer, lassen bei ihm Geschenke anfertigen, die dem Papst oder hochgestellten Persönlichkeiten der Kirche zugedacht sind.

„Hanns Rheindorf, der Bildhauer und Goldschmied virtuoser handwerklicher und künstlerischer Meisterschaft, hat sein großes Können fast ausschließlich in den Dienst der Kirche gestellt. In der vollen Wahrnehmung und Kenntnis der geistig-künstlerisch-kulturellen Strömungen seiner Zeit und in der stetigen Auseinandersetzung mit ihnen hat er dabei konsequent seinen eigenen, ihn charakterisierenden künstlerischen Weg verfolgt. Er ist bildhaft und farbenfroh geblieben, als andere in puristische Abstraktion verfielen und den leeren Kirchenraum forderten" (vgl. Eimert 1977, S. 183). Er gilt im Nachhinein als ein unbeirrbarer Bewahrer und wegweisender Altmeister seines Faches, den seine Freunde als den stillen, in sich gekehrten Schweigsamen verehrten, der in seinen Kunstwerken gesprächig wird.

Hanns Rheindorf, der für den romanischen Taufstein in St. Martin Burg an der Wupper, den Deckel mit den Email-Medaillons fertigte, stirbt am 5.5.1982, im Alter von 80 Jahren.

Literatur:

Eimert, Dorothea: Virtuose Meisterschaft – Hanns Rheindorf zum 75. Geburtstag, in: Das Münster, Zeitschrift für christliche Kunst und Kunstwissenschaft, 30. Jg., München/Zürich 1977.

Bernhard Rotterdam

1893-1974

Bernhard Rotterdam wird am 8.2.1893 als ältestes von zwölf Kindern in Immigrath bei Langenfeld geboren. Schon nach wenigen Jahren verziehen seine Eltern nach Richrath. Dort besucht er die Volksschule und erfährt danach eine handwerkliche Ausbildung im Baubetrieb seines Vaters. Private Unterrichtsstunden ergänzen das Wissen in den allgemein bildenden Fächern. Im Jahre 1910 beginnt er sein Studium an der Staatsbauschule in Köln und legt dort nach einer Unterbrechung – verursacht durch den Ersten Weltkrieg – im Frühjahr 1920 das Abschlussexamen ab. Von 1922 bis 1925 studiert Bernhard Rotterdam an der Architekturabteilung der Staatlichen Kunstakademie in Düsseldorf. Dort wird er Meisterschüler des bekannten Kirchenbauers Prof. Emil Fahrenkamp, des späteren Akademiedirektors in Düsseldorf.

Im Jahre 1924 beteiligt er sich als Student an einem Wettbewerb für Studierende der Akademie für die Erweiterung einer historischen Eifelkirche, der mit dem 1. Preis ausgezeichnet wird. Es folgen weitere Wettbewerbserfolge und damit der Beginn eines umfangreichen Werkes, insbesondere im Bereich Kirchen-, Schul- und Sozialbau bis in die 60er Jahre des 20. Jh.

Die entscheidende Wendung in seinem Leben bringt sicherlich die Teilnahme an dem im Jahre 1925 ausgelobten Architekten-Wettbewerb für das neu zu bauende Priesterseminar in Bensberg mit sich. Der unter Mitarbeit von Dipl.-Ing. K. Mataré, Düsseldorf, kreierte Entwurf wird mit dem 1. Preis ausgezeichnet. Mit der Beauftragung kommt auch die Verlegung seines Wohn- und Arbeitsplatzes von Köln nach Bensberg. Bernhard Rotterdams Werk umfasst über 40 Kirchenbauten und eine Fülle von Bauaufgaben aus dem profanen Bereich. Hierzu gehören neben Wohnbauten (z.B.: Wohnhaus in Bensberg, Deutscher Platz 1) ebenso Krankenhäuser (z.B.: Krankenhaus in Monheim), Kindergärten (z.B.: Kindergarten in Bergisch Gladbach-Gronau) oder Altenheime (z.B.: Altenheim St. Monika in Siegburg). Er hat sich aber besonders durch seine Kirchenbauten im Rheinland neben anderen Architektenpersönlichkeiten der Vor- und Nachkriegszeit einen Namen gemacht.

Bernhard Rotterdam, der wahrscheinlich den Entwurf für die Taufe in der Pfarrkirche St. Heinrich in Witzhelden lieferte, stirbt am 7. 10.1972 in Bergisch Gladbach-Bensberg.

Literatur:

Koch, Bernd: Der Architekt Bernhard Rotterdam und seine Kirchenbauten im Rheinland, Lindenberg 2006;
Gladbach, Bernhard: Architekt mit eigener Handschrift. Bernhard Rotterdam (Bensberg) 70 Jahre alt, in:
Rheinisch-Bergischer Kalender 1963, Bergisch Gladbach 1963, S. 47 ff.

Gotthold Schönwandt

1921-1976

Geboren wird Gotthold Schönwandt im Jahre 1921 in Ebersberg in der Rhön. Nach dem Abitur macht er eine Lehre als Gold- und Silberschmied. Ein anschließendes Studium wird durch die Einberufung zum Kriegsdienst im Zweiten Weltkrieg vereitelt. Trotzdem gelingt es ihm, in den Urlaubszeiten die Meisterprüfung in seinem erlernten Handwerk abzulegen. Nach dem Krieg macht er sich in Allendorf bei Nordeck selbständig.

Als talentierter und ambitionierter Gold- und Silberschmied trifft er nicht nur den Zeitgeschmack der damaligen Zeit, sondern findet auch in der Kombination von Handwerk, Gestaltung und einer gehörigen Portion Geschäftssinn Gefallen, sodass sich sein anfängliches Ein-Mann-Atelier sehr schnell zu einem Unternehmen mit bis zu 15 Mitarbeitern entwickelt.

Die Warenpalette reicht vom kunstgeschmiedeten Beleuchtungskörper, der Kunst am Bau, Kunstobjekte, Schmuck in allen Variationen und jeglichen Bedarf bis hin zu jenen Gegenständen, die für die Ausstattung von Sakralbauten notwendig sind. Die Kultgegenstände liegen ihm hierbei sehr am Herzen, sodass unzählige Tauf- und Abendmahlgeräte unter seiner Leitung entstehen. So lässt z.B. auch der Vatikan zeitweilig bei ihm kostbares Altargerät fertigen.

Gotthold Schönwandt, der die Taufschale für die Ev. Kirchengemeinde in Refrath-Vürfels fertigt, stirbt im Jahre 1976, im Alter von nur 55 Jahren, in Allendorf/Nordeck.

Joachim Schwingel

geb. 1928

Joachim Schwingel wird am 10.8.1928 in Glogau/Schlesien geboren. Die Realschule besucht er ebenfalls in dieser ehemals so wichtigen Stadt an der fruchtbaren Oderniederung. Anschließend macht er eine Lehre als Silberschmied bei der renommierten Firma Adolf & Sohn in Burg bei Magdeburg. Als 15-jähriger wird er noch im Jahre 1944, zusammen mit seinen Schulkameraden, als Luftwaffenhelfer eingezogen, von denen viele den Zweiten Weltkrieg nicht überleben sollen. Im Jahre 1953 flüchtet er in die Bundesrepublik und nimmt ab Oktober 1953 das Studium an der Kölner Werkschule auf.

Von 1953 bis 1960 studiert er v. a. bei Prof. Josef Jaeckel in der Metallbildhauerklasse, vervollständigt dort seine Metalltechnik, lernt Modellieren, Gipsschneiden, Gipsgießen und den Bronzeguss. Aufgrund seiner überdurchschnittlichen künstlerischen und handwerklichen Begabung wird er im Februar 1960 zum Meisterschüler ernannt. Es ist die höchste Auszeichnung, welche die Schule damals an ihre Studierenden vergeben kann. Schon zu der Zeit kann Joachim Schwingel zahlreiche seiner gewonnenen Preise in Form von Schulaufträgen auch ausführen.

Nach dem Studium macht er sich als freier Bildhauer in Köln selbständig und ist in der Hauptsache für den Sakralbau tätig. Als einige wenige Beispiele seien angeführt: ein Tabernakel, Altar und die Leuchter für die kath. Kirche in Hellmond/Holland oder die Ausstattung (Tabernakel und Ambo) der Kirche St. Josef in Rheine. Für Heinrich Theissing, Weihbischof in Berlin (1963-1970) schafft er eine Monstranz und ein Brustkreuz und für den ehemaligen Weihbischof in Münster, Laurenz Böggering, fertigt er den Bischofsstab.

Weitere zahlreiche Skulpturen auch für den profanen Bereich ergänzen das künstlerische Schaffen von Joachim Schwingel. Im Jahre 1975 wird er von der FH Düsseldorf zum Diplom-Designer ernannt. Im Anschluss ist er bis zum Jahre 1996 als Kunstlehrer im Schuldienst tätig.

Für die Kath. Kirche St. Marien in Bergisch Gladbach-Gronau schuf er im Jahre 1963 nicht nur die Taufe einschließlich der bronzenen Abdeckung, sondern auch eine Reihe von Figuren. Der in der Krypta des Sakralbaus befindliche Altar einschließlich des darüber befindlichen bronzenen Hängekreuzes stammt ebenfalls aus seiner Hand.

Helmut und Klaus Selbach

geb. 1955

Helmut und Klaus Selbach werden am 27. 5.1955 in Bergisch Gladbach geboren. Nach der Schulausbildung studieren sie an der FH Köln Architektur und diplomieren im Jahre 1981. Von 1981 bis 1985/86 sind sie als Mitarbeiter in verschiedenen Architekturbüros tätig. Danach planen und bauen sie als selbständige Architekten im jeweils eigenen Büro. Im Jahre 1990 erfolgt die Gründung des gemeinsamen Architekturbüros.

Sie befassen sich mit der Planung und der Realisation von Wohn- und Sozialbauten, insbesondere von Kindertagesstätten und Schulen. Allein im Untersuchungsgebiet entstehen sieben Kindertagesstätten (z. B. in Hand, Hebborn, Refrath, Gronau oder Bergisch Gladbach). Im Schulbau ist z. B. die Erweiterung der freien Waldorfschule in Bergisch Gladbach-Refrath anzuführen. Im Bereich des Wohnungsbaus befassen sich die beiden Architekten mit Einfamilienhäusern der unterschiedlichsten Größen und Anforderungen.

Helmut und Klaus Selbach, die im Jahre 1998 das Gemeindezentrum Kradepohl in Bergisch Gladbach errichtet haben, zeichnen auch für den Entwurf der Prinzipale verantwortlich.

Peter Paul Smrha

1930-1975

Peter Paul Smrha wird am 11.12.1930 in Wien geboren. Nach der schulischen Ausbildung studiert er von 1948 bis 1954 an der Technischen Hochschule Wien Architektur. Einen besonderen Bezug hat er zu den Dozenten Dr. Pfann und Boltenstern, die ihm offensichtlich den Kirchenbau nahe bringen. Vielfältige Studienreisen v. a. nach Skandinavien und Japan lassen ihn quasi über den Tellerrand blicken.

Nach dem Studium ist er für zwei Jahre als angestellter Architekt in Dortmund tätig. Anschließend zieht es ihn nach Köln, wo er als Mitarbeiter im Architekturbüro Prof. Neufert und Neufert an der Realisierung großer Projekte beteiligt ist.

Ab dem Jahre 1961 ist er in Köln als freischaffender Architekt tätig. Gewonnene Wettbewerbe und die anschließende Beauftragung u.a. von Gemeindezentren (z.B. in Steinenbrück-Neichen oder Dattenfeld/Sieg), Pflegeheimen und Heil- und Kurzentren (z.B. das Heilbad in Berleburg, realisiert zusammen mit Dipl.-Ing. Stark) bringen den notwendigen Erfolg.

Smrha ist ein hervorragender Freihandzeichner und fühlt sich nebenbei auch noch dem wissenschaftlichen Arbeiten verpflichtet. So schrieb er an einer Dissertation über den „Evangelischen Kirchenbau", beschäftigt sich aber auch mit der „Analyse der österreichischen Wohnbau-Forschung".

Peter Paul Smrha, der die Ev. Friedenskirche samt Taufstein in Steinenbrück-Neichen entwarf, stirbt im Alter von nur 45 Jahren am 13.3.1975.

Literatur:

John, Dieter: 25 Jahre Friedenskirche Neichen, Hrsg. vom Presbyterium der Ev. Kirchengemeinde Overath, Overath 1990.

Kurt Wolf v. Borries

1928-1985

Kurt Wolf v. Borries wird im Jahre 1928 in Bergen/Kreis Belgard (Pommern) geboren. Zur Schule geht er in Belgard und Berlin. Seine Gymnasialausbildung, die er 1938 beginnt, wird 1943 bis 1945 durch die Verwendung als Marinehelfer sowie durch den Arbeits- und Wehrdienst unterbrochen. Nach dem Zweiten Weltkrieg kommt er in den Westen und findet zunächst Arbeit auf einem Klostergut in Bayern. Das Abitur legt er im Jahre 1947 an einem Gymnasium in Lübbecke in Westfalen ab. Von 1947 bis 1950 studiert er an der Hamburger Landeskunstschule, u.a. bei Prof. Gerhard Marcks. Seine künstlerische Ausbildung schließt er allerdings an den Kölner Werkschulen in der Klasse der Metallbildhauerei bei Prof. Josef Jaeckel ab.

Danach ist er nur noch als freischaffender Künstler tätig. Sein Atelier hat er, von einer kurzen Phase in Müngersdorf abgesehen, eigentlich immer in Junkersdorf. Im Jahre 1954 heiratet er Marie-Anne Schlieper. Aus der Ehe gehen drei Kinder hervor. Kurt Wolf v. Borries Haupttätigkeit als Künstler besteht in der Ausgestaltung sakraler Räume. Für zahllose Kirchen schafft er Altäre, Taufbecken, Mahnmale, Reliefs, Decken, Portale und vieles Andere mehr. Zu seinen Auftragsarbeiten gehören aber auch die Ausstattung profaner Bauten und die Gestaltung des Außenraumes mit Plastiken, Brunnen, Reliefs oder Pflasterungen, manchmal sogar einschließlich der Bepflanzungen. Als Beispiele seien der Ansgarii-Platz in Bremen und der Innenhof der Kartause in Köln angeführt.

Von Borries, der alle Techniken der Bildhauerei beherrscht und mit einer Vielzahl von Werkstoffen (z.B. Bronze, Zinn, Silber und sämtliche Gesteinsarten) vertraut ist, spricht in seiner Kunst eine kraftvolle Sprache, welche aus einer klassischen Tradition schöpft, sich aber trotzdem der Moderne verpflichtet weiß. V. Borries wird durch eine Vielzahl von Auszeichnungen und durch eine Fülle von Ausstellungen weit über Köln bekannt. Erwähnt seien: der Georg-Kolbe-Preis (1956), der Förder-Preis des Landes Nordrhein-Westfalen (1958), Rompreis Villa Massimo (1960) und der Kaiser-Lothar-Preis der Europäischen Künstlervereinigung (1966). Ausstellungen sowohl in Form von Einzel- als auch durch die Beteiligung an Gruppenausstellungen hat er im In- und Ausland. Kurt Wolf v. Borries, der den Taufstein in der Ev. Kirche in Delling schuf, stirbt im Jahre 1985 im Alter von 57 Jahren.

Literatur:

Der Bildhauer Kurt Wolf v. Borries, in: Der Landkreis Köln, Heimatkalender, hrsg. v. Landkreis Köln, Königsdorf 1967, S. 83-88; Skulpturen und Graphiken. Kurt Wolf von Borries, Heide Dobberkau, Karl Erich Görk, Peter Grossbach, Gerhard Marcks, Jochen Pechau. (Ausstellung vom 4. Dezember 1970 bis 17. Januar 1971. Haus der ev. Kirche), Köln 1971.

Heinrich Voegele-Mönnighoff

1907-1987

Heinrich Voegele-Mönnighoff wird 1907 in Freiburg geboren. An der dortigen Münsterbauhütte macht er seine ersten künstlerischen Erfahrungen und entwickelt sich an der Kunstakademie in Karlsruhe zum Meisterschüler. Im Jahre 1928 kommt er als Erster Bildhauer an die Dombauhütte zu Köln und erlangt dort seine künstlerische Reife. Nach weiteren acht Jahren lässt er sich als selbständiger Bildhauer in Rösrath nieder. Arbeits- und Studienaufenthalte im In- und Ausland bereichern bzw. befruchten seine künstlerische Tätigkeit. Er ist mittlerweile erfolgreich, verheiratet und Vater von vier Kindern. Zum Kriegsdienst eingezogen, kehrt er im Jahre 1946 wieder zurück. Von Frau und den Kindern verlassen, gilt es allerdings zunächst, eine seelische und körperliche Durststrecke zu überwinden. Anfang der 50er Jahre entstehen dann wieder eindrucksvolle Werke aus Stein, Keramik, Bronze und Holz. Seine zweite Frau Antonie Mönnighoff macht es möglich, dass er sich, unbehelligt von Alltäglichem, seinen künstlerischen Ambitionen und Visionen erneut widmen kann. Gestalten und Köpfe großer historischer Persönlichkeiten entstehen (z.B. von Sokrates, Herakles, Luther u.a.). Es ist v.a. die Begabung Heinrich Voegeles, das charakteristische dieser Persönlichkeiten zu erfassen und das Wesentliche sichtbar zu machen. Als mittlerweile angesehener Porträtbildhauer schafft er u.a. ein Bildnis des deutschen Schriftstellers und Dichters Fritz von Unruh, welches ihm im Jahre 1975 auf der internationalen Kunstausstellung in Lyon die Goldmedaille einbringt.

Sicherlich geprägt durch die Schaffenszeit an der Münster- bzw. der Dombauhütte in Freiburg und Köln hat Heinrich Voegele-Mönnighoff die nötige Sensibilität, sakrale Räume gestalten bzw. ausstatten zu können. Eine Aufgabe, die er gern und an vielen Orten wahrnimmt. Als Beispiel sei die Kapelle der alt-katholischen Gemeinde St. Jakobus in Koblenz angeführt. Für diesen gotischen Sakralraum entwirft und arbeitet er den Altar, den schmiedeeisernen Ambo und die Gitter des offenen Sakramentshäuschens. Da er nicht nur die von ihm neu geschaffenen liturgischen Ausstattungsstücke einfühlsam in die historischen Gotteshäuser zu integrieren weiß, sondern auch bei der Restaurierung alter Skulpturen und Bauwerke mustergültiges schafft, ist er v.a. bei der Denkmalpflege ein sehr geschätzter Partner. Auf nationalen und internationalen Ausstellungen werden seine Werke immer wieder mit hohen Auszeichnungen bedacht.

Heinrich Voegele-Mönnighoff verstirbt mit 80 Jahren auf seinem Ruhesitz in Nordhofen im Westerwald.

Marianne Vogt-Werling

geb. 1958

Marianne Vogt-Werling wird am 3.8.1958 in Landstuhl in der Pfalz geboren. Von 1965 bis 1968 besucht sie die Grundschule, im Anschluss bis 1977 das neusprachliche und naturwissenschaftliche Gymnasium in Landstuhl. Das Studium der Architektur absolviert sie an der Universität Kaiserslautern in den Jahren 1977 bis 1984. Während dieser Zeit ist sie sowohl Mitarbeiterin im Ingenieurbüro ihres Vaters als auch Hilfsassistentin an den Lehrstühlen der Prof. Ermel/Grundlagen des Entwerfens bzw. Prof. Usemann/Techn. Gebäudeausrüstung und Bauphysik. Ihr künstlerisches Schaffen wird jedoch in jener Zeit durch ihren Lehrer Prof. Gernot Rumpf gefördert, der durch seine Brunnen und Plastiken mit pfälzischen und biblischen Motiven weit über die Pfalz hinaus bekannt geworden ist.

Nach dem Studium ist Marianne Vogt-Werling zunächst als freie Mitarbeiterin bei der Werks-Planungsgemeinschaft im Bereich Entwurfs- bzw. Wettbewerbswesen beschäftigt. Von 1985 bis 89 ist sie als Mitarbeiterin im Stadtplanungsbüro Petersen und Reinelt, Hannover/Berlin tätig. Zwischen 1988 und 1991 wird sie Mutter von drei Kindern. Seit 1992 ist sie als freiberufliche Architektin in Bergisch Gladbach tätig, u.a. auch seit 1993 in Arbeitsgemeinschaft mit dem Messebaubüro Seybold und Partner/Bensberg, bzw. seit 1994 in Arbeitsgemeinschaft mit dem Architekturbüro Prof. Franken und Kreft/Bensberg.

Mit letzterem Büro ist in Zusammenarbeit z.B. die Sanierung und Umgestaltung der ev. Kirche in Bensberg durchgeführt und u.a. auch der Taufstein bzw. die übrigen Prinzipalstücke entworfen worden.

Literatur:

Broekman, Ralf: Architekten Almanach Köln, Wuppertal 1998.

Wilhelm Wefers

1860-1932

Wilhelm Wefers gründet im Jahre 1885 zusammen mit Bomb die Paramenten- und Fahnenfabrik Bomb und Wefers in Stadt Luxemburg. Ihre Produkte überzeugen damals so sehr, dass sie z.B. im Jahre 1888 auf einer unter Papst Leo XIII zustande gekommenen Paramentenausstellung im Vatikan eine Prämierung erhalten. Im Jahre 1891 verlegt der Firmengründer Wilhelm Wefers den Sitz seines Betriebes nach Köln, wo er bis heute im Schatten der Domtürme besteht.

Zunächst ist die Geschäftsadresse im Andreaskloster 27A, ab 1906 auch in Andreaskloster 27B zu finden. Schon ein Jahr später findet der Umzug in die Komödienstraße statt. Nach dem Tode des Firmengründers im Jahre 1932 führt die Witwe Paula Wefers geb. Wusthoff die Firma unter der Bezeichnung „Kirchliche Kunst-Anstalt Wilhelm Wefers" weiter. 1940 kommt es zum Verkauf derselben durch den Sohn Dr. Edmund Wefers an die Familie Püttmann/Stracke aus Speyer. Frau Trude Püttmann führt das Geschäft bis zur Zerstörung des Hauses durch Bomben im Jahre 1943. Die Paramente sind kurz zuvor in die Katharinen-Kapelle der Hohen Domkirche ausgelagert worden. Die Belegschaft siedelt mit der Firmeninhaberin nach Speyer um. Im Jahre 1946 gelingt die Rückkehr der Schwestern Trude und Marianne Püttmann nach Köln. Und schon ein Jahr später eröffnen sie wieder das Paramentengeschäft Wefers in dem notdürftig wiederhergestellten Haus Unter Fettenhennen 9. Im Jahre 1952 erfolgt die Übernahme der Fa. Wefers durch die Eheleute Josef und Marianne Stracke geb. Püttmann. Fünf Jahre später kann man endlich wieder in das mittlerweile neu errichtete Haus bzw. Atelier in der Komödienstraße umziehen. Den Verkaufsräumen ist eine Paramentenwerkstatt angeschlossen, in der bis zu 20 Mitarbeiter v.a. liturgische Gewänder fertigen. Im Jahre 1980 tritt Dr. Wolfgang Stracke in die väterliche Firma ein, deren Inhaber er heute ist.

In der Fa. Wefers entstehen nach wie vor Werke von höchstem Rang. So zeigt man neben einer ganzen Reihe von Ausstellungen in Köln mit Erfolg textile Kunst in Form der Casula auch an vielen anderen Orten: Zum Beispiel in München in der Galerie der Deutschen Gesellschaft für Christliche Kunst, in der Petri-Kirche in Lübeck, dem Franziskanermuseum in Villingen-Schwenningen, im Museum der Kathedrale in Reims und in den Diözesanmuseen in München/Freising, Paderborn, Hildesheim und Rottenburg. Aber auch liturgisches Gerät, wie z.B. der Taufständer in der Kinderdorfkirche „Bethanien" in Bergisch Gladbach-Refrath ist vermutlich durch einen Atelier-Entwurf im Hause Wefers entstanden.

Literatur:

Stracke, Wolfgang: 1885-1985, 100 Years of Christian Arts and Handicrafts, Wilhelm Wefers Köln, Köln 1985;
Stracke, Wolfgang: Denn ihr habt Christus als Gewand angelegt, Katalog liturgischer Gewänder, Köln o.D.

Egino Günther Weinert

geb. 1920

Egino Günther Weinert wird im Jahre 1920 in Berlin geboren. Schon als Heranwachsender studiert er die Sammlungen in den Museen seiner Heimatstadt und findet besonderes Gefallen an Künstlern wie Emil Nolde, Otto Dix, Max Beckmann oder Max Liebermann. Die Grundlagen für sein künstlerisches Schaffen als Goldschmied, Bildhauer und Maler erhält er im Benediktinerkloster Münsterschwarzach. Dort ist er im Jahre 1934 als Klosterschüler in das Lehrlingsheim eingetreten, betreibt zunächst ein Jahr Landwirtschaft, geht zwei Jahre in die kaufmännische Lehre und erhält im Anschluss eine Ausbildung bei dem Restaurator und Kirchenmaler Bruder Lukas, bzw. dem Bildhauer Bruder Maurus Kraus. Während seiner Ausbildung als Goldschmied in Münsterschwarzach und Würzburg (1937-40) wird er Novize bzw. mit der zeitlichen Profess in den Konvent aufgenommen. Im Jahre 1940 absolviert er seine Gesellenprüfung als Gold- und Silberschmied mit Auszeichnung.

Von 1941-45 leistet er bei der Marine seinen Kriegsdienst ab. Zwischenzeitlich hat er den Meisterbrief als Gold- und Silberschmied in Bremen erworben. Nach der Entlassung aus dem Militärdienst kehrt er unversehrt in sein Kloster zurück, verliert allerdings im Elternhaus im bombenzerstörten Berlin durch einen Unglücksfall seine rechte Hand. Im Jahre 1947 studiert Weinert an der Werkschule in Köln. Dort ist er in der Goldschmiedeklasse bei Prof. Elisabeth Treskow eingeschrieben. Metallbildhauerei hat er bei Prof. Jaeckel und Graphik bei Prof. Hussmann belegt. Nach der Entlassung aus dem Kloster im Jahre 1949 studiert Weinert Freie Malerei bei Prof. Vordemberge. Die Gründung eines eigenen Ateliers für Goldschmiede, Malerei und Bildhauerei gelingt ihm im Jahre 1951 in Bonn. Im gleichen Jahr heiratet er seine Frau Annemarie geb. Leopold, Mutter seiner vier Kinder. Fünf Jahre später ist sein Haus einschließlich Atelier in Köln zu finden und im Jahre 1963 lässt sich sogar noch ein weiteres Atelier mit Werkstatt in Denia/Spanien gründen.

Egino Weinert zählt heute zu den bekanntesten zeitgenössischen Sakralkünstlern und ist bereits mehrfach mit Auszeichnungen im In- und Ausland geehrt worden (Bundesverdienstkreuz a. B. erhielt er 1985). Im Rheinisch-Bergischen Kreis schuf Egino Weinert die Taufschale in der Ev. Kreuzkirche in Rösrath-Kleineichen.

Literatur:

Kepper, Evamaria: Egino G. Weinert, Goldschmied Maler Bildhauer, Wege und Werke, Münsterschwarzach 2004.

Horst Friedhelm Karl Welsch

geb. 1925

Horst F. K. Welsch wird am 1. Februar 1925 in Köln geboren. Fünf Jahre später ziehen seine Eltern Alfred und Wilhelmine Welsch nach Forsbach. Von 1935 bis 1942 absolviert er das Gymnasium in Bensberg und Bergisch Gladbach. Im Jahre 1942 wird er zum Arbeitsdienst einberufen. Ein Jahr später erfolgt die Zuweisung an die Flugzeugführerschule der Luftwaffe. Nach dem Zweiten Weltkrieg und einer einjährigen amerikanischen Kriegsgefangenschaft absolviert er ab 1947 zunächst ein Praktikum als Möbeltischler. Parallel dazu besucht er die Abendsemester der Kölner Werkschulen. Von 1948 bis 1951 studiert er dann als „Vollzeitstudent" bei den Prof. Hoff und Lünenborg Architektur, Innenarchitektur und Industriegestaltung.

Danach ist er als selbständiger Architekt hauptsächlich in Köln und Umgebung tätig. Seine Schwerpunkte liegen im Entwurf von Möbeln und Beleuchtungskörpern. Nicht selten wird er auch mit dem Bau individueller anspruchsvoller Wohnbauten beauftragt. Hierbei entstehen neben einer Reihe von Villen auch eine Fülle von Wohn- und Geschäftshäusern. Sein architektonisches Schaffen umfasst aber auch den Bau von Kindergärten und Schulen, Bürohäuser, Bauten des Hotel- und Gaststättengewerbes sowie Bauten des Einkaufs- und Freizeitbereiches.

Zu seinen Lieblingsprojekten gehörte allerdings der Bau von Evangelischen Kirchen- und Gemeindezentren. So zeichnete er neben dem Entwurf und dem Bau der Ev. Erlöserkirche in Köln-Weidenpesch (1951) auch für die Ev. Petrikirche in Köln-Niehl (1965) verantwortlich. Im Rheinisch-Bergischen Kreis stammen die Ev. Christuskirche in Forsbach (1956), die Ev. Kreuzkirche in Kleineichen (1964) und die Ev. Versöhnungskirche in Rösrath (1967) einschließlich der dort zu lokalisierenden Taufen ebenfalls aus seiner Hand.

Horst F. K. Welsch lebt nach wie vor mit seiner Frau Helga geb. Brosseit in Rösrath-Forsbach.

Marie Luise Wilckens

1908-2001

Marie Luise Wilckens wird im Jahre 1908 in Bremen geboren. Nach dem Abitur studiert sie von 1928-29 Architektur an der TU München und von 1929 bis 1935 ist sie an der Akademie der Bildenden Künste in München. Sie belegt Bildhauerei u.a. bei Prof. Bernhard Bleeker (1881-1968), dem bedeutendsten Bildnisplastiker der sog. Münchner Schule und ist aufgrund ihrer besonders hervorragenden künstlerischen Leistungen auch dessen Meisterschülerin.

Im Jahre 1935 macht sich die junge Bildhauerin als freischaffende Künstlerin in München selbständig. Die rege Beteiligung, zunächst noch an Gruppenausstellungen, lassen sie schnell bekannt und erfolgreich werden. 1937 heiratet sie den Maler Jo Burke und 1944 bringt sie ihre Tochter Cordula zur Welt. Ein fürchterliches Erlebnis ist für sie im gleichen Jahr der schwere Bombenangriff auf München, bei dem sie die Vernichtung ihres Ateliers und Wohnhauses miterleben muss. Nach dem Zweiten Weltkrieg arbeitet sie im eigenen Atelier in Schwabing und im Jahre 1968/69 siedelt sie nach München/Gräfelfing, um dort bis zu ihrem Lebensende im Jahre 2001 künstlerisch tätig zu sein.

Sie arbeitet sowohl für den öffentlichen Raum (erwähnt sei z.B. die ca. acht Meter hohe Plastik „Die echten sieben Faulen" in Bremen), als auch in Form von Kleinplastiken. Porträtplastiken liegen ihr ebenso wie die anfangs noch gegenständliche Darstellung von Tieren. Sehr am Herzen liegen ihr aber die christlichen bzw. spirituellen Themenstellungen. Marie Luise Wilckens hinterlässt ein überaus umfangreiches bildhauerisches Werk. Für eine Vielzahl von Kirchen schuf sie die liturgische Ausstattung und eben auch den Taufstein für die Andreaskirche in Schildgen, den sie im Jahre 1967 fertigte.

Literatur:

Ebertshäuser, Heidi Caroline:
Marie Luise Wilckens, Ausstellungskatalog der Produzentengalerie München, München 1988;
Simon, Johannes: Marie Luise Wilckens, Skulpturen 1990-1998,
Ausstellungskatalog der Produzentengalerie München 1998;
Eichinger, Ernst: Zeitlang: Ernst Eichinger, Bilder und Zeichnungen;
Marie Luise Wilckens, Bronzeplastiken, Pfarrkirchen 1999.

Christoph Wilmsen-Wiegmann

geb. 1956

Der Bildhauer Christoph Wilmsen-Wiegmann wird im Jahre 1956 in Kalkar am Niederrhein geboren. Die Suche nach der Kulturgeschichte des Steines führen ihn schon als jungen Mann durch Europa, Nordafrika, den Nahen Osten sowie Nord- und Südamerika. Schon im Jahre 1977 entstehen erste Landschafts- und ortsbezogene Skulpturenprojekte. Nach einem einjährigen Archäologiepraktikum in Xanten studiert er von 1978-81 Bildhauerei an der Kunstakademie in Düsseldorf. Parallel dazu ist er als Gasthörer an der Fachhochschule Düsseldorf eingeschrieben. Von 1981-83 ist er als Zivildienstleistender tätig.

Seit 1983 ist Christoph Wilmsen-Wiegmann als freischaffender Bildhauer in Kalkar zu finden. Seit dieser Zeit befasst er sich mit Arbeiten für den öffentlichen Raum und ist in einer Vielzahl von Sammlungen vertreten, u. a. Museum Schloss Moyland, Sammlung van der Grinten, Mönchehaus-Museum in Goslar und im Israelmuseum in Jerusalem.

Die Beteiligung an Einzel- und Gruppenausstellungen ist ebenfalls bemerkenswert. Seit 1977 ist er alljährlich in den Museen, Galerien und Kunstmessen in Deutschland, der Schweiz, den Niederlanden, im Baltikum und in Italien präsent. Im Jahre 1994 verleiht ihm die Stadt Goslar aufgrund seines hervorragenden künstlerischen Schaffens und seiner neuen Impulse, die er durch sein Werk der bildenden Kunst hat vermitteln können, das „Kaiserring-Stipendium".

Christoph Wilmsen-Wiegmann lebt und arbeitet zusammen mit seiner Familie auf dem Niederheeshof in Kalkar-Appeldorn.

Literatur:

Becker, Jörg/Möller, Stefan: Christoph Wilmsen-Wiegmann, Basaltbasilika, Kleve 1997; Christoph Wilmsen-Wiegmann, Bilder und Skulpturen aus Stein, Mönchehaus-Museum für moderne Kunst Goslar, Austellungskatalog,Goslar 1995; Christoph Wilmsen-Wiegmann, Beelden Stenen Sculpturen, Zomertentoonstelling Weijerkapel 8.7. bis 29.10.2000.

Hein Wimmer

1902-1986

Hein Wimmer wird am 5.1.1902 in Leverkusen-Küppersteg geboren. Nach der schulischen Ausbildung und einer Lehre als Silberschmied studiert er Bildhauerei. Danach ist er einige Zeit als selbständiger Künstler tätig. Sein erfolgreiches Schaffen führt ihn im Anschluss an die Werkkunstschule nach Krefeld, wo er als Leiter der Metallklasse u.a. Bildhauerei unterrichtet.

Hein Wimmer bereichert im Laufe seines künstlerischen Wirkens v. a. sehr viele Sakralbauten mit seinen Werken. Als Beispiel sei die kath. Kirche St. Johannes in Gladbeck angeführt, die er im Geiste der Liturgiereform nach dem II. Vatikanum mit einer neuen Ausstattung versieht. So hat er z. B. dem Altar, den er frei im Chorraum aufstellt, bewusst eine Gestalt als Tisch und Opferstein gegeben um deutlich zu machen, dass die Hl. Eucharistie zugleich Mahl und Opfer ist. Das Hängekreuz über dem Altar, das er als Triumphkreuz gestaltet und der Tabernakel, den er auf sieben kleine Säulen stellt, sind ebenfalls aus seiner Hand. Bei Letzterem lässt er sich von einem alttestamentlichen Weisheitsspruch leiten, den er als prophetischen Hinweis auf die Kirche und das Sakrament deutet: „Die Weisheit hat sich ein Haus gebaut von sieben Säulen". Die Taufsteinabdeckung und das Gitter zur Marienkapelle sind ebenfalls nach seinen Entwürfen gefertigt.

Natürlich ist Hein Wimmer nicht nur für die Kirche tätig gewesen. So wird ihm z.B. als Professor der Krefelder Werkkunstschule der Auftrag erteilt, die Amtskette des Oberbürgermeisters der Stadt Krefeld zu gestalten. Einer seiner im Jahre 1966 vorgelegten Entwürfe wird umgesetzt und im Januar 1968 zum ersten Mal getragen.

Hein Wimmer, der den Unterbau für die aus barocker Zeit stammende Cuppa in St. Walburga/Overath schuf, stirbt im Jahre 1986.

Winfried Wolsky

geb. 1937

Winfried Wolsky wird im Jahre 1937 in Hirschberg/Riesengeb. (heute: Jelenia Gora) geboren. Nach dem Besuch der Grundschule in Zittau/Sachsen (1943-51) macht er eine Lehre als Betonbauer (VEB Bau-Union-Bautzen) und ist im Anschluss noch einige Jahre als Geselle praktisch tätig. Nach einem zweiten Bildungsweg als Abendschüler an der Berufsaufbauschule in Leverkusen erwirbt er die Fachschulreife und studiert danach von 1958-61 an der Staatlichen Ingenieurschule für Bauwesen in Köln (heute: FH Köln) Architektur.

Im Jahre 1961 beginnt seine Tätigkeit als Mitarbeiter im Architekturbüro Georg Rasch und sehr bald ist er auch dessen Partner. Nach dessen plötzlichem Tod im Jahre 1968 ist er sowohl als selbständiger Architekt als auch im öffentlichen Dienst beim Rhein-Erft-Kreis zu finden. Winfried Wolsky führt das architektonische Werk von Georg Rasch fort und widmet sich anschließend der Planung und Ausführung zahlreicher Bauten verschiedener Größenordnungen.

Zusammen mit Georg Rasch hat er auch den Taufstein in der ev. Kirche in Kippekausen mitentworfen. Winfried Wolsky ist seit 2002 im sog. Ruhestand und lebt mit seiner Frau in Pulheim.

Rudolf Wuttke

geb. 1935

Rudolf Wuttke wird am 5.3.1935 in Breslau geboren. Seine schulische Ausbildung erfährt er u.a. an der Missionsschule in Mittelfranken. Nach der Beendigung einer zweijährigen Militärzeit (1954-56) nimmt er das Studium der Malerei an der Werkkunstschule in Köln auf. Sein Lehrer ist v.a. der Glasmaler Prof. Wilhelm Teuwen, dessen Werke – welche meist von religiös-geprägter Ausdruckskraft und von farblich gelungener Expressivität künden – den Studenten Wuttke sehr beeindrucken.

Die Bildhauerei lernt er – und eher beiläufig – bei Prof. Ludwig Gies kennen, der in jener Zeit ebenfalls an der Kölner Werkschule unterrichtet. Während dieser Zeit entstehen Freundschaften u.a. zu Hans Karl Burgeff, der damals als Meisterschüler bei Prof. Gies tätig ist, oder zu Jochem Pechau.

Nach Beendigung der Studien im Jahre 1962 macht sich Rudolf Wuttke als Künstler zunächst in Köln selbständig. In dieser Zeit entstehen in Zusammenarbeit mit zum Teil bedeutenden Kölner Architekten (z.B. Böhm, Rosiny, Schilling, Schaller usw.) zahlreiche Skulpturen für profane wie sakrale Architekturen. Von 1989 bis 1996 lebt und arbeitet Rudolf Wuttke zusammen mit seinen Künstler-Kollegen Pechau und Burgeff im Steinmetzdorf Weibern in der Eifel. Seit 1996 hat er seinen Wohn- und Arbeitsplatz in Weimar.

Rudolf Wuttke arbeitet nicht nur für Köln sondern sehr viel für das Umland bzw. für andere Städte, auch außerhalb von NRW. Als einige wenige Beispiele seien u.a. angeführt: Ausmalungen und Bildhauerarbeiten (Altäre, Sedilien u.ä. in sechs Kirchen des Bistums Trier und mehr als zwölf Kirchen im Bistum Münster, Gedenktafeln für das Auswärtige Amt in Stockholm und Guatemala, Brunnen für die Gemeinde Klingenberg-Main, usw.)

Rudolf Wuttke nimmt an vielen Ausstellungen im In- und Ausland teil und erhält für seine künstlerische Aktivitäten auch Preise. Einen Lehrauftrag für das Fach „Zeichnen" nimmt er seit 1980 an der Pädagogischen Hochschule in Mannheim wahr. An der Alanus-Hochschule in Alfter unterrichtet er Zeichnen von 1978-1985. Neben einer Reihe von Taufsteinen (z.B. St. Michael in Duisburg) hat er auch jenen für die Ev. Kirche zum Heilsbrunnen in Berg. Gladbach/Hebborn gefertigt.

Literatur:

Hagspiel, Wolfram: Köln-Marienburg. Bauten und Architekten eines Villenvorortes. Stadtspuren-Denkmäler in Köln, Bd. 8, Köln 1996, S. 965.

Siegfried Zimmermann

geb. 1927

Siegfried Zimmermann wird in Halle an der Saale geboren. Danach studiert er von 1947-51 an der Werkkunstschule Hannover u.a. bei dem Bildhauer Prof. Hermann Scheuernstuhl. Erste erfolgreiche Ausstellungsbeteiligungen lassen ihn als freischaffenden Bildhauer endgültig in Hannover sesshaft werden. Da für ihn der intellektuelle Anspruch und die Freude am Studieren einen besonderen Reiz darstellen, schreibt er sich im Jahre 1953 an der Technischen Hochschule Hannover ein, um bei Prof. Kurt Lehmann (1905-2000) seine Studien fortzusetzen. Dieser hat seit 1949 den Lehrstuhl für Modellieren in der Architekturabteilung der heutigen Universität Hannover inne. Siegfried Zimmermann erhält in dieser Zeit erste öffentliche Aufträge, wird Mitglied des Bundesverbandes Bildender Künstler (BBK) und beteiligt sich weiter und mit Erfolg an einer Vielzahl von Ausstellungen in Kunstvereinen und Galerien. Mittlerweile hat ihm Prof. Lehmann eine Assistentenstelle angeboten, sodass er ab 1958 auch in der Lehre an der TU Hannover tätig werden kann.

Siegfried Zimmermanns bildhauerische Arbeiten, sein Sinn für Masse und Tektonik, für Form und Gesetz und v.a. sein in der Tradition verankertes Schaffen, lassen ihn schnell zu einem wertvollen künstlerischen Partner an Kirchenneubauten und -ausbauten sowohl in der Hannoverschen als auch in der Braunschweigischen Landeskirche werden (z.B.: Prinzipalstücke für die Martin-Luther-Kirche/Hameln). Es entstehen Arbeiten im Bereich der Architektur in Beton, Bronze, Holz, Keramik und Naturstein. Seine Plastiken erarbeitet er sich vor der Natur. Schnelle Skizzen von Personen, ihrer Gesten, Haltungen und Bewegungen gehen jeder Plastik voraus, verdichten sich während des Modellierens zum Sinnbild des Menschen, ohne Allegorie zu werden (z.B.: Pestalozzi-Gruppe/Burgdorf).

Längst von den amtlichen Pflichten als Akad. Rat der TU Hannover entbunden, kann sich Siegfried Zimmermann bis heute ganz seinem künstlerischen Schaffen widmen (z.B. den im Jahre 2007 geschaffenen bronzenen Engelleuchter für die Gartenkirche/Hannover).